Το βιβλικό κείμενο στο πέρασμα του χρόνου: Η περίπτωση της προς Εβραίους επιστολής
Μόσχος Γκουτζιούδης

Επιμ. Έκδοσης: Γεώργιος Γαϊτάνος
Κατασκευή Εξωφύλλου: Μόσχος Γκουτζιούδης

Εικόνα εξωφύλλου
Εμπρός: Μαρκ Σαγκάλ, *Έξοδος*, 1952-1966 (Λάδι σε μουσαμά)

© Copyright Μέθεξις 2008
Βασ. Ηρακλείου 40, Θεσσαλονίκη 3ος όροφος ΤΚ 546 23
Τηλ. - Fax: 2310-278301
e-mail: info@metheksis.gr
www.metheksis.gr

ISBN: 978-960-89358-9-1
Απαγορεύεται η ολική, μερική ή περιληπτική αναδημοσίευση, αναπαραγωγή ή διασκευή του περιεχομένου του παρόντος βιβλίου με οποιονδήποτε τρόπο χωρίς γραπτή άδεια του εκδότη.

Μόσχος Γκουτζιούδης

Το βιβλικό κείμενο στο πέρασμα του χρόνου

Η περίπτωση της προς Εβραίους επιστολής

Εκδόσεις Μέθεξις
Θεσσαλονίκη 2008

Στον καθηγητή μου,
Πέτρο Βασιλειάδη
με ευγνωμοσύνη

ΠΡΟΛΟΓΟΣ

Η απαράμιλλη θεολογία της προς Εβραίους, η ρητορική δεινότητα του συγγραφέα και η αριστοτεχνική της δόμηση, δικαιολογούν απόλυτα το λόγο για τον οποίο η επιστολή έγινε πόλος έλξης και σημείο αντιλεγόμενο μεταξύ των ερευνητών, οι οποίοι μέχρι σήμερα ακόμη πασχίζουν να απαντήσουν στα διαρκώς αυξανόμενα προβλήματα που αυτή εμφανίζει. Πολλά από αυτά τα ερωτήματα που αντιμετώπισα στην αρχή των μεταπτυχιακών μου σπουδών με ώθησαν να ασχοληθώ περισσότερο με την προς Εβραίους επιστολή. Το γεγονός αυτό αποτέλεσε την αφετηρία της έρευνας μου, στη διάρκεια της οποίας παρατηρήθηκε ότι από το σύνολο της τεράστιας πραγματικά βιβλιογραφίας, απουσιάζει μια συνολική παρουσίαση της ιστορίας της έρευνας από τους πρώτους αιώνες ζωής της Εκκλησίας, μέχρι τις μέρες μας και ειδικά από τη σκοπιά των ερμηνευτικών μεθόδων ανάλυσης της Καινής Διαθήκης.

Οφείλω να εκφράσω θερμές ευχαριστίες στον καθηγητή μου κ. Πέτρο Βασιλειάδη, ο οποίος με παρότρυνε να ασχοληθώ με το συγκεκριμένο θέμα και με τη συνεχή επίβλεψη του βοήθησε να ολοκληρωθεί η παρούσα εργασία. Ευχαριστίες οφείλω και στους καθηγητές κ. Ιωάννη Καραβιδόπουλο και κ. Ιωάννη Γαλάνη για τις πολύτιμες παρατηρήσεις τους. Τέλος, θα ήθελα να ευχαριστήσω ακόμη, τους φίλους μου, και συναδέλφους Γιώργο Μεταλλίδη και Νίκο Παπουτσή για τη σημαντική βοήθεια που απλόχερα μου πρόσφεραν, χωρίς την οποία ένα σημαντικό μέρος της βιβλιογραφίας δεν θα έφτανε ποτέ στα χέρια μου.

Θεσσαλονίκη, Χριστούγεννα 2007   *Μόσχος Γκουτζιούδης*

ΠΕΡΙΕΧΟΜΕΝΑ

ΠΡΟΛΟΓΟΣ 7
ΠΕΡΙΕΧΟΜΕΝΑ 9
ΣΥΝΤΟΜΟΓΡΑΦΙΕΣ 13

1. ΕΙΣΑΓΩΓΗ
1. Ο συγγραφέας και ο τόπος συγγραφής
   της επιστολής 24
2. Οι παραλήπτες της επιστολής και ο τόπος
   διαμονής τους 29
3. Ο χρόνος συγγραφής της επιστολής 36
4. Η φιλολογική μορφή της επιστολής 38
5. Το 13ο κεφάλαιο της επιστολής 42
6. Η θεολογική ιδιαιτερότητα της προς Εβραίους 43

2. Η ΠΡΟΣ ΕΒΡΑΙΟΥΣ ΣΤΗΝ ΑΡΧΑΙΑ ΕΚΚΛΗΣΙΑΣΤΙΚΗ
   ΠΑΡΑΔΟΣΗ
1. Οι πρώτες μαρτυρίες για την προς Εβραίους 51
2. Η θέση της προς Εβραίους στον κανόνα
   της Καινής Διαθήκης 53
3. Η αναζήτηση της πατρότητας και η τελική
   αποδοχή της επιστολής 56
4. Η χρήση της προς Εβραίους από το
   Γνωστικισμό 63
5. Η ερμηνεία της αινιγματικής προσωπικότητας
   του Μελχισεδέκ 65
6. Η θέση της προς Εβραίους στις δογματικές
   διαμάχες των πρώτων αιώνων 70
7. Η χρήση και η συμβολή της προς Εβραίους
   στη λατρεία 81

3. Η ΠΡΟΣ ΕΒΡΑΙΟΥΣ ΚΑΤΑ ΤΗ ΜΕΤΑΡΡΥΘΜΙΣΗ ΚΑΙ ΤΗ
   ΝΕΟΤΕΡΗ ΕΠΟΧΗ
1. Η προς Εβραίους κατά την περίοδο της
   Μεταρρύθμισης 85

Περιεχόμενα

2. Η νεότερη έρευνα και οι απόψεις για
το ιδεολογικό υπόβαθρο της προς Εβραίους 93
2.1 Το φιλωνικό/πλατωνικό υπόβαθρο 96
2.2 Το γνωστικό υπόβαθρο 100
2.3 Το εσσαϊκό υπόβαθρο 105
2.4 Το σαμαρειτικό υπόβαθρο 109
2.5 Το ιουδαϊκό μυστικιστικό υπόβαθρο 112
2.6 Το παύλειο υπόβαθρο 113
2.7 Το ελληνιστικό υπόβαθρο 124
2.8 Το πέτρειο υπόβαθρο 126

4. Η ΠΡΟΣ ΕΒΡΑΙΟΥΣ ΚΑΙ ΟΙ ΦΙΛΟΛΟΓΙΚΕΣ ΑΝΑΛΥΣΕΙΣ
1. Η φιλολογική ανάλυση 131
1.1 Η θεματική διαίρεση του κειμένου 132
1.2 Διαφορετικές διαιρέσεις 133
1.3 Ο στρουκτουραλισμός 135
2. Η γλωσσολογική ανάλυση 146
3. Η ρητορική ανάλυση 156

5. Η ΠΡΟΣ ΕΒΡΑΙΟΥΣ ΚΑΙ Η ΣΥΝΔΡΟΜΗ ΤΩΝ
ΚΟΙΝΩΝΙΚΩΝ ΕΠΙΣΤΗΜΩΝ
1. Η κοινωνιολογική ανάλυση 169
1.1. Η κοινωνιολογία της γνώσης ως μέθοδος
προσέγγισης της προς Εβραίους 178
1.2. Το κοινωνιολογικό μοντέλο ανάλυσης
ομάδα/πλέγμα 184
2. Η κοινωνική ανθρωπολογία 189
2.1 Η κοινωνικο-ανθρωπολογική προσέγγιση
στην προς Εβραίους 197

6. Η ΠΡΟΣ ΕΒΡΑΙΟΥΣ ΚΑΙ ΟΙ ΔΙΕΠΙΣΤΗΜΟΝΙΚΕΣ
ΠΡΟΣΕΓΓΙΣΕΙΣ
1. Η προσέγγιση μέσω των αποσπασμάτων
της Παλαιάς Διαθήκης 215
2. Ο συνδυασμός ρητορικής και αποδομητικής
ανάλυσης 224

Περιεχόμενα

3. Ο συνδυασμός αποδομητικής ανάλυσης και
   ανταπόκρισης του αναγνώστη   227
4. Ο συνδυασμός κοινωνιολογικής και
   ρητορικής ανάλυσης   231
5. Η φεμινιστική προσέγγιση   245
6. Η προσέγγιση μέσω της ιστορίας της
   επιδράσεως του κειμένου   251

ΣΥΜΠΕΡΑΣΜΑΤΑ   257
ΒΙΒΛΙΟΓΡΑΦΙΑ   265

ΣΥΝΤΟΜΟΓΡΑΦΙΕΣ ΣΕΙΡΩΝ ΚΑΙ ΠΕΡΙΟΔΙΚΩΝ*

ΒΒ	Βιβλική Βιβλιοθήκη
ΓΠ	Γρηγόριος Παλαμάς
ΔΒΜ	Δελτίο Βιβλικών Μελετών
ΕΕΘΣΑ	Επιστημονική επετηρίδα Θεολογικής Σχολής Αθηνών
ΕΕΘΣΘ	Επιστημονική επετηρίδα Θεολογικής Σχολής Θεσσαλονίκης
ΕΚΔ	Ερμηνεία Καινής Διαθήκης
Εκκλ	Εκκλησία
Θεολ	Θεολογία
ΘΗΕ	Θρησκευτική και Ηθική Εγκυκλοπαίδεια, έκδ. Α. Μαρτίνος, τ. 1-12, Αθήνα 1962-1968
Κοιν	Κοινωνία
AB	Anchor Bible
ABD	Anchor Bible Dictionary, έκδ. D. N. Freedman, τ. 6, New York, Doubleday, 1992
ABRL	Anchor Bible Reference Library
ACCS	Ancient Christian Commentary on Scripture
AJBA	Australian Journal of Biblical Archaeology
AJBI	Annual of the Japanese Biblical Institute
AJT	American Journal of Theology

---

* Σύμφωνα με The SBL Handbook of Style: for Ancient Near Eastern, Biblical and Early Christian Studies, έκδ. P. H. Alexander et al., Hendrickson Publishers, Peabody, Massachusetts 1999.

Συντομογραφίες

ALGHJ	Arbeiten zur Literatur und Geschichte des hellenistischen Judentums
AnBib	Analecta Biblica
ANRW	Aufstiegund Niedergang der römischen Welt
Anvil	Anvil
AOAT	Alter Orient und Altes Testament
ARA	Annual Review of Anthropology
AsSeign	Assemblıes du Seigneur
AT	Annales theologici
AUS	American University Studies
AUSS	Andrews University Seminary Studies
BBB	Bulletin de bibliographie biblique
BBR	Bulletin for Biblical Research
BFCT	Beiträge zur Förderung christlicher Theologie
BGBE	Beiträge zur Geschichte der biblischen Exegese
Bib	Biblica
BibInt	Biblical Interpretation
BIS	Biblical Interpretation Series
BJRL	Bulletin of the John Rylands University Library of Manchester
BJS	Brown Judaic Studies
BK	Bibel und Kirche
BL	Bibel und Liturgie
BNTC	Black's New Testament Commentaries
BR	Bible Review
BSac	Bibliotheca Sacra

Συντομογραφίες

BT	The Bible Translator
BU	Biblische Untersuchungen
Burg	Burgense
BV	The Biblical Viewpoint
BVC	Bible et vie Chrìtienne
BZ	Biblische Zeitschrift
BZNW	Beihefte zur Zeitschrift für die neutestamentliche Wissenschaft und die Kunde der älteren Kirche
CB	Cultura Biblica
CBQ	Catholic Biblical Quarterly
CBQMS	Catholic Biblical Quarterly Monograph Series
CJT	Canadian Journal of Theology
CNT	Commentaire du Nouveau Testament
ColT	Colectanea Theologica
ConBNT	Coniectanea biblica: New Testament Series
CR:BS	Currents in Research: Biblical Studies
CTJ	Calvin Theological Journal
CTM	Concordia Theological Monthly
CurTM	Currents in Theology and Mission
DiV	Divinitas
DRev	The Downside Review
EAJT	East Asia Journal of Theology
Edf	Erträge der Forschung
EKKNT	Evangelisch-katholischer Kommentar zum Neuen Testament
EstAg	Estudio Agustiniano
EstBib	Estudios Biblicos

Συντομογραφίες

ETL	Ephemerides Theologicae Lovanienses
ETR	Etudes Thιologiques et Religieuses
EV	Esprit et Vie
EvanRevTheol	Evangelical Review of Theology
EvQ	The Evangelical Quarterly
Exp	The Expositor
ExpTim	The Expository Times
FCNTECW	Feminist Companions to the New Testament and Early Christian Writings
FM	Faith and Mission
FN	Filologia Neotestamentaria
FV	Foi et Vie
GCS	Die griechischen Schriftsteller der ersten drei Jahrhunderte
GOTR	Greek Orthodox Theological Review
GPBS	Global Perspectives on Biblical Scholarship
Greg	Gregorianum
GTJ	Grace Theological Journal
HeyJ	Heythrop Journal
HKNT	Handkommentar zum Neuen Testament
HNT	Handbuch zum Neuen Testament
HNTC	Harper's New Testament Commentaries
HTR	Harvard Theological Review
HTS	Harvard Theological Studies
HUCA	Hebrew Union College Annual
IB	Interpreter's Bible

Συντομογραφίες

IBS	Irish Biblical Studies
ICC	International Critical Commentary
IDB	The Interpreter's Dictionary of the Bible
IlRev	Iliff Review
Int	Interpretation
JAAR	Journal of the American Academy of Religion
JBL	Journal of Biblical Literature
JETS	Journal of the Evangelical Theological Society
JHC	The Journal of Higher Criticism
JOTT	Journal of Translation and Textlinguistics
JRC	Journal of Religion and Culture
JSJ	Journal for the Study of Judaism in the Persian, Hellenistic and Roman period
JSNT	Journal for the Study of the New Testament
JSNTSup	Journal for the Study of the New Testament Supplement Series
JSOT	Journal for the Study of the Old Testament
JSOTSup	Journal for the Study of the Old Testament Supplement Series
JTS	Journal of Theological Studies
JTSA	Journal of Theology of Southern Africa
KD	Kerugma und Dogma

Συντομογραφίες

KEK	Kritisch-Exegetischer Kommentar όber das Neue Testament
LQ	Lutheran Quarterly
LuthTJ	Lutheran Theological Journal
MTZ	Münchener theologische Zeitschrift
ModChurch	Modern Church
NBl	New Blackfriars
Neot	Neotestamentica
NIBC	New International Bible Commentary
NICNT	New International Commentary of the New Testament
NIGTC	New International Greek Testament Commentary
NovT	Novum Testamentum
NovTSup	Novum Testamentum Supplements
NRT	La nouvelle revue thιologique
NTAbh	Neutestamentliche Abhandlungen
NTCS	New Testament Commentary Series
NTD	Das Neue Testament Deutsch
NTS	New Testament Studies
OBT	Overtures to Biblical Theology
OPTT	Occasional Papers in Translations and Textlinguistics
ÖTK	Ökumenischer Taschenbuch-Kommentar
OTS	Oudtestamentische Studiën

Συντομογραφίες

PG	Patrologiae cursus completus, series graeca, έκδ. J. P. Migne τ. 162, Paris, 1857-1886.
PL	Patrologiae cursus completus, series latina, έκδ. J. P. Migne τ. 217, Paris, 1844-1864.
PRSt	Perspectives in Religious Studies
PSV	Parola spirito e vita
PTR	Princeton Theological Review
PTS	Patristische Texte und Studien
QuartRev	Quarterly Review
RB	Revue Biblique
Rben	Revue benedictine
RCB	Revista de cultura biblica
RCT	Revista catalana de teologia
RdT	Rassegna di teologia
ResQ	Restoration Quarterly
RevExp	Review and Expositor
RevQ	Revue de Qumran
RevRıf	Revue Rıformee
RevScRel	Revue des sciences religieuses
RHPR	Revue d' histoire et de philosophie religieuses
RivB	Rivista biblica italiana
RSPhTh	Revue des sciences philosophiques et théologiques
RSR	Recherches de science religieuse
RTP	Reformed Theological Review
RTR	Reformed Theological Review

Συντομογραφίες

SacDoc	Sacra Doctrina
SANT	Studien zum Alten und Neuen Testaments
SBEC	Studies in the Bible and Early Christianity
SBFLA	Studii Biblici Franciscani Liber Annuus
SBL	Society of Biblical Literature
SBLASP	Society of Biblical Literature Abstracts and Seminar Papers
SBLDS	Society of Biblical Literature Dissertation Series
SBLSP	Society of Biblical Literature Seminar Papers
SBT	Studies in Biblical Theology
SC	Sources Chrétiennes
ScC	Scripture in Church
ScEc	Sciences Ecclésiastiques
Schol	Scholastic
ScrHier	Scripta Hierosolymitana
SE	Studia Evangelica
SEÅ	Svensk exegetisk årsbok
Semeia	Semeia: An Experimental Journal for Biblical Criticism
SJT	Scottish Journal of Theology
SNTSMS	Society for the New Testament Studies Monograph Series
SPAW	Sitzungsberichte der preussischen Academie der Wissenschaften
SpTod	Spirituality Today
SR	Studies in Religion/Sciences Religieuses
ST	Studia Theologica
StudBib	Studia Biblica

Συντομογραφίες

StudBibTh	Studia Biblica et Theologica
StudNeot	Studia Neotestamentica
SWJT	Southwestern Journal of Theology
TBT	The Bible Today
TCh	The Churchman
TD	Theology Digest
Th	Theology
ThBullMDC	Theological Bulletin Macmaster Divinity College
ThEduc	Theological Educator
THKNT	Theologischer Handkommentar zum Neuen Testament
TJ	Trinity Journal
TNTC	Tyndale New Testament Commentaries
TRu	Theologische Rundschau
TS	Theological Studies
TSK	Theologische Studien und Kritiken
TynB	Tyndale Bulletin
TZ	Theologische Zeitschrift
VD	Verbum Domini
VoxEv	Vox Evangelica
VT	Vetus Testamentum
VTSup	Vetus Testamentum Supplements
WBC	World Bible Commentary
WMANT	Wissenschaftliche Monographien zum Alten und Neuen Testament
WTJ	Westminster Theological Journal
WUNT	Wissenschaftliche Untersuchungen zum Neuen Testament

Συντομογραφίες

ZAW	Zeitschrift für die alttestamentliche Wissenschaft
ZNW	Zeitschrift für die neutestamentliche Wissenschaft

1
ΕΙΣΑΓΩΓΗ

Μία από τις επιστολές της Καινής Διαθήκης τιτλοφορείται προς Εβραίους. Το κείμενο αυτό είναι σήμερα γνωστό στους χριστιανούς όλων των ομολογιών ως η προς Εβραίους επιστολή του απ. Παύλου. Η σύγχρονη βιβλική έρευνα όμως, έδειξε πειστικά ότι και τα τρία στοιχεία που φανερώνει η παραπάνω φράση δεν ισχύουν στην πραγματικότητα. Το κείμενο δεν απευθύνεται σε Εβραίους, δεν συνιστά επιστολή και δεν προέρχεται από τη γραφίδα του Παύλου. Πρόκειται για ένα από τα θεολογικότερα κείμενα της Κ.Δ. και σίγουρα με τα ωραιότερα ελληνικά. Από τα πρώτα κιόλας χρόνια μετά τη συγγραφή της παρουσιάστηκαν δυσκολίες στην προσπάθεια επίλυσης βασικών προβλημάτων που το ίδιο το κείμενο εμφάνιζε με αποτέλεσμα να διατυπωθούν διάφορες υποθέσεις, τόσο στην Ανατολή, όσο και στη Δύση. Στη συνέχεια παρουσιάζονται τα σημαντικότερα από τα θέματα που απασχόλησαν και εξακολουθούν να απασχολούν την επιστημονική έρευνα[1].

---

[1] Ένα μεγάλο μέρος της έρευνας σχετικά με τα εισαγωγικά προβλήματα της προς Εβραίους που παρουσιάζεται εδώ δημοσιεύτηκε ως: Μ. Γκουτζιούδη, «Η προς Εβραίους Επιστολή στη Σύγχρονη Βιβλική Έρευνα (1970-1999)», ΔΒΜ 18 (1999) 87-114. Στην παρούσα μορφή το κείμενο έχει τροποποιηθεί και ενημερωθεί βιβλιογραφικά. Βλ. πληροφορίες στα T. W. Manson, «The Problem of the Epistle to the Hebrews», BJRL 32 (1949-1950) 1-17. M. R. Hillmer, «Priesthood and Pilgrimage: Hebrews in Recent Research», ThBullMDC 5 (1969) 66-89. J. Grässer, «Der Hebräerbrief 1938-1963», TRu 30 (1964) 138-256. του ίδιου, Aufbruch und Verheissung, Gesammelte Aufsätze zum Hebräerbrief: zum 65. Geburtstag mit einer Bibliographie des Verfassers, BZNW 65, Berlin, 1992, 1-99. C. F. Moule, «Commentaries on the Epistle to the Hebrews», Th 61 (1958) 228-232. W. E. Mills, Hebrews, Bibliographies for Biblical Research, New Testament Series 20, Lewiston, Lampeter, Mellen Biblical, 2001. J. M. Isaak, Situating the Letter to the Hebrews in Early Christian History, Studies in Bible and Early Christianity 53, Lewiston, New York, Lampeter, E. Mellen Press, 2002. H. R. Jones, Let's Study Hebrews, Edinburgh, Banner of Truth Trust, 2002.

Εισαγωγή

1. Ο συγγραφέας και ο τόπος συγγραφής της επιστολής

Από το ίδιο το κείμενο δεν έχουμε καμιά πληροφορία για το συγγραφέα, αφού πουθενά δεν αναφέρεται το όνομά του εκτός από μερικά στοιχεία της ταυτότητάς του, τα οποία είτε αναφέρονται ρητά, είτε διακρίνονται έμμεσα. Οι εσωτερικές αυτές μαρτυρίες είναι οι εξής: Ο συγγραφέας φαίνεται ότι γνωρίζονταν προσωπικά με την κοινότητα στην οποία απευθύνεται (Εβρ. 13:19). Η μνεία του Τιμοθέου (Εβρ. 13:23) ώθησε τους ερευνητές στην άποψη ότι συγγραφέας της επιστολής είναι ο Παύλος. Η καταπληκτική ελληνομάθεια του συγγραφέα της επιστολής είναι κάτι που αναγνωρίζουν όλοι ανεξαιρέτως οι ερευνητές[2]. Αναμφισβήτητα, η προς Εβραίους έχει την ωραιότερη γλώσσα από όλα τα κείμενα της Κ.Δ. Από τις 4942 λέξεις του κειμένου, οι 1038 είναι διαφορετικές μεταξύ τους και από αυτές οι 169 αποτελούν «άπαξ λεγόμενα» στο σύνολο της Κ.Δ. Η λατρεία φαίνεται να κατέχει στη σκέψη του συγγραφέα κεντρική θέση. Από τις 28 φορές που η λέξη «θυσία» χρησιμοποιείται στην Κ.Δ. οι 15 απαντούν στην προς Εβραίους και από τις 9 φορές της λέξης «προσφορά» οι 5 απαντούν και πάλι εδώ. Επιπλέον, ο συγγραφέας εμφανίζεται άριστος γνώστης της Π.Δ. και του λατρευτικού τυπικού των Ιουδαίων. Η ρητορική του ικανότητα αναγνωρίζεται από το σύνολο των μελετητών[3], όπως επίσης και η ποιμαντική ικανότητα και το

---

[2] Βλ. E. K. Simpson, «The Vocabulary of the Epistle to the Hebrews», *EvQ* 18 (1946) 35-38, 187-190.

[3] Βλ. σχετικά T. W. Seid, *The Rhetorical Form of the Melchizedek/Christ Comparison in Hebrews 7*, (Διδακτ. Διατρ.), Department of Religious Studies, Brown University, 1996, 29-30. D. A. DeSilva, *Bearing Christ's Reproach. The Challenge of Hebrews in an Honor Culture*, Bibal Press, North Richland Hills, Texas 1999, 6-13 και του ίδιου, *Perseverance in Gratitude. A Socio-Rhetorical Commentary on the Epistle to the Hebrews*, Wm. B. Eerdmans, Grand Rapids, Michigan 2000, 35-39. C. R. Koester, «'Hebrews', Rhetoric, and the Future of Humanity», *CBQ* 64 (2002) 103-123. B. Nongbri, «A Touch of Condemnation in a Word of Exhortation: Apocalyptic Language and Graeco-Roman Rhetoric in Hebrews-Vi,4-12», *NovT* 45 (2003) 265-279. Κυρ. Παπαδημητρίου, *Η Χρήση της Κοινής από τον Ευαγγελιστή Λουκά. Μια Άδηλη Ταυτότητα. Συμβολή*

Ο συγγραφέας και ο τόπος συγγραφής της επιστολής

ενδιαφέρον του για την κοινότητα στην οποία απευθύνεται. Από το σύνολο του κειμένου διαφαίνεται ότι πρόκειται για έναν χαρισματικό ηγέτη που ανήκει στη δεύτερη γενιά πιστών (2:3 και 13:7). Το γεγονός ότι χρησιμοποιεί παραδείγματα μυϊκής δύναμης (11:32) συνηγορεί στο ότι πρόκειται για άνδρα που πιθανότατα ανήκε στο στενότερο κύκλο του Παύλου[4].

Η εκκλησιαστική παράδοση απέδωσε στον Παύλο τη συγγραφή της επιστολής[5]. Τον 3ο αι. μ.Χ. η επιστολή έγινε παντού αποδεχτή ως παύλεια. Προηγουμένως η Δύση δεν την αποδεχόταν λόγω της απόλυτης θέσης της επιστολής εναντίον μιας δεύτερης μετάνοιας, εξαιτίας της διαμάχης της Εκκλησίας της Ρώμης με τους Νοβατιανούς και τους Δονατιστές. Με την εμφάνιση του Προτεσταντισμού η παύλεια πατρότητα της προς Εβραίους αμφισβητήθηκε εκ νέου. Σήμερα, στη σύγχρονη έρευνα επικρατεί γενικά η αντίληψη ότι η επιστολή είναι μεταπαύλεια[6].

στο *Ζήτημα του Συγγραφέα της προς Εβραίους Επιστολής,* (Διδακτ. Διατρ.), Θεσσαλονίκη 2003, 112.

[4] Ο συγγραφέας πιθανώς να ήταν μαθητής του Παύλου ή συνεργάτης του, ο οποίος είχε χάσει την επαφή με τους άλλους συνεργάτες του κύκλου του αποστόλου γι' αυτό και η μνεία του Τιμόθεου στο 13:23. Βλ. Η. Attridge, *The Epistle to the Hebrews: A Commentary on the Epistle to the Hebrews,* 1989, 6.

[5] Βλ. ενδεικτικά C. P. Anderson, «Hebrews among the Letters of Paul», *SR* 5 (1975-1976) 258-266. J. Bonsirven, *Saint Paul. Épître aux Hébreux,* Verbum Salutis XII, Paris 51943 ή την ιταλική μετάφραση του ίδιου, *San Paolo. Epistola agli Ebrei,* Roma 1962. G. T. Kennedy, *St. Paul's Conception of the Priesthood of Melchizedek: An Historico-Exegetical Investigation,* Washington 1951. J. Lécuyer, «Ecclesia Primitivorum (Hébr 12,23)», στο *Studiorum Paulinorum Congressus Internationalis Catholicus 1961,* τ. 2, Roma 1963, 161-168. R. Le Diaut, «Traditions Targumiques dans le Corpus Paulinien? (Hebr 11, 4 et 12, 24; Gal 4, 29-30; II Cor 3, 16)», *Bib* 42 (1961) 28-48. I. M. Vosté, «Christus Sacerdos Secundum Ordinem Melchizedech. Hebr. V, 1-10», στο *Studia Paulina,* Romae 1928, 104-134. J. V. Brown, «The Authorship and Circumstances of Hebrews Again», *BSac* 80 (1923) 505-538. S. Cipriani, «Lettera agli Ebrei», στο *Le Lettere di S. Paolo,* Assisi, 71991, 731-833.

[6] Για κοινές ιδέες και ομοιότητες με τις αδιαμφισβήτητες παύλειες επιστολές βλ. K. L. Schenck, *Understanding the Book of Hebrews: The Story behind the*

Εισαγωγή

Ως πιθανός συγγραφέας της προς Εβραίους έχει προταθεί ένας μεγάλος αριθμός προσώπων όπως: Απολλώς[7], Λουκάς[8], Τιμόθεος[9], Ακύλας, Πρίσκιλλα[10] ή και οι δύο

Sermon, Louisville, Westminster John Knox, 2003, 90 και D. Georgi, «Hebrews and the Heritage of Paul», στο G. Gelardini (εκδ.), *Hebrews: Contemporary Methods - New Insights*, BIS 75, Leiden, Brill, 2005, 240-242.

[7] Ο Απολλώς είναι το πρόσωπο που συγκεντρώνει την προτίμηση των περισσοτέρων ερευνητών της επιστολής. Βλ. ενδεικτικά J. Campos, «A Carta aos Hebreus como Apolo a Superasao de Certa Religiosidade Popular», *RCB* 8 (1984) 122-124. L. D. Hurst, «Apollos, Hebrews and Corinth: Bishop Montefiore's Theory Examined», *SJT* 38 (1985) 505-513. L. T. Johnson, *Hebrews: A Commentary*, London, Louisville, Westminster John Knox Press, 2006.

[8] R. H. Anderson, «The Cross and Atonement from Luke to Hebrews», *EvQ* 71 (1999) 127-150. M. D. Hutaff, «The Epistle to the Hebrews: An Early Christian Sermon», *TBT* 99 (1978) 1816-1824. M. D. Hutaff, «The Epistle to the Hebrews: An Early Christian Sermon», *TBT* 99 (1978) 1816-1824. Σύνδεση μεταξύ Λουκά και προς Εβραίους αναφέρεται από τον Ευσέβιο (*'Εκκλησιαστική 'Ιστορία*, 3, 38, 2). Μέσω του Λουκά έχει προταθεί η έμμεση συγγραφή της προς Εβραίους από τον Παύλο. Σε αυτή την περίπτωση ο Λουκάς καταγράφει τις ιδέες του Παύλου με δικό του τρόπο. Ο Καλβίνος το 16° αι. επιχειρεί μία τέτοια πρόταση. Στη νεότερη έρευνα βλ. Κυρ. Παπαδημητρίου, *Η Χρήση της Κοινής από τον Ευαγγελιστή Λουκά*, 151.

[9] J. D. Legg, «Our Brother Timothy: A Suggested Solution to the Problem of the Authorship of the Epistle to the Hebrews», *EvQ* 40 (1968) 220-223.

[10] Βλ. R. Hoppin, *Priscilla's Letter: Finding the Author of the Epistle to the Hebrews*, San Francisco, Christian Universities Press, 1997, 64. Πρόκειται για μία βελτιωμένη έκδοση μιας παλαιότερης εργασίας της ίδιας, *Priscilla, Author of the Epistle to the Hebrews and Other Essays*, New York, Exposition Press, 1969, η οποία επανεκδόθηκε πρόσφατα ως: *Priscilla's Letter: Finding the Author of the Epistle to the Hebrews*, Fort Bragg, Lost Coast Press, 2000. Ο πρώτος που πρότεινε την Πρίσκιλλα για συγγραφέα της επιστολής ήταν ο Harnack. Βλ. A. V. Harnack, «Probabilia über die Adresse und den Verfasser des Hebräerbriefes», *ZNW* 1 (1900) 16-41. Βλ και την τελευταία εργασία της R. Hoppin, «The Epistle to the Hebrews Is Priscilla's Letter?», στο A.-J. Levine (εκδ.), *A Feminist Companion to the Catholic Epistles and Hebrews*, FCNTECW 8, London, T & T Clark, 2005, 147-170.

Ο συγγραφέας και ο τόπος συγγραφής της επιστολής

μαζί σε συνεργασία, Βαρνάβας[11], Σίλας[12], Κλήμης Ρώμης[13], Αριστίων[14], Πέτρος[15], Στέφανος[16], Ιούδας ο Αδελφόθεος, Επαφράς[17], Φίλιππος[18], ο συγγραφέας της Αποκάλυψης[19], ακόμη και η Παναγία[20]. Στα πλέον πρόσφατα υπομνήματα[21]

---

[11] Ο Τερτυλλιανός απέδιδε την επιστολή στον Βαρνάβα. *De Pudicitia*, PL 20, 2, 1021. Πρόκειται για την αρχαιότερη πρόταση. Βλ. τις απόψεις των A. S. Barnes, «St. Barnabas and the Epistle to the Hebrews», *HibJ* 30 (1931-32) 103-117. J. V. Bartlet, «Barnabas and His Genuine Epistle», *Exp* 6 (1902) 28-30. του ίδιου, «The Epistle to the Hebrews as the Work of Barnabas», *Exp* (1903) 381-396. E. Riggenbach, *Der Brief an die Hebräer*, Zahn's Kommentar zum Neuen Testament 14, Wuppertal, R. Brockhaus, 1987, XXXVIII-LXIII.

[12] E. G. Selwyn, *The First Epistle of Peter*, London 1949, 463-466.

[13] Σύμφωνα με τον Ευσέβιο, ο Ωριγένης είχε την πληροφορία ότι μερικοί έλεγαν πως η επιστολή γράφτηκε από τον Κλήμη. Ευσεβίου, *Εκκλησιαστική Ιστορία*, 6, 14, 2-4. Βλ. J. M. Ford, «The First Epistle to the Corinthians or the First Epistle to the Hebrews», *CBQ* 28 (1966) 402-416 και R. W. Johnson, *Going outside the Camp: The Sociological Function of the Levitical Critique in the Epistle to the Hebrews*, JSNTSup 209, Sheffield, Sheffield Academic Press, 2001, 91.

[14] J. Chapman, «Aristion, Author of the Epistle to the Hebrews», *Rben* 22 (1905) 50-64.

[15] A. Welch, *The Authorship of the Epistle to the Hebrews*, London 1898.

[16] W. Leonard, *The Authorship of the Epistle to the Hebrews*, London 1939.

[17] Υποστηρίχθηκε από τον Jewett, ο οποίος θεωρεί ότι γράφτηκε εναντίον κάποιας αίρεσης που απέδιδε μεγάλη τιμή στη λατρεία των αγγέλων στη Λυκία και επιπλέον ότι η προς Εβραίους είναι η προς Λαοδικείς επιστολή, η οποία αναφέρεται στο Κολ. 4:16. Βλ. R. Jewett, *Letter to Pilgrims: A Commentary on the Epistle to the Hebrews*, New York 1981.

[18] A. M. Dubarle, «Redacteur et Destinataires de l' Épître aux Hébreux», *RB* 48 (1939) 506-529.

[19] L. Hermann, «L' Épître aux Laodiciens et l' Apologie aux Hébreux», *Cahiers du Cercle Ernest Renan* 15 (1968) 1-16.

[20] Βλ. Γ. Γρατσέα, *Η προς Εβραίους Επιστολή*, ΕΚΔ 13, Θεσσαλονίκη 1999, 39 και J. M. Ford, «The Mother of Jesus and the Authorship of the Epistle to the Hebrews», *TBT* 82 (1976) 683-694.

[21] Για παράδειγμα βλ. H. Attridge, *The Epistle to the Hebrews: A Commentary on the Epistle to the Hebrews*, Hermeneia, Philadelphia 1989. F. F. Bruce, The Epistle to the Hebrews, NICNT, Michigan 1990, 20. S. Bénétreau, *L' Épître aux Hébreux*, τ. 2, Commentaire Evangélique de la Bible 10, Vaux sur Seine, τ. 1, 1989. P. Ellingworth, *The Epistle to the Hebrews: A Commentary on the Greek*

Εισαγωγή

ο συγγραφέας δεν κατονομάζεται, αλλά δίνονται κάποια στοιχεία της ταυτότητας και του τόπου καταγωγής του, προκειμένου να στηριχθούν οι υποθέσεις που διατυπώνονται. Οι υποθέσεις της καταγωγής και του τόπου όπου βρίσκεται ο συγγραφέας της προς Εβραίους είναι επίσης ποικίλες[22]. Οι ερευνητές έχουν κατά καιρούς υποστηρίξει ότι πρόκειται για ελληνιστή Ιουδαίο[23]. Ακραία φαίνεται η πρόταση ότι αυτός

Text, NIGTC, Wm. B. Eerdmans, Michigan 1993. E. Grässer, *An die Hebräer*. 1. *Teilband: Hebr 1-6*, EKKNT 17/1, Zürich, Benziger 1990. G. H. Guthrie, *Hebrews*, The NIV Application Commentary, Grand Rapids, Zondervan, 1998. H. Hegermann, *Der Brief an die Hebräer*, THKNT, Berlin, Evangelische Verlagsanstalt 1988. D. A. Hagner, *Encountering the Book of Hebrews: An Exposition*, Encountering Biblical Studies, Grand Rapids, Michigan, Baker Academic, 2002, 20-23. R. E. Brown, *An Introduction to the New Testament*, ABRL, New York, Doubleday 1997, 684 και 693-695. D. A. DeSilva, *Perseverance in Gratitude. A Socio-Rhetorical Commentary on the Epistle to the Hebrews*, Wm. B. Eerdmans, Grand Rapids, Michigan 2000, 24-27. C. R. Koester, *Hebrews: A New Translation with Introduction and Commentary*, AB 36, New York, Doubleday, 2001, 45. D. J. Harrington, *The Letter to the Hebrews*, New Collegeville Bible Commentary, Collegeville, Liturgical Press, 2005. C-P. März, *Studien Zum Hebräerbrief*, Stuttgart, Katholisches Bibelwerk, 2005. R. Kampling, *Ausharren in Der Verheissung: Studien Zum Hebräerbrief*, Stuttgart, Katholisches Bibelwerk, 2005. Εξαίρεση αποτελεί το υπόμνημα των E. M. Heen-P. D. W. Krey (έκδ.), *Hebrews*, ACCS 10, Downers Grove, InterVarsity Press, 2005, όπου υποστηρίζεται η παύλεια προέλευση της επιστολής.
[22] Για πληροφορίες σχετικά με τα εισαγωγικά προβλήματα της προς Εβραίους βλ. A. B. Bruce, «Hebrews Epistle to», στο J. Hastings, *Dictionary of the Bible*, τ. 2, [2]1958, 327-335. G. W. Buchanan, «To the Hebrews», *Int* 31 (1977) 434-435. N. Clark, «Reading the Book. 2. The Letter to the Hebrews», *ExpTim* 108 (1996) 37-38. S. C. Gayford, «The Epistle to the Hebrews», στο *A New Commentary in Scripture*, έκδ. C. Gore et al., London 1928, 596-627. W. F. Howard, «The Epistle to the Hebrews», *Int* 5 (1951) 80-91. J. R. Willis, «Hebrews, Epistle to», στο F. C. Grant-H. Rowley, *Dictionary of the Bible*, [2]1963, 373-374.
[23] R. Pesch, «Hellenisten und Hebräer: Zu apg 9:29 und 6:1», *BZ* 23 (1979) 87-92. F. F. Bruce, *The Epistle to the Hebrews*, NICNT, Michigan 1990, 20. I. Salevao, *Legitimation in the Letter to the Hebrews: The Construction and Maintenance of a Symbolic Universe*, JSNTSup 219, Sheffield, Sheffield Academic Press, 2002, 101-102.

είναι Εσσαίος από το Κουμράν. Πιθανώς να είναι και ο ίδιος ο Διδάσκαλος της Δικαιοσύνης. Από την άλλη αρκετοί δέχονται ότι πρόκειται για εθνικοχριστιανό ή ακόμη και για κάποια ηγετική προσωπικότητα μιας λατρευτικής ομάδας (σέκτας) ή μιας μοναστικής κοινότητας οπουδήποτε και αν βρίσκεται αυτή.

Έχουν προταθεί επίσης μια σειρά από πόλεις, από την Ανατολή μέχρι τη Δύση με επικρατούσες τις εξής: Ρώμη, ο ευρύτερος χώρος της Παλαιστίνης, Ιερουσαλήμ, Αλεξάνδρεια, Έφεσος, Κουμράν, Καισάρεια, κάποια κοινότητα της διασποράς (οπουδήποτε). Πρόσφατες υποθέσεις κάνουν λόγο και για εντελώς διαφορετικές περιοχές, όπως: Ισπανία, Σικελία, Κύπρο, Αντιόχεια, Πέλλα, Ιάμνεια και Αθήνα[24].

2. Οι παραλήπτες της επιστολής και ο τόπος διαμονής τους

Σχετικά με το συγκεκριμένο ζήτημα για άλλη μια φορά οι προτάσεις ξεκινούν με αφορμή τα όσα αναφέρονται στο ίδιο το κείμενο. Εδώ θα πρέπει να αναφερθεί ότι δεν είναι ξεκάθαρο αν πρόκειται για ομιλία ή για επιστολή, τουλάχιστον στην αρχική της μορφή. Αν πρόκειται για ομιλία, δεν μπορούμε να μιλάμε για παραλήπτες αλλά για ακροατές. Εδώ πάντως θα χρησιμοποιείται ο όρος παραλήπτες προκειμένου να εντοπιστεί η κοινότητα στην οποία απευθύνεται ο συγγραφέας. Τα στοιχεία από το κείμενο που οι σύγχρονοι υπομνηματιστές της προς Εβραίους χρησιμοποιούν ως επιχειρήματα για να εδραιώσουν τις θέσεις τους έχουν ιδιαίτερο ενδιαφέρον. Σύμφωνα με το Εβρ. 13:2-4 πρόκειται για μια αστική κοινότητα[25]. Μπορεί οι παραλήπτες να

---

[24] Βλ. Ι. Καραβιδόπουλου, *Εισαγωγή στην Καινή Διαθήκη*, ²1998, 395. Ο καθηγητής Ι. Καραβιδόπουλος αναφέρει ότι στο τέλος κάποιου βυζαντινού μικρογράμματου χειρογράφου σημειώνεται ότι γράφτηκε από την Αθήνα. Όπως όμως, ο ίδιος υποστηρίζει, η πληροφορία αυτή είναι τελείως μεμονωμένη.

[25] W. L. Lane, *Hebrews 1-8*, WBC 47A, Waco, Texas 1991, Ii-Ix. R. W. Johnson, *Going outside the Camp*, 68-69.

Εισαγωγή

μην ξεπερνούσαν τα 15-20 άτομα και να αποτελούσαν μία κατ' οίκον εκκλησία. Συνεπώς η ομιλία να έλαβε χώρα σε μία οικία. Ως επιχείρημα κατά τον Lane[26] λαμβάνεται ο χαρακτηρισμός της Εκκλησίας ως «οἶκος» στους στίχους 3:6 και 10:21. Ο συγγραφέας γνωρίζεται προσωπικά με τους παραλήπτες (13:19, 23) και μάλιστα είναι γνώστης των δυσκολιών που πέρασαν στο παρελθόν (2:3-4, 5:11-14, 6:9-11, 10:32-34)[27]. Είναι βέβαιο ότι η κοινότητα είχε αντιμετωπίσει προβλήματα διωγμού (6:18-19)[28] και ότι σε αυτή υπάρχουν μέλη που είναι αδύνατα στην πίστη (3:6 και 6:4-12). Γίνεται ακόμη λόγος για κατοίκους μιας παραθαλάσσιας πόλης (6:18-19)[29] και τέλος ότι οι παραλήπτες

---

[26] W. L. Lane, στο ίδιο, Iix. Βλ. για παρόμοια άποψη H. W. Attridge, *The Epistle to the Hebrews*, 8. F. F. Bruce, *The Epistle to the Hebrews*, xxx. J. Dunnill, *Covenant and Sacrifice in the Letter of the Hebrews*, SNTSMS 75, Cambridge, Cambridge University Press, 1992, 32-39. B. Lindars, *The Theology of the Letter to the Hebrews*, Cambridge 1991, 18.

[27] Βλ. C. P. Anderson, «Who are the Heirs of the New Age in the Epistle to the Hebrews?», στο *Apocalyptic and the New Testament. Essays in Honor of J. M. Louis*, 1989, 255-277. P. Andriessen-A. Lenglet, «Quelques Passages Difficilies de l' Épître aux Hébreux (5,7; 10,20; 12,2;)», *Bib* 51 (1970) 207-220. P. Gray, *Godly Fear: The Epistle to Hebrews and Greco-Roman Critiques of Superstition*, Academia Biblica 16, Leiden, Brill, 2004. C. Sandergen, «The Addressees of the Epistle to the Hebrews», *EvQ* 27 (1955) 221-224. C. Van der Wall, «The People of God in the Epistle to the Hebrews», *Neot* 5 (1971) 83-92. Μ. Γκουτζιούδη, *Ιωβηλαίο έτος, Μελχισεδέκ και η προς Εβραίους Επιστολή. Συμβολή στη Διαμόρφωση της Χριστιανικής Σωτηριολογίας*, ΒΒ 36, Θεσσαλονίκη 2006, 452-460.

[28] Βλ την υπόθεση του H. M. Parker, «Domitian and the Epistle to the Hebrews», *IlRev* 36 (1979) 31-43. Πρβλ. B. P. Hunt, «The Epistle to the Hebrews. An Anti-Judaic Treatise?», *SE* 2 (1964) 408-410. A. C. Hao, *Jewish Persecution of the Early Christians and Perseverance in the Message of the Epistle to the Hebrews*, (μεταπτ. εργασία), Dallas Theological Seminary, 2004. E. L. Bode, «"Learning Obedience from Those That Suffered" Eb 5,8: The Educational Value of Suffering in Jesus and in Christians in the Letters to the Hebrews», *CBQ* 68 (2006) 350-352.

[29] Ι. Τσαγγαλίδη, «Η προς Εβραίους Επιστολή, (Μια Νέα Άποψη για τους Αποδέκτες της)», *Θεολ* 64 (1993) 215. Βλ. και C. Spicq, «Ἄγκυρα et Πρόδρομος dans Héb. VI, 19-20», *ST* 3 (1950) 185-187. S. P. Teodorico Da Castel, «Metaphore Nautiche in Ebrei 2, 1 e 6, 19», *RivB* 6 (1958) 33-49.

Οι παραλήπτες της επιστολής και ο τόπος διαμονής τους

είναι εξόριστοι πολίτες (11:13)[30].
Οι ερμηνευτές στηριζόμενοι στις παραπάνω πληροφορίες διατυπώνουν τις εξής υποθέσεις για τη θρησκευτική ταυτότητα των παραληπτών:
α. Ιουδαιοχριστιανοί[31]. Αυτοί βρίσκονταν στον κίνδυνο να επιστρέψουν στην παλιά τους πίστη ή απέτυχαν να διαχωριστούν τελείως από τον Ιουδαϊσμό. Πρόκειται για την παραδοσιακή και ευρύτερα αποδεκτή σήμερα άποψη.
β. Ιουδαιοχριστιανοί της διασποράς που επέστρεψαν στην Ιερουσαλήμ για να αναμένουν την παρουσία του Κυρίου[32].
γ. Ελληνιστές Ιουδαίοι[33].

---

[30] J. Dunnill, *Covenant and Sacrifice in the Letter to the Hebrews*, 29-32.
[31] Βλ. F. F. Bruce, *The Epistle to the Hebrews*, NICNT, Michigan 1990, 9. P. Ellingworth, *The Epistle to the Hebrews: A Commentary on the Greek Text*, NIGTC, Grand Rapids, Michigan, W. B. Eerdmans, Carlisle England, Paternoster, 1993, 27 και 29. D. A. Hagner, *Encountering the Book of Hebrews: An Exposition*, 23. B. F. Westcott, *The Epistle to the Hebrews: The Greek Text with Notes and Essays*, Grand Rapids, Wm. B. Eerdmans, ²1980, 166-167. J. Moffatt, *A Critical and Exegetical Commentary on The Epistle to the Hebrews*, NIBC, Edinburgh, Clark, 1924, 76-82. H. W. Attridge, *The Epistle to the Hebrews: A Commentary on the Epistle to the Hebrews*, Hermeneia, Philadelphia 1989, 11-13, 166-173. W. R. G. Loader, *Sohn und Hohepriester. Eine Traditionsgeschichtliche Untersuchung zur Christologie des Hebräerbriefes*, WMANT 53, Neukirchen 1981, 251-260. J. Dunnill, *Covenant and Sacrifice in the Letter of the Hebrews*, 24-27. Η άποψη αυτή επικρατούσε στηριζόμενη στην παράδοση της εκκλησίας μέχρι το τέλος του 19ου αιώνα. Βλ. και την εργασία του N. H. Young, «'Bearing His Reproach' (Heb 13.9-14)», *NTS* 48 (2002) 243-261. S. D. Mackie, «Confession of the Son of God in Hebrews», *NTS* 53 (2007) 114.
[32] G. W. Buchanan, *To the Hebrews*, AB 36, New York, Doubleday, 1972, 255-256. Βλ. και την πρόσφατη εργασία του K. Son, *Zion Symbolism in Hebrews: Hebrews 12:18-24 as a Hermeneutical Key to the Epistle*, Paternoster Biblical Monographs, Waynesboro, Paternoster, 2006.
[33] R. H. Fuller, *The Letter to the Hebrews*, Philadelphia 1977, 25-27. A. M. Fairhurst, «Hellenistic Influence in the Epistle to the Hebrews», *TynB* 7 (1961) 17-27. W. L. Lane, στο ίδιο, Iiii-Iiv. S. Ruager, «Wir haben einen Altar (13,10). Einige Über Legungen zum Thema: Gottesdienst Adendmahl im Hebräerbrief», *KD* 36 (1990) 72-77. F. F. Bruce, *The Epistle to the Hebrews*, NICNT, Michigan 1990, 8-9. P. M. Eisenbaum, *The Jewish Heroes of Christian History: Hebrews 11*

Εισαγωγή

δ. Εθνικοχριστιανοί ή μια μικτή κοινότητα[34].
ε. Χριστιανοί από τη Ρώμη (πιθανώς ιουδαιοχριστιανοί), οι οποίοι κατά το διωγμό του Κλαυδίου (49 μ.Χ.) αναγκάσθηκαν να εγκαταλείψουν την πατρίδα τους και τώρα επέστρεψαν στα σπίτια τους (Εβρ. 10:32-34, 11:35 και 12:3)[35].
στ. Μία λατρευτική κοινότητα[36].
ζ. Εσσαίοι[37] ή χριστιανοί προερχόμενοι από την εσσαϊκή κοινότητα του Κουμράν[38].
η. Η άποψη του Bornkamm[39], ο οποίος στηρίζεται στο 13:9 ότι οι παραλήπτες είναι κάποιοι συγκρητιστές, είναι προφανώς ακραία.

Σχετικά τώρα με τον τόπο, όπου βρίσκονται οι παραλήπτες,

---

in *Literary Context*, SBLDS, 156, Atlanta, Scholars Press, 1997, 7. M. E. Isaacs, *Reading Hebrews and James: A Literary and Theological Commentary*, Reading the New Testament Series, Macon, 2002, 8.

[34] H. Braun, *An die Hebräer*, HNT, Tübingen, Mohr, 1984, xvi-xvii. H. F. Weiss, *Der Brief an die Hebräer*, KEK 15, Göttingen, Vendenhoeck & Ruprecht, 1991, 71. E. Grässer, *An die Hebräer. 1. Teilband: Hebr 1-6*, EKKNT 17/1, Zürich, Benziger 1990, 24. C. A. Thomas, *A Case for Mixed-Audience with Reference to the Warning Passages in the Book of Hebrews*, (Διδακτ. Διατρ.), Dallas Theological Seminary, 2006. C. R. Koester, *Hebrews: A New Translation with Introduction and Commentary*, 2001, 47-48.

[35] W. L. Lane, στο ίδιο, Iix.

[36] S. Lehne, *The New Covenant in Hebrews*, 1990, 108-115. J. M. Scholer, *Proleptic Priests. Priesthood in the Epistle to the Hebrews*, 1991, 82. M. R. D'Angelo, *Moses in the Letter to the Hebrews*, SBLDS 42, Missoula, Mont, Scholars Press, 1979. J. Dunnill, στο ίδιο, 32-36.

[37] Η ιδέα προτάθηκε για πρώτη φορά από τον D. Schulz, *Der Brief an Die Hebräer. Einleitung, Uebersetzung Und Anmerkungen Von David Schulz*, Breslau, 1818, 67-68. Βλ. επίσης C. Spicq, *L' Épître aux Hébreux*, Paris 1977 και H. Kosmala, *Hebräer, Essener, Christen. Studien zur Vorgeschichte Frühchristlichen Verkündigung*, StPB 1, Leiden, Brill 1959.

[38] Βλ. Σ. Αγουρίδη, «Γιατί Πέθανε ο Χριστός: Κεφάλαιο Δ. Κατά την προς Εβραίους Επιστολή», *ΔΒΜ* 9 (1990) 22. B. Pixner, «The Jerusalem Essenes, Barnabas and the Letter of Hebrews», στο *Intertestamental Essays in Honour of J. T. Milik*, έκδ. Z. J. Capera, Krakov 1992, 167-178.

[39] G. Borkamm, «Das Bekenntnis im Hebräerbrief», στο *Studien zu Antike und Christentum*. Munich, Kaiser ²1963, 188-203.

Οι παραλήπτες της επιστολής και ο τόπος διαμονής τους

έχουν γίνει πολλές υποθέσεις περικλείοντας γεωγραφικά μια τεράστια περιοχή. Ανατολικά το όριο είναι η Ιερουσαλήμ και δυτικά η Ισπανία. Από τις προτάσεις αυτές, η Ρώμη ή κάποια περιοχή κοντά στη Ρώμη είναι από τις επικρατέστερες. Οι ερευνητές που τάσσονται υπέρ αυτής της θέσης χρησιμοποιούν τα εξής επιχειρήματα: α) Στους στίχους 13:7, 17 και 24, ο χαρακτηρισμός των αρχηγών των κοινοτήτων ως «*ηγουμένων*» συναντάται σε χριστιανικές πηγές που συνδέονται με τη Ρώμη[40]. β) Ο Bruce[41] βλέπει το διωγμό του Κλαυδίου στο 10:32-34. γ) Η Ρώμη γνωρίζει από πολύ παλιά την προς Εβραίους (π.χ. *Α΄ Κλήμεντος*[42]). δ) Η άρνηση της εκκλησίας της Ρώμης να δεχτεί την επιστολή ως παύλεια. ε) Οι ομοιότητες με την Α΄ Πέτρου και ενδεχομένως με τα λουκάνεια έργα[43]. στ) Η μνεία του Τιμοθέου στο 13:23 υποστηρίζεται[44] ότι αποτελεί μαρτυρία ότι ο Τιμόθεος ήταν γνωστός στην τοπική κοινότητα, εφόσον βρισκόταν με τον Παύλο στη Ρώμη το 60 μ.Χ. ζ) Τέλος, η υπόθεση της ομοιότητας της προς Εβραίους με την *Επιστολή Βαρνάβα*.

Μία άλλη ομάδα ερευνητών από την άλλη, τάσσεται εναντίον μιας τέτοιας υπόθεσης και θεωρεί ότι το μόνο που μας συνδέει με τη Ρώμη είναι το κεφάλαιο 13[45]. Το Εβρ. 13:24

---

[40] W. Lane, *στο ίδιο*. Πρβλ. H. F. Weiss, *Der Brief an die Hebräer*, Göttingen 1991 και D. A. DeSilva, «The Epistle to the Hebrews in Social-Scientific Perspective», *ResQ* 36 (1994) 1-21.

[41] F. F. Bruce, «To the Hebrews: A Document of Roman Christianity?», *ANRW* 25 (1987) 3496-3521 και του ίδιου, *The Epistle to the Hebrews*, NICNT, Michigan 1990, 13. Διαφορετική άποψη έχει ο D. W. Riddle, «Hebrews, First Clement and the Persecution of Domitian», *JBL* 43 (1924) 329-348.

[42] R. E. Brown, *Christ above All: The Message of Hebrews*, 1982. Βλ. και G. Theissen, *Untersuchungen zum Hebräerbrief*, SANT 2, Gütersloh, Mohn, 1969, 37-44. D. A. Hagner, *Encountering the Book of Hebrews*, 24. B. Witherington, *New Testament History: A Narrative Account*, Grand Rapids, Michigan, Baker Academic, 2001, 408. I. Salevao, *Legitimation in the Letter to the Hebrews*, 105. Η *Α΄ Κλήμεντος* γνωρίζει και χρησιμοποιεί το κείμενο της προς Εβραίους.

[43] Βλ. περισσότερα I. Salevao, *Legitimation in the Letter to the Hebrews*, 106-108.

[44] I. Salevao, *στο ίδιο*, 119, υποσ. 89.

[45] Βλ. Ι. Τσαγγαλίδη, *στο ίδιο*, 213.

Εισαγωγή

διαβάζεται όπως στο Πραξ. 18:2. Δηλώνει δηλαδή, μόνο την καταγωγή των προσώπων χωρίς να σημαίνει απαραίτητα ότι αυτοί βρίσκονται τη στιγμή που αναφέρονται στον τόπο καταγωγής τους. Έχει ακόμη διατυπωθεί η άποψη ότι η θεολογία της επιστολής δεν ταιριάζει με τη θεολογία της χριστιανικής κοινότητας της Ρώμης κατά τον 1° αι. μ.Χ. Πρόβλημα επίσης αποτελεί το γεγονός ότι η Ρώμη δεν αποδέχθηκε νωρίς την προς Εβραίους. Ας σημειωθεί εδώ ότι η Ρώμη προτάθηκε ως πιθανός τόπος διαμονής των παραληπτών της προς Εβραίους αρχικά στα μέσα του 18ου αιώνα.

Μετά την υπόθεση της Ρώμης, η Αλεξάνδρεια έρχεται ως η δεύτερη πιο πιθανή περίπτωση. Εδώ επικεντρώνουν το ενδιαφέρον τους όσοι υποστηρίζουν την ελληνομάθεια του συγγραφέα και τις επιδράσεις από τον Φίλωνα καθώς και από την πλατωνική φιλοσοφία[46]. Η Παλαιστίνη είναι η πρώτη περιοχή που προτάθηκε χρονικά (Χρυσόστομος)[47]. Στη νεότερη έρευνα ο Bruce[48] στηρίζεται στην ερμηνεία του 10:32-34. Αναζητεί, όπως και ο Τσαγγαλίδης[49], διωγμούς που έλαβαν χώρα στην Παλαιστίνη και δεν οδήγησαν σε μαρτύριο τους χριστιανούς πριν από το γενικό διωγμό του Νέρωνα. Ειδικότερα έχει προταθεί και η πόλη της Ιερουσαλήμ. Από το Πραξ. 6:19 γνωρίζουμε ότι υπήρχαν ελληνόφωνες συναγωγές[50]. Για να μείνουμε στον ίδιο

---

[46] Βλ. τις πληροφορίες που δίνει ο I. Salevao, *Legitimation in the Letter to the Hebrews*, 118, υποσ. 85.

[47] Οι Χρυσόστομος, *Ἑρμηνεία εἰς τήν πρός Ἑβραίους Ἐπιστολήν*, PG 63, 9-14, Θεόδωρος Μοψουεστίας, *Εἰς τήν πρός Ἑβραίους Ἐπιστολήν*, PG 66, 952, Ιερώνυμος, *De Viris Illustribus V*, PL 23, 617 και Θεοδώρητος, *Ἑρμηνεία τῆς πρός Ἑβραίους Ἐπιστολῆς*, PG 82, 676, πιστεύουν ότι οι παραλήπτες βρίσκονται στην Παλαιστίνη. Πρβλ. C. Spicq, «L' Épître aux Hébreux, Apollos, Jean-Baptiste, Les Hellenistes et Qumran», RevQ 1 (1959) 365-367. P. E. Hughes, A Commentary on the Epistle to the Hebrews, Grand Rapids, Eerdmans 1977, 19. Κυρ. Παπαδημητρίου, *Η Χρήση της Κοινής από τον Ευαγγελιστή Λουκά*, 151.

[48] Βλ. F. F. Bruce, *στο ίδιο*, 3496.

[49] Βλ. Ι. Τσαγγαλίδη, *στο ίδιο*, 213.

[50] Χ. Βούλγαρη, «Η προς Εβραίους Επιστολή. Περιστατικά, Παραλήπτες, Συγγραφέας, Τόπος και Χρόνος Συγγραφής», *ΕΕΘΣΑ* 27 (1986) 55-95.

Οι παραλήπτες της επιστολής και ο τόπος διαμονής τους

γεωγραφικό χώρο μετά την ανακάλυψη των χειρογράφων της Νεκράς Θάλασσας το Κουμράν ήρθε στην επικαιρότητα. Η θέση αυτή είχε υποστηριχθεί αρχικά από τους Buchanan[51] και Spicq[52] και αργότερα επηρέασε και άλλους μελετητές. Αν τέλος, προτιμηθεί η Καισάρεια, τότε σε αυτή την περίπτωση θεωρείται δεδομένη η παύλεια συγγραφή της επιστολής[53]. Έχουν ακόμη προταθεί: Έφεσος[54], Αντιόχεια, Σικελία, Κόρινθος[55], Μικρά Ασία, Κύπρος[56], Λυκία[57], Κολοσσές, Λαοδίκεια, Θεσσαλονίκη, Βιθυνία, Σαμάρεια[58], Βέροια. Έχει διατυπωθεί ακόμη και η άποψη ότι δεν γράφτηκε για μία συγκεκριμένη κοινότητα, αλλά πρόκειται για εγκύκλια επιστολή. Πρόσφατα η Eisenbaum υποστήριξε ότι ο συγγραφέας της επιστολής δεν είχε κατά νου μία συγκεκριμένη χριστιανική κοινότητα, αλλά ένα φανταστικό ακροατήριο στο οποίο θα διαβάζονταν το κείμενο[59]. Σε αυτή την περίπτωση η προς Εβραίους μπορεί να συνδέεται με οποιαδήποτε από τις πρώτες γνωστές χριστιανικές κοινότητες και δεν απαντά σε κάποιο συγκεκριμένο ερώτημα των παραληπτών.

---

[51] Βλ. G. W. Buchanan, *To the Hebrews*, AB 36, New York, Doubleday, 1972, 255-256.
[52] C. Spicq, *L'Épître aux Hébreux*, 1977.
[53] Βλ. Ι. Τσαγγαλίδη, *στο ίδιο*, 214-215.
[54] Βλ. D. R. Schwarz, «On Quirinius, John the Baptist, the Benedictus, Melchizedek, Qumran and Ephesus», *RevQ* 13 (1988) 635-646 και W. F. Howard, «The Epistle to the Hebrews», *Int* 5 (1951) 80-91.
[55] Βλ. F. Lobue, «The Historical Background of the Epistle to the Hebrews», *JBL* 75 (1956) 52-57 και H. Montefiore, *A Commentary on the Epistle to the Hebrews*, HNTC, New York, 1964, 9-12.
[56] A. Snell, *A New and Living Way: An Explanation of the Epistle to the Hebrews*, London, Faith Press, 1959, 19.
[57] Βλ. T. W. Manson, *The Problem of the Epistle to the Hebrews*, Manchester 1949, 1-17 και R. Jewett, *Letter to Pilgrims: A Commentary on the Epistle to the Hebrews*, New York, Pilgrim Press, 1981, 10-13.
[58] C. H. H. Scobie, «The Origins and Development of Samaritan Christianity», *NTS* 19 (1972-1973) 390-414.
[59] P. Eisenbaum, «Locating Hebrews within the Literary Landscape of Christian Origins», στο G. Gelardini (εκδ.), *Hebrews: Contemporary Methods-New Insights*, 231.

Εισαγωγή

3. Ο χρόνος συγγραφής της επιστολής

Το ίδιο το κείμενο μας προσφέρει τη σημαντικότερη βοήθεια στην προσπάθεια προσδιορισμού του χρόνου συγγραφής της επιστολής, αν προσπαθήσουμε να χρονολογήσουμε τα γεγονότα για τα οποία γίνεται λόγος σε αυτό. α) Στους στίχους 2:1-4, 5:11, 6:12 φαίνεται ότι οι παραλήπτες έχουν αρχίσει να αδιαφορούν για τη σωτηρία. Από αυτό συμπεραίνουμε ότι αναφέρεται σε χριστιανούς δεύτερης γενιάς για τους οποίους η καθυστέρηση της παρουσίας του Κυρίου αποτελούσε σημαντικό πρόβλημα. Πιθανώς έχουν περάσει τρεις με τέσσερις δεκαετίες από τη στιγμή της εμφάνισης του χριστιανικού κινήματος και β) κάποια μέλη της τοπικής εκκλησίας είχαν αρχίσει να εγκαταλείπουν τη νέα τους πίστη (3:12-15).

Στο θέμα της χρονολόγησης φυσικά δεν υπάρχει ομοφωνία[60]. Οι ερευνητές θεωρούν ως *terminus a quo* το 60 μ.Χ. και ως *terminus ad quem* το 95-96 μ.Χ., χρονολογία συγγραφής της Α' *Κλήμεντος*, η οποία προφανώς γνωρίζει το κείμενο της προς Εβραίους και το χρησιμοποιεί. Παρόλα αυτά διατυπώθηκαν και ακραίες γνώμες, όπως το 130 ή 136[61] ή νωρίτερα από το 60 μ.Χ. Το ενδιαφέρον επικεντρώνεται γύρω από το 70 μ.Χ. που είναι η χρονιά καταστροφής του Ναού και αυτό γιατί σε ένα τόσο έντονα λατρευτικό κείμενο με θυσιαστική ορολογία θα πρέπει να υπάρχει ένας σημαντικός λόγος που να δικαιολογεί την απουσία αναφοράς του Ναού.

Θα επιχειρήσουμε μια διαίρεση των ερευνητών σε δύο ομάδες. Στην πρώτη ανήκουν αυτοί οι οποίοι δέχονται ως χρόνο συγγραφής κάποια στιγμή πριν το 70 μ.Χ.[62] με κύριο επιχείρημα

---

[60] Βλ. G. A. Barton, «The Date of the Epistle to the Hebrews», *JBL* 57 (1938) 195-207.

[61] Πρόσφατα η P. Eisenbaum, «Locating Hebrews within the Literary Landscape of Christian Origins», στο G. Gelardini (εκδ.), *Hebrews*, 224-230 πρότεινε ως χρόνο συγγραφής το πρώτο τέταρτο του 2ου αι. μ.Χ. και συνέδεσε το κείμενο με τη Ρώμη.

[62] G. W. Buchanan, *στο ίδιο*, 268. P. Walker, «Jerusalem in Hebrews 13:9-14 and the Dating of the Epistle», *TynB* 45 (1994) 39-71. W. L. Lane, *στο*

Ο χρόνος συγγραφής της επιστολής

το γεγονός ότι ο Ναός δεν αναφέρεται επειδή τα αποσπάσματα της Π.Δ. προέρχονται από την Πεντάτευχο. Ο Μωυσής, το Σινά αλλά και η διαθήκη έχουν σχέση με τη Σκηνή του Μαρτυρίου γι' αυτό και δεν μπορούν να συνδεθούν αρμονικά με το Ναό. Στη δεύτερη ανήκουν όσοι δέχονται μια αργότερη συγγραφή, δηλαδή μετά το 70 μ.Χ[63]. Εδώ, όπως είναι φυσικό, το κύριο επιχείρημα είναι η έλλειψη αναφοράς στο Ναό, ενώ πρόκειται για λατρευτικό κείμενο και μάλιστα με αναφορά στο τυπικό της Ημέρας του Εξιλασμού. Από αρκετούς ερευνητές προτιμάται η περίοδος του Δομιτιανού, επειδή ο αυτοκράτορας αυτός συνδέεται με διωγμούς κατά των χριστιανών και στα χρόνια του έχουμε αρκετούς μάρτυρες. Το γεγονός αυτό μπορεί να συνδέεται με το παρελθόν της κοινότητας στην οποία απευθύνεται η προς Εβραίους. Από την άλλη, ισχυρή προτίμηση εκδηλώνεται για το χρονικό διάστημα 63-69 μ.Χ., αλλά τίποτα δεν μπορεί να λεχθεί με βεβαιότητα. Ούτε το γεγονός ότι οι αναφορές στο θυσιαστικό σύστημα γίνονται σε ενεστώτα χρόνο αποδεικνύει ότι οι θυσίες συνεχίζονταν στο Ναό κατά την εποχή της συγγραφής της προς Εβραίους. Ο Ιώσηπος για παράδειγμα, στην *Ιουδαϊκή Αρχαιολογία*, γράφοντας είκοσι χρόνια μετά την καταστροφή του Ναού, χρησιμοποιεί επίσης

ίδιο, lxii. M. E. Isaacs, *Sacred Space. An Approach to the Theology of the Epistle to the Hebrews*, 1992, 205-217. Χ. Βούλγαρη, Ὑπόμνημα εἰς τὴν πρὸς Ἑβραίους Ἐπιστολήν, Αθήνα 1993. Ι. Καραβιδόπουλου, *Εισαγωγή στην Καινή Διαθήκη*, Θεσσαλονίκη, ²1998, 394-403. D. A. Hagner, *Encountering the Book of Hebrews: An Exposition*, 25. D. A. DeSilva, *Perseverance in Gratitude. A Socio-Rhetorical Commentary on the Epistle to the Hebrews*, Wm. B. Eerdmans, Grand Rapids, Michigan 2000, 20.

[63] H. F. Weiss, *Der Brief an die Hebräer*, Göttingen, 1991. J. A. T. Robinson, *Redating the New Testament*, London 1976. Ι. Παναγόπουλου, *Εισαγωγή στην Καινή Διαθήκη*, 1995, 333. R. E. Brown, *An Introduction to the New Testament*, 696-697. I. Salevao, *Legitimation in the Letter to the Hebrews: The Construction and Maintenance of a Symbolic Universe*, 104. E. B. Aitken, «Portraying the Temple in Stone and Text: The Arch of Titus and the Epistle to the Hebrews», στο G. Gelardini (εκδ.), *Hebrews: Contemporary Methods - New Insights*, 146. D. Georgi, «Hebrews and the Heritage of Paul», στο G. Gelardini (εκδ.), *Hebrews: Contemporary Methods - New Insights*, 243.

Εισαγωγή

ενεστωτικό χρόνο. Το ίδιο συμβαίνει και στην *Α' Κλήμεντος* 40-41 και στην επιστολή *προς Διόγνητον*, 3. Συμπερασματικά θα λέγαμε ότι μολονότι η προς Εβραίους θεολογικά ταιριάζει περισσότερο με την περίοδο γύρω στο 80 μ.Χ. εμφανίζει στοιχεία τα οποία εναρμονίζονται και με την περίοδο πριν το 70 μ.Χ. Συνεπώς αδυνατούμε να δείξουμε ισχυρή προτίμηση προς κάποια συγκεκριμένη χρονική περίοδο.

4. Η φιλολογική μορφή της επιστολής

Η προσπάθεια καθορισμού του φιλολογικού είδους του κειμένου εξακολουθεί να ταλανίζει τη σύγχρονη έρευνα. Όπως έχει σωστά παρατηρηθεί, η προς Εβραίους αρχίζει ως πραγματεία, συνεχίζει ως κήρυγμα και κλείνει ως επιστολή. Στις μέρες μας, δεσπόζει πλέον η άποψη ότι πρόκειται για ομιλία που αρχικά εκφωνήθηκε σε κάποιους χριστιανούς από τον μετέπειτα συγγραφέα, ο οποίος και της έδωσε τη μορφή με την οποία σώζεται. Σε όλα σχεδόν τα ερμηνευτικά υπομνήματα από το 1970 και εξής αναγνωρίζεται πλέον ο ομιλητικός χαρακτήρας της προς Εβραίους.

Από το κείμενο απουσιάζει το προοίμιο, αλλά και γενικά δεν ακολουθούνται οι σχετικοί κανόνες της επιστολογραφίας της εποχής[64]. Έτσι για τη μορφή με την οποία μας έχει διασωθεί έχουν διατυπωθεί δύο απόψεις: α) ότι ο επίλογος προστέθηκε αργότερα και β) το αρχικό τμήμα με τους χαιρετισμούς χάθηκε. Η δεύτερη άποψη δεν φαίνεται πιθανή. Αναμφισβήτητα ο συγγραφέας είναι χαρισματικός ομιλητής και με την ιδιόμορφη εναλλαγή δογματικής διδασκαλίας και προτροπής πετυχαίνει

---

[64] Βλ. J. Galot, «Il Prologo della Lettera agli Ebrei (Eb 1, 1-4)», *SacDoc* 34 (1989) 533-556 και T. G. Long, *Hebrews*, Interpretation, A Bible Commentary for Teaching and Preaching, Louisville, John Knox Press, 1997, 7. Ο δεύτερος ερευνητής δέχεται ότι το κείμενο της προς Εβραίους ξεκινά με ποιητική περιγραφή της θεϊκής αποκάλυψης. Πρβλ. R. Perdelwitz, «Das Literarische Problem des Hebräerbriefes», *ZNW* 11 (1910) 59-78, 105-123.

Η φιλολογική μορφή της επιστολής

ρητορική αποτελεσματικότητα. Εξαιρώντας την παραδοσιακή άποψη ότι πρόκειται για επιστολή, θα παρουσιάσουμε σε αυτό το σημείο τις απόψεις που διατυπώνονται προκειμένου να βρεθεί, στην περίπτωση που έχουμε να κάνουμε με ομιλία, σε ποιο συγκεκριμένο ομιλητικό είδος υπάγεται.

α) Παραινετική ομιλία[65]. Ο συγγραφέας ονομάζει το κείμενο στο στίχο 13:22 «*λόγο παρακλήσεως*»[66].

β) Πρωτοχριστιανική ομιλία[67], η οποία εκφωνήθηκε είτε

---

[65] M. R. Cosby, *The Rhetorical Composition and Function of Hebrews 11: In Light of Example Lists in Antiquity*, Macon 1988. Πρβλ. J. Casey, «Christian Assembly in Hebrews: A Fantasy Island?», *TD* 30 (1982) 323-335. M. R. Miller, «What is the Literary Form of Hebrews 11?», *JETS* 29 (1986) 411-417. J. G. Gammie, «Paraenetic Literature: Toward the Morphology of a Secondary Genre», *Semeia* 50 (1990) 41-77.

[66] H. W. Attridge, «Paraenesis in a Homily (Λόγος Παρακλήσεως): The Possible Location of, and Socialization in the Epistle to the Hebrews», *Semeia* 50 (1990) 211-226. Ο Attridge υποστηρίζει ότι ο λόγος παρακλήσεως ήταν ένα υποείδος μέσα στην γενική συνομοταξία των παραινέσεων. Βλ. περισσότερες πληροφορίες στις εργασίες των L. B. Perdue, «The Social Character of Paraenesis and Paraenetic Literature», *Semeia* 50 (1990) 5-39 και P. Eisenbaum, «Locating Hebrews within the Literary Landscape of Christian Origins», στο G. Gelardini (εκδ.), *Hebrews: Contemporary Methods - New Insights*, 221-224.

[67] B. Witherington, «The Influence of Galatians on Hebrews», *NTS* 37 (1991) 146-152. Βλ. και H. W. Attridge, «New Covenant Christology in an Early Christian Homily», *QuartRev* 8 (1988) 89-108.

Εισαγωγή

σε συναγωγή[68], είτε σε κάποια οικία[69]. Ο Stanley[70] πιστεύει ότι πρόκειται για ομιλία που διακρίνεται σε τρία μέρη: 1-7, 8-10 και 11-13, ενώ ο Schierse[71] θεωρεί ότι πρόκειται για λειτουργική ομιλία.

γ) Κήρυγμα. Οι Spicq[72] και Cosby[73] πιστεύουν ότι πρόκειται για ένα είδος αποστολικού κηρύγματος. Σύμφωνα με τον Bristol[74] τα χαρακτηριστικά μέρη ενός πρωτοχριστιανικού κηρύγματος ήταν: α) Η επίκληση της μαρτυρίας της Π.Δ. για τον ερχομό του Μεσσία, β) μια σύντομη σύνοψη της ζωής του

---

[68] M. R. Cosby, *στο ίδιο*. Βλ. και T. E. Schmidt, «Moral Lethargy and the Epistle to the Hebrews», *WTJ* 54 (1992) 177-213. Με εξαίρεση μερικούς στίχους από το 13:21 εξ. η επιστολή έχει τη μορφή μιας τυπικής ομιλίας που εκφωνούνταν σε συναγωγές της διασποράς. Οι πηγές του υλικού από την Π.Δ. χρησιμοποιούνται κατά τον ίδιο τρόπο που χρησιμοποιούνταν σε μια χαρακτηριστική ελληνιστική ομιλία, προκειμένου να αποδειχθούν οι θέσεις που υποστηρίζονται και επιπλέον περιέχεται αλληγορική εξήγηση. Βλ. τις πρόσφατες εργασίες της G. Gelardini, *Verhärtet Eure Herzen Nicht: Der Hebräer, Eine Synagogenhomilie Zu Tischa Be-Aw*, Leiden, Brill, 2007 και της ίδιας, «Hebrews, an Ancient Synagogue Homily for *Tisha be-Av*: Its Function, Its Basis, Its Theological Interpretation», στο G. Gelardini (εκδ.), *Hebrews: Contemporary Methods - New Insights*, 115-124.

[69] W. L. Lane, *στο ίδιο*, lxii.

[70] S. Stanley, «The Structure of Hebrews from Three Perspectives», *TynB* 47 (1996) 245-271.

[71] F. J. Schierse et al., *The Epistles to the Hebrews, of St. James, and to the Thessalonians*, London 1977.

[72] Βλ. C. Spicq, *L' Épître aux Hébreux*, Paris 1977. Πρβλ. F. F. Bruce, «The Kerygma of Hebrews», *Int* 23 (1969) 3-19 και W. L. Lane, «Hebrews: A Sermon in Search of a Setting», *SWJT* 28 (1985) 13-18. Πρβλ. και M. D. Hutaff, «The Epistle to the Hebrews: An Early Christian Sermon», *TBT* 99 (1978) 1816-1824.

[73] M. Cosby, *στο ίδιο*. Πρβλ. και του ίδιου, «The Rhetorical Composition of Hebrews 11», *JBL* 107 (1988) 257-273. Βλ. επίσης για περισσότερες πληροφορίες L. Wills, «The Form of the Sermon in Hellenistic Judaism and Early Christianity», *HTR* 77 (1984) 277-299.

[74] L. O. Bristol, «Primitive Christian Preaching and the Epistle to the Hebrews», *JBL* 68 (1949) 89. Βλ. και την εργασία του T. Manton, *By Faith: Sermons on Hebrews 11*, Edinburgh, Banner of Truth Trust, 2000.

Η φιλολογική μορφή της επιστολής

Χριστού, γ) ο υπερτονισμός της σταύρωσης, της ανάστασης και της ανάληψης του Χριστού και δ) η πρόσκληση σε μετάνοια και πίστη. Η άποψη ότι η προς Εβραίους είναι κήρυγμα στο οποίο προστέθηκε επιστολικός επίλογος κέρδισε έδαφος τα τελευταία χρόνια.

δ) Έχει ακόμη υποστηριχθεί ότι πρόκειται για μια βιβλική εξήγηση. Το γεγονός βέβαια αυτό δεν αποδεικνύεται από τη φιλολογική μορφή που έχει η προς Εβραίους[75].

Πέρα από την επικρατούσα άποψη, έχει υποστηριχθεί ακόμη ότι πρόκειται για ρητορική πραγματεία[76]. Άλλοι ερευνητές, από τους οποίους οι Buchanan[77] και Bruce[78] πιο χαρακτηριστικά, πιστεύουν ότι είναι ένα ομιλητικό μιδράς στον Ψαλμό 109. Τέλος, έχει υποστηριχθεί ακόμη, η άποψη ότι παρουσιάζει

---

[75] F. Filson, 'Yesterday': A Study of Hebrews in the Light of Chapter 13, SBT, London, SCM Press, 1967, 18.

[76] V. C. Pfitzner, «The Rhetoric of Hebrews: Paradigm for Preaching», LuthTJ (1993) 3-12. Ο Pfitzner δέχεται ότι με τη γραπτή της μορφή, η προς Εβραίους εμφανίζεται ως ρητορική πραγματεία, ενώ οι Lindars, Übelacker και Löhr ειδικότερα, ισχυρίζονται ότι ανήκει στο συμβουλευτικό ρητορικό είδος επειδή περιέχει συμβουλές και αποτροπές. Βλ. B. Lindars, «The Rhetorical Structure of Hebrews», NTS 35 (1989) 383. W. G. Übelacker, Der Hebräerbrief als Appell I: Untersuchungen zu Exordium, Narratio und Postscriptum (Hebr 1-2 und 13,22-25), Stockholm 1989. D. F. Watson, «Rhetorical Criticism of Hebrews and the Catholic Epistles since 1978», CR:BS 5 (1997) 175-207. H. Löhr, «Reflections on Rhetorical Terminology in Hebrews», στο G. Gelardini (εκδ.), Hebrews: Contemporary Methods-New Insights, 209-210. Ο D. A. Hagner, Encountering the Book of Hebrews: An Exposition, 29-30, δέχεται ότι πρόκειται για κείμενο θεολογικής πραγματείας, το οποίο μοιάζει με κήρυγμα και αργότερα στάλθηκε σε μια κοινότητα (ή κοινότητες) που αντιμετώπιζε κάποιο σοβαρό πρόβλημα.

[77] Βλ. G. W. Buchanan, στο ίδιο, xx-xxx.

[78] F. F. Bruce, στο ίδιο, 3520. Βλ. L. R. Donelson, From Hebrews to Revelation. A Theological Introduction, Westminster John Knox Press, Louisville, Kentucky, 2001, 22-26. Πρόσφατα εμφανίστηκε στο προσκήνιο μία νέα πρόταση η οποία χαρακτηρίζει την προς Εβραίους μιδράς στον Ιησού. Βλ. E. Tönges, «The Epistle to the Hebrews as a Jesus-Midrash», στο G. Gelardini (εκδ.), Hebrews: Contemporary Methods-New Insights, 90-92.

Εισαγωγή

ομοιότητες με τη κυνική-στωϊκή διατριβή, ενώ μία νεότερη πρόταση τη θεωρεί ως ένα είδος λειτουργικού κειμένου[79].

5. Το 13° κεφάλαιο της επιστολής

Μολονότι σήμερα αναγνωρίζεται από όλους η ακεραιότητα των δώδεκα πρώτων κεφαλαίων, αρκετή συζήτηση έγινε για τη γνησιότητα του κεφαλαίου 13[80]. Αν ανήκε δηλαδή στο αρχικό σώμα της επιστολής και αν αυτό προέρχεται από τον ίδιο συγγραφέα[81]. Έτσι διατυπώθηκε η γνώμη ότι το κεφ. 13 δεν ανήκε στην αρχική ομιλία, αλλά προστέθηκε αργότερα[82]. Η υπόθεση αυτή στηρίζεται στα εξής επιχειρήματα: α) Το 13° κεφάλαιο ξεκινάει κάπως απότομα με διαφορετικό ύφος, β) το περιεχόμενο του δεν μπορεί να παραλληλιστεί με τις προηγούμενες ενότητες της προς Εβραίους και γ) η επιστολή φαίνεται ότι κατακλείεται στο στίχο 12:29.

Από την άλλη μεριά όμως, παρουσιάζονται και εδώ χαρακτηριστικά που απαντούν στο προηγούμενο τμήμα της επιστολής. Το ομοιοτέλευτο, η παρονομασία, οι προτροπές, η δομή, το λεξιλόγιο καθώς και τα αποσπάσματα από την

---

[79] J. Dunnill, *Covenant and Sacrifice in the Letter of the Hebrews*, 22.
[80] F. Filson, στο ίδιο, 13. R. W. Johnson, *Going outside the Camp*, 76.
[81] E. D. Jones, «The Authorship of Hebrews XIII», *ExpTim* 46 (1934-1935) 562-567. Ο Jones υποστήριξε ότι το κεφ. 13 ήταν το τελικό κεφάλαιο μιας άλλης επιστολής του Παύλου που απευθυνόταν προς τους Κορινθίους. Βλ. και A. J. M. Wedderburn, «The 'Letter' to the Hebrews and Its Thirteenth Chapter», *NTS* 50 (2004) 390-405, ο οποίος δέχεται ότι το κεφ. 13 συντάχθηκε με γνώση των 12 πρώτων κεφαλαίων, αλλά από διαφορετικό συντάκτη και για διαφορετική κατάσταση.
[82] J. Héring, *L' Épître aux Hébreux*, 1954. Ο Héring υποστήριξε ότι είναι μεταγενέστερη προσθήκη. Το 1959 ο F. C. Synge, *Hebrews and the Scriptures*, London 1959, υποστήριξε ότι η ενότητα 2:1-4 προστέθηκε αργότερα. Η υποστήριξη αυτής της θέσης τον οδήγησε στη διατύπωση της υπόθεσης ότι όλα τα παραινετικά μέρη της επιστολής προσαρτήθηκαν αργότερα. Για την αντίθετη θέση βλ. W. L. Lane, «Unexpected Light on Hebrews 13,1-6 from a Second Century Source», *PRSt* 9 (1982) 267-274.

Το 13° κεφάλαιο της επιστολής

Πεντάτευχο και τους Ψαλμούς, αποδεικνύουν ότι το κεφ. 13 προέρχεται από τη γραφίδα του ίδιου συγγραφέα. Η άποψη αυτή φαίνεται ότι έχει τελικά υπερισχύσει.

6. Η θεολογική ιδιαιτερότητα της προς Εβραίους

Είναι γεγονός ότι στην προς Εβραίους επιστολή δεν εντοπίζονται άμεσοι φιλολογικοί δεσμοί με τους συνοπτικούς, τις επιστολές του Παύλου, την ιωάννεια γραμματεία, τις καθολικές επιστολές και την Αποκάλυψη. Από την άλλη όμως, ενυπάρχουν και σε αυτήν θεολογικές ιδέες που απαντούν σε όλα τα βιβλία της Κ.Δ.[83]. Ειδικότερα στην προς Εβραίους συναντάμε δύο ιδέες που είναι μοναδικές στην Κ.Δ. Η πρώτη είναι η ιεροσύνη του Χριστού κατά την τάξιν Μελχισεδέκ, ιδέα η οποία συνετέλεσε στην ανάπτυξη της χριστολογίας του συγγραφέα[84], και η δεύτερη, η χρήση του

---

[83] Βλ. B. Lindars, *The Theology of the Letter to the Hebrews*, Cambridge 1991, 119. W. C. Kaiser, «The Promise Theme and Theology of Rest», *BSac* 130 (1973) 142. J. P. Meier, «Structure and Theology in Hebrews 1,1-14», *Bib* 66 (1985) 168-189. του ίδιου, «Symmetry and Theology in the Old Testament Citations of Hebr. 1,5-14», *Bib* 66 (1985) 504-533. G. Milligan, *The Theology of the Epistle to the Hebrews With a Critical Introduction*, Edinburgh 1899. D. Peterson, «Towards a New Testament Theology of Worship», *RTR* 43 (1984) 65-73. C. F. Evans, *The Theology of Rhetoric: The Epistle to the Hebrews*, London, Dr. Williams's Trust, 1988. B. M. Fanning, «A Theology of Hebrews», στο *A Biblical Theology of the New Testament*, έκδ. R. B. Zuck, Chicago, Moody Press, 1994, 369-415. D. R. Glenn, «Psalm 8 and Hebrews 2: A Case Study in Biblical Hermeneutics and Biblical Theology», στο *Walvoord: A Tribute*, έκδ. D. K. Campbell, Chicago, Moody Press, 1982, 39-51. E. F. Harrison, «The Theology of the Epistle to the Hebrews», *BSac* 121 (1964) 333-340.

[84] Μ. Κωνσταντίνου, «Παλαιά Διαθήκη και Πολυπολιτισμική Κοινωνία», *ΕΕΘΣΘ* 8 (1998) 250. Βλ επίσης W. P. Goard, *The Statesmanship of Jesus: A Study in the Wonderful Epistle to the Hebrews*, 1989. J. B. Rowell, «Our Great High Priest», *BSac* 118 (1961) 148-153. G. Schille, «Erwägungen zur Hohepriesterlehre des Hebräerbriefes», *ZNW* 46 (1955) 81-109. A. Spinedi, *Gesu Sacerdote Eterno Secondo l' Ordine di Melchisedech*, Terni 1935. S. P.

Εισαγωγή

τυπικού της Ημέρας του Εξιλασμού[85] από τον συγγραφέα προκειμένου να ερμηνεύσει τον θάνατο του Χριστού. Το δεύτερο στοιχείο είναι εκείνο που την καθιστά αρκετά δύσκολη στην κατανόηση της από τους σύγχρονους αναγνώστες. Θα μπορούσε κανείς να ισχυριστεί ότι όλη η δογματική διδασκαλία του χριστιανισμού βρίσκεται διάσπαρτη με αριστοτεχνικό τρόπο στο κείμενο της προς Εβραίους. Η προΰπαρξη του Χριστού[86], η υιότητα και η μεσσιανικότητά του, η εκπλήρωση του σχεδίου της θείας οικονομίας και η σωτηρία των πιστών που επιτελείται δι' αυτού, είναι θέματα τα οποία εναλλάσσονται στο κείμενο της επιστολής. Όσο για την ανάσταση στην προς Εβραίους αυτή είναι το κεντρικό σημείο τριών γεγονότων απόλυτα συνδεδεμένων μεταξύ τους.

Teodorico Da Castel, «Il Sacerdozio di Christo nella Lettera agli Ebrei», *Greg* 39 (1958) 319-334. A. Vanhoye, «La Preghiera di Cristo, Sommo Sacerdote (Eb 5, 7-9)», *PSV* 3 (1981) 181-195. K. L. Schenck, *Understanding the Book of Hebrews: The Story behind the Sermon*, Louisville, Westminster John Knox, 2003, 19-22. D. W. Rooke, «Jesus as Royal Priest: Reflections on the Interpretation of the Melchizedek Tradition in Hebrews-Vii (Exploring Traditional Messianic Categorizations in Early Christianity)», *Bib* 81 (2000) 82-90.

[85] Για το τυπικό και τον εορτασμό της Ημέρας του Εξιλασμού βλ. στα ελληνικά Ι. Γαλάνη, *Το Ιστορικό Πλαίσιο της Καινής Διαθήκης. Συνοπτική Ιστορία της Εποχής της Καινής Διαθήκης*, έκδ. Υπηρεσία Δημοσιευμάτων ΑΠΘ, Θεσσαλονίκη 1992-1993, 124-125. Δ. Καϊμάκη, *Οι Θεσμοί της Παλαιάς Διαθήκης*, Θεσσαλονίκη 1995, 130-132. Μ. Κωνσταντίνου, «Από την Ουγαρίτ στην Κόρινθο. Ιστορικοκριτική και ρητορική Ανάλυση του Α' Κορ. 14:33β-36», στα *Πρακτικά Διεθνούς Επιστημονικού Συνεδρίου*, «Ο Απόστολος Παύλος και η Ελλάδα», Βέροια 1998, 152-153 και ειδικά υποσ. 4. Πρόβλημα δημιουργεί σχετικά με τη λατρευτική τάξη, η παρουσία του θυσιαστηρίου του θυμιάματος μέσα στα Άγια των Αγίων (Εβρ. 9:3-4). Βλ. H. S. Camacho, «The Altar of Incense in Hebrews 9:3-4», *AUSS* 24 (1986) 5-12 και A. D. York, «The Arrangement of the Tabernacle Furniture (Hebrews 9)», *BV* 2 (1968) 28-32.

[86] Η έννοια του Λόγου όμως, βρίσκεται διαρκώς στο παρασκήνιο. Βλ. J. Moffatt, «The Christology of the Epistle to the Hebrews», *ExpTim* 28 (1916-1917) 507. C. De Catane, «Jesus le Precurseur (Hebr. VI, 19-20)», *Θεολ* 27 (1956) 104-112. C. R. Koester, *Hebrews: A New Translation with Introduction and Commentary*, 104-108.

Η θεολογική ιδιαιτερότητα της προς Εβραίους

Προηγείται η σταύρωση και ακολουθεί η ανάληψη[87]. Η ανθρωπότητα του Ιησού παρουσιάζεται με έναν τρόπο που φέρνει την προς Εβραίους πολύ κοντά με τα Ευαγγέλια[88]. Η επιστολή επικεντρώνεται στην επίγεια δράση του Ιησού. Διακρίνεται μία χριστολογία η οποία κινείται στη γραμμή: προϋπαρξη, σταύρωση, ανάσταση και ανάληψη πάνω στην οποία αργότερα στηρίχθηκε η ανάπτυξη των δογμάτων. Τα δυο πρώτα κεφάλαια της επιστολής ανακεφαλαιώνουν σε μερικές γραμμές το σύνολο του έργου της θείας οικονομίας. Η τελείωση των πιστών εδώ σημαίνει ολοκλήρωση του σχεδίου του Θεού για τη σωτηρία των ανθρώπων[89]. Στη σύλληψη της τελείωσης όμως, έτσι όπως εμφανίζεται στην επιστολή, ο ρόλος του Αγίου Πνεύματος φαίνεται να υποβιβάζεται. Το Άγιο Πνεύμα αναφέρεται μόνο επτά φορές στην προς Εβραίους και μάλιστα χωρίς έμφαση. Στην πραγματικότητα, το Πνεύμα δεν παίζει κανένα ρόλο στην επιχειρηματολογία της επιστολής. Στο πρόσωπο του Χριστού, στην αρχιερατική του ιδιότητα και ειδικά στη μία και μοναδική για όλους τους ανθρώπους θυσία του έχουν όλα ολοκληρωθεί. Μοναδικής σημασίας είναι και οι χαρακτηρισμοί του Χριστού ως αιτίου, προδρόμου και αρχηγού της σωτηρίας. Μέσα από το θυσιαστικό συμβολισμό ο συγγραφέας της προς Εβραίους εκφράζει τη νέα πραγματικότητα που εγκαινιάστηκε με το αίμα του Χριστού. Επειδή παρακάτω, θα αναφερθούν εκτενέστερα οι θεολογικές ιδέες της επιστολής, εδώ θα περιοριστούμε να αναφέρουμε επιγραμματικά τις ιδέες που απαντώνται αποκλειστικά και μόνο στην προς Εβραίους. Αυτές είναι:

---

[87] B. Lindars, *στο ίδιο*, 35. Βλ. την εργασία του F. J. Schierse, *Verheissung und Vollendung. Zür Theologischen Grundfragen des Hebräerbriefes*, München 1955.
[88] G. J. Steyn, «"Jesus Sayings" in Hebrews», *ETL* 77 (2001) 433-440.
[89] Βλ. B. Lindars, *στο ίδιο*, 44. G. Johnston, «Christ as Archegos», *NTS* 27 (1981) 381-384. H. W. Attridge, «Theocentrism and Confessional Belief: Investigations on the Theology of Divine Addresses in the 'Epistle to the Hebrews'», *CBQ* 62 (2000) 378-379. Ο συγγραφέας πουθενά δεν απευθύνεται στους αναγνώστες προσωπικά αλλά τους αντιμετωπίζει ως σύνολο, ως μέλη μιας κοινότητας.

Εισαγωγή

1. Ο θυσιαστήριος θάνατος του Ιησού που έχει να κάνει με την αμαρτία και τη σχέση με το Θεό σε προσωπικό επίπεδο[90]. Το γεγονός ότι ο Χριστός έπαθε και πέθανε για τις αμαρτίες μας είναι βέβαια η γενική προϋπόθεση της Κ.Δ., αλλά η προς Εβραίους έχει τη δική της κατανόηση.
2. Η επιχειρηματολογία που αναπτύσσεται πάνω στα αποτελέσματα της θυσίας του Χριστού είναι ίσως η σπουδαιότερη προσφορά στη θεολογία της Κ.Δ[91].
3. Η χριστολογία της επιστολής φανερώνει το αρχικό κήρυγμα του χριστιανισμού που αργότερα αναπτύχθηκε από τους πατέρες στις δογματικές έριδες των μετέπειτα αιώνων[92].
4. Η ιδέα της παρουσίας του Χριστού εμφανίζεται μεν και

---

[90] B. Lindars, στο ίδιο, 120. K. L. Schenck, *Understanding the Book of Hebrews*, 33-35. Μ. Γκουτζιούδη, «Η Έννοια της Αμαρτίας στην προς Εβραίους Επιστολή», *ΔΒΜ* 23 (2005) 249-264.

[91] M. Hardin, «Sacrificial Language in Hebrews: Reappraising René Girard», στο W. M. Swartley (εκδ.), *Violence Renounced: René Girard, Biblical Studies, and Peacemaking*, Studies in Peace and Scripture 4, Telford, Pandora Press 2000, 103-119. L. L. Johns, «A Better Sacrifice or "Better Than Sacrifice"? Response to Hardin's "Sacrificial Language in Hebrews"», στο W. M. Swartley (εκδ.), *Violence Renounced: René Girard, Biblical Studies, and Peacemaking*, 2000, 120-131. M. E. Isaacs, «Priesthood in the Epistle to the Hebrews», *HeyJ* 38 (1997) 51-62. V. Koperski, «Hebrews 10:16-25», *Int* 56 (2002) 202-204. L. R. Donelson, *From Hebrews to Revelation. A Theological Introduction*, Westminster John Knox Press, Louisville, Kentucky, 2001, 18-19. F. H. Cortez, «From the Holy to the Most Holy Place: The Period of Hebrews 9:6-10 and the Day of Atonement as a Metaphor of Transition», *JBL* 125 (2006) 527-547. T. J. Winder, *The Sacrificial Christology of Hebrews: A Jewish Christian Contribution to the Modern Debate about the Person of Christ*, Leeds, 2005. G. Telscher, *Opfer Aus Barmherzigkeit: Hebr 9,11-28 Im Kontext Biblischer Sühnetheologie*, Würzburg, Echter, 2007. G. Gäbel, *Die Kulttheologie Des Hebräerbriefes: Eine Exegetisch-Religionsgeschichtliche Studie*, WUNT 212, Tübingen, Mohr Siebeck, 2006. E. Stegemann-W. Stegemann, «Does the Cultic Language in Hebrews Represent Sacrificial Metaphors? Reflections on Some Basic Problems», στο G. Gelardini (εκδ.), *Hebrews: Contemporary Methods - New Insights*, 17-21. C. Eberhart, «Characteristics of Sacrificial Metaphors in Hebrews», στο G. Gelardini (εκδ.), *Hebrews: Contemporary Methods-New Insights*, 55-63.

[92] B. Lindars, στο ίδιο, 121.

Η θεολογική ιδιαιτερότητα της προς Εβραίους

εδώ, όπως αναμενόταν από την πρώτη Εκκλησία, αλλά με τη διαφορά ότι είναι περισσότερο επικείμενη. Κινείται ανάμεσα στο ήδη και όχι ακόμη[93]. Ο συγγραφέας της προς Εβραίους είναι ο θεολόγος που βρίσκεται στη μετάβαση από τον αρχέγονο χριστιανισμό στη μεταποστολική περίοδο[94].
5. Η ιδέα της μετάβασης που επιτυγχάνεται από την παλιά κατάσταση και το Νόμο στην εσχατολογική εποχή της νέας διαθήκης[95].
6. Η μορφή της ιεροσύνης του Χριστού, η οποία παρουσιάζεται εδώ με τρόπο που δεν έχει όμοιό της πουθενά αλλού στην Κ.Δ[96].
7. Η εύλογα εκτεταμένη χρήση της Π.Δ. και ειδικά του λατρευτικού τυπικού της Ημέρας του Εξιλασμού (*Γιομ Κιππούρ*) αποδεικνύει ότι ο συγγραφέας της επιστολής κάνει χρήση μιας παραδοσιακής μεθόδου εξήγησης που είχε καθιερωθεί στην εποχή του. Πρόκειται για κάποιον που γνώριζε πολύ καλά αυτό που ονομάζεται ερμηνευτική.
8. Τέλος, η νέα κατανόηση της αξίας της πίστης[97] ως

---

[93] B. Lindars, *στο ίδιο*, 123.
[94] E. Grässer, *Der Glaube im Hebräerbrief*, 1965, 184. Η άποψη του Grässer είναι ότι ο συγγραφέας γράφει για την καθυστέρηση της παρουσίας του Χριστού. Βλ. και G. Hughes, *Hebrews and Hermeneutics: The Epistle to the Hebrews as a New Testament Example of Biblical Interpretation*, Cambridge 1980, 141.
[95] Βλ. σχετικά S. W. Hahn, «A Broken Covenant and the Curse of Death: A Study of Hebrews-Ix,15-22 (Exploring the Hellenistic and Septuagintal Meaning of the Greek Term "Diatheke" Through Grammatical, Lexical, and Syntactical Issues)», *CBQ* 66 (2004) 416-436.
[96] Βλ. αναλυτικά τα χαρακτηριστικά της ιεροσύνης του Χριστού στο Μ. Γκουτζιούδη, *Ιωβηλαίο έτος, Μελχισεδέκ και η προς Εβραίους Επιστολή*, 399-432.
[97] Βλ. ενδεικτικά R. T. Kendall, *Believing God: Studies on Faith in Hebrews 11*, Biblical Classics Library, London, Hodder & Stoughton, 1981. R. N. Longenecker, «The Faith of Abraham. Theme in Paul, James and Hebrews: A Study in the Circumstantial Nature of the New Testament Teaching», *JETS* 20 (1977) 203-212. T. Manton, *By Faith: Sermons on Hebrews 11*, Edinburgh, Banner of Truth Trust, 2000. J. D. Pentecost, *Faith that Endures: A Practical Commentary on the Book of Hebrews*, Grand Rapids, Kregel Publications, 2000. V. Rhee, «Chiasm

Εισαγωγή

βεβαίωση του μέλλοντος (11:1). Για τον συγγραφέα της επιστολής η πίστη αποτελεί μια στάση που αναφέρεται στο σύνολο της ανθρώπινης ζωής. Είναι η *ἐν Χριστῷ* ανταπόκριση του ανθρώπου στο έργο του Θεού[98]. Η λέξη *πίστη* συναντάται 32 φορές στο κείμενο, αλλά πουθενά με τη γνωστή παύλεια μορφή. Ο Χριστός εδώ δεν είναι το περιεχόμενο αλλά το πρότυπο της πίστης. Το βασικότερο στοιχείο είναι ότι η πίστη συνδέεται με την ελπίδα και παρουσιάζεται ως επιπλέον υπακοή στο θέλημα του Θεού, επιμονή και τελείωση[99].

Σε αυτό το σημείο αξίζει να αναφερθούν δύο σημαντικά γεγονότα, τα οποία συνέβαλλαν στη σύγχρονη επιστημονική συζήτηση γύρω από τα ζητήματα της προς Εβραίους που εξακολουθούν να απασχολούν τη βιβλική έρευνα. Το 2003 το περιοδικό *Interpretation* αφιέρωσε το τεύχος 57 στην ερμηνεία της προς Εβραίους με αρκετές μελέτες, οι οποίες ασχολούνται με τη θεολογική διδασκαλία της επιστολής[100]. Πρόσφατα διοργανώθηκε από το Πανεπιστήμιο του Saint Andrews ειδικό

---

and the Concept of Faith in Hebrews 11», *BSac* 155 (1998) 327-345. του ίδιου, «Christology and the Concept of Faith in Hebrews 1:1-2:4», *BSac* 157 (2000) 174-189. του ίδιου, «Christology and the Concept of Faith in Hebrews 5:11-6:20», *JETS* 43 (2000) 83-96. του ίδιου, «The Christological Aspects of Faith in Hebrews 3:1-4:16», *FN* 13 (2000) 75-88. E. Grässer, *Der Glaube im Hebräerbrief*, Marburg, Elwert, 1965, όπου η ιδέα της πίστης εξετάζεται από το Εβρ. 1:1-12:2. Βλ. σσ. 13-145.

[98] Πρβλ. Β. Lindars, *στο ίδιο*, 127.

[99] Βλ. D. S. J. Hamm, «Faith in the Epistle to the Hebrews: The Jesus Factor» *CBQ* 52 (1990) 288.

[100] Σε αυτό περιέχονται οι παρακάτω μελέτες: L. F. Galloway, «Between Text and Sermon. Hebrews 4:14-5:10», *Int* 57 (2003) 294-296. L. T. Johnson, «The Scriptural World of Hebrews», *Int* 57 (2003) 237-250. J. C. Jorgensen, «Between Text and Sermon. Hebrews 7:23-28», *Int* 57 (2003) 297-299. R. D. Nelson, «'He Offered Himself'. Sacrifice in Hebrews», *Int* 57 (2003) 251-265. D. A. Renwick, «Between Text and Sermon. Hebrews 11:29-12:2», *Int* 57 (2003) 300-302. J. B. Rogers, «Between Text and Sermon. Hebrews 1:1-4», *Int* 57 (2003) 291-293. J. Stevenson-Moessner, «The Road to Perfection. An Interpretation of Suffering in Hebrews», *Int* 57 (2003) 280-290. C. M. Williamson, «Anti-Judaism in Hebrews?», *Int* 57 (2003) 266-279.

συνέδριο για την προς Εβραίους με τίτλο, "*The Epistle to the Hebrews and Christian Theology*", στις 18-22 Ιουλίου του 2006 στη Σκωτία[101].

---

[101] Πληροφορίες, πρόγραμμα και περιλήψεις των ανακοινώσεων στην ιστοσελίδα: http://www.st-andrews.ac.uk/divinity/hebrews2006/ (καταχωρημένη 23/10/2007).

2
Η ΠΡΟΣ ΕΒΡΑΙΟΥΣ ΣΤΗΝ ΑΡΧΑΙΑ ΕΚΚΛΗΣΙΑΣΤΙΚΗ ΠΑΡΑΔΟΣΗ

1. Οι πρώτες μαρτυρίες για την προς Εβραίους

Εσωτερικές μαρτυρίες του κειμένου της προς Εβραίους στην Κ.Δ. δεν υπάρχουν. Ο πρώτος που γνωρίζει και παραθέτει το κείμενο της προς Εβραίους είναι ο Κλήμης Ρώμης. Η εξάρτηση της *Α' Κλήμεντος*, η οποία γράφτηκε γύρω στο 95 μ.Χ., από την προς Εβραίους αναγνωρίζεται από το σύνολο των αρχαίων εκκλησιαστικών συγγραφέων. Πραγματικά εντοπίζονται πολλές ομοιότητες μεταξύ των δύο κειμένων, γεγονός που οδήγησε παλαιότερα στην άποψη ότι ο Κλήμης είναι ο συγγραφέας της προς Εβραίους[102]. Μια από τις ισχυρότερες μαρτυρίες αποτελεί το εδάφιο Α' Κλημ. 36:2 αν παραλληλιστεί με το Εβρ. 1:3-4.

Έχουν διατυπωθεί ακόμη και υποθέσεις που κάνουν λόγο για κάποια λειτουργική πηγή την οποία χρησιμοποιούν από κοινού οι συγγραφείς των δύο επιστολών[103]. Με τον τρόπο αυτό οι ερευνητές προσπαθούν να εξηγήσουν για παράδειγμα την απόδοση του τίτλου του αρχιερέα, στον Χριστό, αλλά ταυτόχρονα και τη σημαντική θεολογική διαφορά μεταξύ των δύο επιστολών[104]. Η παράθεση του Ψλ. 109:1 από τον Κλήμη γίνεται με τον ίδιο ακριβώς τρόπο που συναντάμε στο Εβρ. 1:13. Οι δύο συγγραφείς όμως έχουν διαφορετική γνώμη για τις προσφορές. Για το συγγραφέα της προς Εβραίους υπάρχει μόνο μία θυσία, αυτή του Χριστού (10:12) και οι

---

[102] Για τα χωρία της *Α' Κλήμεντος* στα οποία εντοπίζεται εξάρτηση από το κείμενο της προς Εβραίους βλ. W. Lane, *Hebrews 1-8*, WBC 47A, Waco, Texas 1991, cIi.

[103] G. Theissen, *Untersuchungen zum Hebräerbrief*, SANT 2, Gütersloh, 1969, 35-37.

[104] Πρβλ. P. Ellingworth, «Hebrews and A Clement: Literary Dependence or Common Tradition?», *BZ* 23 (1979) 262. Στο άρθρο τίθεται το ερώτημα αν υπάρχει πέρα από την φιλολογική και θεολογική εξάρτηση.

θυσίες αινέσεως των πιστών (13:15). Για τον Κλήμη αντίθετα, θυσία προσφέρουν όσοι πιστοί προσέρχονται στο μυστήριο της Θ. Ευχαριστίας. Η λεκτική ομοιότητα ανάμεσα στην προς Εβραίους και την Α΄ Κλήμεντος είναι αξιοσημείωτη. Σύμφωνα με τον Ellingworth[105] οι δυο συγγραφείς μοιράζονται κάποιες παραδόσεις τις οποίες επεξεργάζονται διαφορετικά. Έτσι εξηγείται και το μέγεθος της ανεξαρτησίας της Α΄ Κλήμεντος από τη θεολογική σκέψη της προς Εβραίους[106].

Α΄ Κλήμεντος 36:2	Προς Εβραίους 1:3-4
2. ὃς ὢν ἀπαύγασμα τῆς μεγαλωσύνης αὐτοῦ,	3. ὃς ὢν ἀπαύγασμα τῆς δόξης καὶ χαρακτὴρ τῆς ὑποστάσεως αὐτοῦ, φέρων τε τὰ πάντα τῷ ῥήματι τῆς δυνάμεως αὐτοῦ, καθαρισμὸν τῶν ἁμαρτιῶν ποιησάμενος ἐκάθισεν ἐν δεξιᾷ τῆς μεγαλωσύνης ἐν ὑψηλοῖς,
τοσούτῳ μείζων ἐστὶν ἀγγέλων, ὅσῳ διαφορώτερον ὄνομα κεκληρονόμηκεν.	4. τοσούτῳ κρείττων γενόμενος τῶν ἀγγέλων ὅσῳ διαφορώτερον παρ' αὐτοὺς κεκληρονόμηκεν ὄνομα

Απηχήσεις της προς Εβραίους συναντάμε επίσης και στον

---

[105] P. Ellingworth, στο ίδιο, 268.
[106] Στην υπόθεση μιας κοινής παράδοσης είναι σύμφωνοι οι E. Käsemann, *Das Wandernde Gottesvolk. Eine Unterruscung zum Hebräerbrief*, FRLANT 37, Göttingen 1938. F. J. Schierse, et al., *The Epistles to the Hebrews, of St James, and to the Thessalonians*, London 1977. E. Grässer, *Der Glaube im Hebräerbrief*, 1965. G. Theissen, *Untersuchungen zum Hebräerbrief*, 1969. Σε αυτή την κοινή παράδοση αποδίδουν τη χρήση του τίτλου του αρχιερέα. Αντίθετα, ο Cockerill δεν συμφωνεί μαζί τους. Βλ. G. L. Cockerill, «Heb 1:1-14, A Clem. 36:1-6 and the High Priest Title», *JBL* 97 (1978) 437.

Ποιμένα του Ερμά[107], ένα κείμενο που πιθανώς γράφτηκε γύρω στο 120-140 μ.Χ. Το έργο αυτό απηχεί το ζήτημα που είχε προκύψει στην εκκλησία της Ρώμης σχετικά με την κατάλληλη άσκηση της μετάνοιας. Αυτή την περίοδο, ο συγγραφέας της προς Εβραίους, είναι ο μοναδικός που διδάσκει, πριν από τον Ερμά την εσχατολογική μοναδικότητα της μετάνοιας του βαπτίσματος και τη συγχώρηση με αυτόν τον τρόπο. Σύμφωνα με την προς Εβραίους ευκαιρία για μετάνοια μετά το βάπτισμα δεν υπάρχει. Ο Ερμάς από την άλλη, δανείζεται την ιδέα αυτή από την προς Εβραίους και αναπτύσσει την πιθανότητα μιας δεύτερης μετάνοιας κατά τρόπο διαμετρικά αντίθετο από την επιστολή. Για τον Ερμά οι χριστιανοί έχουν δυνατότητα μετάνοιας ακόμη και μετά το βάπτισμα. Τελικά, ανάμεσα σε αυτές τις δύο αντιθετικές θέσεις των δύο έργων η εκκλησία της Ρώμης τάχθηκε με το μέρος των ιδεών που αναπτύσσονται στον *Ποιμένα*.

2. Η θέση της προς Εβραίους στον κανόνα της Καινής Διαθήκης

Η χειρόγραφη παράδοση εντάσσει την προς Εβραίους στη χειρόγραφη παράδοση των επιστολών του απ. Παύλου[108]. Τους αρχαιότερους μάρτυρες αποτελούν πάπυροι του 2ου και

---

[107] Για τα χωρία του *Ποιμένα* του Ερμά στα οποία εντοπίζεται εξάρτηση από το κείμενο της προς Εβραίους βλ. W. Lane, *στο ίδιο*, cIii.

[108] Για τα σπουδαιότερα χειρόγραφα στα οποία το κείμενο της προς Εβραίους διασώθηκε βλ. Χ. Βούλγαρη, ῾Υπόμνημα εἰς τὴν πρὸς ῾Εβραίους ᾿Επιστολὴν,᾽ Αθήνα 1993, 15-18 και πλήρη κατάλογο στο C. R. Koester, *Hebrews: A New Translation with Introduction and Commentary*, AB 36, New York, Doubleday, 2001, 129-131. Ο P[116] δημοσιεύτηκε το 2001. Βλ. A. Papathomas, «A New Testimony to the Letter to the Hebrews», *Tyche* 16 (2001) 107-110. Φωτογραφίες και εισαγωγικά για το κείμενο υπάρχουν στην http://www.onb.ac.at/sammlungen/papyrus/aktuell/news1.htm (καταχωρημένη 22/10/2007). Πρβλ. και S. Schreiber, «A New Varia Lectio on Hebrews-Iii,4b? A Brief Note on the Papyrus Fragment "Papathomas" From the Austrian National Library», *BZ* 44 (2000) 252-253.

Η προς Εβραίους στην αρχαία εκκλησιαστική παράδοση

3ου αιώνα. Ο αρχαιότερος από αυτούς είναι ο πάπυρος Chester Beatty, γνωστός ως P[46], ο οποίος χρονολογείται γύρω στο 200 μ.Χ. Η θέση της στον κανόνα των βιβλίων της Καινής Διαθήκης κάθε άλλο παρά σταθερή είναι, όπως μας πληροφορούν τα διάφορα χειρόγραφα και οι κώδικες που διασώζουν το κείμενο της προς Εβραίους. Παντού όμως, συμπεριλαμβάνεται στην παύλεια συλλογή. Θα μπορούσαμε να συνοψίσουμε τις διάφορες θέσεις της προς Εβραίους σε τρεις κατηγορίες: α) Ανάμεσα στις επιστολές του απ. Παύλου προς τις εκκλησίες. Εδώ η θέση της ποικίλει στα διάφορα χειρόγραφα (μετά τις προς Ρωμαίους, Β΄ Κορινθίους, Γαλάτας, Εφεσίους, Κολοσσαείς), β) στο τέλος των επιστολών προς τις εκκλησίες (συγκεκριμένα μετά τη Β΄ Θεσσαλονικείς) και γ) στο τέλος της παύλειας συλλογής (μετά την προς Φιλήμονα). Καμιά άλλη επιστολή της Κ.Δ. δεν έχει τοποθετηθεί σε τόσες διαφορετικές θέσεις[109].

Αν και η επιστολή έχει παραδοθεί ανεπίγραφη[110], στην Ανατολή θεωρήθηκε από πολύ νωρίς ως προϊόν της γραφίδας του απ. Παύλου. Η αποδοχή αυτή εκφράσθηκε αργότερα και με συνοδικές αποφάσεις[111]. Παρατηρούμε όμως, ότι μέχρι τον 4ο αιώνα, η θέση της στους διάφορους κώδικες ανάμεσα στις παύλειες επιστολές δεν είναι σταθερή. Ήδη όμως πριν τον 6ο αιώνα, η θέση της παγιώνεται τόσο στην Ανατολή, όσο και στη Δύση. Στην Ανατολή της δόθηκε γρήγορα θέση ανάμεσα στις παύλειες επιστολές επειδή θεωρήθηκε παύλεια, ενώ στη Δύση αντίθετα μέχρι τον 3ο αιώνα δεν γινόταν δεκτή στον κανόνα της Κ.Δ. (πιθανώς μέχρι το 350 μ.Χ.). Η δυσκολία της δυτικής εκκλησίας να την αποδεχτεί στον κανόνα οφειλόταν στη ρητή

---

[109] Βλ. W. H. Hatch, «The Position of Hebrews in the Canon of the New Testament», *HTR* 29 (1936) 133. C. C. Torrey, «The Authorship and the Character of the So-Called Epistle to the Hebrews», *JBL* 30 (1911) 137-156. J. H. Thayer, «Authorship and Canonicity of the Epistle to the Hebrews», *BSac* 24 (1967) 681-722.

[110] Για το θέμα αυτό βλ. την εργασία του F. Renner, *An die Hebräer-ein Pseudepigraphischer Brief*, Münsterschwarzacher Vier-Turme-Verlag, 1970.

[111] Βλ. Γ. Γρατσέα, *Η προς Εβραίους Επιστολή*, ΕΚΔ 13, Θεσσαλονίκη 1999, 28-29.

άρνηση της προς Εβραίους, στη δυνατότητα μιας δεύτερης μετάνοιας των πιστών[112]. Η εκκλησία της Ρώμης αυτό το διάστημα βρισκόταν σε διαμάχη με τους Νοβατιανούς και τους Δονατιστές. Ο Νοβατιανός, αν και αγνοούσε την προς Εβραίους, είχε ταχθεί κατά της αποδοχής των πεπτωκότων αρνούμενος τη μετάνοιά τους, Φαινομενικά αυτή η θέση ταιριάζει απόλυτα με το Εβρ. 6:4-6. Έτσι γίνεται αντιληπτό γιατί η εκκλησία της Ρώμης δεν μπορούσε να αποδεχτεί τη συγκεκριμένη θέση με συνέπεια να μην περιλαμβάνει την προς Εβραίους στον κανόνα[113] των βιβλίων της Κ.Δ. Ο Μ. Αθανάσιος είναι ο πρώτος που μας πληροφορεί για τη θέση της μετά τη Β΄ Θεσσαλονικείς στη *39η Εορταστική Επιστολή* του, το 367 μ.Χ[114]. Ο Ιερώνυμος αναφέρεται στην προς Εβραίους χαρακτηρίζοντας την ως την όγδοη παύλεια επιστολή και την τοποθετεί μετά τις επιστολές προς τις εκκλησίες. Στην Αίγυπτο η επιστολή ακολουθεί στη σειρά την προς Ρωμαίους ή την Β΄ Κορινθίους. Η αλεξανδρινή παράδοση, πρώτη, την τοποθέτησε ανάμεσα στις επιστολές του απ. Παύλου. Στη Δύση αναγνωρίστηκε ως κανονική επιστολή του Παύλου στο β΄ μισό του 4ου αιώνα και τοποθετήθηκε στο τέλος της συλλογής, ενώ μέχρι τότε αναγνωρίζονταν μόνο δεκατρείς επιστολές ως γνήσιες παύλειες. Χαρακτηριστική είναι η μαρτυρία της γ΄ συνόδου της Καρθαγένης, το 397 μ.Χ., η οποία αναγνωρίζει δεκατρείς παύλειες επιστολές χωρίς να τις ονομάζει και στο τέλος προσθέτει και μία την προς Εβραίους[115]. Η θέση της επιστολής ποικίλει επίσης

---

[112] Βλ. σχετικά J. P. Arthur, *No Turning back: An Exposition of the Epistle to the Hebrews*, London, Grace Publications Trust, 2003. D. A. Hagner, *Encountering the Book of Hebrews: An Exposition*, Grand Rapids, Baker Academic, 2002, 90-92. Μ. Γκουτζιούδη, «Η Έννοια της Αμαρτίας στην προς Εβραίους Επιστολή», *ΔΒΜ* 23 (2005) 259-263.
[113] Πρβλ. Γ. Γρατσέα, *στο ίδιο*, 1999, 31.
[114] «καὶ μετὰ ταῦτα πρὸς Θεσσαλονικεῖς δύο, καὶ ἡ πρὸς Ἑβραίους, καὶ εὐθὺς πρὸς μὲν Τιμόθεον δύο, πρὸς δὲ Τίτον μία...» *Ἐκ τῆς λθ ἑορταστικῆς αὐτοῦ ἐπιστολῆς καὶ κανῶν τῶν τῆς Γραφῆς βιβλίων*, PG 26, 1176-1179.
[115] Βλ. W. H. Hatch, «The Position of Hebrews in the Canon of the New Testament», *HTR* 29 (1936) 144.

στην αρμενική παράδοση, ενώ στη γεωργιανή ακολουθεί την προς Φιλήμονα. Στα αιθιοπικά χειρόγραφα συναντάται άλλοτε μετά την Β' Θεσσαλονικείς και άλλοτε μετά την προς Φιλήμονα. Έπειτα από όλα αυτά όμως, επικράτησε παντού η συνήθεια να τοποθετείται στο τέλος των παύλειων επιστολών.

3. Η αναζήτηση της πατρότητας και η τελική αποδοχή της επιστολής

Πουθενά στο κείμενο ο συγγραφέας δεν αναφέρει το όνομά του, άλλα ούτε και το όνομα της παραλήπτριας κοινότητας. Το γεγονός αυτό δημιούργησε σύγχυση στην αρχαία Εκκλησία με αποτέλεσμα να διατυπωθούν διάφορες γνώμες για τον συγγραφέα της προς Εβραίους. Καταρχήν θα πρέπει να σημειωθεί ότι διαφορετικές απόψεις σχηματίσθηκαν στις εκκλησίες της Ρώμης και της Αλεξάνδρειας. Η επιστολή έγινε νωρίτερα γνωστή στη Ρώμη. Στην Ανατολή η πρώτη μαρτυρία προέρχεται από την εκκλησία της Αλεξάνδρειας. Συγκεκριμένα ο Πάνταινος μας πληροφορεί ότι πρόκειται για επιστολή του απ. Παύλου[116].

Σχετικά με την Αλεξάνδρεια, τρεις μαρτυρίες έχουν περισσότερο ενδιαφέρον: του Κλήμη του Αλεξανδρέα, του Ωριγένη και του παπύρου Chester Beatty (P⁴⁶). Τη γνώμη του Πάνταινου αποδέχτηκε και ο μαθητής του, Κλήμης ο Αλεξανδρέας, ο οποίος δέχεται ότι ο Παύλος έγγραψε την επιστολή στα εβραϊκά και ο Λουκάς αργότερα, τη μετέφρασε στα ελληνικά. Η υπόθεση αυτή του Κλήμη στηρίζεται στις διαφορές που υπάρχουν στο ύφος και στο λεξιλόγιο της προς Εβραίους σε σύγκριση με τις υπόλοιπες παύλειες επιστολές. Ο Ωριγένης δεν πιστεύει ότι ο Παύλος παίζει κατευθυντήριο

---

[116] «καὶ τὴν πρὸς Ἑβραίους δὲ ἐπιστολὴν Παύλου μὲν εἶναί φησιν, γεγράφθαι δὲ Ἑβραίοις Ἑβραϊκῇ φωνῇ, Λουκᾶν δὲ φιλοτίμως αὐτὴν μεθερμηνεύσαντα ἐκδοῦναι τοῖς Ἕλλησιν, ὅθεν τὸν αὐτὸν χρῶτα εὑρίσκεσθαι κατὰ τὴν ἑρμηνείαν ταύτης τε τῆς ἐπιστολῆς καὶ τῶν Πράξεων», Ευσέβιου Καισαρείας, Ἐκκλησιαστικὴ Ἱστορὶα, 6, 14, 2-4.

Η αναζήτηση της πατρότητας και η τελική αποδοχή της επιστολής

ρόλο στη συγγραφή της και ασπάζεται την άποψη ότι ο Κλήμης Ρώμης είναι ο συγγραφέας ή ο μεταφραστής της προς Εβραίους στα ελληνικά. Μας πληροφορεί επίσης για τις διάφορες απόψεις που κυκλοφορούσαν στην εποχή του για τον συγγραφέα της επιστολής[117]. Τις παραπάνω υποθέσεις γνώριζε και ο Ευθάλιος[118]. Μία τελευταία μαρτυρία είναι το γεγονός ότι ο πάπυρος Chester Beatty P[46] δεν την επισυνάπτει στο τέλος της παύλειας συλλογής[119], όπως θα αναμενόταν, αλλά ανάμεσα στις υπόλοιπες επιστολές. Οι Πάνταινος, Κλήμης και Ωριγένης απηχούν την παράδοση της Αλεξάνδρειας για τη γνησιότητα της επιστολής, η οποία μαρτυρείται επίσης στην Αίγυπτο και την Παλαιστίνη[120]. Ο Ευσέβιος συμφωνεί και αυτός με τον Κλήμη τον Αλεξανδρέα για μετάφραση της προερχόμενης από τον Παύλο επιστολής από το Λουκά ή τον Κλήμη Ρώμης.

Στη Δύση η αρχαιότερη μαρτυρία των βιβλίων της Κ.Δ., ο κανόνας του Μουρατόρι (τέλη 2[ου] αι.), δεν την αναφέρει, πράγμα που σημαίνει ότι την αποκλείει. Την ίδια εποχή οι Ιππόλυτος και Ειρηναίος ισχυρίζονται ότι η επιστολή δεν είναι παύλεια[121]. Ένας άλλος κανόνας, στον οποίο δεν περιέχεται,

---

[117] «Εἴ τις οὖν ᾽Εκκλησία ἔχει ταύτην τὴν ᾽Επιστολὴν ὡς Παύλου, αὕτη εὐδοκιμείτω καὶ ἐπὶ τούτῳ, οὐ γὰρ εἰκῇ οἱ ἀρχαῖοι ἄνδρες ὡς Παύλου αὐτὴν παραδεδώκασι. Τίς δὲ ὁ γράψας τὴν ᾽Επιστολὴν, τὸ μὲν ἀληθὲς Θεὸς οἶδεν. Ἡ δὲ εἰς ἡμᾶς φθάσασα ἱστορία, ὑπό τινων μὲν λεγόντων, ὅτι Κλήμης ὁ γενόμενος ἐπίσκοπος ῾Ρωμαίων ἔγραψε ᾽Επιστολὴν ὑπό τινων δὲ, ὅτι Λουκᾶς ὁ γράψας τὸ Εὐαγγέλιον, καὶ τὰς Πράξεις», Εἰς τὴν᾽ Επιστολὴν πρὸς᾽ Εβραίους, PG 14, 1309.
[118] PG 85, 693-790.
[119] Βλ. Πληροφορίες στο H. C. Hoskier, *A Commentary on the Various Readings in the Text of the Epistle to the Hebrews in the Chester-Beatty Papyrus P46 [Circa 200 A.D.]*, London 1938.
[120] Ευσέβιου Καισαρείας, ᾽Εκκλησιαστικὴ ῾Ιστορία, 6, 15, 25-27.
[121] «τοῦ δὲ Παύλου πρόδηλοι καὶ σαφεῖς αἱ δεκατέσσαρες ὅτι γε μὴν τινες ἠθετήκασι τὴν πρὸς ῾Εβραίους, πρὸς τῆς ῾Ρωμαίων ἐκκλησίας ὡς μὴ Παύλου οὖσαν αὐτὴν ἀντιλέγεσθαι φήσαντες, οὐ δίκαιον ἀγνοεῖν καὶ τὰ περὶ ταύτης δὲ τοῖς πρὸ ἡμῶν εἰρημένα κατὰ καιρὸν παραθήσομαι. οὐδὲ μὴν τὰς λεγομένας αὐτοῦ Πράξεις ἐν ἀναμφιλέκτοις παρείληφα», Ευσεβίου, ᾽Εκκλησιαστικὴ

είναι το Αποστολικόν του Μαρκίωνος¹²². Προφανώς ο Μαρκίων χρησιμοποιεί κάποια πηγή η οποία ήταν γνωστή στη Ρώμη. Η απουσία της προς Εβραίους δικαιολογείται από το γεγονός ότι ο Μαρκίων εξαρτάται στενά από την Π.Δ. και την ιουδαϊκή σκέψη. Η πιο σημαντική μαρτυρία για τη Δύση είναι η *Α' Κλήμεντος*. Ο Τερτυλλιανός θεωρούσε ως συγγραφέα της προς Εβραίους το Βαρνάβα επειδή εντόπιζε στο κείμενο ομοιότητες με την *Επιστολή Βαρνάβα*¹²³. Οι δυο επιστολές όμως, δεν μπορεί να έχουν τον ίδιο συγγραφέα, διότι η *Επιστολή Βαρνάβα* δεν έχει τα υψηλά θεολογικά νοήματα της προς Εβραίους. Στη Δύση, οι Ιλάριος Πικταβίου¹²⁴, Λουκίφερος Καλαρίας¹²⁵, Ρουφίνος¹²⁶, Φαουστίνος¹²⁷ και Φιλάστριος¹²⁸ απέδωσαν την προς Εβραίους στον απ. Παύλο.

Επιπλέον μαρτυρίες έχουμε στους Κύριλλο Ιεροσολύμων¹²⁹, Επιφάνιο Σαλαμίνος¹³⁰ και Ιωάννη Δαμασκηνό¹³¹. Νωρίτερα το κείμενο της επιστολής παραθέτουν το ψευδοκλημέντειο έργο *De Virginitate* και οι *Διαθήκες των Δώδεκα Πατριαρχών*¹³². Στη Συρία¹³³ και τη Μ. Ασία, όπου η προς Εβραίους θεωρείται

Ἱστορὶα, 3, 3, 4. Ο Ειρηναίος και ο Ιππόλυτος δεν την αναφέρουν ως κανονική ή αποστολικής προέλευσης. Βλ. F. F. Bruce, *The Epistle to the Hebrews*, 1990, 24.

¹²² Βλ. Χ. Βούλγαρη, Ὑπόμνημα εἰς τὴν πρὸς Ἑβραίους Ἐπιστολήν, Αθήνα 1993, 28.

¹²³ *De Pudicitia*, PL 20, 2, 1021.

¹²⁴ *De Trinitate* 4, PL 10, 104.

¹²⁵ *De non Conveniendo cum Haereticis*, PL 13, 782.

¹²⁶ *Commentarius in Symbolum Apostolorum*, PL 21, 374.

¹²⁷ *De Trinitate* 2, PL 13, 60-62.

¹²⁸ *Liber de heresibus*, PL 12, 1201.

¹²⁹ *Κατήχησις Ε'*, PG 33, 453-504.

¹³⁰ *Πανάριον*, 2, 124 καὶ Ἀετίου Ε, PG 42, 560.

¹³¹ *Ἔκδοσις ἀκριβὴς τῆς ὀρθοδόξου πίστεως Δ'*, PG 94, 1180.

¹³² T. J. Finney, «A Proposed Reconstruction of Hebrews 7.28a in P46», *NTS* 40 (1994) 472-473.

¹³³ S. P. Brock, «Hebrews 2:9b in Syriac Tradition», *NovT* 27 (1985) 236-244. Βλ. την πρόσφατη εργασία του J. M. Isaak, *Situating the Letter to the Hebrews in Early Christian History*, SBEC 53, Lewiston, Lampeter, E. Mellen Press, 2003.

Η αναζήτηση της πατρότητας και η τελική αποδοχή της επιστολής

παύλεια, μνεία γίνεται στους Ιάκωβο Εδέσσης, Αθράτο, Εφραίμ Σύρο, Ιγνάτιο, Ιουστίνο[134] και Μεθόδιο Ολύμπου[135]. Οι Σύριοι πατέρες αμέσως την αναγνώρισαν ως κανονική και παύλεια, ενώ η Πεσιττά την εξέλαβε από την αρχή. Νύξεις στη προς Εβραίους υπάρχουν επίσης και στον Ιουστίνο[136]. Η γνησιότητα της προς Εβραίους στην Ανατολή παγιώνεται με τον νθ' κανόνα της συνόδου της Λαοδικείας (πιθανώς το 360 μ.Χ.)[137] και τις μαρτυρίες των: Αμφιλοχίου Ικονίου[138], Γρηγορίου Θεολόγου[139], Ιωάννη Χρυσοστόμου[140], Γρηγορίου Νύσσης[141],

---

[134] Πληροφορίες στο J. D. Maynard, «Justin Martyr and the Text of Hebrews XI,4», *Exp* 7 (1909) 163-171.

[135] Βλ. Χ. Βούλγαρη,' Ὑπόμνημα εἰς τὴν πρὸς' Ἑβραίους' Ἐπιστολὴν, Αθήνα 1993, 27.

[136] Ο Ιουστίνος συγκεκριμένα ασπάζεται την ιδέα της ταπείνωσης και υπερύψωσης. Πρβλ. Ἀπολογία πρώτη ὑπὲρ χριστιανῶν πρὸς Ἀντωνίνον τὸν εὐσεβῆ, PG 6, 327-440. Για την χρήση της προς Εβραίους στον Ιουστίνο βλ. Δ. Τρακατέλλη (Αρχ. Αμερικής), *Χριστός ο Προϋπάρχων Θεός. Η Χριστολογία της Ταπεινώσεως και Υπερυψώσεως του Μάρτυρος Ιουστίνου*, Αθήνα 1992, 32 και 186.

[137] Βλ. W. H. Hatch, «The Position of Hebrews in the Canon of the New Testament», *HTR* 29 (1936) 133-151.

[138] «...δύο Τιμοθέῳ, Τίτῳ καὶ Φιλήμονι μίαν ἑκατέρῳ καὶ πρὸς Ἑβραίους μίαν. τινὲς δέ φασι τὴν πρὸς Ἑβραίους νόθον οὐκ εὖ λέγοντες γνησία γὰρ ἡ χάρις», *Πρὸς Σέλευκον*, PG 37, 1597.

[139] «Μελχισεδὲκ δέ, ὡς ἀμήτωρ τὸ ὑπὲρ ἡμᾶς, καὶ ἀπάτωρ τὸ καθ' ἡμᾶς καὶ ὡς ἀγενεαλόγητος τὸ ἄνω Τὴν γὰρ γενεὰν αὐτοῦ, φησί, τίς διηγήσεται; καὶ ὡς βασιλεὺς Σαλήμ, εἰρήνη δὲ τοῦτο, καὶ ὡς βασιλεὺς δικαιοσύνης, καὶ ὡς ἀποδεκατῶν πατριάρχας κατὰ τῶν πονηρῶν δυνάμεων ἀριστεύοντας», Περὶ Ὑιοῦ ὁμιλία, 30, 21 και σε ένα ακόμη έργο του διαβάζουμε ότι: «Ὁ Μελχισεδὲκ συνάγεται ὁ ἀμήτωρ, ἀπάτωρ γίνεται ἀμήτωρ τὸ πρότερον, ἀπάτωρ τὸ δεύτερον. Νόμοι φύσεως καταλύονται», *Εἰς τὰ Θεοφάνεια* Ὁμιλία XXXFIII, PG 36, 313.

[140] Ἑρμηνεία εἰς τὴν πρὸς Ἑβραίους Ἐπιστολὴν ἐκτεθεῖσα ἀπὸ σημείων μετὰ τὴν κοίμησιν αὐτοῦ παρὰ Κωνσταντίνου πρεσβυτέρου Ἀντιοχείας εἰς ὁμιλίας ΛΔ, PG 63, 9-236.

[141] «καὶ πάλιν τοῦ ἀποστόλου Παύλου πρὸς Ἑβραίους ὅτι ἱερέα ἐποίησεν, ἁρπάζει τὴν Ἐποίησε φωνὴν ὁ Εὐνόμιος ὡς ἐνδεικτικὴν τῆς προαιωνίου ὑπάρξεως καὶ διὰ τούτου ποίημα εἶναι τὸν κύριον κατασκευάζειν οἴεται δεῖν», *Πρὸς Εὐνόμιον*, 3, 4, 11.

Μ. Βασιλείου[142], Θεοδωρήτου Κύρου[143], Θεοδώρου Μοψουεστίας[144] κ.α. Από τον 5° αιώνα και έπειτα, μαρτυρίες για τη γνησιότητα της επιστολής συναντώνται στο Λεόντιο Βυζάντιο, στην Πενθέκτη Οικουμενική Σύνοδο, στο Νικηφόρο Κωνσταντινουπόλεως (9ος), Οικουμένιο Τρίκκης[145] (10ος), Θεοφύλακτο[146] (11ος), Ευθύμιο Ζιγαβηνό[147] (9ος) και πολύ αργότερα στις *Ομολογίες* του Δοσίθεου Ιεροσολύμων (1641-1707) και του Φιλαρέτου Μόσχας (1839)[148].

Η επιστολή αρχικά, όπως μας παραδόθηκε σε όλα τα χειρόγραφα, ήταν ακέφαλη. Εξάλλου, αυτό διαφαίνεται από τις μαρτυρίες των αρχαίων εκκλησιαστικών συγγραφέων, αρχικά από τον Πάνταινο[149] και στη συνέχεια από τις διχογνωμίες που πολύ νωρίς ακόμη εκδηλώθηκαν για την ταυτότητα του συγγραφέα και των παραληπτών. Η επιγραφή προς Εβραίους δεν υπήρχε. Στην Αλεξάνδρεια η επιγραφή είναι ήδη γνωστή στις αρχές του 2ου αιώνα. Θα μπορούσαμε εδώ να κάνουμε δύο παρατηρήσεις: α) Γεγονός αποτελεί το ότι στην αρχαία Εκκλησία κανείς δεν γνώριζε ποιος έγραψε την προς Εβραίους και β) παρατηρείται ένας αξιοσημείωτος δισταγμός για την αποστολική της προέλευση, ο οποίος οφειλόταν στην ανωνυμία της, εξαιτίας της οποίας θεωρήθηκε ύποπτη[150]. Κανείς από

---

[142] *'Ερμηνείαν εἰς τὸν προφήτην' Ησαΐαν*, 1, 217.
[143] *'Ερμηνεία τῆς πρὸς'Εβραίους'Επιστολῆς*, PG 82, 673-736.
[144] *Εἰς τὴν πρὸς'Εβραίους'Επιστολὴν*, PG 66, 951-968.
[145] *Εἰς τὴν πρὸς'Εβραίους*, PG 119, 271-452.
[146] *Εἰς τὴν πρὸς'Εβραίους*, PG 125, 185-404.
[147] *'Ερμηνεία εἰς τὰς ΙΔ 'Επιστολὰς τοῦ 'Αποστόλου Παύλου καὶ εἰς τὰς Ζ Καθολικὰς*, έκδ. Ν. Καλογερά, τ. Β', Αθήνα 1887.
[148] Βλ. Χ. Βούλγαρη, *'Υπόμνημα εἰς τὴν πρὸς'Εβραίους'Επιστολὴν*, Αθήνα 1993, 26.
[149] «*μὴ προγεγράφθαι δὲ τὸ Παῦλος ἀπόστολος εἰκότως Ἑβραίοις γάρ, φησίν, ἐπιστέλλων πρόληψιν εἰληφόσιν κατ' αὐτοῦ καὶ ὑποπτεύουσιν αὐτόν, συνετῶς πάνυ οὐκ ἐν ἀρχῇ ἀπέτρεψεν αὐτούς, τὸ ὄνομα θείς*», Ευσέβιου Καισαρείας, *'Εκκλησιαστικὴ 'Ιστορία*, 6, 14, 3.
[150] Βλ. H. Montefiore, *A Commentary on the Epistle to the Hebrews*, 1964, 31. Στην αρχαιότητα απέδιδαν καθοριστική σπουδαιότητα στο προοίμιο κάθε βιβλίου για την αποδοχή ή την απόρριψή του.

Η αναζήτηση της πατρότητας και η τελική αποδοχή της επιστολής

τους αρχαίους συγγραφείς δεν ασχολήθηκε με τα εισαγωγικά κάποιου βιβλίου της Κ.Δ., παρά μόνο με ερμηνευτικά σχόλια. Έτσι αυτοί προσπερνούσαν πολύ γρήγορα αυτού του είδους τα θέματα. Συγκεκριμένα στην προς Εβραίους απέδιδαν την έλλειψη προοιμίου σε λόγους σκοπιμότητας[151]. Άλλη μια βασική αιτία επιφύλαξης αποτελούσε το διαφορετικό φιλολογικό ύφος που πολύ νωρίς παρατήρησαν όλοι σχεδόν οι εκκλησιαστικοί συγγραφείς. Θα μπορούσαμε να συνοψίσουμε τις απόψεις που διατυπώθηκαν σε τρεις κατηγορίες. Στην πρώτη, ανήκουν όσοι συγγραφείς απέδιδαν τη συγγραφή της επιστολής στον απ. Παύλο, στη δεύτερη, όσοι θεωρούσαν μεν τον Παύλο ως αρχικό συγγραφέα και κάποιον άλλο ως τελικό συντάκτη ή μεταφραστή του κειμένου[152] και τέλος στην τρίτη ανήκουν εκείνοι, οι οποίοι την απέδιδαν ρητά σε κάποιον άλλο συγγραφέα[153].

Ως παραλήπτες της επιστολής, οι αρχαίοι συγγραφείς θεώρησαν τους εξ Ιουδαίων χριστιανούς της Παλαιστίνης γενικότερα, ή των Ιεροσολύμων ειδικότερα. Οι αλεξανδρινοί πατέρες αγνοούσαν αν αυτή απευθυνόταν σε ιουδαιοχριστιανούς της πόλης τους, όπως επίσης και για το ζήτημα της συγγραφής της από τον Απολλώ. Η φράση «οἱ ἀπὸ τῆς Ἰταλίας» στο Εβρ. 13:24 ερμηνεύθηκε κατά τρόπο που να δηλώνει την από Ιταλίας γενικότερα και από Ρώμης ειδικότερα συγγραφή της επιστολής από τον Παύλο, όπως ισχυρίστηκαν και οι νεότεροι Έλληνες ερευνητές[154].

Στην αρχαία Εκκλησία πάντως, δεν εντοπίζεται μία κατηγορηματική και επώνυμη απόρριψη της γνησιότητας της προς Εβραίους με εξαίρεση τον Τερτυλλιανό, ο οποίος την

---

[151] Βλ. Χ. Βούλγαρη, Ὑπόμνημα εἰς τὴν πρὸς Ἑβραίους Ἐπιστολήν, Αθήνα 1993, 36 και υποσ. 110.

[152] Πρβλ. και Α. Τσάρνιτς, Τίς ὁ Συγγραφεὺς τῆς πρὸς Ἑβραίους Ἐπιστολῆς, Αθήνα 1954.

[153] Μ. Σιώτη, «Εβραίους Επιστολή», ΘΗΕ 5, 311-315. Για την κανονικότητα της προς Εβραίους βλ. F. F. Bruce, The Epistle to the Hebrews, NICNT, Michigan 1990, 22-25. Εδώ χρησιμοποιείται η αναθεωρημένη έκδοση.

[154] Π.χ. Νικόδημος Αγιορείτης, Απόστολος Μακράκης κα. Πρβλ. Χ. Βούλγαρη, Ὑπόμνημα εἰς τὴν πρὸς Ἑβραίους Ἐπιστολὴν, Αθήνα 1993, 72 και υποσ. 1 και 2.

61

Η προς Εβραίους στην αρχαία εκκλησιαστική παράδοση

απέδιδε ρητά στον Βαρνάβα[155]. Σύμφωνα με τον Ωριγένη τη σύγχυση δημιούργησαν οι Ιουδαίοι εξαιτίας της προπαγάνδας κατά της εκκλησίας, η οποία οφειλόταν στη ρητή δήλωση της επιστολής της λήξης της ισχύος της Π.Δ[156].

Η γνώμη της εκκλησίας της Αλεξάνδρειας ότι ο Παύλος είναι ο συγγραφέας της προς Εβραίους δεν επικράτησε απλώς στην ανατολική εκκλησία, αλλά ήδη από τα μέσα του 4^{ου} αιώνα επηρέασε και την εκκλησία της Δύσης. Στο τέλος του 4^{ου} αιώνα ο Αμβροσιαστής δεν την περιλαμβάνει στις παύλειες επιστολές για τις οποίες γράφει υπομνήματα, αλλά τη δέχεται ως κανονική. Οι Ιερώνυμος[157] και Αυγουστίνος[158] ήταν εκείνοι που επηρέασαν τη γνώμη της εκκλησίας της Δύσης να την κάνει δεκτή στον κανόνα. Αυτό συνέβη περισσότερο ακολουθώντας την εκκλησία της Ανατολής και όχι επειδή η εκκλησία της Δύσης ήταν πεπεισμένη για την παύλεια προέλευσή της. Για τον παραπάνω λόγο οι πρώτες συνοδικές εκδόσεις του κανόνα στη Δύση τη διέκριναν ρητά από τις παύλειες επιστολές.

Η σύνοδος της Ιππώνος (395) και η γ' σύνοδος της Καρθαγένης (397) αριθμούν τις παύλειες επιστολές όχι ως δεκατέσσερις σύνολο, αλλά ως «δεκατρείς και μία την προς Εβραίους». Ο κατάλογος της β' συνόδου της Καρθαγένης, ο οποίος επίσης αριθμεί την επιστολή, προσέλαβε ισχύ νόμου στην εκκλησία της Δύσης. Με την στ' σύνοδο της Καρθαγένης (419), στην οποία αναφέρονται δεκατέσσερις επιστολές του απ. Παύλου, παγιώνεται και αναγνωρίζεται οριστικά πλέον η θέση της στον κανόνα της Δύσης. Σε αυτό βέβαια συνέβαλαν και οι δύο προηγούμενες σύνοδοι. Από τότε και μέχρι τη

---

[155] Τερτυλλιανού, *De Pudicitia*, PL 20, 2, 1021.
[156] Βλ. σχετικά τις πρόσφατες μελέτες των L. Kim, *Polemic in the Book of Hebrews: Anti-Semitism, Anti-Judaism, Supersessionism?*, Eugene, Pickwick Publications, 2006 και C. M. Williamson, «Anti-Judaism in 'Hebrews'», *Int* 57 (2003) 266-279.
[157] *De Viris Illustribus* 5, PL 23, 859. *Ad Paulinum de Studio Scripturarum*, PL 22, 540 εξ. και σε πολλά άλλα έργα του.
[158] *De Docrina Christiana* 2, PL 34, 41. Βλ. C. G. Willis, «St. Augustine's Text of the Epistle to the Hebrews», *StPatr* 6 (1962) 543-547.

Η χρήση της προς Εβραίους από τον Γνωστικισμό

Μεταρρύθμιση παρατίθεται σταθερά στους καταλόγους των κανονικών βιβλίων της Κ.Δ., όπως του Ιουλίου Αφρικανού[159], του Κασσιοδώρου[160] και του Ισιδώρου του εκ Σεβίλης[161]. Κατά το 12° αιώνα στη Δύση ο Πέτρος ο Λομβαρδός[162] ήταν αυτός που ασχολήθηκε συστηματικότερα με την ερμηνεία της επιστολής και λίγο πριν τις αρχές του 13ου αιώνα η μορφή που κυριαρχεί είναι αναμφισβήτητα εκείνη του σχολαστικού θεολόγου Θωμά του Ακινάτη[163], ο οποίος πρόσφερε ένα σημαντικό υπόμνημα στην προς Εβραίους. Αργότερα, με τη Μεταρύθμιση θα προκύψουν αμφισβητήσεις οι οποίες θα σηματοδοτήσουν ένα νέο σταθμό στην ιστορία της έρευνας της επιστολής.

4. Η χρήση της προς Εβραίους από το Γνωστικισμό

Οι γνωστικοί και ιδιαίτερα οι Βαλεντινιανοί αναγνώριζαν την προς Εβραίους ως παύλεια εξαιτίας της ειδικής ορολογίας και του σχήματος της εξηγητικής τυπολογίας που χρησιμοποιείται σε αυτή. Έτσι πίστευαν ότι ήταν απόλυτα σύμφωνη με το δικό τους σύστημα. Το κύριο θέμα της προς Εβραίους, η ανωτερότητα δηλαδή της διαθήκης του Χριστού απέναντι στη διαθήκη του Ισραήλ, παρουσιάζεται κατ' αυτούς, ως ανάπτυξη της αντίθεσης μεταξύ της ψυχικής και πνευματικής σχέσης με το Θεό.

Ο στίχος Εβρ. 1:3 ερμηνευόταν από τους Βαλεντινιανούς κατά τρόπο που δήλωνε την προσφορά από τον Χριστό, τη συγχώρηση των αμαρτιών των ψυχικών και τη βασιλεία του κατά τη διάρκεια αυτού του αιώνα. Ένα άλλο σημείο που ελκύει

---

[159] De simplici doctrina, PL 68, 19.
[160] De institutione divinarum Litterarum 14, PL 70, 1120, 1125. Πρβλ. Χ. Βούλγαρη, Υπόμνημα εἰς τὴν πρὸς Ἑβραίους Ἐπιστολὴν, Αθήνα 1993, 31.
[161] De Ortu et Obitu Patrum qui in Scriptura Landibus Efferuntur, PL 83, 159.
[162] Βλ. N. C. Croy, Endurance in Suffering. A Study of Hebrews 12:1-13 in Its Rhetorical, Religious, and Philosophical Context, Cambridge 1998, 11.
[163] T. Aquinas, «Super Epistolam ad Hebraeos Lectura», στο Super Epistolas sancti Pauli Lectura, έκδ. P. R. Cai, τ. 2, Rome, [8]1953.

το ενδιαφέρον μας είναι η γνωστική θεώρηση της έννοιας του *«σήμερον»*. Οι Βαλεντινιανοί δίδασκαν ότι είχαν μάθει από μια κρυφή παράδοση ότι τρεις διαφορετικές ημέρες σημαδεύουν τρία διαφορετικά στάδια πνευματικής πορείας[164]. Η πρώτη ημέρα καθορίζει το υλικό στάδιο, η δεύτερη παρουσιάζει το ψυχικό στάδιο της μετατροπής και η τρίτη ημέρα, η λεγόμενη πνευματική, σηματοδοτεί το φωτισμό ή την ανάσταση. Έτσι για τους ψυχικούς η πρώτη ημέρα δείχνει το παρελθόν, η δεύτερη το παρόν και η τρίτη το εσχατολογικό μέλλον. Με το *«σήμερον»* της προς Εβραίους οι ψυχικοί οφείλουν να επιλέξουν τη σωτηρία σήμερα, δηλαδή στο νυν κοσμικό αιώνα.

Ένα άλλο θέμα, ιδιαίτερα αγαπητό στη Γνώση, ήταν ο διπολισμός ανάμεσα στα γήινα και τα ουράνια. Η ιδέα αυτή ήταν θεμελιώδης στο Γνωστικισμό γι' αυτό και από τη θρησκειοϊστορική σχολή υποστηρίχθηκε η προέλευση της προς Εβραίους από το θρησκευτικό χώρο του Γνωστικισμού. Οι ιδέες που είχαν αναπτύξει οι γνωστικοί γύρω από αυτό το ζήτημα φαίνονται να ταιριάζουν με την εικόνα της επίγειας σκηνής και της ουράνιας, όπως παρουσιάζεται στο 9:1-10[165]. Για τους γνωστικούς η εξωτερική σκηνή συμβολίζει τον τόπο όπου οι ψυχικοί λατρεύουν τη δημιουργία. Τα Άγια των Αγίων από την άλλη, συμβολίζουν τον τόπο των πνευματικών, όπου οι εκλεκτοί γίνονται πνεύματα και αποκτούν την αλήθεια. Στο παρόν, το κοσμικό βασίλειο στο οποίο κατοικούν οι ψυχικοί χωρίζεται από το πλήρωμα από το δεύτερο καταπέτασμα. Η προσέγγιση στα Άγια των Αγίων δεν είναι προσιτή, καθώς ο παρών αιώνας παραμένει. Στο τέλος όμως αυτού του αιώνα ο Λυτρωτής θα ανοίξει το δρόμο για τους ψυχικούς ώστε να μπορέσουν να τον ακολουθήσουν στο πλήρωμα[166]. Τώρα μπορούμε να κατανοήσουμε γιατί τα διάφορα γνωστικά

---

[164] Βλ. E. Pagels, *The Gnostic Paul: Gnostic Exegesis of Pauline Letters*, 1992, 146.

[165] Για την κατανόηση των όσων συμβαίνουν μέσα στο άδυτο και ειδικά τη σημασία της Σκηνής του Μαρτυρίου και της Κιβωτού της Διαθήκης βλ. Δ. Καϊμάκη, *Ο Ναός του Σολομώντα*, Θεσσαλονίκη, 1990, 82-84.

[166] Βλ. E. Pagels, *στο ίδιο*, 151.

Η ερμηνεία της αινιγματικής προσωπικότητας του Μελχισεδέκ

συστήματα απέδωσαν σπουδαία θέση στην προς Εβραίους, εφόσον σύμφωνα με τη βασική τους διδασκαλία, η επιστολή κάλυπτε τις σωτηριολογικές τους δοξασίες απορρίπτοντας ταυτόχρονα όλα τα υλικά μέσα.

5. Η ερμηνεία της αινιγματικής προσωπικότητας του Μελχισεδέκ

Έκπληξη προξενεί το γεγονός ότι η προσωπικότητα του Μελχισεδέκ (Γεν. 14:18-20, Ψλ. 109:4, Εβρ. 5:6, 10, 6:20, 7:1-17)[167] δεν τυγχάνει προσοχής από τους εκκλησιαστικούς συγγραφείς των δύο πρώτων αιώνων, ενώ το ενδιαφέρον για αυτόν αρχίζει να εγείρεται μόλις στο τέλος του 2ου και στις αρχές του 3ου αιώνα. Η προσωπικότητα του Μελχισεδέκ συναντάται και στη γνωστική γραμματεία και μάλιστα με σημαντικό ρόλο. Στο β' βιβλίο του Ιεού έχει το όνομα Ζοροκοθόρα Μελχισεδέκ και συνδέεται με αιγυπτιακές μαγικές παραδόσεις, ενώ στα τέσσερα βιβλία του *Πίστης Σοφίας* παρουσιάζεται ως πρεσβευτής και παραλήμπτωρ του φωτός[168]. Για τους Γνωστικούς ο Μελχισεδέκ δεν ήταν παρά ένας από τους αιώνες[169]. Ο Επιφάνιος Σαλαμίνος γράφοντας στις αρχές του 4ου αιώνα υποθέτει ότι ο Μελχισεδέκ είναι μια αγγελική ή θεϊκή προσωπικότητα[170]. Ο Ιερώνυμος αναφέρει ότι πρόκειται

---

[167] Βλ. J. A. Fitzmyer, «Now This Melchisedek ... (Heb. 7,1)», *CBQ* 25 (1963) 305-321.

[168] B. A. Pearson, «The Figure of Melchizedek in Gnostic Literature», στο *Gnosticism, Judaism, and Egyptian Christiantiy, Studies in Antiquity and Christianity*, Minneapolis, Fortress Press, 1990, 110-123. Πρβλ. του ίδιου, «The Figure of Melchizedek in the First Tractate of the Unpublished Coptic-Gnostic Codex IX from Nag Hammadi», στα *Proceedings from the XIIth International Congress of the International Association for the History of Religions*, εκδ. C. J. Bleeker-G. Widengren-E. J. Sharpe, Leiden, Brill 1975, 200-208.

[169] G. G. Willis, «Melchisedech, the Priest of the Most High God», *DRev* 96 (1978) 274.

[170] «*Ἐν δὲ τῇ ἐκκλησίᾳ φύσει τινὲς διαφόρως τοῦτον τὸν Μελχισεδὲκ ὁρίζονται οἱ μὲν γὰρ αὐτὸν νομίζουσι φύσει τὸν υἱὸν τοῦ θεοῦ, ἐν ἰδέᾳ δὲ ἀνθρώπου τότε τῷ*

για άνθρωπο και μάλιστα για κάποιον βασιλιά της Ιερουσαλήμ. Αυτή είναι και η γνώμη των περισσότερων εκκλησιαστικών συγγραφέων με εξαίρεση τον Ωριγένη, ο οποίος πίστευε ότι πρόκειται για κάποια ουράνια ύπαρξη. Ο Μελχισεδέκ για τους πατέρες της Εκκλησίας θεωρούνταν γενικά ένας ιερέας του οποίου η ιεροσύνη μεταβιβάζεται στον Χριστό[171]. Ο Κλήμης ο Αλεξανδρέας είναι ο πρώτος που λαμβάνει την προσφορά του άρτου και του οίνου από τον Μελχισεδέκ στον Αβραάμ ως τύπο της Θ. Ευχαριστίας. Το σίγουρο είναι ότι μετά τον Κύριλλο Αλεξανδρείας η τυπολογία αυτή δε συναντάται πουθενά.

Το πλήθος των αναφορών στο πρόσωπο του Μελχισεδέκ από τους πατέρες γίνεται εξαιτίας των αιρετικών που εμφανίζουν τον Μελχισεδέκ ως θεϊκό πρόσωπο. Η ιδέα αυτή προέκυψε από τον τρόπο ερμηνείας του Εβρ. 7:3[172]. Για να καταπολεμήσουν οι πατέρες μια τέτοια θέση και να διασφαλίσουν την ακεραιότητα της Αγίας Τριάδας πολλές φορές στα συγγράμματα τους αναφέρονται στους αιρετικούς αυτούς και ανατρέπουν τα επιχειρήματά τους.

Ἀβραὰμ πεφηνέναι. ἐκπίπτουσι δὲ καὶ αὐτοὶ τοῦ προκειμένου οὐ γάρ τις ἑαυτῷ ὅμοιος γενήσεταί ποτε, ὡς ἔχει ἡ θεία γραφὴ ὅτι ἀφομοιούμενος τῷ υἱῷ τοῦ θεοῦ μένει ἱερεὺς εἰς τὸ διηνεκές....», *Πανάριον*, 2, 333-334.

[171] Βλ. C. A. Auberlen, «Melchizedek's Ewige Leben und Priestertum: Hebr. 7», *TSK* 30 (1857) 453-504. C. Böttrich, «Hebr 7,3 und die Frühjüdische Melchisedeklegende», στο *The Bible in Cultural Context*, έκδ. H. Pavlincova-D. Papousek, 1994, 63-68. E. Brandenburger, «Text und Vorlagen von Hebr 5, 7-10. Ein Beitrag zur Christologie des Hebräerbriefs», *NovT* 11 (1969) 190-224. N. Casalini, «Ebr. 7,1-10: Melchisedek Prototipi di Christo», *SBFLA* 34 (1984) 149-190. J. E. Coleran, «The Sacrifice of Melchizedek», *TS* 1 (1940) 27-36. E. Dimmler, *Melchisedech. Gedanken uber das Hohepriestertum Christi nach dem Hebräerbrief*, Kempten 1921. L. Soubigou, «La Chapitre VII de l' Épître aux Hébreux», *AT* 7 (1946) 69-82. C. Spicq, «Melchisedech et l' Épître aux Hébreux: La Sacerdoce de la Nouvelle Alliance», *EV* 87 (1977) 206-208. E. C. Zesati, «Une Triple Prιparation du Sacerdoce du Christ dans l' Ancien Testament (Melchisedec, Le Messie du Ps 110, Le Serviteur d' Is. 53): Introduction a la Doctrine Sacerdotale de l' Épître aux Hébreux», *DiV* 28 (1984) 103-136.

[172] Βλ. C. Gianotto, *Melchisedek e la sua Tipologia: Tradizioni Giudaiche, Cristiane e Gnostiche, (sec. II a.C.–sec. III d.C.)*, SRivBib 12, Brescia 1984, 145-168.

Η ερμηνεία της αινιγματικής προσωπικότητας του Μελχισεδέκ

Η πρώτη αίρεση που προέκυψε από παρερμηνεία του παραπάνω χωρίου ήταν οι Μελχισεδεκιανοί ή Θεοδοτιανοί[173]. Η σημαντικότερη πηγή από την οποία αντλούμε πληροφορίες για αυτούς τους αιρετικούς είναι ο Ιππόλυτος Ρώμης[174]. Ιδρυτής της αίρεσης αυτής ήταν ο Θεόδοτος από το Βυζάντιο, ο οποίος δίδασκε ότι ο Ιησούς ήταν ένας άγιος άνθρωπος που έγινε ο Χριστός κατά την κάθοδο του Αγίου Πνεύματος στη Βάπτιση και όχι από την αρχή. Αργότερα ο Θεόδοτος ο τραπεζίτης υποστήριξε ότι ο Μελχισεδέκ είναι η μεγάλη δύναμη και μάλιστα ανώτερος από τον Χριστό. Έτσι παρουσιάζεται να παίζει το ρόλο του μεσολαβητή για τα ουράνια όντα (αγγέλους), ενώ ο Χριστός τον ίδιο ακριβώς ρόλο για τους ανθρώπους. Ο Μελχισεδέκ είναι ανώτερος, αφού είναι «*ἀπάτωρ ἀμήτωρ ἀγενεαλόγητος, μήτε ἀρχὴν ἡμερῶν μήτε ζωῆς τέλος ἔχων, ἀφωμοιωμένος δὲ τῷ υἱῷ τοῦ θεοῦ, μένει ἱερεὺς εἰς τὸ διηνεκές*». Ο Επιφάνιος[175] μας πληροφορεί ότι οι Μελχισεδεκιανοί έκαναν προσφορές στο όνομα του Μελχισεδέκ. Ο Μελχισεδέκ κατανοούνταν ως ένας ουράνιος ιερέας που μεσιτεύει αιώνια για τους ανθρώπους.

Οι υπόλοιπες πληροφορίες για τους Μελχισεδεκιανούς προέρχονται από δευτερεύουσες πηγές από τον 5° αιώνα και εξής[176]. Ο λόγος που ο Μελχισεδέκ θεωρούνταν ανώτερος

---

[173] Αναφέρονται και ως Μελχισεδεκίτες από τους Χρυσόστομο και Φώτιο Κωνσταντινουπόλεως. Για παράδειγμα βλ. Ι. Χρυσοστόμου,᾿Ομιλὶα εἰς τὸν Μελχισεδὲκ, PG 56, 260-261 «῎Αντιλέγουσι δὲ καὶ τοῦτο ἡμῖν οἱ Μελχισεδεκιταὶ λέγοντες Τί οὖν ἐστιν ὃ λέγει πρὸς αὐτὸν ὁ Πατήρ Σὺ ἱερεὺς εἰς τὸν αἰῶνα κατὰ τὴν τάξιν Μελχισεδέκ; Πρὸς οὕς λέγομεν, ὅτι οὗτος ὁ Μελχισεδὲκ ἀνὴρ δίκαιος γέγονε, καὶ ἀληθῶς εἰκόνα ἔφερε τοῦ Χριστοῦ». Βλ. περισσότερα M. Friedländer, «La Sect de Melchisédech et l' Épître aux Hébreux», *REJ* 5 (1882) 1-26 και 188-198 και του ίδιου, «La Sect de Melchisédech et l' Épître aux Hébreux», *REJ* 5 (1883) 187-199.
[174] Κατὰ πασῶν τῶν αἱρέσεων ἔλεγχος, 7, 35-36 και 10, 23-24.
[175] *Πανάριον*, 2, 324.
[176] Αναφορές βρίσκουμε στους: Αυγουστίνο, Ισίδωρο Ισπανίας, Ιωάννη Δαμασκηνό και Θεοδώρητο. Βλ. τις μονογραφίες των F. L. Horton, *The Melchizedek Tradition: A Critical Examination of the Sources to the Fifth Century A.D. and in the Epistle to the Hebrews*, 1976, 96 και υποσ. 1-4. J. Tourniac,

Η προς Εβραίους στην αρχαία εκκλησιαστική παράδοση

του Χριστού σε αυτή την αιρετική ομάδα ήταν το γεγονός ότι ο Χριστός σύμφωνα με την προς Εβραίους ήταν ιερέας «*κατὰ τὴν τάξιν Μελχισέδεκ*»[177]. Η αίρεση αυτή, εντάσσεται μέσα στους κόλπους των δυναμικών μοναρχιανών που ξεκίνησε από τον Θεόδοτο τον Βυζάντιο και ανανεώθηκε αργότερα στη Ρώμη από τον Θεόδοτο τον τραπεζίτη. Ο Χρυσόστομος αντιδρά σε κάποια μελχισεδεκιανή αίρεση της εποχής του, η οποία εμφανίστηκε κατά τον 4° αιώνα και εξακολουθούσε να υφίσταται και τον 5° αι. μ.Χ. Τις περισσότερες πληροφορίες για τη συγκεκριμένη θρησκευτική ομάδα μας δίνουν οι Ιερώνυμος και Μάρκος ο ερημίτης.

Μία άλλη αιρετική ομάδα δημιουργήθηκε από τον Ιέρακα τον Αιγύπτιο. Ο Ιέρακας έζησε στην Αίγυπτο κατά το τέλος του 3ου αιώνα μ.Χ. Αυτό που μας ενδιαφέρει στον Ιέρακα είναι ότι αυτός ταύτιζε το Άγιο Πνεύμα με τον Μελχισεδέκ. Για να στηρίξει τη θέση αυτή καταφεύγει σε δυο βιβλικά χωρία. Στο Ρωμ. 8:26 και στο Εβρ. 7:3. Μελχισεδέκ και Άγιο Πνεύμα σύμφωνα με την ερμηνεία του είναι το ένα και το αυτό. Επίσης παραπέμποντας στην *Ανάληψη Ησαΐα* 9:33, αναφέρεται στα δύο πρόσωπα που κάθονται στα δεξιά και αριστερά του Θεού. Στα δεξιά βρίσκεται ο αγαπητός και στα αριστερά το Άγιο Πνεύμα που μίλησε μέσω των προφητών. Εκεί λέγεται ότι το Άγιο Πνεύμα είναι «*ὅμοιον τῷ ἀγαπητῷ*». Αυτό κατά τον Ιέρακα αποδεικνύει ότι πρόκειται για τον Μελχισεδέκ, αφού

Melkitsedeq ou La Tradition Primordiale, Paris 1983, 163-169. C. Gianotto, *Melchisedek e la sua Tipologia: Tradizioni Giudaiche, Cristiane e Gnostiche, (sec. II a.C.–sec. III d.C.)*, SRivBib 12, Brescia 1984, 145-169. του ίδιου, «Melchisedek e lo Spirito Santo. Alcuni Aspetti della Pneumatologia Eterodossa tra il III e il IV Secolo», *Aug* 20 (1980) 587-593.

[177] Σύμφωνα με μία ιουδαιοχριστιανική ομάδα, τους Εβιωνίτες, ο Χριστός ήταν μία αγγελική δύναμη η οποία καταλάμβανε τον άνθρωπο Ιησού από τη βάπτιση ως το πάθος του. Βλ. σχετικά J. R. Edwards, «The 'Gospel of the Ebionites' and the 'Gospel of Luke' (An Investigation into Compositional Relationships between the Lucan Gospel and the So-Called "Jewish-Christian" 'Gospel to the Hebrews')», *NTS* 48 (2002) 568-586 και M. Goulder, «'Hebrews' and the Ebionites», *NTS* 49 (2003) 393-406.

Η ερμηνεία της αινιγματικής προσωπικότητας του Μελχισεδέκ

στο Εβρ. 7:3 λέγεται ότι αυτός είναι «ἀφωμοιωμένος δὲ τῷ υἱῷ τοῦ θεοῦ». Τόσο ο Θεόδοτος ο τραπεζίτης, όσο και ο Ιέρακας κατανοούν τον Μελχισεδέκ ως μια ουράνια ύπαρξη αλλά για διαφορετικούς λόγους ο καθένας. Για τον πρώτο, ο Μελχισεδέκ ταιριάζει σε μια χριστολογία ως ουράνιος τύπος του επίγειου αντίτυπου, δηλαδή του Χριστού, ενώ για τον δεύτερο, Χριστός και Μελχισεδέκ έχουν το ίδιο ρόλο και τις ίδιες ιδιότητες.

Κατά το μεγαλύτερο διάστημα του 4^{ου} αιώνα, μέχρι τη στιγμή που ο Επιφάνιος γράφει το *Πανάριον*, έχουμε ελάχιστες πληροφορίες για το ζήτημα του Μελχισεδέκ στην αρχαία Εκκλησία. Ο Επιφάνιος αγωνίζεται να αποδείξει ότι ο Μελχισεδέκ δεν μπορεί να είναι κανένα από τα πρόσωπα της Αγίας Τριάδας[178]. Ο Μάρκος ο ερημίτης έγραψε μια πραγματεία για τον Μελχισεδέκ, στην οποία αντιμετωπίζει όλους αυτούς που υποστήριζαν ότι ο Μελχισεδέκ ήταν ο Υιός και Λόγος του Θεού πριν εισέλθει στην κοιλιά της Παρθένου. Θα μπορούσαμε να κλείσουμε αυτό το θέμα με τις δυο πολύ σημαντικές παρατηρήσεις του Horton[179]: α) Καμιά από αυτές τις αιρέσεις δεν αγνοεί το Εβρ. 7:3, στο οποίο μάλιστα όλες αυτές οι θρησκευτικές ομάδες στηρίζονται και β) ο μόνος συνδετικός κρίκος ανάμεσα σε αυτές τις αιρετικές αντιλήψεις είναι η πεποίθηση ότι ο Μελχισεδέκ αποτελεί μια ουράνια ύπαρξη[180]. Συνοψίζοντας τα παραπάνω, παρατηρούμε ότι ο Μελχισεδέκ θεωρήθηκε ως α) Υιός του Θεού, β) Άγιο Πνεύμα, γ) αγγελικό ον[181] και δ) ιστορικό πρόσωπο.

---

[178] *Πανάριον*, 2, 325 εξ.
[179] Βλ. F. L. Horton, στο ίδιο, 111.
[180] Βλ. F. L. Horton, στο ίδιο, 113-114, όπου παρατίθεται χρονολογικός πίνακας με όλες τις αιρετικές ομάδες, οι οποίες θεωρούσαν ως θεϊκό ον τον Μελχισεδέκ.
[181] Μ. Τομάσοβιτς, *Ο Μελχισεδέκ και το Μυστήριο της Ιερωσύνης του Χριστού*, Λευκωσία 1990, 59. Πρόκειται για κάποια αιρετική ομάδα για την οποία μας πληροφορεί ο Κύριλλος Αλεξανδρείας, στο έργο του Περὶ τοῦ Ἀβραὰμ καὶ τοῦ Μελχισεδὲκ (PG 69, 84) χωρίς όμως να αναφέρει το όνομα της.

6. Η θέση της προς Εβραίους στις δογματικές διαμάχες των πρώτων αιώνων

Πριν εισέλθουμε στην παρουσίαση της πατερικής ερμηνείας και στην χρήση της προς Εβραίους κατά τη διάρκεια των πέντε πρώτων αιώνων, οφείλουμε να επισημάνουμε ότι η ερμηνευτική μέθοδος που ακολουθήθηκε από τους εκκλησιαστικούς συγγραφείς αυτής της περιόδου κυριαρχείται από δύο κύρια ρεύματα. Την αλληγορική ερμηνευτική μέθοδο, η οποία υιοθετήθηκε από την αλεξανδρινή σχολή και την τυπολογική και ιστορικο-φιλολογική που χρησιμοποιούσε η αντιοχειανή σχολή. Με τη μέθοδο αυτή οι πατέρες τόνιζαν τη συνέχεια της ιστορίας της αποκαλύψεως των δύο διαθηκών εξαιτίας του φαινομένου να παραθεωρείται η ιστορική αντίληψη της αποκάλυψης από τις πρώτες αιρετικές ομάδες.[182] Συχνά όμως οι δύο αυτές σχολές χρησιμοποιούσαν και τις δύο μεθόδους χωρίς να τις διακρίνουν. Ειδικά για την ερμηνεία της προς Εβραίους, κύριοι εκπρόσωποι της πρώτης τάσης είναι οι: Ωριγένης, Άρειος, Αθανάσιος και Κύριλλος Αλεξανδρείας, ενώ τη δεύτερη ερμηνευτική τάση εκπροσωπούν οι: Ευστάθιος Αντιοχείας, Διόδωρος Ταρσού, Θεόδωρος Μοψουεστίας, Ι. Χρυσόστομος, Νεστόριος και Θεοδώρητος Κύρου[183].

Οι εκκλησιαστικοί συγγραφείς οι οποίοι, είτε έγραψαν υπομνήματα στην προς Εβραίους, είτε ασχολήθηκαν με κάποιο επιμέρους θέμα της, κυρίως την ερμηνεία του Μελχισεδέκ, ενδιαφέρθηκαν να δώσουν μία εξήγηση στο κείμενο, χωρίς όμως να ασχοληθούν με τα εισαγωγικά προβλήματα. Εξάλλου εκείνη την εποχή δέσποζε μόνο το ερώτημα του συγγραφέα και η μορφή του κειμένου. Η αμφισβήτηση της προς Εβραίους ως επιστολής και η διατύπωση της γνώμης ότι πρόκειται για ομιλία

---

[182] Π. Βασιλειάδη, *Ερμηνεία των Ευαγγελίων*, Θεσσαλονίκη 1990, 57. Βλ. και γενικά για την ερμηνεία της Γραφής στην αρχαία εκκλησία Σ. Αγουρίδη, *Ερμηνευτική των Ιερών Κειμένων. Προβλήματα-Μέθοδοι Εργασίας στην Ερμηνεία των Γραφών*, Αθήνα ²2000, 147-178.
[183] F. M. Young, «Christological Ideas in the Greek Commentaries on the Epistle to the Hebrews», *JTS* 20 (1969) 150.

Η θέση της προς Εβραίους στις δογματικές διαμάχες

δεν παρουσιάζεται πουθενά αυτή την εποχή. Απεναντίας αυτή αποτελεί προϊόν της σύγχρονης έρευνας[184]. Κανένα από τα σημερινά πολύπλοκα ερωτήματα δεν είχε τότε αναδυθεί. Γεγονός είναι ότι τα πρώτα χρόνια η αρχαία εκκλησιαστική παράδοση και γραμματεία ελάχιστα χρησιμοποιούσε το κείμενο της επιστολής. Η κατάσταση αυτή όμως άλλαξε από τα χρόνια του Ωριγένη. Αυτός αποτελεί τον πρώτο σταθμό στην ιστορία της έρευνας της προς Εβραίους, επειδή χρησιμοποιεί εκτεταμένα το κείμενό της στα συγγράμματά του, αλλά και, όπως μας πληροφορεί ο Ευσέβιος, κήρυττε δανειζόμενος χωρία από την επιστολή[185].

Πέρα από τα σχόλια που έγραψε στην προς Εβραίους, φαίνεται ότι η θεολογία της ήταν απόλυτα εναρμονισμένη με τη θεολογική του σκέψη. Χαρακτηριστικό παράδειγμα είναι η ιδέα της σκιάς του Νόμου. Έτσι ο Ωριγένης χρησιμοποίησε αρκετά τα Εβρ. 8:5 και 10:1 για να αποδείξει ότι η σκιά αντικαταστάθηκε από την αλήθεια του Χριστού. Στα έργα του είναι εμφανής η διπλή τυπολογία ανάμεσα στη σκιά και την εικόνα στο παρόν ως εκπλήρωση του παρελθόντος, αλλά και ως προσδοκία του μέλλοντος. Η ιδέα αυτή αποτελεί χαρακτηριστική έκφραση της πατερικής θεολογίας για την ιστορία της σωτηρίας[186].

Όταν ο πολυγραφότατος αυτός εκκλησιαστικός άνδρας αναπτύσσει τις ιδέες του για τους αιώνες και τον κόσμο δεν

---

[184] C. P. Anderson, «The Epistle to the Hebrews and the Pauline Lecture Collection» *HTR* 59 (1966) 434.

[185] *Ἐκκλησιαστικὴ Ἱστορία*, 6, 25, 11.

[186] Βλ. R. A. Greer, *The Captain of Our Salvation: A Study in the Patristic Exegesis of Hebrews*, Tübingen, Mohr 1973, 14 και το πρόσφατο υπόμνημα των Ε. Μ. Heen-P. D. W. Krey (έκδ.), *Hebrews*, ACCS 10, Downers Grove, InterVarsity Press, 2005 με πλήθος πατερικών αναφορών.

Η προς Εβραίους στην αρχαία εκκλησιαστική παράδοση

μπορεί να μην καταφύγει στα Εβρ. 3:13, 13:8[187] και 9:26[188]. Η εικόνα των αγγέλων[189], όπως παρουσιάζεται στην επιστολή στα 1:7 και 1:14, τον επηρεάζει επίσης σχετικά με το γιατί οι άγγελοι καλούνται πνεύματα και «πυρός φλόγα»[190]. Ένα άλλο θέμα που χρησιμοποιεί είναι δανεισμένο από το ενδέκατο κεφάλαιο της προς Εβραίους. Χρησιμοποιεί και αυτός το παράδειγμα των πατριαρχών της Π.Δ., όπως παρουσιάζονται στο Εβρ. 11, δηλαδή ως το πρότυπο ζωής των χριστιανών[191]. Η πρωταρχική αρετή που απαιτείται εδώ είναι η πίστη. Ιδιαίτερα αγαπητή φαίνεται να του είναι η μεταφορά του Εβρ. 5:11-14[192] με το γάλα και τη στερεά τροφή, την οποία χρησιμοποιεί οπουδήποτε περιγράφει τη χριστιανική ζωή.

Στο δεύτερο βιβλίο του *Περὶ Ἀρχῶν*,[193] στο σημείο όπου αναπτύσσει τη διδασκαλία του για τον Χριστό, κάνει χρήση

---

[187] W. C. Robinson, «Jesus Christ the Same Yesterday and Today and Forever (Heb.13:8)», *EvQ* 16 (1944) 228-235. Πρβλ. τα όσα αναφέρουν οι Π. Βασιλειάδης, «Η Εσχατολογική Διάσταση της Εκκλησίας. (Σχόλιο στο Εβρ. 13, 8)», *ΓΠ* (1990) 649-653 (το ίδιο άρθρο επανεκδόθηκε στο *Επίκαιρα Αγιογραφικά Θέματα. Αγία Γραφή και Ευχαριστία*, ΒΒ 15, Θεσσαλονίκη 2000, 131-138) και R. De Haes, «Jesus Christ est le Meme hier et Aujourd'hui, il le sera a Jamais (Heb. 13,8)», *Telema* 102-103 (2000) 22-27.

[188] *Περὶ Ἀρχῶν*, 2, 3, 5. Πρβλ. N. C. Croy, *Endurance in Suffering. A Study of Hebrews 12:1-13 in its Rhetorical, Religious, and Philosophical Context*, Cambridge 1998, 6-7 και F. Bowon, «Le Christ, la Foi et la Sagesse dans l' Épître aux Hébreux (Hébreux 11 et 1) *RTP* 18 (1968) 129-137.

[189] T. F. Glasson, «"Plurality of Divine Persons" and the Quotations in Hebrews I. 6ff.», *NTS* 12 (1965-1966) 270-272. Βλ. και A. T. Hanson, «Christ in the Old Testament according to Hebrews», στο *Studia Evangelica II*, έκδ. F. L. Cross, Berlin 1964, 393-396. H. W. Jones, «Ministering Spirits. Hebrews i. 14», *ExpTim* 3 (1891-1892) 224. T. G. Smothers, «A Superior Model: Hebrews 1:1-4:13», *RevExp* 82 (1985) 333-343.

[190] Βλ. *Περὶ Ἀρχῶν*, 2, 8, 3.

[191] Για παράδειγμα: *Κατὰ Κέλσου*, 7, *Ἐκ τῶν ἐξηγητικῶν εἰς τὴν πρὸς Ῥωμαίους ἐπιστολὴν τοῦ Παύλου βιβλία δέκα*, PG 14, 980, *Ἐξηγητικὰ Ὠριγένους εἰς τοὺς Ψαλμοὺς*, PG 12, 1354.

[192] Σ. Σάκκου, «Οι Θεόκλητοι (Εβρ. 5,1-10)», στο *Έρευνα της Γραφής*, 1961, 125-128.

[193] 2, 5-6.

Η θέση της προς Εβραίους στις δογματικές διαμάχες

των Εβρ. 1:3 και 4:12[194]. Το ενδιαφέρον του εστιάζεται στη λέξη εικόνα. Στην ανάπτυξη της χριστολογίας του πολλές φορές αναγκάζεται να καταφύγει στα κατεξοχήν δογματικά χωρία της προς Εβραίους (1:2, 1:3 και 2:9). Ειδικότερα τα Εβρ. 1:1, 5:12 εξ., 12:2, 4:15 και 2:10[195] εξυπηρετούν την περιγραφή της ανθρωπότητας του Χριστού[196]. Πέρα από αυτά όμως, μπορεί

---

[194] Βλ. J. Swetnam, «Jesus as LOGOS in Hebrews 4,12-13», *Bib* 62 (1981) 214-224.

[195] Βλ. ενδεικτικά J. C. Campbell, «In a Son. The Doctrine of Incarnation in the Epistle to the Hebrews», *Int* 10 (1956) 25-31. N. Casalini, «Ebr. 7,1-10: Melchisedek Prototipi di Christo», *SBFLA* 34 (1984) 149-190. J. D. Charles, «The Angels, Sonship and Birthright in the Letter to the Hebrews», *JETS* 33 (1990) 171-178. J. Dukes, «The Humanity of Jesus in Hebrews», *ThEduc* 32 (1985) 38-45. P. Ellingworth, «Jesus and the Universe in Hebrews», *EvQ* 58 (1986) 337-350. T. Fornberg, «God, the Fathers, and the Prophets. The Use of Heb 1:1 in Recent Theology of Religions», στο *Texts and Contexts. Biblical Texts in Their Textual and Situational Contexts. Essays in Honor of H. Lars, T. Fornberg, and D. Hellholm*, Oslo, Scandinavian University Press 1995, 887-900. A. T. Hanson, «The Reproach of the Messiah in the Epistle to the Hebrews», *SE* 7 (1982) 231-240. A. V. Harnack, «Zwei alte Dogmatische Korrecturen im Hebräerbrief», *SPAW* (1929) 62-73. L. R. Helyer, «The Prototokos Title in Hebrews», *StudBibTh* 6 (1976) 3-28. R. Koops, «Chains of Contrasts in Hebrews I», *BT* 34 (1983) 220-225. R. Rábanos, «Sacerdocio de Melquisedec, Sacerdocio de Aarσn y Sacerdocio de Christo», *CB* 13 (1956) 264-275. K. Schenk, «Keeping His Appointment: Creation and Enthronement in Hebrews», *JSNT* 66 (1997) 91-117. S. Fuhrmann, *Vergeben und Vergessen: Christologie und Neuer Bund im Hebräerbrief*, Neukirchen-Vluyn, Neukirchener Verlag, 2007.

[196] Βλ. *Κατά Κέλσου*, 2, 64. Πρβλ. W. L. Lane, «Detecting Divine Christology in Hebrews 1:1-4», *NTS* 5 (1982) 150-158. D. L. Mealand, «The Christology of the Epistle to the Hebrews», *ModChurch* 22 (1979) 180-187. M. C. Parsons, «Son and High Priest: A Study in the Christology of Hebrews», *EvQ* 60 (1988) 195-215. J. P. Pryer, «Hebrews and Incarnational Christology», *RTR* 40 (1981) 44-50. V. S. Rhee, «Christology and the Concept of Faith in Hebrews 1:1-2:4», *BSac* 157 (2000) 174-189. του ίδιου, «Christology and the Concept of Faith in Hebrews 5:11-6:20», *JETS* 43 (2000) 83-96. M. Saucy, «Exaltation Christology in Hebrews: What Kind of Reign?», *TJ* 14 (1993) 41-62. L. D. Hurst, «The Christology of Hebrews 1 and 2», στο *The Glory of Christ in the New Testament*, εκδ. L. D. Hurst-N. T. Wright, Oxford, Clarendon Press, 1987, 151-164. G. R.

και διακρίνει έτσι την ανθρωπότητα και τη θεότητα του Χριστού. Είναι σίγουρο ότι ο τίτλος του αρχιερέα που αποδίδει στον Χριστό προέρχεται από την προς Εβραίους. Ο στίχος «ὁ τε γὰρ ἁγιάζων καὶ οἱ ἁγιαζόμενοι ἐξ ἑνὸς πάντες· δι' ἣν αἰτίαν οὐκ ἐπαισχύνεται ἀδελφοὺς αὐτοὺς καλεῖν» (Εβρ. 2:11), όπως θα δούμε παρακάτω, διαδραμάτισε σημαντικό ρόλο στην ανάπτυξη και καταπολέμηση των τριαδολογικών και χριστολογικών αιρέσεων, ενώ προηγουμένως είχε χρησιμοποιηθεί από τον Ωριγένη για την έννοια της αγιότητας.

Τα τρία πρώτα κεφάλαια της επιστολής περιέχουν μια φανερή δογματική βαρύτητα. Οι στίχοι Εβρ. 1:2-3,[197] 1:9[198], 1:14, 2:2[199], 2:9-10[200], 2:13-14, 3:1 και 3:19 χρησιμοποιήθηκαν από τους εκκλησιαστικούς συγγραφείς για τη διαμόρφωση των δογμάτων της Εκκλησίας[201] και τον καθορισμό εννοιών όπως *ὑπόστασις, ὁμοούσιον, υἱότητα, θεότητα, πρωτότοκος*, κ.α. Οι στίχοι 1:3 και 3:1 ειδικότερα χρησιμοποιήθηκαν τόσο από αιρετικούς συγγραφείς, όσο και από τους πατέρες για τη

Smillie, «Contrast or Continuity in Hebrews 1.1-2?», *NTS* 51 (2005) 543-560.

[197] S. C. Gayford, «Note-The Aorist Participles in Heb. I.3, Vii.27, X.12», *Th* 7 (1923) 282.

[198] M. J. Harris, «The Translation and Significance of ο Θεός in Hebrews 1:8-9», *TynB* 36 (1985) 129-162. Βλ. και J. Harvill, «Focus on Jesus: The Letter to the Hebrews», *SpTod* 37 (1985) 336-339.

[199] Αρκετά διαφωτιστική για τα θέματα που αναπτύσσονται στα δύο αυτά κεφάλαια, είναι η εργασία του A. Vanhoye, *Situation du Christ de l' Épître aux Hébreux 1-2*, Paris 1969. Βλ. και A. Vitti, «Et cum Iterum Introducit Primogenitum in Orbem Terrae (Hebr 1, 6)», *VD* 14 (1934) 306-316, 368-374 & 15 (1935) 15-21. του ίδιου, «"Quem Costituit Heredem Universorum, per Quem Fecit et Sacula" (Hb 1,2)», *VD* 21 (1941) 40-48 και 82-88. R. Williamson, «The Incarnation of the Logos in Hebrew», *ExpTim* 94 (1983-1984) 4-8.

[200] Βλ. D. G. Miller, «Why God Became Man: Text to Sermon on Hebrews 2:5-18», *Int* 23 (1969) 408-424. J. C. O'Neill, «Hebrews 2:9», *JTS* 17 (1966) 79-82. Swetnam J., «Hebrews 10,30-31: A Suggestion», *Bib* 75 (1994) 388-392. A. H. Wratislaw, «Hebrews ii, 9», *ExpTim* 3 (1891-1892) 323.

[201] Βλ. E. Nardoni, «Partakers in Christ (Hebr. 3,14)», *NTS* 37 (1991) 456-472 και M. Nicolau, «El "Reino de Dios" en la Carta a los Hebreos», *Burg* 20 (1979) 393-405.

στήριξη των θεολογικών τους θέσεων. Πέρα από αυτούς τους στίχους ιδιαίτερη βαρύτητα φαίνεται πως δινόταν στους 5:7-9, 10:1, 12:2. 12:22 και ειδικά στο στίχο 13:8[202].

Ιδέες, όπως το «*ομοούσιον*», ο τρόπος ύπαρξης του Θεού και η διάκριση μεταξύ των όρων «*υπόστασις*» και «*ουσία*» φαίνεται ότι διαμόρφωσαν την εξήγηση των Εβρ. 1:3 και 2:9-14. Τα χωρία αυτά ερμηνεύτηκαν σε συμφωνία με τις σωτηριολογικές προϋποθέσεις. Το 1:3 χρησιμοποιήθηκε για αποδεικτικό του ομοουσίου[203]. Έτσι γίνεται φανερό ότι τα συγκεκριμένα αποσπάσματα της προς Εβραίους επηρέασαν τη διαμόρφωση της χριστολογίας της Εκκλησίας. Αξίζει να αναφερθεί ότι τα 1:2-3 και 1:10-12 αποτέλεσαν την αφετηρία της χριστολογικής έριδας η οποία κατέληξε στη Σύνοδο της Χαλκηδόνας[204]. Την εποχή εκείνη συνεχιζόταν η ερμηνεία του κειμένου κατά τρόπο σύμφωνο με τον τρόπο του Ωριγένη, αλλά η τυπολογία που μέχρι τότε ακολουθούνταν δεν κυριαρχεί πια στους συγγραφείς του 4ου αιώνα.

Η αίρεση του Αρείου αποτέλεσε την αφορμή για να αναπτύξουν ο Αθανάσιος και οι Καππαδόκες πατέρες την τριαδική θεολογία στηριζόμενοι σε πολλά χωρία από το κείμενο της προς Εβραίους[205]. Αυτό οφειλόταν και στην από πλευράς Αρείου χρήση της ίδιας επιστολής για απόδειξη των θέσεων του. Οι στίχοι 1:3 και 2:10 χρησιμοποιούνται για να αποδειχθεί η ενότητα της ουσίας ανάμεσα στον Πατέρα και τον Υιό, θέση που οδήγησε στο θρίαμβο της ορθοδοξίας στη Νίκαια[206].

---

[202] Πρβλ. Π. Βασιλειάδη, «Η Εσχατολογική Διάσταση της Εκκλησίας. (Σχόλιο στο Εβρ. 13, 8)», *ΓΠ* 73 (1990) 649-653 ή την επανέκδοση του ίδιου άρθρου, στο *Επίκαιρα Αγιογραφικά Θέματα. Αγία Γραφή και Ευχαριστία*, ΒΒ 15, Θεσσαλονίκη 2000, 131-138.
[203] R. A. Greer, *στο ίδιο*, 322.
[204] L. D. Hurst, *The Epistle to the Hebrews: Its Background of Thought*, Cambridge 1990, 114.
[205] Ο στίχος Εβρ. 2:14 χρησιμοποιήθηκε από τον Άρειο ως αποδεικτικό στοιχείο για την κτιστότητα του Υιού. Βλ. Ε. Μ. Heen-P. D. W. Krey (έκδ.), *Hebrews*, 12.
[206] «*Εἶτα καὶ τὴν αἰτίαν τοῦ μὴ ἄλλον δεῖν ἢ αὐτὸν τὸν Θεὸν Λόγον*

Η προς Εβραίους στην αρχαία εκκλησιαστική παράδοση

Κεντρικής σημασίας για τις δογματικές εκθέσεις αποτέλεσε ο στίχος Εβρ. 1:3 «*ὃς ὢν ἀπαύγασμα τῆς δόξης καὶ χαρακτὴρ τῆς ὑποστάσεως αὐτοῦ, φέρων τε τὰ πάντα τῷ ῥήματι τῆς δυνάμεως αὐτοῦ, καθαρισμὸν τῶν ἁμαρτιῶν ποιησάμενος ἐκάθισεν ἐν δεξιᾷ τῆς μεγαλωσύνης ἐν ὑψηλοῖς*». Γεγονός επίσης είναι πως όλοι οι αρχαίοι σχολιαστές χρησιμοποιούν το πρώτο κεφάλαιο της προς Εβραίους για να αντιμετωπίσουν τις θέσεις του Αρείου. Το Εβρ. 11:6 λειτούργησε για τον Αθανάσιο ως ένα ακόμη αποδεικτικό χωρίο για τον τρόπο με τον οποίο υφίσταται η ύπαρξη του Θεού. Το ίδιο χωρίο χρησιμοποιούν συχνά για τον ίδιο λόγο στα έργα τους και οι Καππαδόκες. Αξίζει να αναφερθεί η διαφορετική ερμηνεία του «*Ἰησοῦς Χριστὸς ἐχθὲς καὶ σήμερον ὁ αὐτός καὶ εἰς τοὺς αἰῶνας*» (Εβρ. 13:8) από τον Αθανάσιο σε σχέση με τον Ωριγένη. Ενώ ο Ωριγένης πίστευε ότι το σήμερον αναφέρεται στον παρόντα αιώνα, η σύνοδος του 323 και ο Αθανάσιος μας προσφέρουν μια νέα ερμηνεία[207]. Χρησιμοποιήθηκε για να διακηρυχθεί το αμετάβλητο του Λόγου. Ο Αθανάσιος τονίζει ότι, επειδή ο Υιός είναι ομοούσιος με τον Πατέρα, μοιράζεται το αμετάβλητο[208]. Κατά παρόμοιο τρόπο επιστρατεύονται και τα Εβρ. 9:8, 9:13 και 10:29 για να αποδειχθεί η πλήρης θεότητα του Αγίου Πνεύματος[209].

ἐνανθρωπῆσαι σημαίνει λέγων "Ἐπρεπε γὰρ αὐτῷ δι' ὃν τὰ πάντα, καὶ δι' οὗ τὰ πάντα, πολλοὺς υἱοὺς εἰς δόξαν ἀγαγόντα τὸν ἀρχηγὸν τῆς σωτηρίας αὐτῶν διὰ παθημάτων τελειῶσαι». Βλ. Αθανασίου, *Λόγος περὶ ἐνανθρωπίσεως τοῦ Λόγου καὶ τῆς διὰ σώματος πρὸς ἡμᾶς ἐπιφανείας Αὐτοῦ*, 10, 3. Στον Αθανάσιο αποδόθηκε και ένα έργο που δεν είναι δικό του με τίτλο: *Διατὶ ἐκλήθη ὁ Μελχισεδὲκ ἀπάτωρ ἀμήτωρ καὶ ἀγενεαλόγητος Ἱστορία εἰς τὸν Μελχισεδέκ*, το οποίο περιλαμβάνει μία μυθώδη ιστορία για το βίο του Μελχισεδέκ και την προέλευσή του. Βλ. PG 28, 525-532· Πρβλ. S. E. Robinson, «The Apocryphal Story of Melchizedek», *JSJ* 18 (1987) 28-31.

[207] PG 18, 576. Για μια σύγχρονη κατανόηση του χωρίου βλ. την εργασία του Π. Βασιλειάδη, «Η Εσχατολογική Διάσταση της Εκκλησίας. (Σχόλιο στο Εβρ. 13,8)», στο *Επίκαιρα Αγιογραφικά Θέματα*, 131-138.

[208] *Ἀπολογητικὴ κατὰ Ἀρειανῶν*, PG 25, 239-410. Βλ. R. A. Greer, *στο ίδιο*, 83.

[209] *Ἐπιστολαὶ πρὸς Σεραπίωνα Θμούεος ἐπίσκοπον τέσσαρες*, PG 26, 548.

Η θέση της προς Εβραίους στις δογματικές διαμάχες

Ο Αθανάσιος χρησιμοποιεί το Εβρ. 2:8-9 προκειμένου να περιγράψει την ενανθρώπιση με βιβλικούς όρους. Ανάμεσα στα πολλά βιβλικά χωρία που επιστρατεύονται για να αποδειχθεί ότι ο Λόγος δεν είναι κτιστός περιλαμβάνονται και τα: Εβρ. 1:5-8, 1:10 και 2:1-3[210]. Η εξήγηση της προς Εβραίους από τον Αθανάσιο θα μπορούσε να χαρακτηριστεί περισσότερο χριστολογική, πρώτον επειδή σκοπός του είναι να αναιρέσει με βιβλικά επιχειρήματα τις θέσεις του Αρείου για τον Υιό και δεύτερον επειδή θέλει να αποδείξει την τέλεια θεότητα και ανθρωπότητα του Χριστού (Εβρ. 5:7-9).

Αρκετές νύξεις στο κείμενο της προς Εβραίους συναντάμε στα έργα του Ευσταθίου και του Διοδώρου. Ο Διόδωρος για παράδειγμα, καθορίζει την έννοια της πίστης, έτσι όπως συναντάται στο Εβρ. 11:1, ενώ ο Ευστάθιος θεωρεί τον Μελχισεδέκ, όπως ακριβώς ο στίχος 7:3[211]. Αποτελούν όμως, και οι δύο αυτοί εκκλησιαστικοί συγγραφείς μία ελάχιστη μαρτυρία για τον τρόπο με τον οποίο χρησιμοποιούνταν η επιστολή στην Αντιόχεια.

Ο Θεόδωρος Μοψουεστίας, αν και αποδέχεται την παύλεια προέλευση της επιστολής, τη διακρίνει από τις υπόλοιπες. Η γνώμη του είναι ότι δεν προέρχεται άμεσα από τον Παύλο[212]. Το δόγμα περί των δύο αιώνων που ανέπτυξε στηριζόταν στην ερμηνεία των Εβρ. 12:26, 2:3[213]. Οι άγγελοι ως μεσίτες του Νόμου εκπροσωπούν τον πρώτο αιώνα, ενώ ο Χριστός ως φορέας της χάρης εκπροσωπεί το νέο αιώνα. Τα περισσότερα χωρία στο υπόμνημα του κατανοούνται χριστολογικά. Με αφορμή την προς Εβραίους και την αναφορά του ονόματος του Μελχισεδέκ, το μυστήριο της Θ. Ευχαριστίας ερμηνεύεται ως τύπος της θυσίας του Χριστού. Αφετηρία για τη θεολογική του σκέψη αποτελεί η ιδέα της σωτηρίας του ανθρώπου (χάρις-ελεύθερη βούληση). Ο στίχος «*ἐπ' ἐσχάτου τῶν ἡμερῶν τούτων ἐλάλησεν ἡμῖν ἐν υἱῷ, ὃν ἔθηκεν κληρονόμον πάντων, δι' οὗ καὶ ἐποίησεν*

---

[210] Βλ. R. A. Greer, *στο ίδιο*, 96.
[211] R. A. Greer, *The Captain of Our Salvation*, 174.
[212] R. A. Greer, *στο ίδιο*, 234.
[213] *Εἰς τὴν πρὸς Ἑβραίους Ἐπιστολὴν*, PG 66, 968.

τοὺς αἰῶνας» (Εβρ. 1:2) χρησιμοποιείται για να αποδειχθεί το ένα πρόσωπο της ενότητας των δύο φύσεων. Μπορεί να ειπωθεί ότι οι Θεόδωρος και Αθανάσιος παρουσιάζουν δύο διαφορετικές ερμηνευτικές εξηγήσεις της προς Εβραίους, γεγονός που σημαίνει δύο διαφορετικές χριστολογικές θεωρήσεις μεταξύ της αντιοχειανής και της αλεξανδρινής θεολογικής σκέψης²¹⁴. Η ανάπτυξη της χριστολογίας είναι αυτή που καθορίζει και την ερμηνεία της προς Εβραίους εξυπηρετώντας φυσικά τις συγκεκριμένες ανάγκες της εποχής.

Ο Ιωάννης ο Χρυσόστομος αφιέρωσε 34 ομιλίες για την ερμηνεία της προς Εβραίους. Η χάρις είναι η κυρίαρχη έννοια της θεολογίας του. Ο στίχος 1:3 χρησιμοποιείται από τον ίδιο κατά του Μαρκέλου Αγκύρας και του Φωτεινού, όπως επίσης και κατά του Σαβελλιανισμού και του Αρειανισμού²¹⁵. Παρατηρούμε και στις ομιλίες του Χρυσοστόμου αντιμετώπιση αιρετικών διδασκαλιών. Δεν πρόκειται για επίκληση του κειμένου της προς Εβραίους για να αναπτυχθεί μία θεολογική ιδέα, αλλά αποκατάσταση της ερμηνείας συγκεκριμένων στίχων που προηγουμένως είχαν αποτελέσει τις πηγές των αιρετικών δοξασιών. Ο στίχος 2:14 αποδεικνύει την ενότητα των πιστών με τον Χριστό. Στις ομιλίες του Χρυσοστόμου συναντάμε τις ωραιότερες περιγραφές για την ανθρώπινη φύση του Χριστού, τα πάθη και τον τελικό θρίαμβο, έτσι όπως οι ιδέες αυτές αναπτύσσονται στο κείμενο της επιστολής. Γενικά ο Χρυσόστομος ακολουθεί την κλασική αντιοχειανή εξήγηση, η οποία είχε αναπτυχθεί νωρίτερα από τον Θεόδωρο Μοψουεστίας.

Ο Θεοδώρητος Κύρου στηρίχθηκε στο κείμενο της επιστολής για να τονίσει την ανωτερότητα της ιερωσύνης του Χριστού. Η θεολογία του ταυτίζεται με εκείνη του Θεοδώρου²¹⁶. Για τους Αντιοχειανούς, η προς Εβραίους αντικατοπτρίζει το μυστήριο της μεταμόρφωσης της ανθρώπινης ζωής μέσω της υπακοής και της μίμησης των παθημάτων του αρχηγού της σωτηρίας.

---

²¹⁴ R. A. Greer, στο ίδιο, 263.
²¹⁵ PG 63, 20.
²¹⁶ R. A. Greer, στο ίδιο, 305.

Η θέση της προς Εβραίους στις δογματικές διαμάχες

Από την άλλη, ο Νεστόριος χρησιμοποίησε κυρίως τα 3:1 και 5:7-9 για να αποδείξει την ανθρωπότητα του Χριστού και να περιγράψει τη φύση της. Το 1:3 χρησιμοποιήθηκε ως αποδεικτικό χωρίο για να αντιμετωπιστεί ο όρος Θεοτόκος. Ο Νεστόριος παρερμήνευσε όρους, όπως *απόστολος, πρόδρομος, αρχηγός της σωτηρίας, αρχιερέας,* κ.α., οι οποίοι απαντούν στην προς Εβραίους, για να καταφέρει να αποδείξει την ανθρώπινη φύση του Χριστού. Ο αντίπαλος του Νεστορίου, Κύριλλος Αλεξανδρείας χρησιμοποίησε το 1:3 ως αποδεικτικό της ενανθρώπισης του Υιού[217]. Τα 2:14 και 13:8 χρησιμοποιήθηκαν από τους αλεξανδρινούς πατέρες εναντίον των αιρετικών διδασκαλιών του Αρείου και του Νεστορίου. Το 12:2 χρησιμοποιείται ευρύτατα στον Κύριλλο, αλλά αργότερα γίνεται πολύ αγαπητή ιδέα στην πατερική γραμματεία. Ο Κύριλλος δίνει έμφαση στο σωτηριολογικό στοιχείο της επιστολής και τη διδασκαλία της για τη σωτηριώδη ενέργεια του Θεού *ἐν* Χριστῷ. Ο κάθε συγγραφέας στηρίζεται σε μια εξηγητική παράδοση και ιδιαίτερα σε μια θεολογική σκέψη.

Οι αιρέσεις του Αρείου, του Απολλιναρίου και του Νεστορίου ήταν καθοριστικές για την ερμηνεία του κειμένου της προς Εβραίους[218]. Ο στίχος «*Ὅθεν, ἀδελφοὶ ἅγιοι, κλήσεως ἐπουρανίου μέτοχοι, κατανοήσατε τὸν ἀπόστολον καὶ ἀρχιερέα τῆς ὁμολογίας ἡμῶν Ἰησοῦν*» (Εβρ. 3:1) χρησιμοποιείται επίσης από όλους σχεδόν τους εκκλησιαστικούς συγγραφείς που αναφέρθηκαν για να αποδειχθεί η διάκριση των δύο φύσεων του Χριστού και να καταπολεμηθεί η αίρεση του Νεστορίου. Μία εμφανής διαφορά ανάμεσα στις δυο θεολογικές σχολές και κατά συνέπεια στις εξηγητικές τάσεις, είναι ότι η χριστολογία του Κυρίλλου είναι σωτηριολογικά ανεπτυγμένη, ενώ η σχολή της Αντιόχειας από την άλλη, έδωσε έμφαση στην πραγματικότητα της ανθρωπότητας του Χριστού. Τόνιζαν δηλαδή, περισσότερο την ανθρώπινη φύση του Χριστού. Άλλη μια διαφορά εντοπίζεται

---

[217] Σχεδιάγραμμα της πορείας από την ενανθρώπιση ως την ανάληψη του Υιού βλ. στη εργασία του T. G. Long, *Hebrews*, Interpretation, A Bible Commentary for Teaching and Preaching, Louisville, John Knox Press, 1997, 43.
[218] R. A. Greer, *στο ίδιο,* 354.

Η προς Εβραίους στην αρχαία εκκλησιαστική παράδοση

στον τρόπο με τον οποίο οι δύο σχολές βλέπουν την ανάσταση του Χριστού. Και οι δυο εξηγητικές τάσεις συμφωνούν ότι μετά την ανάσταση η ανθρώπινη φύση αναλήφθηκε στον ουρανό και εξακολουθεί να υπάρχει. Σύμφωνα με τον Κύριλλο η δική μας θέωση συνεπάγεται της ενότητας της ανθρωπότητας με τον Πατέρα μέσω του Υιού και ειδικά μέσω της ιεροσύνης του. Σύμφωνα με τους Αντιοχειανούς θεολόγους οι δυο φύσεις του Χριστού διατηρούνται και εκεί σε διάκριση, ενώ κατά την αλεξανδρινή θεολογία τα λειτουργήματα της θείας και της ανθρώπινης φύσης δεν διακρίνονται. Ανάμεσα στους εκπροσώπους της αντιοχειανής σχολής παρατηρείται μια ερμηνευτική προσέγγιση, η οποία, παρά τις μικρές διαφορές, ακολουθεί μια κοινή γραμμή. Η εξηγητική μέθοδος των πατέρων είναι ένα είδος απόδειξης της μαρτυρίας της Γραφής. Έτσι, όταν ανακύπτουν ερωτήματα εξαιτίας μιας θεολογικής διαμάχης, οι ερμηνευτικές απαντήσεις είναι θεολογικά καθορισμένες.

Σε όλο αυτό το διάστημα η προς Εβραίους αποτελεί πηγή στην οποία οι πατέρες και οι εκκλησιαστικοί συγγραφείς καταφεύγουν προκειμένου να αναπτύξουν τις υψηλές χριστολογικές φόρμουλες και συνάμα να ανασκευάσουν τις αιρετικές διδασκαλίες που είχαν προκύψει και ταλαιπωρούσαν το σώμα της εκκλησίας. Οι εκκλησιαστικοί συγγραφείς αυτής της περιόδου ανταποκρίθηκαν δηλαδή στις απαιτήσεις της εποχής τους, ακολουθώντας τον καθιερωμένο τρόπο ερμηνείας. Το γεγονός ότι κανένας στίχος από το 13° κεφάλαιο της προς Εβραίους δεν παραπέμπεται στους συγγραφείς των δύο πρώτων αιώνων οδήγησε τον Buchanan[219] στο συμπέρασμα ότι πιθανώς αυτό να προστέθηκε κάποια στιγμή πριν το 3° αιώνα μ.Χ. Η κατάσταση μετά το τέλος των αιρέσεων δεν θα αλλάξει ούτε θα μεταβάλλει την ερμηνεία της επιστολής μέχρι το τέλος του Μεσαίωνα. Κανένα νέο στοιχείο δεν θα εμφανιστεί στην έρευνα της επιστολής ούτε θα αμφισβητηθεί κάτι από αυτά που είχαν αναγνωριστεί και καθιερωθεί με την στ' σύνοδο της Καρθαγένης (495 μ.Χ.). Η στασιμότητα αυτή παρατηρείται

---

[219] Βλ. G. W. Buchanan, To the Hebrews, AB 36, New York, Doubleday, 1972, 268. Το 13° κεφάλαιο περιλαμβάνεται στον P[46].

σε όλη την ερμηνευτική παραγωγή της Αγίας Γραφής που προηγουμένως άνθιζε, λόγω του 19ου κανόνα της Πενθέκτης Οικουμενικής Συνόδου, ο οποίος απαγόρευε να διατυπωθούν άλλες ερμηνείες πέρα από αυτές που παρουσίασαν οι πατέρες για λόγους άμυνας κατά των αιρέσεων. Έτσι η πατερική ερμηνεία των Γραφών και ειδικά η ερμηνευτική προσέγγιση του Χρυσοστόμου θα αποτελέσει τον κύριο οδηγό ερμηνείας της Αγίας Γραφής[220].

7. Η χρήση και η συμβολή της προς Εβραίους στη λατρεία

Ένα τόσο έντονα λατρευτικό κείμενο δεν θα μπορούσε να μην ενταχθεί στην λειτουργική ζωή της Εκκλησίας. Η προς Εβραίους πολύ νωρίς επηρέασε κάποιους πρώιμους λειτουργικούς τύπους της Εκκλησίας της Ρώμης[221]. Η λειτουργική παράδοση της Ρώμης είναι η μόνη, η οποία διασώζει ότι στην Ευχαριστία υπήρχε αναφορά στον αρχιερέα Μελχισεδέκ. Το γεγονός αυτό εξηγείται ως επίδραση της προς Εβραίους στη λατρευτική παράδοση της εκκλησίας της Ρώμης και όχι το αντίστροφο[222]. Ακόμη σε πολλούς λειτουργικούς τύπους εμφανίζεται επίδραση στα κείμενα της Θ. Ευχαριστίας, ενώ χρήση της λατρευτικής ορολογίας της προς Εβραίους (κυρίως ο στ. 10:20) συναντάται στο κείμενο της Θ. Λειτουργίας του Αγίου Ιακώβου του Αδελφοθέου[223].

Ειδικότερα, όλο το κείμενο της επιστολής εκτός της περικοπής 12:14-24 έχει συμπεριληφθεί στα αποστολικά

---

[220] Βλ. Π. Βασιλειάδη, *Ερμηνεία των Ευαγγελίων*, Θεσσαλονίκη 1990, 58-59.

[221] Βλ. G. G. Willis, «Melchisedech, the Priest of the Most High God», *DRev* 96 (1978) 278.

[222] Επιχείρημα το οποίο χρησιμοποιήθηκε για να στηριχθεί και η υπόθεση της συγγραφής της επιστολής από τη Ρώμη.

[223] Βλ. B. Lindars, *The Theology of the Letter to the Hebrews*, Cambridge 1991, 141 και υποσ. 15 και C. R. Koester, *Hebrews: A New Translation with Introduction and Commentary*, AB 36, New York, Doubleday, 2001, 26.

αναγνώσματα της Ορθόδοξης λατρείας. Ο Γρατσέας έδειξε ότι συνολικά στις 83 από τις 365 ημέρες του έτους το κείμενο της προς Εβραίους χρησιμοποιείται στα αποστολικά αναγνώσματα[224]. Ποσοστό που αντιστοιχεί στα $2/_9$ των ημερών του έτους χωρίς να υπολογιστούν οι αναφορές στις έκτακτες ακολουθίες. Η προτίμηση αυτή δικαιολογείται απόλυτα από τον χριστοκεντρικό χαρακτήρα της Ορθόδοξης λατρείας. Όσοι κατά καιρούς ήταν υπεύθυνοι για την επιλογή των εκκλησιαστικών αναγνωσμάτων επηρεάστηκαν από τη θεματολογία της προς Εβραίους και μάλιστα την κυρίαρχη ιδέα της για τον Υιό-Αρχιερέα. Αν αναλογιστούμε ότι το κεντρικό σημείο της θεολογίας της είναι η θυσία του Χριστού, κατανοούμε απόλυτα γιατί η επιστολή έχει την τιμητική της σε όλη τη διάρκεια της Μ. Τεσσαρακοστής και ειδικά μέσα στη Μ. Εβδομάδα, κατά την ακολουθία των Ωρών της Μ. Παρασκευής[225]. Ενδεικτικά αναφέρουμε επιπλέον τις γιορτές των Χριστουγέννων, των Εισοδίων της Θεοτόκου, των Αρχαγγέλων, των Προεορτίων των Θεοφανείων, της Υπαπαντής, των Τριών Ιεραρχών, του Ευαγγελισμού και τις γιορτές πολλών αγίων, όπως και τις ακολουθίες των Εγκαινίων Ναού, του Μικρού Αγιασμού, στις Ευχές για φόβο σεισμού, αλλά και στην ευχή ευλογίας οχήματος, στις οποίες προτιμάται το κείμενο της επιστολής. Ειδικότερα, το 1º κεφ. της προς Εβραίους αναγνωρίζονταν ως κατεξοχήν κείμενο των Χριστουγέννων, διότι περιέγραφε την αποκάλυψη του μυστηρίου της ενανθρώπισης. Το κείμενο αυτό διαβαζόταν μαζί με τις υποσχέσεις στον Ησαΐα για τον Μεσσία που θα γεννηθεί (Ησ. 7:14 και 9:1-7).

Επιπρόσθετα, το γεγονός ότι στις γιορτές των Αρχαγγέλων (6 Σεπτεμβρίου και 8 Νοεμβρίου) χρησιμοποιείται ως προκείμενο και κοινωνικό ο στίχος «*Ὁ ποιῶν τοὺς ἀγγέλους αὐτοῦ πνεύματα καὶ τοὺς λειτουργοὺς αὐτοῦ πυρὸς φλόγα*», μαρτυρεί τη λήψη

---

[224] Βλ. Γ. Γρατσέα, «Η προς Εβραίους Επιστολή και τα Αποστολικά Αναγνώσματα στη Λειτουργική Ζωή της Ορθοδοξίας», *ΔΒΜ* 11 (1992) 56.

[225] Ο Γρατσέας προσφέρει αναλυτικούς πίνακες με τις ακολουθίες και τις ημέρες κατά τις οποίες το κείμενο της επιστολής διαβάζεται ως αποστολικό ανάγνωσμα στους πιστούς.

Η χρήση και η συμβολή της προς Εβραίους στη λατρεία

του από το Εβρ. 1:7 και όχι όπως θα αναμενόταν λογικά από το Ψλ. 103:4, στο οποίο υπάρχει η γραφή «*πῦρ φλέγον*»[226]. Διαπιστώνεται λοιπόν εύκολα η ξεχωριστή θέση, την οποία η Ορθόδοξη λειτουργική παράδοση έχει απλόχερα αποδώσει στο κείμενο της προς Εβραίους.

Αναφορικά με τη δυτική λατρευτική παράδοση, η επίδραση αυτή δεν περιορίζεται μόνο στους αρχαίους λειτουργικούς τύπους αλλά επεκτείνεται και σε σημερινούς λειτουργικούς ύμνους των εκκλησιών της Δύσης. Αποσπάσματα της επιστολής περιέχονται στα Υμνολόγια της αγγλικανικής εκκλησίας, ενώ παραμένοντας στον ίδιο χώρο, η τελική ευλογία του Εβρ. 13:20-21 περιέχεται σε πρόσφατα προσευχητάρια και στην ευχαριστιακή αναφορά κατά τη δεύτερη Κυριακή μετά το Πάσχα[227]. Αν και η προς Εβραίους αναφέρει ρητά ότι η μοναδική θυσία του Χριστού αποκλείει πια τις άλλες θυσίες, η θέση του Χρυσοστόμου είναι ότι συνεχίζουμε να προσφέρουμε τη θυσία της ευχαριστίας ως ανάμνηση του θανάτου του. Έτσι η ευχαριστία είναι ανάμνηση της μοναδικής θυσίας του Χριστού. Αυτή η ερμηνεία επικρατούσε ως δεδομένη σε όλη τη διάρκεια του Μεσαίωνα.

Πέρα από τα παραπάνω, το κείμενο της προς Εβραίους αποτέλεσε αφορμή για διαμάχες εντός της εκκλησίας. Ένα πρώτο ζήτημα προέκυψε αναφορικά με τη σχέση κοσμικής και πνευματικής εξουσίας. Κατά το τέλος του 5ου αι. ο πάπας Γελάσιος διέκρινε τις δύο εξουσίες ισχυριζόμενος ότι πριν τον Χριστό υπήρχαν πρόσωπα, όπως ο Μελχισεδέκ, τα οποία κατείχαν και τα δύο λειτουργήματα. Μετά τον Χριστό όμως, ισχυρίστηκε ότι δεν μπορεί να δικαιολογηθεί η άσκηση και των δύο λειτουργημάτων από το ίδιο πρόσωπο, αυτοκράτορα ή επίσκοπο. Κατά τον 7° αι. ο Μάξιμος ο Ομολογητής διατηρεί τη θέση ότι κανένα πρόσωπο, ούτε ο αυτοκράτορας, έχει το δικαίωμα να ασκεί και τα δύο λειτουργήματα. Τον 13° αι. όμως, ο πάπας Ιννοκέντιος Γ' βρήκε στο πρόσωπο του

---

[226] Γ. Γρατσέα, *στο ίδιο*, 55.
[227] Βλ. B. Lindars, *The Theology of the Letter to the Hebrews*, 140-142.

Η προς Εβραίους στην αρχαία εκκλησιαστική παράδοση

Μελχισεδέκ ένα πρότυπο για να ενισχύσει την παπική εξουσία και ο διάδοχός του, Γρηγόριος Θ', εφάρμοσε το Εβρ. 7:12 με παπικές διατάξεις, οι οποίες καταργούσαν τις αρχαιότερες. Τώρα, όσα λέγονταν για την ιεροσύνη του Χριστού στην προς Εβραίους, ίσχυαν και για τον πάπα, ο οποίος καθόριζε το νέο νόμο. Από την άλλη, η προς Εβραίους χρησιμοποιήθηκε και από τους επικριτές της εκκλησιαστικής πρακτικής. Η φράση «*οὐ γὰρ ἔχομεν ὧδε μένουσαν πόλιν ἀλλὰ τὴν μέλλουσαν ἐπιζητοῦμεν*» του Εβρ. 13:14 χρησιμοποιούνταν ως κλασικός τόπος για να αντικρουστεί η παπική και μοναστηριακή περιουσία[228]. Η περίοδος της Μεταρρύθμισης που ακολούθησε εγκαινίασε μία νέα φάση στην έρευνα της προς Εβραίους.

---

[228] Βλ. περισσότερα στο C. R. Koester, *Hebrews*, 32-33.

3
Η ΠΡΟΣ ΕΒΡΑΙΟΥΣ ΚΑΤΑ ΤΗ ΜΕΤΑΡΡΥΘΜΙΣΗ ΚΑΙ ΤΗ ΝΕΟΤΕΡΗ ΕΠΟΧΗ

1. Η προς Εβραίους κατά την περίοδο της Μεταρρύθμισης

Οι σημαντικές θεολογικές αλλαγές του 16ου αι. στην Ευρώπη άλλαξαν δυναμικά τον τρόπο ανάγνωσης και ερμηνείας της προς Εβραίους. Ο προτεσταντικός κόσμος με κυρίαρχη μορφή τον Μαρτίνο Λούθηρο διαμόρφωσε νέα πλαίσια κατανόησης για βασικές θεολογικές έννοιες της Κ.Δ[229]. και κυρίως απέρριψε την παραδοσιακή σύνδεση της ιεροσύνης και της θυσίας του Χριστού με την ιεροσύνη της εκκλησίας και την ευχαριστία, όπως είχε νωρίτερα διακηρυχτεί από τη ρωμαιοκαθολική εκκλησία, η οποία είχε χρησιμοποιήσει τη γλώσσα της προς Εβραίους. Η έρευνα της επιστολής σε όλη τη διάρκεια του 16ου αιώνα κυριαρχείται από το ενδιαφέρον των μελετητών να απαντήσουν στο ερώτημα του συγγραφέα της επιστολής. Οι αμφιβολίες των προηγούμενων αιώνων κορυφώνονται τώρα και ερευνώνται πλέον πιο εντατικά. Όλοι αυτοί οι μελετητές, άλλα και όσοι ασχολήθηκαν με την έκδοση υπομνημάτων και σχολίων στα βιβλία της Κ.Δ., αναγνώριζαν την υψηλή θεολογία της επιστολής και τη συμβολή της σε αυτό που ονομάζεται σχέση μεταξύ Παλαιάς και Καινής Διαθήκης.

Μετά την αποδοχή της προς Εβραίους στον κανόνα, αμφιβολίες για την παύλεια συγγραφή της εκφράστηκαν για πρώτη φορά από τον Έρασμο[230]. Το επιχείρημά του ήταν

---

[229] Βλ. γενικά πληροφορίες στο Σ. Αγουρίδη, *Ερμηνευτική των Ιερών Κειμένων. Προβλήματα-Μέθοδοι Εργασίας στην Ερμηνεία των Γραφών*, Αθήνα ²2000, 192-195.

[230] D. Erasmus, «In Epistolam Pauli ad Hebraeos Annotationes Des. Eras. Rot.», στο *Roterodami in Novurn Testamentum ab eodem Tertio Recognitum*, Basel, J. Froben, 1522, 561-589. του ίδιου, «Annotationes in Epistolam Pauli ad Hebraeos», στο *Paraphrases in Novum Testamentum*, τ. 7, Paris, 1631.

η άρνηση της μετάνοιας μετά το βάπτισμα. Ο απ. Παύλος δεχόταν στην Εκκλησία ακόμη και αυτόν που κοιμόταν με τη γυναίκα του πατέρα του (Α' Κορ. 5:1-2). Έτσι κατέληγε στο συμπέρασμα ότι αποκλείεται η προς Εβραίους να προέρχεται από τη δική του γραφίδα[231]. Επιπλέον, ο Έρασμος για να στηρίξει τις υποθέσεις του παρέπεμπε τους εκκλησιαστικούς συγγραφείς των πρώτων αιώνων, οι οποίοι είχαν εκφράσει αμφιβολίες για την παύλεια προέλευση της προς Εβραίους (Ευσέβιος, Ιερώνυμος, Ωριγένης, Αυγουστίνος, Αμβρόσιος). Το γεγονός αυτό αποτελεί κοινό τόπο στους περισσότερους μελετητές της περιόδου. Αντίθετα, οι αριθμητικά λιγότεροι ερμηνευτές[232] αυτή την εποχή που επιμένουν στην προέλευση της από τον απ. Παύλο προσφεύγουν στους Χρυσόστομο, Γρηγόριο Ναζιανζηνό, Δαμασκηνό και Ισίδωρο[233]. Η απουσία

---

[231] Πρβλ. K. Hagen, *Hebrews Commenting from Erasmus to Béze*, BGBE 23, Tübingen, Mohr, 1981, 6.

[232] H. Bullinger, «In Piam et Eruditam Pauli ad Hebraeos Epistolam Heinrychi Bullingeri», στο *Commentarii in omnes Pauli Apostoli Epistolas, atque etiam in Epistolam ad Hebraeos,* Zürich, Christoph Froschouer, 1582. N. Le Grand, *In Divi Pauli Epistolam ad Hebraeos Enarratio a Fratre Nicolao Crandis,* Paris, Ponset Ie Preux, 1537. του ιδίου, *In Epistolas ad Romanos et Hebraeos,* Paris, le Preux, 1546. G. Contarini, «Epistola ad Hebraeos», στο *Scholia in Epistolas Divi Pauli,* Opera, Paris, Sebastian Nivelle, 1571, 515-529. M. Flacius Illiricus, «In Epistolam Pauli Apostoli ad Hebraeos», στο *Τῆς τοῦ Υἱοῦ Θεοῦ Καινῆς Διαθήκης ἅπαντα Novum Testamentum Jesu Christi Filii Dei ex Versione Erasmi, Innumeris in Iocis ad Graecam Veritatem, Genuinumque sensum Emendata. Glossa Compediaria M. M. F1. Ill. Albonensis in Novum Testamentum,* Basel, Perna and Dietrich, 1570, 1101-1196. C. Guilliaud, «Epistola beati Pauli ad Hebraeos», στο *Collatio in omnes Divi Pauli Apostoli Epistolas,* Lyon, Sebastian Gryphius, 1543, 441-527. N. Hemmingsen, «Ad Hebraeos», στο *Commentaria in omnes Epistolas Apostolorum, Pauli, Petri, Iudae, Iohannis, Iacobi et in eam quae ad Hebraeos Inscribitur,* Leipzig, Andreas Schneider, typis Voegelianis, 1572, 830-915. K. Pellikan, «Commentarium in Epistolam D. Pauli Apostoli ad Hebraeos», στο *Commentaria Bibliorum,* Zürich, Christoph Froschouer, 1539 VII, 608-680. J. Oecolamadius, *In Epistolam ad Hebraeos, Ioannis Oecolampadii, Explanationes, ut ex ore Praelegenitis Exceptae, per quosdaru ex Auditoribus Digestae sunt,* Strasbourg, M. Apiarius, 1534.

[233] Πρβλ. K. Hagen, *στο ίδιο,* 54.

Η προς Εβραίους κατά την περίοδο της Μεταρρύθμισης

του ονόματος του συγγραφέα αποτέλεσε ισχυρό επιχείρημα κατά της γνησιότητας της επιστολής.

Ο Λούθηρος[234] στη συνέχεια, χρησιμοποίησε ως επιχείρημα για τη μη παύλεια συγγραφή της επιστολής, το γεγονός της άρνησης μιας δεύτερης μετάνοιας και τον τρόπο παράθεσης των χωρίων από την Π.Δ., ο οποίος δεν γίνεται σύμφωνα με το γνωστό τρόπο που συναντάμε στις παύλειες επιστολές[235]. Η μη αποδοχή της παύλειας συγγραφής της προς Εβραίους εμφανίζεται αρχικά στον πρόλογο της μετάφρασης του Λουθήρου το 1522. Σύμφωνα με τον Bugenhagen[236] ένα άλλο επιχείρημα είναι το Γαλ. 1:1-24, όπου σύμφωνα με αυτόν απορρίπτεται το ενδεχόμενο το Εβρ. 2:3 να αναφέρεται στον απ. Παύλο. Γενικά πάντως στη διάρκεια της Μεταρρύθμισης, η άρνηση μιας δεύτερης μετάνοιας (6:4-6) δημιουργούσε μεγάλο πρόβλημα και καμιά ερμηνεία του παραπάνω χωρίου δεν πρόσφερε κάποια ικανοποιητική επίλυση του προβλήματος.

Το ζήτημα της γλώσσας στην οποία γράφτηκε η προς Εβραίους απασχόλησε αρκετά την έρευνα αυτή την περίοδο. Από τους περισσότερους διατυπώθηκε η υπόθεση ότι γράφτηκε στα ελληνικά και ως επιχείρημα χρησιμοποιήθηκε ο στίχος 7:1-2, όπου η σημασία του ονόματος Μελχισεδέκ εξηγείται στα ελληνικά. Αν οι παραλήπτες ήταν Εβραίοι δεν θα χρειαζόταν κάτι τέτοιο επειδή θα γνώριζαν τη σημασία της εβραϊκής λέξης[237]. Με τον Cajetan η αναζήτηση επιχειρημάτων κατά της παύλειας

---

[234] M. Luther, «Vorrhede auff die Epistel zu den Ebreern», στο *Das Newe Testament Deutzsch (1522)*, DB 7, Weimar, Hermann Bohlau, 1931. του ίδιου, *Divi Pauli Apostoli ad Hebreos Epistola*, WA 57 III, Weimar, Hermann Bohlau, 1929, 1-238.

[235] K. Hagen, *στο ίδιο*, 9.

[236] J. Bungenhagen, *Annotationes Ioan. Bugenhagii Pomerani in decem Epistolas Pauli, se. ad Eph., Philipp., Col., Thess. Primam et Secun., Tim. Primam et Secun., Tit., Philem., Hebraeos*, Nuretnberg, Joannes Petrejus, 1524. του ίδιου, «In Epistolam ad Hebraeos Ioannis Pomerani Annotationes», στο *Annotationes in [XI] Epistolas Pauli*, Strasbourg, Johann Knoblouch, 1525, 138-159.

[237] Πρβλ. K. Hagen, *στο ίδιο*, 18.

συγγραφής επιτείνεται και άλλο[238]. Ο Καλβίνος[239] αμφισβήτησε την παύλεια προέλευση της επιστολής και διατύπωσε τη γνώμη ότι οι διαφορές με τις υπόλοιπες παύλειες επιστολές δεν μπορεί να εξηγείται από την πιθανότητα της μετάφρασης της προς Εβραίους από τα εβραϊκά στα ελληνικά. Ένα ακόμη επιχείρημα που χρησιμοποίησε ήταν η λέξη *διαθήκη*[240] που για αυτόν δεν θα χρησιμοποιούνταν τόσο εκτεταμένα μέσα στο κείμενο, αν αυτό ήταν γραμμένο στα εβραϊκά[241].

Η μορφή της επιστολής ήταν ένα ακόμη στοιχείο που αποτέλεσε αιτία αμφιβολιών. Οι περισσότεροι από τους ερευνητές που ασχολήθηκαν με το ζήτημα κατέληξαν τελικά στην αποδοχή της παύλειας προέλευσης ακόμη και της περίπτωσης της συγγραφής της αρχικά στα εβραϊκά[242]. Ο Ιερώνυμος είναι ο συχνότερα αναφερόμενος εκκλησιαστικός συγγραφέας στον οποίο οι ερευνητές προσφεύγουν ως μαρτυρία της πρώτης εκκλησίας, προκειμένου να στηρίξουν τις αμφιβολίες τους. Όσοι αυτή την εποχή επιμένουν ότι πρόκειται για παύλεια επιστολή υποστηρίζουν συγγραφή από τη Ρώμη

---

[238] T. Cajetan, «In Epistolam ad Hebraeos Commentarii», στο *Opera Omnia* V, Lyons, Prost, 1639.

[239] J. Calvin, *Commentarii in Epistolam ad Hebraeos*. Geneva, Joannes Girardus, 1549. του ίδιου, «In Epistolam ad Hebraeos», στο *omnes Pauli Apostoli Epistolas atque etiam in Epistolam ad Hebraeos, item in Canonicas ... I. Calvini Commentarii. Nanc Rommentariorum Postremam esse Recognitionem*, Geneva, Estienne, 1556, 675-775. του ίδιου, *Commentarius in Epistolam ad Hebraeos. Opera Omnia*, εκδ. Baum, Cunitz and Reuss, τ. 55, Brunswick, 1896, Cols. 1-198, τ. 83.

[240] Βλ. S. Lehne, *The New Covenant in Hebrews*, Sheffield 1990. A. Guggenheim, «Christ the High Priest and the Connection between the Old and New Covenants in Saint Thomas Aquinas' 'Commentary on the Epistle to the Hebrews', Chapters Viii-X», *RSPhTh* 87 (2003) 499-523. S. W. Hahn, «A Broken Covenant and the Curse of Death: A Study of Hebrews-Ix,15-22 (Exploring the Hellenistic and Septuagintal Meaning of the Greek Term "Diatheke" Through Grammatical, Lexical, and Syntactical Issues)», *CBQ* 66 (2004) 416-436.

[241] Πρβλ. K. Hagen, *στο ίδιο*, 63-64 και N. C. Croy, *Endurance in Suffering. A Study of Hebrews 12:1-13 in Its Rhetorical, Religious, and Philosophical Context*, 1998, 15.

[242] K. Hagen, *στο ίδιο*, 28.

Η προς Εβραίους κατά την περίοδο της Μεταρρύθμισης

και ότι απευθύνεται σε ιουδαιοχριστιανούς της Παλαιστίνης²⁴³. Περίεργο είναι το γεγονός ότι ο Ζβίγκλιος, αν και ασχολείται με την προς Εβραίους²⁴⁴, δεν αναφέρεται καθόλου στο θέμα του συγγραφέα της. Σχετικά με τη θέση της επιστολής ως τελευταίας στη συλλογή των επιστολών που διασώθηκαν με το όνομα του απ. Παύλου, εντύπωση προξενεί η υπόθεση του Politus²⁴⁵ με αναφορά στα Ρωμ. 9-11 ότι κατατάσσεται τελευταία από τις επιστολές του Παύλου επειδή απευθύνεται σε Εβραίους. Αρκετοί πίστευαν την περίοδο αυτή ότι οι Εβραίοι εξ' αιτίας της πράξης τους θα είναι οι τελευταίοι άνθρωποι στο εσχατολογικό πρόγραμμα²⁴⁶.

Από τον Καλβίνο και έπειτα παρατηρούμε ότι οι εισαγωγές που γράφτηκαν στην Κ.Δ., στα εισαγωγικά για την προς Εβραίους αρχίζουν να περιλαμβάνουν ολοένα και περισσότερα θέματα πέρα από αυτά της συγγραφής και του κεντρικού θέματος, όπως το ζήτημα του φιλολογικού είδους στο οποίο ανήκει, οι ιστορικές περιστάσεις κάτω από τις οποίες γράφτηκε, η μεθοδολογία και η γλώσσα του συγγραφέα της. Ακόμη, με βάση τη δογματική και γενικότερα θεολογική βαρύτητα που διαθέτει δεν αμφισβητήθηκε ποτέ σε καμία περίπτωση η αποστολική της προέλευση²⁴⁷. Από την άλλη όμως, τα ερμηνευτικά υπομνήματα στην προς Εβραίους σε όλη τη διάρκεια αυτής της εποχής διαφωνούν αρκετά στην ερμηνεία συγκεκριμένων στίχων και ο κάθε ερμηνευτής αποδίδει και μια δική του υπόθεση ως επίλυση²⁴⁸.

---

²⁴³ Κ. Hagen, *στο ίδιο*, 39.
²⁴⁴ H. Zwinglius, «In Epistolam beati Pauli ad Hebraeos Expositio Brevis», στο *Zwingli Opera*, έκδ. Schuler and Schulthess, Zurich, Schulthess, 1838, VI, 2, 291-319.
²⁴⁵ A. C. Politus, «Commentaria in eandem Epistolam beati Pauli ad Hebraeos», στο *Omnes Divi Pauli Apostoli, et alias Septem Canonicas Epistolas, R. P. Fratris Ambrosii Catharini Politi Senensis, Episcopi Minoriensis*, Commentaria, Paris, Bernardus Turrisanus, 1566, 453-521.
²⁴⁶ Πρβλ. Κ. Hagen, *στο ίδιο*, 68.
²⁴⁷ Κ. Hagen, *στο ίδιο*, 96.
²⁴⁸ Πρβλ. N. C. Croy, *στο ίδιο*, 17.

Η προς Εβραίους κατά τη Μεταρρύθμιση και τη νεότερη εποχή

Από την εποχή του Μεσαίωνα μέχρι και το τέλος της Μεταρρύθμισης οι περισσότεροι υπομνηματιστές της προς Εβραίους θεωρούσαν ότι το κεντρικό της θέμα ήταν η ανωτερότητα του Χριστού. Σχετικά με τη φιλολογική διαίρεση του περιεχομένου ακολουθούσαν τη διαίρεση των κεφαλαίων της επιστολής[249]. Κατά τη διάρκεια της Μεταρρύθμισης η προς Εβραίους χρησιμοποιήθηκε κυρίως για πολεμική στη μεσιτική ιεροσύνη της ρωμαιοκαθολικής εκκλησίας και της εξουσίας της με όλες τις συνέπειες που συνεπάγονταν μιας τέτοιας αντίληψης για τους λαϊκούς[250]. Η ευχαριστία δεν θεωρούνταν πια ως θυσία από τους μεταρρυθμιστές Ζβίγγλιο και Καλβίνο, αφού η εφάπαξ θυσία του Χριστού δεν άφηνε περιθώρια για καμιά άλλη προσφορά. Η αληθινή θυσία συνεπάγεται θάνατο. Στο επιχείρημα κάποιων ρωμαιοκαθολικών θεολόγων ότι η ευχαριστία είναι αναίμακτη θυσία, αυτοί απαντούσαν στηριζόμενοι στο Εβρ. 9:22 ότι οποιαδήποτε αληθινή θυσία απαιτεί την έκχυση αίματος.

Η λατρευτική γλώσσα της επιστολής και το ιερατικό λειτούργημα, έτσι αποτέλεσαν, όπως ήταν αναμενόμενο, αφορμή διαμάχης μεταξύ ρωμαιοκαθολικών και προτεσταντών. Οι μεν πρώτοι, θεωρούσαν αιώνια τη μεσιτεία του Χριστού στον ουρανό. Κατά συνέπεια ο Χριστός μέσω των ιερέων συνεχίζει να προσφέρει στη γη, το μυστήριο της Θ. Ευχαριστίας «*ὅθεν καὶ σώζειν εἰς τὸ παντελὲς δύναται τοὺς προσερχομένους δι' αὐτοῦ τῷ θεῷ, πάντοτε ζῶν εἰς τὸ ἐντυγχάνειν ὑπὲρ αὐτῶν*» (7:25). Οι δε δεύτεροι, στηριζόμενοι στο κείμενο της επιστολής που απέρριπτε οποιαδήποτε λατρευτική πράξη της παλιάς κατάστασης και του Νόμου, θεωρούσαν ότι η ιεροκρατία και τα μυστήρια δεν έχουν καμία θέση στην

---

[249] Βλ. περισσότερες πληροφορίες στο J. Kurianal, *Jesus our High Priest: Ps. 110,4 as the Substructure of Heb 5,1-7,28*, Europäische Hochschulschriften 693, Peter Lang, Frankfurt am Main, 2000, 18-19.
[250] Βλ. B. Lindars, *The Theology of the Letter to the Hebrews*, Cambridge 1991, 140 και C. R. Koester, *Hebrews: A New Translation with Introduction and Commentary*, AB 36, New York, Doubleday, 2001, 33-36.

Η προς Εβραίους κατά την περίοδο της Μεταρρύθμισης

εκκλησία[251]. Η προς Εβραίους άσκησε επίδραση στον Λούθηρο σχετικά με τον τρόπο κατανόησης του Κυριακού Δείπνου και της λέξης *διαθήκη*. Έκτοτε η ευχαριστία δεν θεωρούνταν για τους λουθηρανούς μια θυσία, η οποία προσφέρεται από το λαό στο Θεό αλλά μία διαθήκη ή υπόσχεση, την οποία ο Χριστός προσφέρει στον κόσμο. Εφόσον η πίστη εκπληρώνει την υπόσχεση, τότε μόνο η πίστη αποτελεί το αληθινό ιερατικό λειτούργημα. Κατά τη Μεταρρύθμιση, πολύ περισσότερο από το Μεσαίωνα, η προς Εβραίους χρησιμοποιήθηκε για να καταγγείλει την εκτροπή της θεολογίας της ρωμαιοκαθολικής εκκλησίας και όλες τις πρακτικές συνέπειες που είχε στη στάση της απέναντι στους λαϊκούς[252].

Ότι και αν συμβαίνει πάντως αυτή την εποχή, το θέμα που δεσπόζει ήταν να αποδειχθεί η ταυτότητα του αγνώστου συγγραφέα της. Γι' αυτόν ακριβώς τον λόγο η Μεταρρύθμιση αποτελεί σταθμό στην έρευνα της προς Εβραίους. Αυτή η αγωνιώδης αναζήτηση του συγγραφέα της επιστολής[253], η

---

[251] A. B. Bruce, *The Epistle to the Hebrews: The First Apology for Christianity*, Edinburgh, 1899, 438. Βλ. στα ελληνικά τις εργασίες του Π. Βασιλειάδη, «Από την Εσχατολογία (και την Ευχαριστία;) στην Ιστορία. Η διαδρομή από την Πηγή των Λογίων στο κατά Μάρκον Ευαγγέλιο», *ΔΒΜ* (*Τιμητικό Αφιέρωμα στον καθ. Σ. Αγουρίδη*) 21-22 (2002-2003) 67-81. του ίδιου, *Ενότητα και Μαρτυρία. Ορθόδοξη Χριστιανική Μαρτυρία και Διαθρησκειακός Διάλογος-Εγχειρίδιο Ιεραποστολής*, Θεσσαλονίκη 2007, 233-264. του ίδιου, *Μετανεωτερικότητα και Εκκλησία. Η Πρόκληση της Ορθοδοξίας*, Ορθόδοξη Μαρτυρία 80, Αθήνα, Ακρίτας, 2002, 81-98. του ίδιου, *Παύλος. Τομές στη Θεολογία του*, ΒΒ 31, Θεσσαλονίκη 2004, 183-211. του ίδιου, *Τα Λόγια του Ιησού. Το Αρχαιότερο Ευαγγέλιο*, Αθήνα 2005, 187-198.
[252] Βλ. B. Lindars, *στο ίδιο*, 140 και L. Floor, «The General Priesthood of Believers in the Epistle to the Hebrews», *Neot* 5 (1971) 22-36.
[253] Ενδεικτικά αναφέρουμε όσους δεν παρουσιάσαμε παραπάνω για τη μη αποδοχή της παύλειας προέλευσης της επιστολής: B. Aretius, «In Epistolam ad Hebraeos Commentarii», στο *Commentarii in omnes Epistolas Divi Pauli, et Canonicas, Itemque in Apocalypsin Divi Ioannis: A. D. Benedicto Aretio*, Bern, le Preux, 1583, 590-684. T. Βιζε, «Epistola Pauli ad Hebraeos», στο *Novum Domini Nostri Jesu Christi Testamentum. Latine iam olim a Veteri Interprete, nunc denuo a Theodoro Βιza Versum: cum Eiusdem Annotationibus, in quibus*

Η προς Εβραίους κατά τη Μεταρρύθμιση και τη νεότερη εποχή

οποία παρατηρείται στη Δύση από τη Μεταρρύθμιση και έπειτα, επηρέασε και την έρευνα της επιστολής στον ελληνικό χώρο από τον 18° αι. και έπειτα, με τη διαφορά όμως, ότι όλοι σχεδόν οι ερευνητές την απέδιδαν στον απ. Παύλο[254]. Εξαίρεση την εποχή αυτή αποτελεί ο Ν. Δαμαλάς, ο οποίος θεωρούσε ως συγγραφέα τον Απολλώ[255]. Πέρα από τα όσα αναφέρθηκαν για το δυτικό χριστιανισμό, στον ελληνικό χώρο τίποτα νέο δεν προέκυψε αυτό το διάστημα μέχρι τα τέλη του 19[ου] αιώνα.

---

ratio Interpretationis Redditur, Geneva, R. Estienne, 1556, 284-299. του ίδιου, «Epistola Pauli Apostoli ad Hebraeos. Annotationes, in quibus Ratio Interpretationis Redditur», στο *Theodori Bιzae Annotationes Maiores in Novum Domini nostri Jesu Christi Testamentum. In Duas Distinctae Partes. . . Posterior vero in Epistolas et Apoc. Continet...Nova autem haec Editio Multo Correctior et Emendatior Priore...*, Geneva, C. Vignon, 1594, τ. 2, 483-546. J. Brenz, *In Epistolam, quam Paulus Apostolus ad Hebraeos Scripsit de Persona et Officio Domini nostri Iesu Christi Commentarius. Authare Ioanne Brentiu. F. Theologiae Doctore et Professore Publico in Schola Tubingeκsi*, Tübingen, 1571. E. Dering, *A Lecture or Exposition upon a Part of the V. Chapter of the Epistte to the Hebrews*, έκδ. E. Dering, London, John Awdeley, 1573. V. Dietrich, «Summaria in Epistolam Sancti Pauli ad Hebraeos», στο *Annotationes Compendiariae in Novum Testamentum. Quibus Summatim in Singula Capita Praecipui Loci et Selectiones Sententiae Explicantur, Annotanturque. . . Per M. Vitum Theodorum*, Frankfurt, Christian Egenolph, 1545, 249-259. R. Gualther, «In Epistolam Divi Pauli Apostoli ad Hebraeos D. Rodolphi Gualtheri Pastoris Ecclesiae Tigurinae Homiliarum Archetypi», στο *Divi Pauli Apostoli Epistolas omnes...Homiliarum Archetypi*, έκδ. N. Vuolphius, Zurich, Christoph Froschouer, 1589, 318-352. G. Major, *Enarratio Epistolae ad Hebraeos, Praelecta a D. G. M. Wittenbergae*, Wittenberg, Joannes Lufft, 1571. A. Sasbout, «Epistola Divi Pauli ad Hebraeos Expositio Fratris A. Sasbout», στο *Biblicus Apparatus*, έκδ. R. Walton, Zurich, Bodmer, 1673. F. Titelmans, «Elucidatio in Epistolam ad Hebraeos, Beati Pauli Apostoli», στο *Omnes Epistolas Apostolicas...Elucidatio*, Paris, I543, 184-215. B. Zanchius, «In Epistolam ad Hebraeos», στο B. Z. Bergomatis, *Canonici Ordinis lateranensis, in omnes S. Scripturae Libros Notationes*, Cologne, Arnold Mylius, 1602, 216-220.

[254] Βλ. Γ. Γρατσέα, *Η προς Εβραίους Επιστολή*, ΕΚΔ 13, Θεσσαλονίκη 1999, 43-50.

[255] Βλ. Ν. Μ. Δαμαλά, Ἑρμηνείαν εἰς τὴν Καινὴν Διαθήκην, τ. α', Αθήνα 1876.

Η νεότερη έρευνα και οι απόψεις για το ιδεολογικό υπόβαθρο

2. Η νεότερη έρευνα και οι απόψεις για το ιδεολογικό υπόβαθρο της προς Εβραίους

Ο 20ός αιώνας προκάλεσε έκρηξη στην έρευνα της επιστολής, αφού ήδη από την πρώτη δεκαετία αρχίζουν να εμφανίζονται όχι μόνο τα πρώτα συστηματικά υπομνήματα[256], αλλά και διάφορες μονογραφίες που ασχολούνται με επιμέρους θέματα. Στη βιβλική έρευνα ο αιώνας αυτός έφερε τεράστια ανάπτυξη[257]. Για πρώτη φορά έρχονται στο προσκήνιο νέα προβλήματα και υποστηρίζονται νέες θεωρίες για την προέλευση της προς Εβραίους[258]. Το κύριο θέμα που θα απασχολήσει τους ερευνητές

---

[256] F. Delitzsch, *Commentary on the Epistle to the Hebrews,* τ, 2, Edinburgh 1883. B. F. Westcott, *The Epistle to the Hebrews,* London 1889. G. Lünemann, *Commentary on the Epistle to the Hebrews,* New York, 1890.

[257] Βλ. πληροφορίες σχετικά με την ερμηνεία της Κ.Δ. στο Σ. Αγουρίδη, *Ερμηνευτική των Ιερών Κειμένων,* 206-233.

[258] Εδώ απλώς αναφέρουμε τα υπομνήματα, τα οποία, παρά τις προσπάθειες αναζήτησης, δεν έφτασαν στα χέρια μας. Βλ. ενδεικτικά P. Andriessen, *En Lisant l' Épître aux Hébreux,* Vaals 1977. W. Barclay, *The Letter to the Hebrews,* Philadelphia Westminster Press, 1976. του ίδιου, *The Epistle to the Hebrews,* Daily Study Bible, Edinburgh-Philadelphia ²1985. B. B. Barton, *Hebrews,* Life Application Bible Commentary, Wheaton, Tyndale House Publishers, 1997. S. Bénétreau, *L' Épître aux Hébreux,* τ. 2, Commentaire Evangélique de la Bible 10, Vaux sur Seine, τ. 1, 1989, τ. 2, 1990. F. W. Blass, *An die Hebräer. Text mit Angabe der Rhythmen,* Halle 1903. G. M. Bowman, *Hebrews, James, I & II Peter,* Layman's Bible Commentary, London, SCM Press, LTD, 1962. του ίδιου, *Don't Let Go! An Exposition of Hebrews,* Phillipsburg, New Jersey 1982. L. O. Bristol, *Hebrews: A Commentary,* Valley Forge, Judson 1967. A. B. Bruce, *The Epistle to the Hebrews,* NICNT, Michigan 1990. N. Casalini, *Agli Ebrei: Discorso di Esortazione,* SBFLA 34, Jerusalem 1992. J. M. Casciaro et al., *Epistola a los Hebreos,* Sagrada Biblia, Traducida y Anotada por la Facultad de Teologia de la Universidad de Navarra, Pamplona 1987. R. P. Caudill, *Hebrews, A Translation with Notes,* Nashville, Tennessee 1985. H. W. Chilstrom, *Hebrews, A New and better Way,* Philadelphia Fortress Press, 1984. G. L. Cockerill, *Hebrews. A Bible Commentary in the Wesleyan Tradition,* Indianapolis, Wesleyan Pub. House, 1999. R. K. Craig, *Hebrews: A New Translation with Introduction and Commentary,* Bible English, AB 36, New York, Doubleday, 2001. J. H. Davies, *A*

Η προς Εβραίους κατά τη Μεταρρύθμιση και τη νεότερη εποχή

αυτά τα χρόνια είναι το ιδεολογικό υπόβαθρο της επιστολής και

Letter to the Hebrews, Cambridge 1979. D. Dickson, *The Epistle to the Hebrews*, Edinburgh 1978. L. H. Evans, *Hebrews. The Communicator's Commentary*, NT 10, Waco, TE, 1985. R. Fabris, *Attualità della Lettera agli Ebrei*, Bologna 1985. F. T. Gench, *Hebrews and James*, Westminster Bible Companion. Louisville, Westminster John Knox, 1996. K. Gerhard (εκδ.), *The General Letters: Hebrews, James, 1-2 Peter, Jude, 1-2-3 John*, Proclamation Commentaries, Minneapolis, Fortress Press, 1995. G. Giavini, *Lettera agli Ebrei: Una Grande Omelia su Geso Sacerdote*, Cinisello Balsamo, Milano, San Paolo, 1998. J. Girdwood, *Hebrews*, The College Press NIV Commentary, Joplin, College Press, 1997. G. H. Guthrie, *Hebrews*, The NIV Application Commentary, Grand Rapids, Zondervan, 1998. D. A. Hagner, *Hebrews*, NIBC 14, Peabody, Hendrickson Publishers, 1995. H. Hegermann, *Der Brief an die Hebräer*, THKNT, Berlin, Evangelische Verlagsanstalt 1988. T. Hewitt, *The Epistle to the Hebrews, an Introduction and Commentary*, Grand Rapids, Wm. B. Eerdmans, 1960 ή την ιταλική μετάφραση του ίδιου, *L' Epistola agli Ebrei: Introduzione e Commentario*, Commentari al Nuovo Testamento, Torino 1986. C. R. Hume, *Reading through Hebrews*, London, SCM, 1997. H. A. Ironside, *Hebrews*, Ironside Commentaries, Neptune, N. J., Loizeaux, 1996. G. Krodel (εκδ.), *The General Letters; Hebrews, James, 1-2 Peter, Jude, 1-2-3 John*, Proclamation Commentaries, Minneapolis, Fortress Press, 1995. O. Kuss, *Carta a los Hebraeos*, Biblioteca Herder, Seccion de Sagrada Escritura 99, Barcelona, Herder, 1977. G. H. Lang, *The Epistle to the Hebrews*, London 1951. F. Laub, *Hebräerbrief. Stuttgarter Kleiner Kommentar*, Neues Testament 14, Stuttgart, Katholisches Bibelwerk 1988. F. Laubach, *Der Brief an die Hebräer*, Wuppertaler Studienbibel, Wuppertal ⁶1986. R. E. Lauersdorf, *Hebrews*, The People's Bible, Milwaukee Wis., Northwestern Pub. House, 1999. G. Leno, *Hebrews: The Superiority of Christ*, The Deeper Life Pulpit Commentary, Camp Hill, Christian Publications, 1996. H. Löhr, *Umkehr und im Herbräerbrief*, Berlin 1994. W. MacDonald, *The Epistle to the Hebrews: From Ritual to Reality*, New York 1972. D. J. MacLeod, *The Epistle to the Hebrews*, Dubuque, Iowa, Emmaus Correspondence School, 1998. G. W. MacRae, *Hebrews*, Collegiville, Minnesota 1993. G. W. MacRae, *Lettera agli Ebrei*, Brescia 1993. C. P. Marz, *Hebräerbrief*, NechtB 16, Würzburg, Echter Verlag, ²1990. M. Masini, *Lettera agli Ebrei. Messagio ai Cristiani*, Brescia 1985. L. Michineau, *L' Epistola agli Ebrei Secondo le Risposte della Commissione Biblica*, Roma 1917. A. Midebiele, *Épître aux Hébreux*, Paris 1938. G. Meyer, *Hebrews: Glimpsing the Glory: A Study Guide*, Revelation Series for Adults, Grand Rapids, Michigan, CRC Publications, 1995. R. Milligan, *A Commentary on the Epistle to the Hebrews*, 1975. G. Mora, *La Carta a los Hebreos como Escrito*

Η νεότερη έρευνα και οι απόψεις για το ιδεολογικό υπόβαθρο

σε τι βαθμό έχει δεχθεί αυτή επιδράσεις από ένα συγκεκριμένο κάθε φορά, εξωχριστιανικό ή χριστιανικό περιβάλλον.

Σε αυτό το μέρος αναφέρονται οι προτάσεις που διατυπώθηκαν κατά τη νεότερη έρευνα αρχικά για ένα εξωχριστιανικό υπόβαθρο προέλευσης της επιστολής. Έπειτα, αναφέρονται οι υποθέσεις για ένα χριστιανικό υπόβαθρο. Στη δεύτερη περίπτωση εξετάζεται η σχέση της προς Εβραίους με άλλα κείμενα της Κ.Δ. με τα οποία αυτή εμφανίζει οποιεσδήποτε ομοιότητες.

Pastoral, ColT 20, Barcelona, Herder, 1974. L. Morgan, *Grace & Guts to Live for God; a Bible Study on Hebrews, I & II Peter*, Camp Hill, Horizon Books, 1995. L. Morris, *Hebrews*, The Expositor's Bible Commentary, Grand Rapids, Wm. B. Eerdmans, 1981. W. R. Newell, *Hebrews, Verse-by-Verse; A Classic Evangelical Commentary*, Grand Rapids, Kregel, 1995. R. Osculati, *La Lettera agli Ebrei. Letture dal Nuovo Testamento*, Milano 1981. J. Owen, *Abridged as Hebrews: The Epistle of Warning*, Grand Rapids, Michigan 1968. του ίδιου, *Hebrews*, The Crossway Classic Commentaries, Wheaton, Crossway Books, 1998. C. F. Pfeiffer, *Epistle to the Hebrews, Every Man's Bible Commentary*, Chicago, Moody Press, 1962. V. C. Pfitzner, *Chi Rho Commentary on Hebrews*, Adelaide, Australia 1979. G. L. Reese, *New Testament Epistles: A Critical and Exegetical Commentary on the Epistle to the Hebrews*, 1992. F. Renner, *An die Hebräer-ein Pseudepigraphischer Brief*, Münsterschwarzacher Vier-Turme-Verlag, 1970. E. Riggenbach, *Der Brief an die Hebräer*, Zahn's Kommentar zum Neuen Testament 14, Wuppertal, R. Brockhaus, 1987. D. W. Robinson, *The Epistle to the Hebrews*, London [6]1948. A. Rudge, *Hebrews*, Christian Emphasis Series, Delhi, ISPCK, 1999. G. Rutherford, *The Uniqueness of Jesus: Hebrews 1 to 13*, Oxford, Bible Reading Fellowship, 1995. F. J. Schierse, *Der Brief an die Hebräer*, Geistliche Schriftlesung, Düsseldorf 1968. του ίδιου, *The Epistle to the Hebrews and the Epistle of James*, London 1969. του ίδιου, *Lettera agli Ebrei*, Roma [2]1990. R. H. Smith, *Hebrews*, ACNT, Minneapolis, Augsburg, 1984. R. C. Stedman, *Hebrews*, Leicester, England 1992. A. H. Trotter, *Interpreting the Epistle to the Hebrews*, Guides to New Testament Exegesis 6, Grand Rapids, Michigan, Baker Books, 1997. E. J. Waggoner, *Studies in the Book of Hebrews*, Brushton, New York, 1998. W. W. Wiersbe, *Be Confident: An Expository Study of the Epistle to the Hebrews*, 1982. R. Wilson, *Hebrews*, New Century Bible Commentary, Grand Rapids, Eerdmans, 1987. S. Zedda, *Lettera agli Ebrei*, Cinisello Balsamo [4]1989. E. F. Zeigler, *The Epistle to the Hebrews; An Exposition*, 1966.

Η προς Εβραίους κατά τη Μεταρρύθμιση και τη νεότερη εποχή

2.1 Το φιλωνικό/πλατωνικό υπόβαθρο

Στα μέσα του 18ου αιώνα υποστηρίχθηκε για πρώτη φορά από τον Carpzov[259] ότι για την κατανόηση της προς Εβραίους απαιτείται η γνώση των έργων του Φίλωνα του Ιουδαίου, προσφέροντας έτσι την πρώτη μελέτη, η οποία συζητούσε τα σημεία επαφής μεταξύ της προς Εβραίους και των έργων του Φίλωνα[260]. Αργότερα, το 1894, επιχειρήθηκε παρόμοια προσπάθεια από τον Ménégoz[261]. Οι δύο αυτοί ερευνητές ασχολήθηκαν μόνο με τις ομοιότητες που είχαν εντοπίσει μεταξύ των δυο συγγραφέων.

Αργότερα, στις αρχές του 20ου αι. δημιουργήθηκε μια τάση που υποστήριζε θερμά φιλωνικό υπόβαθρο για την προς Εβραίους με αποκορύφωμα το υπόμνημα του Spicq[262], στο οποίο παρουσιάζονταν μια σειρά από παράλληλα μεταξύ του Φίλωνα και του Εβρ. 11. Ο Spicq υποστήριξε ότι υπάρχει διάχυτη επίδραση από τον Φίλωνα και γενικότερα από το πολιτιστικό περιβάλλον της Αλεξάνδρειας γι' αυτό και κατέληξε στο συμπέρασμα ότι ο Απολλώς είναι ο συγγραφέας της προς Εβραίους. Πέρα από τις λεξιλογικές ομοιότητες, εντοπίζονταν ένας κοινός τρόπος παράθεσης βιβλικών χωρίων, διαπραγμάτευσης των ίδιων θεμάτων, χρήσης της προσωπικότητας του Μελχισεδέκ και της πλατωνικής φιλοσοφικής γλώσσας[263].

---

[259] J. B. Carpzov, *Sacrae Excercitationes in S. Pauli Epistolam ad Hebraeos ex Philone Alexandrino*, Helmstedt 1750.
[260] N. C. Croy, *Endurance in Suffering. A Study of Hebrews 12:1-13 in its Rhetorical, Religious, and Philosophical Context*, 1998, 23.
[261] E. Ménégoz, *La Théologie de l' Épître aux Hébreux*, Paris, Fischbacher, 1894.
[262] C. Spicq, *L' Épître aux Hébreux*, 1952. Πρβλ. F. Lobue, «The Historical Background of the Epistle to the Hebrews», JBL 75 (1956) 52 εξ.
[263] Πολλά παράλληλα εντοπίστηκαν στα παρακάτω έργα του Φίλωνα: Νὸμων ἱερῶν Ἀλληγορίας τῶν μετὰ τὴν ἐξαήμερον, I-III, (ενδεικτικά 3, 79 και 82), Περὶ βίου Μωυσέως ὅπερ ἐστὶ περὶ θεολογίας καὶ προφητείας, I–II, (ενδεικτικά 2, 83-90 και 106-107), Περὶ τῶν Χερουβὶμ καὶ τῆς φλογίνης ρομφαίας καὶ τοῦ κτισθέντος πρώτου ἐξ ἀνθρώπου Κάϊν, (π.χ. 27 και 90), Περὶ τῶν ἐν μέρει

Η νεότερη έρευνα και οι απόψεις για το ιδεολογικό υπόβαθρο

Μία άλλη εργασία στην οποία αναπτύσσονταν επιχειρηματολογία για φιλωνική επίδραση εμφανίστηκε το 1965 από τον Sowers[264], ο οποίος υποστήριξε ότι οι δύο συγγραφείς προέρχονται από το χώρο της Αλεξάνδρειας. Ο Barrett[265] πάλι, δέχτηκε ότι ο συγγραφέας της προς Εβραίους ενσωματώνει την εσχατολογία μέσα στον πλατωνισμό του, γεγονός που εντοπίζεται και στα έργα του Φίλωνα. Το 1968 ο Schröger εντόπισε συγκεκριμένες ομοιότητες, αλλά έδειξε ότι οι δύο συγγραφείς αντιπροσωπεύουν δύο διαφορετικές πτυχές του Ιουδαϊσμού[266].

Η πλέον σύγχρονη έρευνα και εξαντλητική παρουσίαση των ομοιοτήτων και διαφορών μεταξύ του Φίλωνα και του συγγραφέα της προς Εβραίους δημοσιεύτηκε το 1970 από τον Williamson[267] και έτσι διαφωτίστηκε το όλο θέμα και η συζήτηση που γινόταν μέχρι τότε άρχισε να μειώνεται αισθητά στις σχετικές μελέτες. Ο ερευνητής αυτός, με προσεκτική και λεπτομερή εξέταση διαφόρων όρων, ιδεών και κυρίως του τρόπου χρήσης της Π.Δ. μεταξύ των δύο συγγραφέων, υποστήριξε ότι όσες ομοιότητες υπάρχουν, άλλες τόσες έντονες διαφορές εντοπίζονται. Το μόνο κοινό που διακρίνει ο Williamson, όπως και ο Γρατσέας[268], ανάμεσα στους δυο συγγραφείς

διαταγμάτων, I–IF, (π.χ. 1, 259, 269, 270-271) κ.α. Βλ. C. Spicq, «Le Philonisme de l' Épître aux Hébreux», *RB* 56 (1949) 542-572 & 57 (1950) 212-242 και του ίδιου, «Alexandrinismes dans l' Épître aux Hébreux», *RB* 58 (1951) 481-502. Πρβλ. J. R. Sharp, «Philonism and the Eschatology of Hebrews: Another Look», *EAJT* 2 (1984) 289-298.

[264] S. G. Sowers, *The Hermeneutics of Philo and Hebrews: A Comparison of the Interpretation of the Old Testament in Philo Judaeus and the Epistle to the Hebrews*, 1965.

[265] C. K. Barrett, «The Eschatology of the Epistle to the Hebrews», στο *The Background of the New Testament and Its Eschatology: Studies in Honor of C. H. Dodd*, έκδ. W. D. Davies-D. Daube, Cambridge, Cambridge University Press 1954, 363-393.

[266] F. Schröger, «Der Gottesdienst der Hebräerbriefgemeinde», *MTZ* 19 (1968) 161-181.

[267] R. Williamson, *Philo and the Epistle to the Hebrews*, ALGHJ 4, Leiden 1970.

[268] Βλ. Γ. Γρατσέα, *Η προς Εβραίους Επιστολή*, 224-230.

είναι η από κοινού χρήση του υλικού της Π.Δ., με διαφορετικό όμως, δημιουργικό τρόπο και σκοπό. Παρόμοια είναι και η γνώμη του Hurst[269] κατά τον οποίο και οι δυο συγγραφείς επεξεργάζονται με κοινό τρόπο την ελληνική έκδοση της Π.Δ. που έχουν υπόψη τους.Ο μεν Φίλωνας όμως, πλατωνικά, ο δε συγγραφέας της προς Εβραίους εσχατολογικά, επηρεασμένος από την ιουδαϊκή αποκαλυπτική γραμματεία[270]. Αυτή είναι και η γνώμη που τελικά επικράτησε και έτσι το θέμα περί φιλωνικού παρασκηνίου έκλεισε. Έκτοτε σπανίως εμφανίζονται μελέτες στις οποίες υποστηρίζεται οποιαδήποτε σχετική σύνδεση.

Ο δυϊσμός που διατρέχει την επιστολή ανάμεσα στα υλικά και τα πνευματικά προσέλκυσε επίσης το ενδιαφέρον των ερευνητών γι' αυτό και αποδόθηκαν πλατωνικές επιδράσεις στην προς Εβραίους ή έστω δανεισμός της φιλοσοφικής γλώσσας του πλατωνισμού. Ο Thompson[271] υποστήριξε ότι τα κεφάλαια 1, 7, 9, 12 και 13 αντανακλούν μια πλατωνική διάκριση μεταξύ του αισθητού και του νοητού κόσμου[272]. Οι ερευνητές που δέχονται ότι ο συγγραφέας της προς Εβραίους έχει κάνει χρήση της πλατωνικής φιλοσοφίας ή ορολογίας προσπαθούν να αποδείξουν την υπόθεσή τους στηριζόμενοι κυρίως σε επιχειρήματα λεξιλογίου. Έτσι εντοπίζουν αρκετές φράσεις

---

[269] Βλ. L. D. Hurst, στο ίδιο, 7-42. Πρβλ. τις εργασίες του ίδιου, «How Platonic are Heb. 8:5 and 9:23-24?», JTS 34 (1983) 158-159 και «Eschatology and Platonism in the Epistle to the Hebrews», SBLSP (1984) 41-74.
[270] Πρβλ. O. C. Carlston, «The Vocabulary of Perfection in Philo and Hebrews in Unity and Diversity» στο New Testament Theology, έκδ. G. E. Ladd, 1978, 133-160. L. K. Dey, The Intermediary World and Patterns of Perfection in Philo and Hebrews, 1975. R. W. Thurston, «Philo and the Epistle to the Hebrews», EvQ 58 (1986) 133-143. R. Williamson, «Philo and New Testament Christology», ExpTim 90 (1980) 361-365. Η πλούσια ιουδαϊκή κληρονομιά είναι το σημαντικότερο μέρος του υποβάθρου της προς Εβραίους. Βλ. H. Attridge, στο ίδιο, 29.
[271] J. W. Thompson, «That Which Cannot Be Shaken. Some Metaphysical Assumptions in Heb 12:27», JBL 94 (1975) 580-587.
[272] Βλ. L. D. Hurst, The Epistle to the Hebrews: Its Background of Thought, 1990. Βλ. και R. H. Nash, «The Notion of Mediator in Alexandrian Judaism and the Epistle to the Hebrews», WTJ 40 (1977) 89-115. H. Koester, «Platonische Ideenwelt und Gnosis im Hebräerbrief», Schol 4 (1956) 545-555.

Η νεότερη έρευνα και οι απόψεις για το ιδεολογικό υπόβαθρο

και σχήματα (κεφ. 2, 9, 11) που αναπτύσσονται στα έργα του Πλάτωνα π.χ. ο δυισμός ανάμεσα στα γήινα και τα ουράνια, υπόδειγμα-σκιά-αλήθεια, υλικό-πνευματικό, η κοσμολογία του πλατωνισμού, οι δύο πλατωνικές σφαίρες, ακόμη και λέξεις, όπως *αντίτυπος, εικών, αληθινός*, κ.α[273].
Διατυπώθηκε ακόμη η γνώμη ότι η μεταφυσική του Πλάτωνα υιοθετείται επειδή εξυπηρετεί τον παραινετικό σκοπό του συγγραφέα, γεγονός που αποτελεί το κλειδί της κατανόησης της επιστολής[274]. Από την άλλη όμως, όσοι τονίζουν μόνο την κάθετη κατεύθυνση της προς Εβραίους σε βάρος της οριζόντιας, τραυματίζουν το κείμενο επειδή ιδέες όπως η ουράνια σκηνή δεν προέρχονται από τον πλατωνικό ιδεαλισμό, αλλά από τη γραμμική ιουδαϊκή αποκαλυπτική. Στη συζήτηση αυτή οι Williamson και Hughes[275], οι οποίοι εξέτασαν το σχετικό ζήτημα, αρνούνται πλατωνική επίδραση, ενώ η Isaacs δέχτηκε ότι πρόκειται απλώς για τυπολογία και τίποτα παραπάνω[276]. Γι' αυτήν, οι ιδέες του συγγραφέα φαίνονται πλησιέστερες προς το ιουδαϊκό αποκαλυπτικό κοσμοείδωλο παρά στην ελληνική μεταφυσική. Ο Fuller τέλος, ισχυρίστηκε

---

[273] Για παράδειγμα οι όροι «*σάρξ*» και «*συνείδησις*» αποτελούν τα δυο μέρη της ανθρώπινης ύπαρξης. Στο κείμενο ο συγγραφέας φαίνεται ότι υιοθετεί αυτήν την ανθρωπολογικη αντίληψη, η οποία στηρίζεται στο δυισμό ανάμεσα στη γη και τον ουρανό. Η γήινη πλευρά του ανθρώπου θα πρέπει να καθαριστεί από μια επίγεια λατρεία, ενώ η συνείδηση που είναι η ουράνια πλευρά της ανθρώπινης ύπαρξης απαιτεί μια ανώτερη θυσία (10:22). Πρβλ. J. W. Thompson, «Hebrews 9 and Hellenistic Concepts of Sacrifice», *JBL* 98 (1979) 572. R.Williamson, «Platonism and Hebrews», *SJT* 16 (1963) 415-424.
[274] J. W. Thompson, The Beginnings of Christian Philosophy: The Epistle to the Hebrews, 1982, 152-160. Βλ. F. Laub, *Bekenntnis und Auslegung. Die Paranetische Frunktion der Christologie im Hebräerbriefes*, BU 15, Regensburg 1980. Σκοπός της εργασίας του Laub είναι να εξετάσει το παραινετικό ρόλο της χριστολογίας της προς Εβραίους. Βλ. ιδιαίτερα σσ. 119-142.
[275] G. Hughes, *Hebrews and Hermeneutics: The Epistle to the Hebrews as a New Testament Example of Biblical Interpretation*, Cambridge 1980.
[276] M. E. Isaacs, *Sacred Space. An Approach to the Theology of the Epistle to the Hebrews*, 1992. Πρβλ. A. Cody, *Heavenly Sanctuary and Liturgy in the Epistle to the Hebrews*, St. Meinrad, Grail Publications 1960.

ότι δεν υπάρχει κανένα δάνειο από τον Πλάτωνα, αλλά ο συγγραφέας χρησιμοποιεί απλώς την ελληνική ορολογία για να εκφράσει τις δύο πραγματικότητες[277]. Ούτε ο Φίλωνας, ούτε η πλατωνική σκέψη θα επέτρεπαν στον συγγραφέα της προς Εβραίους να κάνει τέτοια θεολογικά άλματα και να αναφέρεται σε μια πραγματικότητα στην οποία οι χριστιανοί ήδη έχουν είσοδο χάρη στη μοναδική θυσία του Χριστού[278]. Η πιθανή επίδραση από τον πλατωνισμό δεν αποδείχτηκε και έτσι και αυτό το ζήτημα έκλεισε[279], αν και στις μέρες μας ακόμη υπάρχουν ερευνητές που επιχειρούν να αποδείξουν κάποιες πλατωνικές επιδράσεις[280].

2.2 Το γνωστικό υπόβαθρο

Η θρησκειοϊστορική σχολή εκδήλωσε έντονο ενδιαφέρον για το Γνωστικισμό στις αρχές του 20ου αιώνα σε σχέση με τη διαμόρφωση των κειμένων της Κ.Δ. Η προς Εβραίους που είχε προηγουμένως ερευνηθεί υπό το πρίσμα της φιλωνικής επίδρασης δεν θα μπορούσε παρά να εξετασθεί και υπό την επίδραση της Γνώσης. Πιθανή σύνδεση προς Εβραίους και Γνωστικισμού

---

[277] R. H. Fuller, *A Critical Introduction to the New Testament*, Studies in Theology 55, London, Duckworth, 1966, 144-150. Βλ. L. D. Hurst, *The Epistle to the Hebrews: Its Background of Thought*, 1990, 10 και W. L. Lane, *Hebrews 1-8*, WBC 47A, Waco, Texas 1991, cvii-cviii. Βλ. την πρόσφατη μελέτη του J. W. Thompson, «EPHAPAX: The One and the Many in Hebrews», *NTS* 53 (2007) 571-572, ο οποίος δέχεται ακόμη επίδραση από τον πλατωνισμό.

[278] Πρβλ. και T. Stylianopoulos, «Shadow and Reality. Reflections on Hebrews 10:1-18», *GOTR* 11 (1972) 216-220.

[279] Με τους Hanson, Barrett και Williamson σταμάτησε οποιαδήποτε διάθεση μιας τέτοιας προσέγγισης της προς Εβραίους, η οποία θα απομόνωνε κάποια σύμβολα και σχήματα και θα μιλούσε για ομοιότητες λεξιλογίου.

[280] Βλ. σχετικά W. Eisele, *Ein Unerschütterliches Reich: Die Mittelplatonische Umformung Des Parusiegedankens Im Hebräerbrief*, BZNW 116, Berlin, W. de Gruyter, 2003 και K. Schenck, «An Unshakeable Empire: The Middle Platonic Shaping of the Parousia Thinking in the Letters to the Hebrews», *CBQ* 67 (2005) 140-141.

Η νεότερη έρευνα και οι απόψεις για το ιδεολογικό υπόβαθρο

είχε υποστηριχθεί για πρώτη φορά προς το τέλος του 19^{ου} αι., αλλά με τη δημοσίευση των κειμένων του Nag-Hammadi κατά τον 20° αι. το ζήτημα τέθηκε σε νέα βάση. Η έναρξη αυτής της συζήτησης έγινε το 1922 από τον Scott, ο οποίος υποστήριξε γνωστικό υπόβαθρο για τη θεολογία της προς Εβραίους, ενώ άλλοι ερευνητές, αν και δεν συνέδεαν την επιστολή ρητά με τη Γνώση, ωστόσο υπονοούσαν κάποια σχέση μεταξύ τους[281].

Η πρώτη σοβαρή εργασία εμφανίστηκε το 1939 από τον Käsemann[282], ο οποίος, ενώ αναγνώριζει ιουδαϊκά και αλεξανδρινά στοιχεία, δεχόταν ότι πίσω από την επιστολή υπάρχει ένας προχριστιανικός Γνωστικισμός με κέντρο έναν μύθο περί ενός «Πρωτανθρώπου», θεωρώντας τη σωτηρία ως μία πορεία από το υποδουλωμένο υλικό βασίλειο προς το ουράνιο βασίλειο του φωτός. Ο Υιός στην προς Εβραίους, όπως και στο Φιλ. 2, θεωρήθηκε ως ο «γνωστικός άνθρωπος»[283]. Για να στηρίξει τις θέσεις του ο Käsemann ανέτρεξε στη μανδαϊκή, μανιχαϊκή, ραββινική και ερμητική γραμματεία, στις *Πράξεις Θωμά*, στον *Γ' Ενώχ*, στο *Πίστις Σοφία* και στις *Ωδές του Σολομώντα*[284].

---

[281] Βλ. L. D. Hurst, στο ίδιο σ. 67 και υποσ. 2. Από τις πλέον πρόσφατες εργασίες είναι εκείνες του B. A. Pearson, «The Figure of Melchizedek in the First Tractate of the Unpublished Coptic-Gnostic Codex IX from Nag-Hammadi», στο *Proceedings of the XIIth International Congress of the International Association for the History of Religions*, εκδ. C. J. Bleeker-G. Widengren-E. J. Sharpe, Leiden, Brill, 1975, 200-208 και του ίδιου, «The Figure of Melchizedek in Gnostic Literature», στο *Gnosticism, Judaism, and Egyptian Christianity, Studies in Antiquity and Christianity*, Minneapolis, Fortress Press, 1990, 108-123. Η J. H. Wray, *Rest as a Theological Metaphor in the Epistle to the Hebrews and the Gospel of Truth: Early Christian Homiletics of Rest*, SBLDS 166, Atlanta, Scholars Press, 1998 δέχεται κάποια σχέση μεταξύ του *Ευαγγελίου της Αληθείας* και της προς Εβραίους.
[282] E. Käsemann, *Das Wandernde Gottesvolk. Eine Untersuchung zum Hebräerbrief*, FRLANT 37, Göttingen 1938. Οι παραπομπές προέρχονται από την αγγλική μετάφραση, *The Wandering People of God: An Investigation of the Letter to the Hebrews*, 1984.
[283] Βλ. E. Käsemann, στο ίδιο, 105-120.
[284] Πρβλ. Γ. Γρατσέα, *Προς Νέα Κατάπαυση υπό Νέο Αρχηγό. (Κριτικό Υπόμνημα στην Περικοπή Εβρ. 3,1-4,13)*, Αθήνα 1984, 84-92. και του ίδιου,

Αργότερα τις θέσεις του Käsemann ανέπτυξαν οι Grässer[285] και Theissen[286]. Από την άλλη, ο αγγλόφωνος επιστημονικός κόσμος δεν επηρεάστηκε από αυτή την τάση με ελάχιστες μόνο εξαιρέσεις, οι οποίες υπέθεταν ότι η επιστολή πιθανώς να αντικρούει μια γνωστικίζουσα ομάδα παρόμοια με την αίρεση των Κολοσσών[287].

Οι οπαδοί του μη χριστιανικού παρασκηνίου επικαλούνταν ως επιχείρημα ακόμη και την χρησιμοποίηση από το συγγραφέα του ελληνικού κειμένου της Π.Δ. Ο Thompson υποστήριξε μια παραλλαγή των παραπάνω απόψεων που δεν ήταν άλλη από την ύπαρξη ενός γνωστικού-πλατωνικού παρασκηνίου[288]. Από την άλλη, στα πλαίσια αυτής της συζήτησης οι Schenke[289], Fischer[290], Hofius[291] και Γρατσέας αρνήθηκαν οποιαδήποτε γνωστική επίδραση. Ο δυισμός ανάμεσα στους δύο αιώνες και στους δύο κόσμους συναντάται και στα χειρόγραφα της Νεκράς Θάλασσας αλλά και στην αποκαλυπτική[292] και ραββινική γραμματεία.

Ο «περιπλανώμενος λαός του Θεού» θεωρήθηκε ως το

Η προς Εβραίους Επιστολή, 217-220.
[285] E. Grässer, *Der Glaube im Hebräerbrief*, 1965.
[286] G. Theissen, *Untersuchungen zum Hebräerbrief*, SANT 2, Gütersloh, 1969.
[287] Πρβλ. L. D. Hurst, στο ίδιο, 68.
[288] J. W. Thompson, *The Beginnings of Christian Philosophy: The Epistle to the Hebrews*, Washington, 1982, 88-96 και 116-127. Πρβλ. του ίδιου, «The Conceptual Background and Purpose of the Midrash in Hebrews VII», *NovT* 19 (1977) 209-223. J. Cambier, *Eschatologie ou Hellénisme dans l' Épître aux Hébreux. Une Étude sur μένειν et l' Exhortation Finale de l' Épître*, Paris 1949. J. H. Burtness, «Plato, Philo and the Author of Hebrews», *LQ* 10 (1958) 54-64.
[289] H. M. Schenke, «Erwägungen zum Rätsel des Hebräerbriefes», στο *Neues Testament und Christliche Existenz*, Tübingen 1973.
[290] J. Fischer, «Covenant, Fulfilment and Judaism in Hebrews», *EvanRevTheol* 13 (1989) 175-187.
[291] O. Hofius, *Katapausis: die Vorstellung vom Endzeitlichen Ruheort im Hebräerbrief*, Tübingen 1970.
[292] Βλ. σχετικά Δ. Καϊμάκη, *Η Ιουδαϊκή Αποκαλυπτική Γραμματεία και η Θεολογία της*, Θεσσαλονίκη 2007, 246-247.

Η νεότερη έρευνα και οι απόψεις για το ιδεολογικό υπόβαθρο

κυρίαρχο μοτίβο της προς Εβραίους[293]. Ο Käsemann με εξαίρεση τα κεφάλαια 3-4 διέκρινε στο κείμενο της προς Εβραίους τη γνωστική πορεία των ψυχών σε σημεία, όπως π.χ. 10:19 εξ., ενώ ο Grässer στα κεφάλαια 11-12[294]. Τα κεφ. 3-4 της προς Εβραίους υποστηρίχθηκε από τον Käsemann ότι απηχούσαν τις γνωστικές δοξασίες περί της τελικής κατάπαυσης των ψυχών στο Θεό. Τις θέσεις του Käsemann ανέτρεψε ο Hofius[295], ο οποίος υποστήριξε ότι δεν υπάρχει γνωστική επίδραση, αλλά υιοθέτηση από πλευράς του συγγραφέα της επιστολής των ιουδαϊκών αποκαλυπτικών ιδεών και ειδικά της πεποίθησης για μια ουράνια πόλη στο τέλος της εποχής[296]. Ο Hofius με τη σειρά του επικρίθηκε από τον Theissen, διότι σύμφωνα με αυτόν η ιδέα της κατάπαυσης δεν μπορεί να ερμηνεύεται αποκλειστικά με αποκαλυπτικούς και εσχατολογικούς όρους.

Θεμελιώδης για τον Käsemann ήταν η θέση ότι η

---

[293] Για το σαββατισμό και την κατάπαυση του λαού του Θεού βλ. W. C. Kaiser, «The Promise Theme and Theology of Rest», *BSac* 130 (1973) 142. J. Laansma, «'I Will Give You Rest: The Background and Significance of the Rest Motif in the New Testament», *TynB* 46 (1995) 385-388. του ίδιου, *I Will Give You Rest: The Rest Motif in the New Testament with Special Reference to Mt 11 and Heb 3*, WUNT 2, 98, Tübingen, Mohr Siebeck, 1997. T. K. Oberholtzer, «The Warning Passages in Hebrews. Part 2 The Kingdom Rest in Hebrews 3:1-4:13», *BSac* 145 (1988) 185-96. J. H. Wray, *Rest as a Theological Metaphor in the Epistle to the Hebrews and the Gospel of Truth: Early Christian Homiletics of Rest*, SBLDS 166, Scholars Press, Atlanta, Georgia 1998. H. W. Attridge, «Let us Strive to Enter that Rest. The Logion of Hebrews 4,1-11», *HTR* 73 (1983) 279-288. R. C. Gleason, «The Old Testament Background of Rest in Hebrews 3:7-4:11», *BSac* 157 (2000) 281-303. H. A. Lombard, «Κατάπαυσις in the Letter to the Hebrews», *Neot* 5 (1971) 60-71.

[294] J. Grässer, «An die Hebräer 2. Teilband, Hebr. 7,1-10,18», *SBFLA* 44 (1994) 111-214. Πρβλ. D. J. MacLeod, «The Doctrinal Center of the Book of Hebrews», *BSac* (1989) 180.

[295] O. Hofius, *στο ίδιο*. Πρβλ. και του ίδιου, *Der Vorhang vor dem Thron Gottes: Eine Exegetisch-religions-geschichtliche Untersuchung zu Hebräer 6,19ff. und 10,19ff*, WUNT 14, Tübingen, Mohr, 1972.

[296] Δ. Καϊμάκη, *Η Ιουδαϊκή Αποκαλυπτική Γραμματεία και η Θεολογία της*, 260-266.

χριστολογία της προς Εβραίους δομείται πάνω στο γνωστικό μύθο του «Πρωτανθρώπου». Ένας ουράνιος Υιός, κατά το Γερμανό ερευνητή, παίρνει τη μορφή του ανθρώπου, παθαίνει και πεθαίνει με σκοπό να ελευθερώσει τους ακολούθους του από τις δυνάμεις του κακού[297]. Στο τέλος υψώνεται ξανά στον κόσμο του φωτός, όπου περιβάλλεται με δόξα και τιμή. Ο Grässer θεώρησε ότι η έννοια της πίστης αποτελεί το όχημα για το ουράνιο ταξίδι της ψυχής. Σύμφωνα με τους δυο παραπάνω ερευνητές ο συγγραφέας της προς Εβραίους θεωρεί τον επίγειο κόσμο κακό και εχθρικό με τη σωτηρία να βρίσκεται στην απόδραση προς το ουράνιο βασίλειο. Πέρα από τις ακραίες αυτές θέσεις του Käsemann, θα μπορούσαμε να διακρίνουμε τη συμβολή της εργασίας του στην ιδέα «της κοινότητας που βρίσκεται σε πορεία»[298], γεγονός που χρήζει μεγάλης σημασίας στο κείμενο της επιστολής. Βέβαια οι περισσότεροι μελετητές θεωρούν ότι αυτή η πορεία και η περιπλάνηση στηρίζεται στην Π.Δ. και όχι σε ένα γνωστικό μύθο. Σχετικά τώρα με το θέμα της κατάπαυσης του λαού του Θεού, ιδέα για την οποία ο συγγραφέας πουθενά δεν μας πληροφορεί τι ακριβώς εννοεί με αυτήν, δεν μπορεί να υποστηριχθεί με βεβαιότητα, αν αυτή επιτυγχάνεται τώρα μέσω της πίστης (Εβρ. 12:23) ή στην τελική κρίση (13:14).

Πουθενά επίσης στην προς Εβραίους ο κόσμος δεν παρουσιάζεται να είναι κάτω από τη δύναμη του κακού, οι δε άγγελοι είναι πνεύματα που μεσιτεύουν και όχι γνωστικές απορροές. Οι φράσεις «*ξένοι καὶ παρεπίδημοι*» και «*ἐγὼ σείσω*

---

[297] Βλ. Ε. Käsemann, *στο ίδιο*, 97-103.
[298] Για το θέμα αυτό βλ. D. W. Perkins, «A Call to Pilgrimage: The Challenge of Hebrews», *ThEduc* 32 (1985) 69-81. J. Grässer, «Das Wandernde Battesvolk. Zum Basismotiv des Hebräerbriefes», *ZNW* 77 (1986) 160-179. E. A. Schick, «Priestly Pilgrims: Mission outside the Camp in Hebrews», *CurTM* 16 (1989) 372-376. P. J. Arowele, «The Pilgrim People of God (an African's Reflections on the Motif of Sojourn in the Epistle to the Hebrews)», *AJT* 4 (1990) 438-455. R. Brown, «Pilgrimage in Faith: The Christian Life in Hebrews», *SWJT* 28 (1985) 28-35. M. R. Hillmer, «Priesthood and Pilgrimage: Hebrews in Recent Research», *ThBullMDC* 5 (1969) 66-89.

οὐ μόνον τὴν γῆν ἀλλὰ καὶ τὸν οὐρανόν» (12:26) δεν θεωρούνται ως ένας υλικός/πνευματικός δυισμός γνωστικού τύπου, αλλά βρίσκονται σύμφωνες με την παραδοσιακή γραμμή της εσχατολογίας[299] της Π.Δ. Κάτι ανάλογο συμβαίνει και με την έννοια της *σάρκας*. Πουθενά στο κείμενο δεν χρησιμοποιείται με κακή και αρνητική έννοια. Η υπόθεση του Käsemann κατέρρευσε επειδή δεν μπόρεσε να αποδειχθεί η ύπαρξη ενός πρωτογνωστικισμού ή ενός Γνωστικισμού νωρίτερα του 2ου αι. μ.Χ. Επιπλέον, η μανδαϊκή γραμματεία, στη σκέψη της οποίας στηρίχθηκαν πολλά επιχειρήματα του παραπάνω ερευνητή, απορρέει από τον 7ο μέχρι τον 9ο αι. μ.Χ. Τελικά, καμιά γνωστική επίδραση δεν κατάφερε να γίνει δεκτή και έτσι η συζήτηση γύρω από το θέμα του Γνωστικισμού θεωρείται πλέον αστήριχτη.

2.3 Το εσσαϊκό υπόβαθρο

Η ανακάλυψη των χειρογράφων του Κουμράν προκάλεσε νέες συζητήσεις για τη δημιουργία των κειμένων της Κ.Δ. και όπως ήταν φυσικό η προς Εβραίους δεν θα μπορούσε με τίποτα να μην προκαλέσει και πάλι το ενδιαφέρον των ερευνητών. Η πρώτη μελέτη που παρουσιάστηκε αναφορικά με τη σχέση της προς Εβραίους και του Κουμράν ήταν του Yadin (1958)[300]. Έτσι αρχίζει μια προσπάθεια να ταυτιστούν οι παραλήπτες της επιστολής με την κοινότητα των Εσσαίων του Κουμράν[301]. Τα κύρια σημεία επαφής ήταν: α) Η υψηλή θέση των αγγέλων στο

---

[299] J. P. Michaud, «Parabolé dans l' Épître aux Hébreux», *Sémiotique et Bible* 46 (1987) 23-31.
[300] Y. Yadin, «The Dead Sea Scrolls and the Epistle to the Hebrews», *ScrHier* 4 (1958) 36-55.
[301] Βλ. F. F. Bruce, «Recent Contributions to the Understanding of Hebrews», *ExpTim* 80 (1968-1969) 261-263 και H. W. Bateman, «Two First-Century Messianic Uses of the O.T. Heb 1:5-13 and 4QFlor 1.1-19», *JETS* 38 (1995) 11-28.

Η προς Εβραίους κατά την Μεταρρύθμιση και τη νεότερη εποχή

Κουμράν[302], β) η αναμονή δυο Μεσσίων, έναν από τη φυλή του Δαυίδ και έναν από τη φυλή του Λευί, γ) ο μεγάλος αριθμός αποσπασμάτων από την Π.Δ. στο κείμενο και δ) η αντιπαράθεση της αποκάλυψης του Ιησού με αυτή των προφητών. Στον Ιουδαϊσμό υπήρχε η αντίληψη ότι στην εσχατολογική εποχή θα εμφανιστεί ένας προφήτης ο οποίος όμως, δεν θα ταυτίζεται με τον ίδιο τον Μεσσία[303].

Έπειτα από τον Yadin ακολούθησε η υπόθεση του Kosmala[304] ότι οι παραλήπτες δεν είχαν γίνει ακόμη χριστιανοί όταν γραφόταν η προς Εβραίους και ότι αυτοί ήταν Εσσαίοι. Από την άλλη, αρκετοί ερευνητές, όπως είναι φυσικό, απέρριπταν μια τέτοια υπόθεση[305]. Ο Coppens[306] υποστήριξε ότι οι διαφορές μεταξύ της προς Εβραίους και των χειρογράφων του Κουμράν είναι περισσότερο καθοριστικές, ενώ οι ομοιότητες εξηγούνται από το γεγονός ότι οι συγγραφείς μοιράζονται το κοινό πολιτιστικό περιβάλλον. Την άποψη των Yadin και Kosmala ενίσχυσε η δημοσίευση του *11QMelch* το οποίο υπονοούσε το Εβρ. 5-7 με αποτέλεσμα η συζήτηση που είχε ήδη απασχολήσει τη βιβλική έρευνα να κορυφωθεί[307]. Ο Spicq ενθουσιασμένος από

---

[302] F. F. Bruce, *στο ίδιο*, 45-47.

[303] Ο Yadin επικεντρώνει το ενδιαφέρον του στο βασικό ρόλο του Μωυσή στην προς Εβραίους. Βλ. Y. Yadin, *στο ίδιο*, 53. Περισσότερα για τη συζήτηση σχετικά με οποιαδήποτε πιθανή επίδραση της εσσαϊκής κοινότητας βλ. F. F. Bruce, *στο ίδιο*, 261-263.

[304] H. Kosmala, *Hebräer, Essener, Christen. Studien zur Vorgeschichte Frühchristlichen Verkündigung*, StPB 1, Leiden, Brill 1959.

[305] Βλ. F. F. Bruce, «To the Hebrews or to the Essenes», *NTS* 9 (1962) 217-232 και J. Coppens, *Les Affinités Qumrâniennes de l' Épître aux Hébreux*, Paris 1962.

[306] J. Coppens, *στο ίδιο*. Βλ. και J. C. O'Neill «The Death of the Teacher of Righteousness in Hebrews 13:12-13», *JHC* 7 (2000) 286-288. Για τον αντίλογο βλ. T. C. Smith, «An Exegesis of Hebrews 13,1-17», *FM* 7 (1989) 70-78.

[307] Δημοσιεύτηκε αρχικά από τον Van der Woude το 1965. Βλ. A. S. Van der Woude, «Melchisedek als Himmlische Erlösergestalt in den Neugefundenen Eschatologischen Midraschim aus Qumran Höhle XI» *OTS* 14 (1965) 354-373. Αργότερα δημοσιεύτηκε από τους M. De Jonge-A. S. Van der Woude, «11QMelchizedek and the New Testament», *NTS* 12 (1965-1966) 301-326

Η νεότερη έρευνα και οι απόψεις για το ιδεολογικό υπόβαθρο

τη νέα ανακάλυψη αναθεώρησε τις προηγούμενες θέσεις του υποστηρίζοντας πως οι παραλήπτες είναι Ιουδαίοι ιερείς που βρίσκονται σε στενή επαφή με το Κουμράν[308]. Στο ερώτημα αν ο Μελχισεδέκ θεωρείται με τρόπο όμοιο με εκείνο που συναντάται στα χειρόγραφα του Κουμράν, η απάντηση των περισσότερων, ήταν αρνητική[309]. Η θεολογία του Κουμράν ταυτίζει τον ιστορικό Μελχισεδέκ με μια υπερυψωμένη προσωπικότητα που έχει αποφασιστική σημασία για τη σωτηρία[310].

Πράγματι, το θέμα των αγγέλων είναι ένα από τα σημαντικότερα σημεία επαφής, αλλά τα σχετικά κείμενα της Π.Δ. που αναφέρονται στους αγγέλους παρατίθενται από το ελληνικό κείμενο (Ο') και όχι από το μασωριτικό, όπως θα ήταν φυσικό, αν επρόκειτο για επίδραση από την αγγελολογία του Κουμράν[311]. Ένα άλλο μεγάλο πρόβλημα για την υιοθέτηση της περί Κουμράν θεωρίας είναι η μη λευιτική καταγωγή του Χριστού. Επιπλέον, ο συγγραφέας της προς Εβραίους πουθενά δεν εκφράζει την ιδέα για δυο Μεσσίες. Σχετικά με τα πιθανά κοινά σημεία στον τρόπο παράθεσης των χωρίων της Π.Δ., βρέθηκαν να είναι παράλληλα τόσο με τον Φίλωνα, όσο και με άλλους συγγραφείς της εποχής[312]. Τελικά αποδείχτηκε ότι

με κάποιες διορθώσεις. Στο κείμενο αυτό, ο Μελχισεδέκ παρουσιάζεται ως ουράνιο αγγελικό ον με ρόλο που ταυτίζεται με εκείνον που διαδραματίζει συνήθως ο Αρχάγγελος Μιχαήλ στο *1QM*. Ο Μελχισεδέκ αποτελεί ένα από τα πιο δύσκολα προβλήματα της επιστολής. Όλοι οι ερευνητές θεωρούν ότι πρόκειται για κάποια ουράνια λυτρωτική προσωπικότητα.

[308] Βλ. C. Spicq, *L' Épître aux Hébreux*, Paris 1977 και του ίδιου, «L' Épître aux Hébreux, Apollos, Jean-Baptiste, Les Hellenistes et Qumran», *RevQ* 1 (1959) 365-390.

[309] Πρβλ. L. D. Hurst, *στο ίδιο*, 58-59 και M. Delcor, «Melchizedek from Genesis to the Qumran Texts and the Epistle to the Hebrews», *JSJ* 2 (1971) 115-135. I. W. Batdorf, «Hebrews and Qumran: Old Methods and New Directions», στο *Festschrift to Honor F. W. Gingrich*, έκδ. E. Barth-B. E. Cocroft, 1972, 21-26.

[310] F. L. Horton, *The Melchizedek Tradition: A Critical Examination of the Sources to the Fifth Century A.D. and in the Epistle to the Hebrews*, 1976.

[311] Βλ. σχετικά στο Δ. Καϊμάκη, *Τα Χειρόγραφα του Κουμράν και η Θεολογία τους*, Θεσσαλονίκη 2004, 186-206.

[312] Πρβλ. Γ. Γρατσέα, *Η προς Εβραίους Επιστολή*, 195-216.

Η προς Εβραίους κατά την Μεταρρύθμιση και τη νεότερη εποχή

πρόκειται για κάποιο κοινό υπόβαθρο από το οποίο όλοι αυτοί οι συγγραφείς αντλούν το υλικό τους, αλλά το αναπτύσσουν με διαφορετικό τρόπο και επιχειρηματολογία προσαρμοσμένη προς τον εκάστοτε σκοπό τους που ειδικά στην προς Εβραίους είναι τα ποιμαντικά προβλήματα των παραληπτών. Ύστερα από την παρουσίαση αυτών των επιχειρημάτων η υπόθεση του Κουμράν άρχισε να χάνει έδαφος αλλά το σχετικό ζήτημα παραμένει ανοιχτό.

Ένα μεγάλο μέρος των ερευνητών από το 1970 μέχρι και σήμερα επιδίδεται ακόμη στην έρευνα των σχέσεων μεταξύ της προς Εβραίους και των χειρογράφων της Νεκράς Θάλασσας[313]. Συγκεκριμένα εξετάζονται τα: 11QMelch, 4Q401-402[314], 11QTemple, 4Q@Amram[b], 1QapGen, κ.α[315]. Οι Buchanan[316] και

---

[313] Βλ. F. C. Fensham, «Hebrews and Qumran» Neot 5 (1971) 9-21 και E. Schüssler Fiorenza, «Cultic Language in Qumran and in N.T.», CBQ 38 (1976) 159-177.

[314] Βλ. γενικά για την Αγγελική Λειτουργία σχόλια και κείμενο στο Δ. Καϊμάκη, «Η Αγγελική Λειτουργία του Κουμράν», στο «Τα Ελοχίμ δεν θα Ταραχθούν εις τον Αιώνα». Ζητήματα Παλαιοδιαθηκικής και Μεσοδιαθηκικής Γραμματείας, Θεσσαλονίκη 2006, 15-59.

[315] Βλ. Γ. Γρατσέα, Η προς Εβραίους Επιστολή, 96-101. του ίδιου, «Δύο Επιστολές από τους Χρόνους της Καινής Διαθήκης. Η εκ Κουμράν 4QMMT και η προς Εβραίους», Κοιν 1 (1994) 27-36. του ίδιου «Από τις Λευϊτικές Καθιερώσεις και τον Αρχαίο Λόγο στην Τελείωση του Ιησού κατά την προς Εβραίους», ΕΕΘΣΘ 4 (1994) 149-178. F. L. Horton, The Melchizedek Tradition: A Critical Examination of the Sources to the Fifth Century A.D. and in the Epistle to the Hebrews, 1976, 60-82. M. Delcor, «Melchizedek from Genesis to the Qumran Texts and the Epistle to the Hebrews», JSJ 2 (1971) 115-135. Ιδιαίτερα σημαντικές είναι οι εργασίες του F. Manzi, Melchisedek e l' Angelologia nell' Epistola agli Ebrei e a Qumran, AnBib 136, Rome, Editrice Pontificio Istituto Biblico, 1997 και «Interrogativi, Discussioni e Conferme sul Binomio Melchisedek ed Angelologia nell' Epistola agli Ebrei e a Qumran», ScC 131 (2003) 379-428.

[316] G. W. Buchanan, To the Hebrews, 1972, 255-256. Ο Buchanan υποστηρίζει ότι όροι, όπως αδελφοί, άγιοι, τελείωση επιτρέπουν την ταύτιση των παραληπτών της προς Εβραίους με τη μοναστική εσσαϊκή κοινότητα του Qumran, ενώ ο J. Daniélou, The Dead Sea Scrolls and Primitive Christianity, 1962, 112, δέχεται ότι οι παραλήπτες είναι Εσσαίοι ιερείς. Για τον αντίλογο βλ.

Η νεότερη έρευνα και οι απόψεις για το ιδεολογικό υπόβαθρο

Hughes[317] υποστηρίζουν επίδραση και ομοιότητες στη σκέψη των συγγραφέων. Ο Γρατσέας δέχεται ότι ο συγγραφέας της επιστολής γνωρίζει τα χειρόγραφα. Κοινά στοιχεία αποτελούν η μυστηριώδης προσωπικότητα του Μελχισεδέκ[318], η λατρευτική ορολογία, η προτίμηση που εκφράζεται στα ουράνια και όχι στα επίγεια κ.α. Αρνητικό σημείο είναι η μη λευιτική ιεροσύνη του Χριστού. Επιπλέον, τα χειρόγραφα γράφτηκαν στα εβραϊκά και αραμαϊκά και παρουσιάζονται σημιτικά στις ιδέες, ενώ η προς Εβραίους γράφτηκε στα ελληνικά και έχει κατά νου το ελληνιστικό ιουδαϊκό περιβάλλον διανόησης. Το ζήτημα της θεματικής ομοιότητας της προς Εβραίους με τις θεολογικές ιδέες της εσσαϊκής κοινότητας της Νεκράς Θάλασσας ήταν επίκαιρο για μια εικοσαετία, ενώ τώρα το ενδιαφέρον της σύγχρονης έρευνας έχει στραφεί προς τις ερμηνευτικές τεχνικές που χρησιμοποιούνται στο κείμενο της επιστολής και σε κάποια από τα χειρόγραφα του Κουμράν.

2.4 Το σαμαρειτικό υπόβαθρο

Το 1927 ο E. A. Knox[319] δημοσίευσε μια σύντομη μελέτη στην οποία υποστήριζε ότι η προς Εβραίους θα μπορούσε να είχε γραφτεί από Σαμαρείτες χριστιανούς. Προκειμένου να στηρίξει

A. A. Hoekema, «The Perfection of Christ in Hebrews», *CTJ* 9 (1974) 31-37.
[317] P. E. Hughes, *A Commentary on the Epistle to the Hebrews*, 1977.
[318] F. T. Lombscher, «God's Angel of Truth and Melchizedek. A Note on 11QMelch 13b», *JSJ* 3 (1972) 46-51 και J. Carmignac, «Le Document de Qumrân sur Melkisédeq», *RevQ* 7 (1970) 343-378. Ενδιαφέρουσες ομοιότητες έδειξαν οι εργασίες των P. J. Kobelski, *Melchizedek and Melchireŝa*, CBQMS 10, Washington, The Catholic Biblical Association of America, 1981. F. Manzi, *Melchisedek e l' Angelologia nell' Epistola agli Ebrei e a Qumran*, AnBib 136, Rome, Editrice Pontificio Istituto Biblico, 1997. J. A. Fitzmyer, «Melchizedek in the MT, LXX, and the NT», *Bib* 81(2000) 63-69. F. García Martínez, «Las Traditiones sobre Melquisedec en los Manuscritos de Qumran», *Bib* 81 (2000) 70-80, οι οποίες έθεσαν το ζήτημα της πιθανής ομοιότητας σε νέα βάση.
[319] E. A. Knox, «The Samaritans and the Epistle to the Hebrews», *TCh* 22 (1927) 184-193.

Η προς Εβραίους κατά την Μεταρρύθμιση και τη νεότερη εποχή

τις απόψεις του ο ερευνητής αυτός απομόνωσε κάποια θέματα που κατά τη γνώμη του ανταποκρίνονταν σε ένα σαμαρειτικό ακροατήριο. Από την άλλη όμως, ήρθε αντιμέτωπος με σημαντικά προβλήματα, όπως για παράδειγμα αποσπάσματα από βιβλία της Π.Δ. που οι Σαμαρείτες δεν δέχονταν, αλλά και την ιδέα μιας ουράνιας Ιερουσαλήμ (12:22), η οποία ήταν άκρως αντίθετη με τις θρησκευτικές τους δοξασίες.

Στην πορεία του χρόνου οι ιδέες του Knox έσβησαν για περίπου πενήντα χρόνια, αν και διατηρήθηκαν κάποιες παρόμοιες προτάσεις[320], ώσπου το όλο θέμα αναβίωσε το 1973 από τον Scobie[321]. Αυτός υποστήριξε ότι το έβδομο κεφάλαιο των Πράξεων, το τέταρτο Ευαγγέλιο και η προς Εβραίους κατανοούνται καλύτερα με βάση ένα σαμαρειτικό υπόβαθρο. Επίσης ο Scobie εκσυγχρόνισε την υπόθεση του Knox υπό το φως των πρόσφατων εργασιών γύρω από την ιστορία και τη θεολογία της Σαμάρειας.

Αρκετά σύντομα παρουσιάζουμε εδώ τη συζήτηση και τα επιχειρήματα αυτής της υπόθεσης. Ένα πρώτο κοινό σημείο αποτελεί η θέση και η σημασία των αγγέλων για το σαμαρειτικό Ιουδαϊσμό, αλλά και η φιγούρα του Μωυσή, ο οποίος αποτελούσε για τους Σαμαρείτες τον μοναδικό αληθινό προφήτη[322]. Υψηλή τιμή επίσης, απολάμβανε και η προσωπικότητα του Ιησού του Ναυή. Σύμφωνα με τον Knox, ο Χριστός στην προς Εβραίους θεωρείται ως ένας νέος Ιησούς του Ναυή. Απόλυτα αρνητική θα ήταν οποιαδήποτε αναφορά ή νύξη στη δαβιδική καταγωγή του Ιησού, ενώ αντίθετα πολύ σημαντικό στοιχείο ήταν η ιεροσύνη του. Αρκετά κείμενα της σαμαρειτικής γραμματείας αντανακλούν μια πλατωνική επίδραση και ειδικά την ιδέα των δύο κόσμων. Φυσικό ήταν και αυτό το στοιχείο να συνδεθεί με την προς Εβραίους, αφού αυτή

---

[320] Βλ. L. D. Hurst, στο ίδιο, 75.

[321] C. H. H. Scobie, «The Origins and Development of Samaritan Christianity», *NTS* 19 (1972-1973) 390-414.

[322] J. MacDonald, «The Samaritan Doctrine for Moses», *SJT* 13 (1960) 149-162. Πρβλ. A. J. Bandstra, «Heilsgeschichte and Melchizedek in Hebrews», *CTJ* 3 (1968) 38.

Η νεότερη έρευνα και οι απόψεις για το ιδεολογικό υπόβαθρο

την περίοδο συνεχιζόταν η υπόθεση για πλατωνικές επιδράσεις στη γλώσσα και τη θεολογία του συγγραφέα της. Ίσως ένα από τα ισχυρότερα επιχειρήματα να αποτελεί η παντελής έλλειψη αναφοράς στο Ναό της Ιερουσαλήμ, ενώ αντίθετα μνημονεύεται η Σκηνή του Μαρτυρίου, η οποία σε ένα τόσο έντονα λατρευτικό κείμενο δεν δικαιολογείται διαφορετικά. Επιπρόσθετα, την υπόθεση ενισχύουν κάποιες σαμαρειτικές πηγές που συνέδεαν τη Σκηνή με το όρος Γαριζείμ. Ακόμη και ο Μελχισεδέκ δεν γλίτωσε από αυτήν την αναζήτηση παραλλήλων. Σύμφωνα με τον Scobie αυτός αναφέρεται σε ένα σαμαρειτικής πιθανώς προέλευσης κείμενο, τον *Ψευδο-Ευπόλεμο*, στο οποίο ο Μελχισεδέκ συνδέεται με το όρος Γαριζείμ.

Όπως ήταν επόμενο, ακολούθησε ένας ισχυρός αντίλογος βασιζόμενος στα επιχειρήματα των δύο ερευνητών οι οποίοι δέχονταν σαμαρειτική επίδραση ή και προέλευση της προς Εβραίους. Ισχυρός αντίλογος για το θέμα των αγγέλων ήταν το γεγονός ότι τα σχετικά χωρία της επιστολής που αναφέρονται σε αγγελικά όντα παρατίθενται από τον Ψαλμό 7, ένα μη κανονικό κείμενο για τη σαμαρειτική θεολογία. Ξένη ήταν επίσης γι' αυτήν, η ιδέα των αγγέλων ως μεσίτες της διαθήκης στο Σινά. Το πρόσωπο του Μωυσή, έτσι όπως παρουσιάζεται από τον συγγραφέα της επιστολής, δεν έχει τίποτα σαμαρειτικό. Επίσης, μοναδικό γεγονός αποτελεί η σύγκριση του Χριστού με τον Μωυσή. Υποστηρίχθηκε ότι ο Δαυίδ δεν αναφέρεται επειδή αντιπροσωπεύει την επίγεια δύναμη, κάτι αντίθετο με το μήνυμα της επιστολής και όχι επειδή ήταν απεχθής στους Σαμαρείτες. Φυσικά οι ιδέες της πλατωνικής επίδρασης αλλά και της σύνδεσης του Μελχισεδέκ με το όρος Γαριζείμ δεν μπόρεσαν να αποδειχθούν. Σήμερα έχει γίνει αποδεκτή από τους περισσότερους ερευνητές η άποψη ότι ο συγγραφέας της προς Εβραίους αναφέρει τη Σκηνή επειδή αυτό που τον ενδιαφέρει είναι η σύγκριση των δυο διαθηκών. Για το σκοπό του επιλέγει κείμενα από την Πεντάτευχο και μάλιστα από την Έξοδο, όπου έχουμε τις τελετές ίδρυσης της πρώτης διαθήκης. Επόμενο ήταν λοιπόν, να μην συνδέεται αρμονικά ο Ναός με αυτές τις ιδέες, αλλά η Σκηνή του Μαρτυρίου. Ένα άλλο πρόβλημα στην υιοθέτηση των σαμαρειτικών ιδεών από τον συγγραφέα της προς Εβραίους είναι και το γεγονός της χρονολόγησης της σαμαρειτικής γραμματείας. Οι αρχαιότερες πηγές χρονολογούνται γύρω στο τέλος του 3^{ου} αι. μ.Χ. Επομένως είναι παράλογο να συνδεθούν αυτές με ένα κείμενο του 1^{ου} αιώνα. Τέλος η ιδέα της ουράνιας Ιερουσαλήμ (12:22) κατακλείει κάθε διάθεση για συζήτηση των επιχειρημάτων των Knox και Scobie. Η υπόθεση ενός σαμαρειτικού παρασκηνίου δεν μπόρεσε να απασχολήσει για πολύ καιρό, όπως αυτή του Φίλωνα, του Γνωστικισμού ή του Κουμράν και έτσι κατέρρευσε σύντομα.

2.5 Το ιουδαϊκό μυστικιστικό υπόβαθρο

Η ιδέα του θρόνου του Θεού, έτσι όπως αναπτύσσεται στην προς Εβραίους, ώθησε μερικούς ερευνητές, όπως ο Schenke να υποστηρίξουν ότι αποτελεί κοινό τόπο με το μερκαμπά μυστικισμό[323]. Έτσι ήρθε στο προσκήνιο μια εντελώς διαφορετική πρόταση για το ιδεολογικό υπόβαθρο της προς Εβραίους. Πραγματικά ο συγγραφέας της προς Εβραίους δείχνει ένα ενδιαφέρον για το θρόνο του Θεού (Εβρ. 1:3, 6, 4:16, 8:1, 12:2), ενώ ένα άλλο στοιχείο που θα μπορούσε να ενισχύσει μια τέτοια θέση είναι η σύνδεση του Θεού με την εικόνα της φωτιάς. Εικόνα αρκετά προσφιλής στο μερκαμπά μυστικισμό, ενώ αντίθετα ελάχιστη έμφαση δίνεται στο Θεό της αγάπης. Ο ρόλος των αγγέλων παίζει επίσης σημαντικό ρόλο, γεγονός που οδήγησε τον Hofius[324] στην άποψη ότι πρόκειται για επίδραση του μερκαμπά μυστικισμού[325].

---

[323] H. M. Schenke, «Erwägungen zum Rätsel des Hebräerbriefes», στο *Neues Testament und Christliche Existenz*, Tübingen, 1973.
[324] Βλ. L. D. Hurst, *στο ίδιο*, 82, υποσ. 155
[325] G. W. MacRae, «Heavenly Temple and Eschatology in the Letter to the Hebrews», *Semeia* 12 (1978) 179-199. J. C. McCullough, «Some Recent Developments in Research on the Epistle to the Hebrews», *IBS* 2 (1980) 151.

Η νεότερη έρευνα και οι απόψεις για το ιδεολογικό υπόβαθρο

Από την άλλη μεριά ο Williamson[326] υποστήριξε ότι οι ομοιότητες της ευσέβειας και της ουράνιας λατρείας μπορούν να εξηγηθούν σε μια βάση κοινής εξάρτησης και χρήσης της Π.Δ. Ως επιχείρημα παρουσιάζει την απουσία από το κείμενο της επιστολής σημαντικών κεφαλαίων της Π.Δ. (π.χ. Δν. 7, Ησ. 6), τα οποία αργότερα απέκτησαν κεντρική σημασία για το μερκαμπά μυστικισμό. Ο Hurst αντίθετα, δέχτηκε ότι υπάρχει επίδραση μόνο από την ιουδαϊκή αποκαλυπτική γραμματεία και τίποτα περισσότερο.

Πέρα από τις παραπάνω ιδέες διατυπώθηκαν και κάποιες λιγότερο πιθανές, οι οποίες προέρχονταν από τον ελληνορωμαϊκό κόσμο. Ο Harris[327] πιστεύει ότι στην ενότητα 3:1-4:13 υπάρχει μια πυθαγόρεια ορολογία (*κατάπαυση, απιστία, αποστασία, άκουσμα*). Ο ερευνητής αυτός δέχεται ότι η συγκεκριμένη ενότητα έχει μια ατμόσφαιρα επηρεασμένη από την ορφική λατρεία. Πρόκειται για μία από τις πιο ακραίες θέσεις που υποστηρίχθηκαν ποτέ. Έχουν διατυπωθεί ακόμη, επιδράσεις από τις μυστηριακές λατρείες ή ομοιότητες με διάφορες συγκρητιστικές τάσεις της εποχής. Οι απόψεις αυτές, όπως είναι φυσικό, δεν κατόρθωσαν να γίνουν πειστικές.

2.6 Το παύλειο υπόβαθρο

Στη θεολογική διδασκαλία της προς Εβραίους συναντάμε την εσχατολογική διδασκαλία της πρώτης Εκκλησίας. Οι πρώτες χριστιανικές κοινότητες προσδοκούσαν ότι η δεύτερη έλευση του Κυρίου θα πραγματοποιούνταν στο άμεσο μέλλον. Μολονότι αρκετά έχουν γραφτεί για τη χριστολογία της επιστολής και τη σχέση της με τις παύλειες επιστολές, σε όλα σχεδόν τα τελευταία υπομνήματα η προς Εβραίους αποδίδεται ανώνυμα στο λεγόμενο μεταπαύλειο κύκλο. Η θέση

---

[326] Βλ. R. Williamson, «The Background of the Epistle to the Hebrews», *ExpTim* 87 (1975-1976) 232-237 και L. D. Hurst, *στο ίδιο*, 84, υποσ. 164.
[327] J. R. Harris, «An Orphic Reaction in the Epistle to the Hebrews», *ExpTim* 40 (1928-1929) 451.

αυτή έχει πλέον επικρατήσει και το μοναδικό σημείο αναφοράς με την παύλεια θεολογία αποτελεί η αναπόφευκτη σύγκριση, η οποία επιχειρείται στις περισσότερες εργασίες, μεταξύ του συγγραφέα της προς Εβραίους και του Παύλου κυρίως σε θέματα όπως χριστολογία, σωτηριολογία, εσχατολογία, το ζήτημα της πίστης, της κοινωνίας με τον Χριστό κ.α. με σκοπό να καταδειχθούν οι ομοιότητες και οι αποκλίσεις[328].

Από το σύνολο των απόψεων που έχουν διατυπωθεί επιχειρούμε να απαριθμήσουμε συνοπτικά τα σημεία επαφής μεταξύ του Παύλου και του συγγραφέα της προς Εβραίους.

1) Οι δυο συγγραφείς βλέπουν με παρόμοιο τρόπο την ενανθρώπιση του Χριστού, περιλαμβάνοντας την προηγούμενη δόξα και το ρόλο του στη δημιουργία του κόσμου[329].

2) Η ανθρωπότητα του Υιού. Οι δυο συγγραφείς, αν και δίνουν βαρύτητα στην επίγεια δράση του Ιησού, αποφεύγουν τον τίτλο «Υιός του Ανθρώπου»[330].

3) Η υπακοή του Χριστού στο σχέδιο της θείας οικονομίας[331].

4) Η θυσία του Χριστού για χάρη μας.

5) Ο Χριστός ως απολύτρωση των αμαρτιών μας[332].

6) Η μεσιτεία του Χριστού[333].

---

[328] Βλ. περισσότερα στην πρόσφατη μελέτη του J. C. Miller, «Paul and Hebrews: A Comparison of Narrative Worlds», στο G. Gelardini (έκδ.), *Hebrews: Contemporary Methods-New Insights*, BIS 75, Leiden, Brill, 2005, 245-264.

[329] H. Windisch, *στο ίδιο*. L. D. Hurst, *στο ίδιο*, 108. C. R. Koester, *Hebrews*, 55.

[330] J. Moffatt, «The Christology of the Epistle to the Hebrews», *ExpTim* 29 (1918) 28.

[331] J. Barksdale, «The Light Hath Shined in Darkness: A Christmas Sermon on the Incarnation», *Int* 10 (1956) 40-42. Πρβλ. N. Casalini, «I Sacrifici dell'Antica Allena nel Piano Salvifico di Dio Secundo la Lettera agli Ebrei», *RivB* 35 (1987) 443-464.

[332] E. Riggenbach, «Der Begriff der Τελείωσις im Hebräerbrief: Ein Beitrag zur Frage nach der Einwirkung der Mysterienreligion auf Sprache und Gedankenwelt des Neun Testaments», *NKZ* 34 (1923) 184-195.

[333] Βλ. την πρόσφατη εργασία του J. Fitzgerald, *Backwards into the Future: Meditations on the Letter to the Hebrews*, Faversham, Saint Albert's Press, 2005.

Η νεότερη έρευνα και οι απόψεις για το ιδεολογικό υπόβαθρο

7) Η ανωτερότητα της νέας διαθήκης[334].
8) Η αναφορά σε σημεία και τέρατα που έχουν επιτελεστεί.
9) Η θεώρηση του Χριστού ως αδελφού μας.
10) Η χρησιμοποίηση της πίστης του Αβραάμ ως παράδειγμα μίμησης.
11) Το παράδειγμα της γενιάς της ερήμου.
12) Η χριστιανική ζωή ως αγώνας.
13) Η ιδέα του φωτισμού των πιστών.
14) Η χρήση των ίδιων αποσπασμάτων από την Π.Δ.
15) Η θεώρηση του θανάτου του Χριστού ως κατάργηση της δύναμης των δαιμονικών δυνάμεων[335].
16) Ο θάνατος του Χριστού ως εξιλασμός των αμαρτιών του κόσμου. Ο θάνατος, και για τους δυο συγγραφείς, αποτελεί αποφασιστική πράξη για τη σωτηρία[336].

---

[334] J. C. McCullough, «Some Recent Developments in Research on the Epistle to the Hebrews II», *IBS* 3 (1981) 35-42. Βλ. την τελευταία εργασία του P. Gray, «Brotherly Love and the High Priest Christology of 'Hebrews'», *JBL* 122 (2003) 348.

[335] Βλ. L. D. Hurst, *στο ίδιο*, 108. M. Cleary, «Jesus Pioneer and Source of Salvation: The Christology of Hebrews 1-6», *TBT* 67 (1973) 1242-1248. J. D. G. Dunn, *Christology in the Making*, London 1980. D. Flusser, «Messianology and Christology in the Epistle to the Hebrews», στο *Judaism and the Origins of Christianity*, Jerusalem 1988, 246-279. P. E. Hughes, «The Christology of Hebrews», *SWJT* 28 (1985) 19-27. J. C. Dhôtel, «La "Sanctification" du Christ d' après Hébreux, II, 11», *RSR* 47 (1959) 515-543 & 48 (1960) 420-452. C. Dieterle, «Par-dela le Voile: L' Épître aux Hébreux et le Sacrifice (Hébreux 6,13 a 10,21)», *FV* 95 (1996) 47-51.

[336] Βλ. Σ. Αγουρίδη, «Γιατί Πέθανε ο Χριστός: Κεφάλαιο Δ. Κατά την προς Εβραίους Επιστολή», *ΔΒΜ* 9 (1990) 24. E. Lohse, *Επίτομη θεολογία της Καινής Διαθήκης*, (μτφρ. Σ. Αγουρίδη), Αθήνα, Άρτος Ζωής, 1980, 217 και 221-222. F. Dunkel, «Expiation et Jour des Expiations dans l' Épître aux Hébreux», *RevRéf* 33 (1982) 63-71. P. Ellingworth, «The Unshakable Priesthood: Hebrews 7,24», *JSNT* 23 (1985) 125-126. D. Gooding, *An Unshakeable Kingdom: Ten Studies in the Epistle to the Hebrews*, Scarborough, Ontario 1976. G. J. Marchant, «Sacrifice in the Epistle to the Hebrews», *EvQ* 20 (1948) 196-210. J. C. Margot, «La Christologie de l' Épître aux Hébreux», *FV* 62 (1963) 299-311. J.

17) Η αναμονή της επανόδου του Χριστού³³⁷.
18) Η παρουσία ενός επιλόγου, ανάλογου με αυτού των παύλειων επιστολών.
19) Η δικαίωση εκ πίστεως. Μία από τις σημαντικότερες ιδέες της παύλειας θεολογίας όχι όμως τόσο ισχυρή για τον συγγραφέα της προς Εβραίους.
20) Η θεώρηση των χριστιανών ως *σπέρματος Αβραάμ*.
21) Η επίπληξη των χριστιανών ως άξιων τροφής μόνο γάλακτος και όχι κρέατος.
22) Η παρουσίαση της χριστιανικής διδασκαλίας ως θεμελιώδες στοιχείο για τη σωτηρία των πιστών.

Κατά το ίδιο τρόπο θα απαριθμήσουμε τα σημεία εκείνα που διαφοροποιούν την προς Εβραίους και μάλιστα την κάνουν να κινείται σε μια άλλη θεολογική γραμμή από εκείνη του απ. Παύλου.

1. Απουσιάζει εντελώς η παύλεια αντίληψη ότι ο Σταυρός του Χριστού ήταν τιμωρία που έπεσε πάνω του αντί πάνω σε μας.
2. Η πίστη για τον Παύλο είναι προσωπική εξάρτηση από τον Χριστό και εμπιστοσύνη σε αυτόν³³⁸. Στην προς Εβραίους η πίστη παρουσιάζεται ως «*ἐλπιζομένων ὑπόστασις* και *πραγμάτων*

McRay, «Atonement and Apocalyptic in the Book of Hebrews», *ResQ* 23 (1980) 2-7. J. Swetnam, *Jesus and Isaac: A Study of the Epistle to the Hebrews in the Light of Aqedah*, AnBib 94, Rome, Biblical Institute Press, 1981.

[337] Πρβλ. C. Brady, «The World to Come in the Epistle to the Hebrews», *Wor* 39 (1965) 329-339. C. Carlston, «Eschatology and Repentance in the Epistle to the Hebrews», *JBL* 78 (1959) 296-302. J. M. Casey, *Eschatology in Heb 12:14-29. An Exegetical Study*, Leuven 1977. J. Schlosser, «La Midiation du Christ d' aprés l' Épître aux Hébreux», *RSR* 63 (1989) 170-172. M. Silva, «Perfection and Eschatology in Hebrews», *WTJ* 39 (1976) 61-71.

[338] Βλ. K. F. Baker, «Hebrews 11 - The Promise of Faith», *RevExp* 94 (1997) 439-445. O. Betz, «Firmness in Faith: Hebrews 11:1 and Isaiah 28:16», στο *Scripture: Meaning and Method*, έκδ. B. P. Thompson, 1987, 92-113. R. Brown, «Pilgrimage in Faith: The Christian Life in Hebrews», *SWJT* 28 (1985) 28-35. A. D. Bulley, «Death and Rhetoric in the Hebrews Hymn to Faith», *SR* 25 (1996) 409-423. V. Rhee, «Chiasm and the Concept of Faith in Hebrews 11», *BSac* 155 (1998) 327-345.

Η νεότερη έρευνα και οι απόψεις για το ιδεολογικό υπόβαθρο

ἔλεγχος οὐ βλεπομένων».[339]

3. Η μυστηριακή κοινωνία και η διδασκαλία περί του συμπάσχειν μετά του Χριστού, μολονότι λογικά απαιτείται εξ' αιτίας της όλης ατμόσφαιρας της επιστολής, δεν παρουσιάζεται πουθενά[340].

4. Η έννοια και η σημασία της σωτηρίας για χάρη μας «*extra nos*» στην προς Εβραίους τονίζεται περισσότερο από ότι στις επιστολές του απ. Παύλου. Η σωτηρία όμως, στην προς Εβραίους δεν είναι ενέργεια του Χριστού επειδή είναι ο «Κύριος», αλλά επειδή είναι ο «Αρχιερέας»[341].

---

[339] Βλ. M. R. Miller, «Seven Theological Themes in Hebrews», *GTJ* 8 (1987) 87-90. E. A. Schick, *Im Glauben Kraft Empfangen. Betrachtungen zum Brief an die Hebräer,* Stuttgart 1978. R. O. Taylor, «A Neglected Clue in Hebrews XI,1», *ExpTim* 52 (1940-1941) 256-259.

[340] Βλ. τις εργασίες των E. F. Scott, The Epistle to the Hebrews: Its Doctrine and Significance, Edinburgh, T & T Clark, 1923 και L. R. Donelson, *From Hebrews to Revelation, A Theological Introduction,* Westminster John Knox Press, Louisville, 2000. Πρβλ. A. Vanhoye, «L' Οἰκουμένη dans l' Épître aux Hébreux», *Bib* 45 (1964) 248-253 και του ίδιου, «Trois Ouvrages Récents sur l' Épître aux Hébreux», *Bib* 52 (1971) 62-71.

[341] Η ιδέα αυτή διατρέχει το κείμενο της προς Εβραίους. Βλ. ενδεικτικά D. J. Antwi, «Did Jesus Consider His Death to Be an Atoning Sacrifice?», *Int* 45 (1991) 17-28. M. Bachmann, «Hohepriesterliches Leiden. Beobachtungen zu Hebr 5. 1-10», *ZNW* 78 (1987) 244-266. J. W. Baigent, «Jesus as Priest: An Examination of the Claim that the Concept of Jesus as Priest May Be Found outside of the Epistle to the Hebrews», *VoxEv* 12 (1981) 33-44. S. Bénétreau, «La Mort de Jesus et de le Sacrifice dans l' Épître aux Hébreux», *FV* 95 (1996) 33-45. L. Cerfaux, «Le Sacre du Grand Prêtre (selon Hébr. 5, 5-10)», *BVC* 21 (1958) 54-58. M. Cleary, «Jesus Pioneer and Source of Salvation: The Christology of Hebrews 1-6», *TBT* 67 (1973) 1242-1248. R. H. Cullpepper, «The High Priesthood and Sacrifice in the Epistle to the Hebrews», *ThEduc* 32 (1985) 46-62. J. C. De Young, «The Gospel according to Hebrews 9», *NTS* 27 (1981) 198-210. R. Fabris, «La Morte du Gesu nella Lettera agli Ebrei», στο *Gesu e la Sua Morte. Atti della XXVII Sestimana Biblica dell' Associazione Biblica Italiana,* έκδ. G. Danieli, Brescia 1984, 177-189. K. Graystone, «Salvation Proclaimed: III. Hebrews 9:11-14», *ExpTim* 93 (1982) 164-168. A. J. Higgins, «The Priestly Messiah», *NTS* 13 (1966) 211-239. O. Hofius, «Das Ertse und das Zweit e Zelt: Ein Beitrag zur Auslengung von Heb. 9,1-10», *ZNW* 61 (1970) 271-277. N. Hugedé, *Le Sacerdoce du Fils: Commentaire*

Η προς Εβραίους κατά την Μεταρρύθμιση και τη νεότερη εποχή

de l' Épître aux Hébreux, Paris, Fischbacher, 1983. M. E. Isaacs, «Priesthood in the Epistle to the Hebrews», HeyJ 38 (1997) 51-62. W. R. G. Loader, Sohn und Hohepriester. Eine Traditionsgeschichtliche Untersuchung zur Christologie des Hebräerbriefes, WMANT 53, Neukirchen 1981. E. Lussier, Christ's Priesthood according to the Epistle to the Hebrews, Collegeville, Minnesota, The Liturgical Press, 1975. R. E. Omark, «The Saving of the Saviour: Exegesis and Christology of Hebrews 5:7-10», Int 12 (1958) 39-51. M. C. Parsons, «Son and High Priest: A Study in the Christology of Hebrews», EvQ 60 (1988) 195-215. S. R. Pickering, «Hebrews 7:28: Priests or High Priest?», New Testament Textual Research Update 2 (1994) 93. D. L. Powel, «Christ as High Priest in the Epistle to the Hebrews», SE 7 (1982) 387-399. J. B. Rowell, «Our Great High Priest», BSac 118 (1961) 148-153. G. Rutherford, The Uniqueness of Jesus: Hebrews 1 to 13, Oxford, Bible Reading Fellowship, 1995. J. Schaeffer, «The Relationship between Priestly and Servant Messianism in the Epistle to the Hebrews», CBQ 30 (1968) 359-389. E. A. Schick, «Priestly Pilgrims: Mission outside the Camp in Hebrews», CurTM 16 (1989) 372-376. A. M. Serra, «Passione e Preghiera di Christo Secondo Ebrei 5, 7-10», Servitium 4 (1970) 441-448. C. P. Sherman, «"A Great High Priest" (Hebrews iv.14)», ExpTim 34 (1922-1923) 235-236. H. S. Songer, «A Superior Priesthood: Hebrews 4:14-2:28», RevExp 82 (1985) 349-359. C. Spicq, «El Sacerdocio de Christo en la Epistola a los Hebreos», CB 13 (1956) 232-238. R. A. Steward, «The Sinless High-Priest», NTS 14 (1967-1968) 126-135. A. Vanhoye, «De Sacerdotio Christi in Hebr. Positio Problematis», VD 47 (1969) 22-30. του ίδιου, «Le Christ, Grand-Prêtre selon Heb. 2, 17.18», NRT 91 (1969) 449-474. του ίδιου, «Le Parfait Grand Prêtre. He 7, 23-28», AsSeign 62 (1970) 46-52. του ίδιου, «Il Sangue di Cristo nell' Epistola agli Ebrei», στο Sangue e Antropologia Biblica, έκδ. F. Vattioni, τ. 2, Roma 1981, 819-829. G. Vos, «The Priesthood of Christ in the Epistle to the Hebrews», PTR 5 (1907) 423-447 & 579-604. K. M. Woschitz, «Das Priestertum Jesu Christi nach dem Hebräerbrief», BL 54 (1981) 139-150. N. H. Young, «The Gospel according to Hebrews 9», NTS 27 (1981) 198-210. H. W. Attridge, «Heard Because of His Reverence (Heb 5:7)», JBL 98 (1979) 90-93. K. Baba -J. A. Selbie, «"A Great High Priest" (Heb. iv. 14)», ExpTim 34 (1922-1923) 476-477. M. Bachmann, «Hohepriesterliches Leiden. Beobachtungen zu Hebr 5. 1-10», ZNW 78 (1987) 244-266. P. Ellingworth, «Like the Son of God: Form and Content in Hebrews 7,1-10», Bib 64 (1983) 255-262. C. Z. Estrada, Hebreos 5,7-8: Estudio Historico-Exegetico, AnBib 113, Roma, Editrice Pontificio Istituto Biblico, 1990. G. Friedrich, «Das Lied vom Hohenpriester im Zusammenhang von Hebr 4,14-5,10», TZ 18 (1962) 95-115. J. Galot, «Le Sacerdose Catholique: III. Le Sacerdose du Christ selon l' Épître

Η νεότερη έρευνα και οι απόψεις για το ιδεολογικό υπόβαθρο

5. Απουσιάζει η παύλεια αντίληψη περί Νόμου[342]. Το τέλος της ισχύος του Νόμου αναλύεται με διαφορετικό τρόπο.
6. Ο συγγραφέας της προς Εβραίους πουθενά δεν αναφέρει τους εθνικούς.
7. Στην επιστολή απουσιάζουν χαρακτηριστικοί όροι της παύλειας θεολογίας.
8. Η ανάσταση του Χριστού αναφέρεται μόνο στο Εβρ. 13:20.
9. Οι άγγελοι «εἰσὶν λειτουργικὰ πνεύματα εἰς διακονίαν ἀποστελλόμενα διὰ τοὺς μέλλοντας κληρονομεῖν σωτηρίαν», ιδέα που δεν συναντάται σε καμία από τις παύλειες επιστολές.
10. Η περί Θεού εικόνα της προς Εβραίους θυμίζει την αυστηρή εικόνα του Θεού που έχουμε στον Ιουδαϊσμό. Κάτι τέτοιο όμως, δεν συναντάται στον Παύλο και μάλιστα την ιδιαιτερότητα αυτή ενισχύει το γεγονός ότι, αν και ο Χριστός κατά την επιστολή, είναι συμπαθώς στραμμένος προς τον άνθρωπο[343], πουθενά δεν αναφέρεται η αγάπη του.

---

aux Hébreux», *EV* 91 (1981) 689-696. J. Jeremias, «Hebr. 5,7-10», *ZNW* 44 (1952-1953) 107-111. O. Moe, «Der Gedanke des Allgemeinen Priestertums in Hebräerbrief», *TZ* 5 (1949) 161-169. G. Mora, «Ley y Sacrificio en la Carta a los Hebreos», *RCT* 1 (1976) 1-50. M. Rissi, *Die Theologie des Hebraerbriefs: Ihre Verankerung in der Situation des Verfassers und seiner Leser*, WUNT 4, Tübingen, Mohr, 1987. G. Rutherford, *The Uniqueness of Jesus: Hebrews 1 to 13*, Oxford, Bible Reading Fellowship, 1995. W. D. Spencer, «Christ Sacrifice as Apologetic: An Application of Heb. 10», *JETS* 40 (1997) 189-197. J. Thurén, «Gebet und Gehorsam des Erniedrigten (zu Hebr 5, 7-10) noch Einmal», *NovT* 13 (1971) 136-146. J. Touzard, «L' Intervention Décisive du Christ. He 9, 24», *AsSeign* 63 (1971) 47-52. P. Trummer, «"Erhurt aus Gottesfurcht" Hebr 5,7. Vom Sinn des Leidens Jesu», *BK* 48 (1993) 189-196. A. Vanhoye, «De Aspectu Oblationis Christi Secundum Epistolam ad Hebreos», *VD* 37 (1959) 32-38. του ίδιου, «Il Superamento della Vergogna nella Lettera agli Ebrei», *PSV* 20 (1989) 205-218. K. M. Woschitz, «"Erlösende Tränen". Gedanken zu Hebr 5,7», *BL* 56 (1986) 196-207. E. C. Zesati, *Hebreos 5, 7-8: Estudio Historico-Exegetico*, AnBib 113, Roma, Pontificio Istitutio Biblico, 1990.

[342] J. Moffatt, «The Christology of the Epistle to the Hebrews», *ExpTim* 29 (1918) 26.
[343] Βλ. Σ. Αγουρίδη, *στο ίδιο*, 25.

Η προς Εβραίους κατά την Μεταρρύθμιση και τη νεότερη εποχή

11. Η ιδέα της νέας διαθήκης[344] στην προς Εβραίους έχει κεντρική σημασία. Αντίθετα στη θεολογική σκέψη του Παύλου συναντάται λίγες φορές και εκφράζει το πρωταρχικό του ενδιαφέρον για δικαίωση εκ πίστεως[345].

12. Η ιδιαίτερη στάση της προς Εβραίους απέναντι στην αμαρτία και η άρνηση μιας δεύτερης μετάνοιας μετά το βάπτισμα[346]. Η αμαρτία πουθενά στην επιστολή δε συνδέεται

---

[344] Βλ. G. D. Kilpatrick, «Διαθήκη in Hebrews», ZNW 68 (1977) 263-265. E. A. Pretorius, «Διαθήκη in the Epistle to the Hebrews», Neot 5 (1971) 37-50. J. S. Wiid, «The Testamental Significance of Διαθήκη in Hebrews 9,15-20», Neot 26 (1992) 146-156. R. L. Omanson, «A Superior Covenant: Hebrews 8:1-10:18», RevExp 82 (1985) 361-373. D. Peterson, «The Prophecy of the New Covenant in the Argument of Hebrews», RTR 36-38 (1977-1978) 74-81. S. K. Stanley, A New Covenant Hermeneutic: The Use of Scripture in Hebrews 8-10, 1994. H. W. Attridge, «New Covenant Christology in an Early Christian Homily», QuartRev 8 (1988) 89-108. K. M. Campbell, «Covenant or Testament? Hebrews 9:16,17 Reconsidered», EvQ 44 (1972) 107-111. P. J. Leithart, «Womb of the World: Baptism and the Priesthood of the New Covenant in Hebrews 10.19-22», JSNT 78 (2000) 49-65. A. Strobel, Der Brief an die Hebräer, NTD 9/2, Göttingen, Vandenhoeck & Ruprecht, 1991. A. Vögtle, «Das Neue Testament und die Zukunt des Kosmos. Hebr. 12,26f. und das Endschicksal des Kosmos», BL 10 (1969) 239-254. K. Backhaus, Der Neue Bund und das Werden der Kirche; die Diatheke-Deutung des Hebräerbriefs im Rahmen der Frühchristlichen Theologiegeschichte, NTAbh 29, Münster, Aschendorff, 1996. T. H. Guest, «The Word "Testament" in Heb. ix», ExpTim 25 (1913-1914) 379. G. Vos, «Hebrews, the Epistle of the Diatheke», PTR 14 (1916) 34-43.

[345] S. Lehne, The New Covenant in Hebrews, 1990, 90.

[346] Το θέμα αυτό, αν και έχει ερευνηθεί αρκετά, δεν έχει ακόμη απαντηθεί ικανοποιητικά. Βλ. ενδεικτικά J. B. Rowell, «Exposition of Hebrews Six: An Age Long Battleground», BSac 94 (1937) 333· K. S. Wuest, «Hebrews Six in the Greek New Testament», BSac 119 (1962) 48· J. K. Solari, The Problem of Metanoia in the Epistle to the Hebrews, (Διδακτ. Διατρ.), Catholic University of America, 1970· J. C. Adams, «Exegesis of Heb. 6,1ff», NTS 13 (1967) 378-385· L. A. Schokel, «Heb 6, 4-6: εἰς μετάνοιαν ἀνασταυροῦντας», Bib 56 (1975) 193-203· J. C. De Young, «Is Hebrews 6.1-8 Pastoral Nonsense?», Colloquium 15 (1982) 52-57· R. C. Gleason, «The Old Testament Background of the Warnings in Hebrews 6:4-8», BSac 155 (1998) 62-91· P. E. Hughes, «Hebrews 6:4-6 and the Peril of Apostasy», WTJ 35 (1973) 137-155· A. Kawamura, «Ἀδύνατον in Heb. 6:4»,

Η νεότερη έρευνα και οι απόψεις για το ιδεολογικό υπόβαθρο

με το Νόμο ούτε καταπολεμείται ένα συγκεκριμένο είδος της[347]. Για τον συγγραφέα αμαρτία είναι η απομάκρυνση του πιστού από την κοινωνία με το Θεό.

Ο Manson[348] τονίζει ότι ο σταυρός για τον Παύλο στέκεται ως ένα παράδοξο κτύπημα ενώ για τον συγγραφέα της προς Εβραίους δεν αποτελεί ούτε παράδοξο ούτε κάτι νέο, εφόσον αυτός περιέχονταν ως κάποια μορφή σκιάς στην Π.Δ. Επιπλέον σύμφωνα με τον παραπάνω ερευνητή ο Παύλος δίνει έμφαση στη λύση της σύγκρουσης στην ψυχή του πιστού και τονίζει την ενότητα με τον Χριστό. Για τον συγγραφέα της προς Εβραίους από την άλλη, η χριστιανική ζωή είναι μία ατελεύτητη σύγκρουση που βρίσκει τη λύση και την κατάπαυση μόνο στο τέλος.

AJBI 10 (1984) 91-100· Lillie D., *Let Us Go on: Studies in Hebrews 5 and 6: A Handbook for Disciples*, Exeter, Paternoster Press, 1991· T. K. Oberholtzer, «The Warning Passages in Hebrews. Part 3: The Thorn-Infested Ground in Hebrews 6:4-12», *BSac* 145 (1988) 319-328· L. Sabourin, «Crucifying Afresh for One's Repentance (Heb 6:4-6)», *BTB* 6 (1976) 264-271· A. H. Snyman, «Hebrews 6.4-6: From a Semiotic Discourse Perspective», στο *Discourse Analysis and the New Testament. Approaches and Results*, έκδ. S. E. Porter-J. T. Reed, JSNTSup 170, Sheffield, Sheffield Academic Press 1999, 354-368· J. A. Spoule, «Παραπεσόντας in Hebrews 6:6», *GTJ* 2 (1981) 327-332· R. H. Stein, «Once Saved, always Saved? (Heb. 6:4-6)», στο *Difficult Passages in the New Testament*, 1991, 348-355· V. D. Verbrugge, «Towards a New Interpretation of Hebrews 6:4-6», *CTJ* 15 (1980) 61-73· G. E. Rice, «Apostasy as a Motif and Its Effect on the Structure of Hebrews», *AUSS* 23 (1985) 29-35· D. H. Tongue, «The Concept of Apostasy in the Epistle to the Hebrews», *TynB* 5-6 (1960) 19-26· J. Héring, *The Epistle to the Hebrews*, (μτφρ. A. W. Heathcote-P. J. Allcock), London 1970, 45· Α. Τιμιάδη, ̔Η Ἄφεσις τῶν Πεπτωκότων κατὰ τὴν πρὸς Ἑβραίους Ἐπιστολήν», *ΓΠ* 35 (1952) 93-107 & 36 (1953) 158-165· J. B. Rowell, «Exposition of Hebrews Six: An Age Long Battleground», *BSac* 94 (1937) 333.

[347] Βλ. W. G. Johnson, «The Cultus of Hebrews in Twentieth-Century Scholarship», *ExpTim* 89 (1978) 107 και Μ. Γκουτζιούδη, «Η Ἔννοια της Αμαρτίας στην προς Εβραίους Επιστολή», *ΔΒΜ* 23 (2005) 249-264.

[348] T. W. Manson, *The Problem of the Epistle to the Hebrews*, Manchester 1949. Βλ. και B. B. Colijn, «Let Us Approach: Soteriology in the Epistle to the Hebrews», *JETS* 39 (1996) 573-574.

Η προς Εβραίους κατά την Μεταρρύθμιση και τη νεότερη εποχή

Ο Montefiore[349] εντυπωσιάστηκε από τον αριθμό των παραλλήλων που είχε ανακαλύψει με την Α΄ Κορινθίους, γι' αυτό και υποστήριξε ότι ο Παύλος είχε διαβάσει την προς Εβραίους, όταν έγραφε την Α΄ Κορινθίους. Αντίθετα οι Lohmeyer, Hofius και Barnett πιστεύουν ότι ο συγγραφέας της προς Εβραίους εξαρτάται φιλολογικά από τον Παύλο. Η μνεία του Τιμόθεου στο 13:23 δηλώνει ότι ο συγγραφέας ανήκε στον κύκλο των μαθητών του Παύλου.

Για τον Παύλο η πίστη είναι το όχημα της δικαιοσύνης, ενώ για το συγγραφέα της προς Εβραίους είναι το έδαφος της ελπίδας και το νόημα της επιτυχίας. Στην προς Εβραίους η πίστη πουθενά δεν αναπτύσσεται χριστολογικά. Ο Χριστός δεν αποτελεί το αντικείμενο της πίστης, αλλά το ανώτατο μοντέλο της. Πίστη και ελπίδα συνδέονται η μία με τη άλλη *"Ἔστιν δὲ πίστις ἐλπιζομένων ὑπόστασις, πραγμάτων ἔλεγχος οὐ βλεπομένων»*. Η θεώρηση της πίστης υπό το πρίσμα του απ. Παύλου παρουσιάζεται διαμετρικά αντίθετη, διότι για αυτόν η πίστη είναι πρωταρχικά κατά κάποιο τρόπο μυστική ενότητα με τον Χριστό στο παρόν. Βέβαια εντοπίζεται και μια μικρή ομοιότητα σχετικά με τη θεώρηση της πίστης ανάμεσα στην προς Εβραίους και την προς Ρωμαίους. Στο τέταρτο κεφάλαιο της προς Ρωμαίους και στο ενδέκατο της προς Εβραίους αντίστοιχα, η πίστη του Αβραάμ λειτουργεί και ως ανάσταση εκ νεκρών (Ρωμ. 4:17 και Εβρ. 11:19). Στο Ρωμ. 4:20 λέγεται ότι η ελπίδα του Αβραάμ κάνει τον Θεό να τηρεί τις υποσχέσεις του. Το χωρίο έρχεται πολύ κοντά στο νόημα του 11ου κεφαλαίου της προς Εβραίους. Πέρα όμως από αυτήν τη μικρή εξαίρεση, στην προς Εβραίους η πίστη είναι ελπίδα του μέλλοντος, ενώ στον Παύλο, όπως ήδη αναφέρθηκε, παροντικό αγαθό. Το ορατό και το αόρατο στοιχείο είναι χρονικοί όροι και δηλώνουν το παρόν και το μέλλον.

Η πίστη στην προς Εβραίους δεν εξαντλείται σε όλα τα παραπάνω, αλλά κατανοείται επιπλέον ως εγρήγορση, υπακοή και εμπιστοσύνη στον Χριστό. Η υπακοή συνδέεται με την

---

[349] H. Montefiore, *A Commentary on the Epistle to the Hebrews*, HNTC, New York, 1964.

πίστη, ενώ η ανυπακοή με την απείθεια. Έχει υποστηριχθεί ότι ο συγγραφέας της προς Εβραίους αποπροσωποποιεί την ιδέα της πίστης που είχε κηρύξει νωρίτερα ο απ. Παύλος, υψώνοντάς την στο επίπεδο μιας νοητικής αξίας. Ο Hurst[350] υποστηρίζει ότι η διαπραγμάτευση της πίστης και στους δυο συγγραφείς σε καμία περίπτωση δεν αποτελεί φιλολογικό δάνειο, αλλά και οι δυο αντανακλούν αν όχι το ίδιο, ένα παρόμοιο διανοητικό περιβάλλον.

Είναι αναμφισβήτητο γεγονός, ότι και στην προς Εβραίους απαντούν και θέματα που αναλύονται στις παύλειες επιστολές και μάλιστα αποτελούν βασικά στοιχεία της θεολογίας του. Πολλές φορές συναντάμε τις ίδιες ιδέες, έστω και αν αυτές αναπτύσσονται κατά διαφορετικό τρόπο και γλώσσα. Αυτό είναι λογικό, αφού και οι δύο συγγραφείς αντλούν τις ιδέες τους από μια κοινή χριστιανική παράδοση. Αυτό που αξίζει να σημειωθεί είναι ότι το ζήτημα της θεολογικής επαφής της προς Εβραίους με την παύλεια θεολογία δεν θα πρέπει να νοηθεί με τρόπο παρόμοιο της επίδρασης από το Φίλωνα, το Κουμράν, το Γνωστικισμό ή από κάποιο άλλο μη χριστιανικό υπόβαθρο. Οι ιδέες που η επιστολή εκφράζει με το δικό της μοναδικό τρόπο, την καθιστούν: α) ως μεταπαύλεια υπό την έννοια ότι συναντώνται σε αυτήν κάποιες γνωστές θέσεις του Παύλου, αλλά ο συγγραφέας (κάποιος από τον κύκλο των μαθητών του) έχοντας κατά νου αυτές τις ιδέες, κινείται διαφορετικά και β) αν λάβουμε υπόψη το γεγονός ότι η αποστολική παράδοση αναπτύχθηκε κατά τρόπο, στο οποίο ο Παύλος και οι μαθητές του έπαιξαν σημαντικότατο ρόλο και μάλιστα αποτέλεσαν τη βάση αυτής της παράδοσης που διαμορφώθηκε αργότερα, τότε μπορούμε να μιλάμε απλώς για επίδραση της θεολογίας του Παύλου χωρίς να προσφεύγουμε απαραίτητα σε φιλολογικές λύσεις[351].

---

[350] Βλ. L. D. Hurst, *στο ίδιο*, 124.
[351] L. D. Hurst, *στο ίδιο*, 124.

2.7 Το ελληνιστικό υπόβαθρο

Αρκετή συζήτηση έχει γίνει για ομοιότητες της προς Εβραίους με άλλα κείμενα της Κ.Δ. Το επικρατέστερο από αυτά είναι οι Πράξεις των Αποστόλων. Ειδικά για τις Πράξεις η σύγχρονη έρευνα κάνει λόγο για ομοιότητα μεταξύ του ενδέκατου κεφαλαίου της προς Εβραίους και του λόγου του Στεφάνου στο Πραξ. 7:2-53. Σχετικά με το ζήτημα αυτό έχει γίνει συζήτηση για τον Στέφανο, τον διάκονο Φίλιππο και τους ελληνιστές, ειδικά για τη συνεισφορά τους στη θεολογία της πρώτης Εκκλησίας. Στο λόγο του Στεφάνου, όπως και στο 11° κεφάλαιο της προς Εβραίους, γίνεται μία σύνοψη της ιστορίας του Ισραήλ με βάση τη θέση της ελληνιστικής θεολογίας να θεωρεί ως σπουδαιότερη στιγμή αυτής της ιστορίας την περίοδο της περιπλάνησης του λαού στην έρημο. Στην έρημο ο μοναδικός χώρος για τη λατρεία του Θεού, αλλά και την επικοινωνία του με τον Ισραήλ αποτελούσε η Σκηνή του Μαρτυρίου. Κοινή θέση στα δύο έργα αποτελεί η αποτυχία των προγόνων τους να υπακούσουν στις εντολές του Θεού με αποτέλεσμα να μην αποκτήσουν εκείνο που ο Θεός τους υποσχέθηκε. Υποστηρίζεται ότι μια τέτοια αναφορά στην ιστορία των προγόνων γινόταν για παραινετικούς λόγους.

Ο Manson ασχολήθηκε στην εργασία του και με το συγκεκριμένο θέμα[352]. Σύμφωνα με αυτόν, ο Στέφανος είναι ο πρώτος που συλλαμβάνει την ιδέα ότι η προσφορά του Ιησού και το μεσσιανικό του λειτούργημα απευθύνονται σε όλους τους ανθρώπους και όχι μόνο στους Ιουδαίους. Πάνω σε αυτήν ακριβώς τη θέση ο συγγραφέας της προς Εβραίους αναπτύσσει τη θεολογία του, δανειζόμενος την παράδοση του Στεφάνου, όπως την κληρονόμησε από την Εκκλησία των Ιεροσολύμων. Ο Manson συνοψίζει τα σημεία επαφής των δυο κειμένων στα παρακάτω[353]: α) Η θέση του Στεφάνου απέναντι στη λατρεία και το Νόμο, β) η ρητή διακήρυξη ότι ο Ιησούς υπερβαίνει όλα

---

[352] T. W. Manson, *The Problem of the Epistle to the Hebrews*, Manchester 1949.
[353] Βλ. L. D. Hurst, *στο ίδιο*, 94.

Η νεότερη έρευνα και οι απόψεις για το ιδεολογικό υπόβαθρο

αυτά τα πράγματα, γ) η θεώρηση ότι η θεϊκή κλήση απευθύνεται στους πιστούς κατά τέτοιο τρόπο που σημαίνει να παρατήσουν όλα αυτά που μέχρι τώρα γνώριζαν ότι τους αγιάζουν, δ) ο έντονος τονισμός της πίστης, ε) η ιδέα του λόγου του Θεού ως ζωντανού, στ) η αναφορά στον Ιησού του Ναυή και η σύνδεση του με την ιδέα της κατάπαυσης, ζ) η κατεύθυνση προς τον ουρανό και τέλος η) η παράθεση του Εξ. 25:40.

Σχετικά με το ζήτημα του Νόμου και τα δυο κείμενα δηλώνουν ότι, αν και ήταν κατάλληλος στον καιρό του, με την εμφάνιση του Χριστού αυτός καταργείται επειδή δεν μπορούσε να πετύχει το σκοπό του (Εβρ. 10:4). Πραγματικά εδώ παρατηρείται ομοιότητα στη σκέψη των δυο συγγραφέων. Οι μέρες του παλιού κέντρου της λατρείας έχουν τελειώσει. Η διαφορά εδώ όμως, είναι ότι ο Στέφανος δε δείχνει ενδιαφέρον για ένα νέο Ναό. Το έβδομο κεφάλαιο των Πράξεων εστιάζει σε παραδείγματα της Π.Δ. στα οποία δηλώνεται ότι η αποκάλυψη του Θεού δεν εξαρτάται από κάποιον χώρο. Στο ενδέκατο κεφάλαιο της προς Εβραίους αντίστοιχα, λέγεται ότι η αληθινή πίστη δεν εξαρτάται από κάποιο γήινο μέρος, ούτε ακόμη και από την ίδια την Ιερουσαλήμ. Η ιδέα αυτή παρά τις μικρές διαφορές ανάμεσα στα δύο έργα δεν πρέπει να απορριφθεί. Αναφορικά με το ζωντανό λόγο του Θεού, η ιδέα αναπτύσσεται κατά τον ίδιο τρόπο επιπλέον και στην Α' Πέτρου (1:23).

Στενός σύνδεσμος κατά τον Manson φαίνεται να είναι το πρόσωπο του Ιησού του Ναυή και το θέμα της κατάπαυσης[354]. Αυτό που δηλώνεται στις Πράξεις (7:49) είναι ότι η χώρα εκείνη δεν είναι η τελική, ιδέα που είναι περισσότερο σχετική σε σύγκριση με τα υπόλοιπα κείμενα της Κ.Δ. με την προς Εβραίους. Η κατάπαυση, το άκουσμα, η ατέλεια της καρδιάς και το Άγιο Πνεύμα αντιπαρατίθενται με παρόμοιο τρόπο. Κυρίαρχη ιδέα που συναντάται μόνο στα δύο συγκεκριμένα κείμενα αποτελεί εδώ η εικόνα του Θεού ως του κυρίαρχου οικοδόμου, πράγμα που ενίσχυσε τη θέση του Manson. Η παράθεση του Εξ. 25:40 στην Κ.Δ. συναντάται μόνο στο

---

[354] Βλ. τη μελέτη του S. Benetreau, «Rest for the Pilgrim (Hebrews-Iii,7-4,11)», *ETR* 78 (2003) 203-233.

λόγο του Στεφάνου και στην προς Εβραίους. Το θέμα όμως αναπτύσσεται διαφορετικά από τον καθένα, χωρίς ο Στέφανος να συνδέει τον «τύπο» του κεφαλαίου με την ουράνια σκηνή. Πέρα όμως, από τις αναφερόμενες ομοιότητες υπάρχουν και κάποιες, καθόλου ευκαταφρόνητες, διαφορές ανάμεσα στα δύο κείμενα. Πουθενά στο λόγο του Στεφάνου δε γίνεται αναφορά στην ιεροσύνη του Χριστού. Ο Simon[355] αντιπαραθέτει το έβδομο κεφάλαιο των Πράξεων με την προς Εβραίους αναφορικά με τη χρήση της Π.Δ., χαρακτηρίζοντας την εξήγηση του Στεφάνου ως ιστορική και κριτική, ενώ εκείνη της προς Εβραίους ως αλληγορική. Η σύγχρονη έρευνα δέχεται ότι τα επιχειρήματα (β και ζ) του Manson είναι αδύναμα, αλλά όλα τα υπόλοιπα αποδεικνύονται ισχυρά. Επιπλέον, πιστεύεται ότι πιθανώς ο Λουκάς να χρησιμοποιεί στις Πράξεις κάποια πηγή, η οποία αναφέρεται σε παραδόσεις της Π.Δ., τις οποίες πιθανώς να γνωρίζει και ο συγγραφέας της προς Εβραίους. Η συζήτηση για κοινά σημεία ανάμεσα στο λόγο του Στεφάνου στις Πράξεις και την προς Εβραίους ή για κάποια κοινή πηγή από την οποία δανείζονται υλικό, τόσο ο Λουκάς, όσο και ο συγγραφέας της προς Εβραίους, είναι σίγουρο ότι θα απασχολήσει τη σύγχρονη έρευνα στο μέλλον.

2.8 Το πέτρειο υπόβαθρο

Ομοιότητες και παράλληλα χωρία μεταξύ της προς Εβραίους και άλλων επιστολών της Κ.Δ. αναζητήθηκαν κατά το παρελθόν. Σχετικά με το ζήτημα της πιθανής σχέσης της προς Εβραίους με άλλες επιστολές την πρώτη θέση σε αυτές τις συζητήσεις κατέχει η Α' Πέτρου[356]. Η προς Εβραίους γράφτηκε

---

[355] L. D. Hurst, στο ίδιο, 104.
[356] Βλ. G. K. Barr, «The Structure of Hebrews and of 1st and 2nd Peter», IBS 19 (1997) 17-31. Σύμφωνα με τον E. Grässer, Der Glaube im Hebräerbrief, Marburg, Elwert, 1965, η σύγκριση αυτή δικαιώνεται μόνο στην περίπτωση της Α' Πέτρου.

σχεδόν την ίδια εποχή με την Α' Πέτρου. Ο Ferris³⁵⁷ υποστήριξε ότι η Α' Πέτρου άσκησε επίδραση στην προς Εβραίους αποδεικνύοντας ότι η πρώτη λειτούργησε ως φιλολογικό δάνειο για τη δεύτερη. Κατά παρόμοιο τρόπο ο Selwyn επικέντρωσε το ενδιαφέρον του στις ομοιότητες των δυο κειμένων και ειδικά στα χωρία μετά το Εβρ. 13:20 και πρότεινε ότι ο συγγραφέας της προς Εβραίους πρέπει να είχε διαβάσει το κείμενο της Α' Πέτρου όταν έγραφε την επιστολή³⁵⁸.

Θα μπορούσαμε ενδεικτικά να αναφέρουμε τα παρακάτω σημεία επαφής ανάμεσα στα δύο έργα, έτσι όπως έχουν υποστηρίξει οι Grässer, Ayles³⁵⁹, Spicq, Selwyn, Moffatt και Ferris:

1. Η θεώρηση των χριστιανών ως ξένων και παρεπίδημων (Α' Πε. 1:1 και Εβρ. 11:13).
2. Η ιδέα του ραντισμού του αίματος του Χριστού (Α' Πε. 1:2 και Εβρ. 12:24).
3. Η ιδέα της αιώνιας κληρονομιάς (Α' Πε. 1:4 και Εβρ. 9:15).
4. Η δοκιμασία μέσω παθημάτων. Και στα δύο κείμενα το παράδειγμα του Χριστού προβάλλεται ως πρότυπο.
5. Η πίστη και στις δυο επιστολές αποτελεί πρωταρχικά ελπίδα στην εκπλήρωση των υποσχέσεων του Θεού.
6. Η αδελφική αγάπη και η προτροπή για φιλοξενία στους ξένους.
7. Η θεώρηση του λόγου του Θεού ως ζωντανού.
8. Η αντιμετώπιση των χριστιανών ως νηπίων.
9. Η θεώρηση των χριστιανών ως βασίλειον ιεράτευμα.
10. Η χρήση του «*ἅπαξ*» και του αντίτυπου.

Πολλές από αυτές τις ομοιότητες από την άλλη, θα μπορούσαν να εξηγηθούν ως: α) Ιδιώματα της κοινής ελληνικής, β) ανεξάρτητη χρήση της Π.Δ., γ) κοινή χριστιανική παράδοση και δ) παύλεια επίδραση πάνω στις δυο επιστολές. Η χρήση

---

[357] T. E. Ferris, «A Comparison of I Peter and Hebrews», *CBQ* 3 (1930-1931) 123-127.
[358] E. G. Selwyn, *The First Epistle of Peter*, London 1949.
[359] H. H. B. Ayles, *Destination, Date, and Authorship of the Epistle to the Hebrews*, London, Clay, 1899.

Η προς Εβραίους κατά την Μεταρρύθμιση και τη νεότερη εποχή

μιας κοινής λατρευτικής γλώσσας είναι οπωσδήποτε ένα σημαντικό επιχείρημα. Ο ραντισμός με το αίμα του Χριστού, ο εγκαινιασμός της νέας διαθήκης, το τυπικό της Ημέρας του Εξιλασμού αναφέρονται και στην Α' Πέτρου. Η διαφορά βέβαια είναι ότι ενώ στην προς Εβραίους όλες αυτές οι ιδέες αναπτύσσονται θεολογικά, για την Α' Πέτρου αποτελούν μόνο κάποιες από τις πολλές νύξεις στους θεσμούς και στα γεγονότα της Π.Δ. χωρίς να αναπτύσσονται από τον συγγραφέα της.

Η λέξη «οἶκος» για παράδειγμα, ένας όρος που δηλώνει τη χριστιανική κοινότητα, χρησιμοποιείται με διαφορετικό νόημα στα δύο κείμενα. Στην Α' Πέτρου, με τη λέξη «οἶκος» δηλώνεται ο ναός, ενώ στην προς Εβραίους η λέξη προέρχεται από το Αρ. 12:7 και δεν χρησιμοποιείται ως συνώνυμο του ναού. Σύμφωνα με τον Hurst[360] ακόμη και η φράση *ξένοι και παρεπίδημοι* χρησιμοποιείται με διαφορετικό νόημα. Στην προς Εβραίους η συνάφεια της φράσης βρίσκεται στους ήρωες της Π.Δ., ενώ στην Α' Πέτρου η φράση δηλώνει την απομόνωση των χριστιανών από το γύρω χώρο των εθνικών.

Σύμφωνα με τον Jeremias[361] οι δυο επιστολές προσπαθούν να περιγράψουν αυτό που συνέβη μετά το θάνατο του Χριστού χρησιμοποιώντας δυο διαφορετικές εικόνες. Ο συγγραφέας της προς Εβραίους κάνει λόγο για άνοδο του Ιησού στον ουρανό, όπου προσφέρει το αίμα του, ενώ ο συγγραφέας της Α' Πέτρου για κάθοδο στον Άδη για να κηρύξει στους νεκρούς. Στην ουσία όμως, οι δυο παραστάσεις βρίσκονται σε συμφωνία, διότι θέλουν να εκφράσουν το ίδιο πράγμα. Η μεν πρώτη με μία λειτουργική εικόνα, η δε δεύτερη με μια μυθική. Εξάλλου οι απόψεις για το τι ακριβώς συνέβη με τον Ιησού στο διάστημα μεταξύ θανάτου και ανάστασης στην Κ.Δ. δεν είναι ταυτόσημες. Ο Παύλος, η Α' Πέτρου και η Αποκάλυψη χρησιμοποιούν την παλιά ιουδαϊκή αντίληψη περί της τύχης των ψυχών μετά τον θάνατο, ενώ η προς Εβραίους, ο Λουκάς και το κατά Ιωάννην Ευαγγέλιο τη μεταγενέστερη ελληνιστική επίδραση.

Το βέβαιο είναι ότι οι δύο επιστολές ανήκουν στον ίδιο γενικό

---
[360] L. D. Hurst, *στο ίδιο*, 130.
[361] J. Jeremias, *Ο Ιησούς και το Ευαγγέλιο του*, 1984, 176-178.

Η νεότερη έρευνα και οι απόψεις για το ιδεολογικό υπόβαθρο

τύπο της χριστιανικής γραμματείας η οποία γράφτηκε για να ενισχύσει την πίστη των παραληπτών σε δύσκολες στιγμές και μάλιστα σε καταστάσεις διωγμού. Καμιά φιλολογική επίδραση του συγγραφέα της Α' Πέτρου στον συγγραφέα της προς Εβραίους δεν μπορεί να γίνει δεκτή. Οι πραγματικές ομοιότητες θα μπορούσαν να εξηγηθούν ως α) δανεισμοί από τον Παύλο, β) κοινή χρήση των ίδιων παραδόσεων και γ) χρήση μιας παράδοσης που είχε ήδη διαμορφωθεί από την ακτινοβολία του Παύλου.

Πέρα από τις υποθέσεις που αναφέρθηκαν, διατυπώθηκαν και μερικές άλλες, λιγότερο πιθανές όμως, οι οποίες κάνουν λόγο για επιδράσεις (κυρίως λεξιλογίου) της προς Γαλάτας στην προς Εβραίους[362], αλλά και της προς Εβραίους στη διαμόρφωση του ευαγγελίου του Ιωάννη[363]. Οι υποθέσεις αυτές όμως, δεν

---

[362] B. Witherington, «The Influence of Galatians on Hebrews», NTS 37 (1991) 146-152. J. J. Hugues, «Hebrews IX,15ff and Galatians III,15ff: A Study in Covenant Practice and Procedure», NovT 21 (1979) 27-96. Η γνώμη του Witherington είναι ότι ο συγγραφέας της προς Εβραίους προσφέρει ένα πρώιμο παράδειγμα της ερμηνείας των επιστολών του απ. Παύλου για ένα μεταγενέστερο και πιθανώς διαφορετικό ακροατήριο.

[363] C. J. Hickling, «John and Hebrews. The Background of Hebrews 2.10-18», NTS 29 (1988) 112-115. Σύμφωνα με τον Hickling τα δύο κείμενα αντλούν το περιεχόμενο της χριστολογίας τους από ένας είδος κατήχησης που ενυπήρχε. Αρχικά η προς Εβραίους δανείστηκε κάποιες ιδέες περί του Υιού του Θεού και κατόπιν η ίδια επηρέασε τη συγγραφή του κατά Ιωάννην. Πρβλ. R C. Lenski, *Les Ecrits de S. Jean et l' Épître aux Hébreux*, 1984 και C. Spicq, «L' Origine Johannique de la Conception Du Christ-Prêtre dans l' Épître aux Hébreux», στο *Aux Sources de la Tradition Chrétienne: Mèlanges Offertes à Maurice Goguel à l' Occasiom de Son Soixante-dixième Anniversaire*, έκδ. O. Cullmann-P. H. Menoud, Neuchâtel, Delachaux et Niestlé 1950, 258-269. Βλ. για διαφορετικές υποθέσεις A. A. Graham, «Mark and Hebrews», SE 4 (1968) 411-416. T. Lescow, «Jesus in Gethsemane bei Lukas und im Hebräerbrief», ZNW 58 (1967) 215-239. A. Vanhoye, «L' Épître aux Ephesiens et l' Épître aux Hébreux», Bib 59 (1978) 198-230. V. Hollon-L. Hollon, «Ephesians 3:14-21-Hebrews 12:1-2. For the Joy Set Before Us», RevExp 94 (1997) 583-588. C. P. Jones, «The Epistle to the Hebrews and the Lucan Writings», στο *Studies in the Gospels*, R. Lightfoot, Oxford 1957.

Η προς Εβραίους κατά την Μεταρρύθμιση και τη νεότερη εποχή

κατάφεραν να αποδειχθούν πειστικές και προς το παρόν το θέμα φαίνεται να μην ανακινείται.

Αν επιχειρούσαμε μια κριτική όλων των υποθέσεων που έχουν υποστηριχθεί ως πιθανό υπόβαθρο της προς Εβραίους, θα έπρεπε να κατατάξουμε κάποιες από αυτές, με κριτήριο τα επιχειρήματα που χρησιμοποιούνται και το βαθμό πειστικότητας τους, στην αρνητική πλευρά και τις υπόλοιπες στη θετική. Στην πρώτη ανήκουν οι υποθέσεις για τον Φίλωνα, το Κουμράν, το Γνωστικισμό, τους Σαμαρείτες, το μερκαμπά μυστικισμό και όλες τις άλλες εξωχριστιανικές λατρευτικές επιδράσεις. Πρόκειται για υποθέσεις οι οποίες παρουσιάζουν περισσότερα αδύνατα σημεία παρά θετικά επιχειρήματα με εξαίρεση το Κουμράν. Όλοι αυτοί οι παραλληλισμοί φαίνεται ότι δουλεύουν πάνω στο ίδιο υλικό, την ίδια ακριβώς χρονική περίοδο.

Στη θετική πλευρά των υποθέσεων τη συμπάθεια των ερευνητών κερδίζει σίγουρα το έβδομο κεφάλαιο των Πράξεων. Αυτό όμως, δε σημαίνει ότι ο λόγος του Στεφάνου από μόνος του και μόνο δίνει την απάντηση για τον τρόπο χρήσης του υλικού από την Π.Δ. Παράγοντες, όπως η επίδραση συγκεκριμένων κεφαλαίων της Π.Δ., οι θέσεις της ιουδαϊκής αποκαλυπτικής γραμματείας και η παρουσία μιας θεολογικής διδασκαλίας, η οποία βρίσκεται πολύ κοντά σε εκείνη του Παύλου θα πρέπει να τονιστούν ιδιαίτερα, διότι χρήζουν μεγάλης σημασίας για την κατανόηση της σκέψης του συγγραφέα της προς Εβραίους.

4
Η ΠΡΟΣ ΕΒΡΑΙΟΥΣ ΚΑΙ ΟΙ ΦΙΛΟΛΟΓΙΚΕΣ ΑΝΑΛΥΣΕΙΣ

1. Η φιλολογική ανάλυση

Πρόκειται για τη μέθοδο που έχει σαν στόχο την εξέταση του κειμένου με βάση τα φιλολογικά χαρακτηριστικά με τα οποία ο συγγραφέας διαμορφώνει το κείμενο. Σε αυτά περιλαμβάνονται η δομή, η μορφή, η χρήση διαφορετικών φιλολογικών ειδών και το λεξιλόγιο. Η φιλολογική δομή της προς Εβραίους είναι περίπλοκη και ακαθόριστη. Μέχρι σήμερα παραμένει ακόμη πρόβλημα που επιδέχεται πολλές προτάσεις επίλυσης[364]. Αρκετοί επιστήμονες ασχολήθηκαν με την εξέταση της δομής της προς Εβραίους, ενώ τα τελευταία σαράντα χρόνια έγινε αξιοσημείωτη συζήτηση γύρω από το συγκεκριμένο ζήτημα.

---

[364] Οι πρώτες προσπάθειες διαίρεσης κεφαλαίων και προσδιορισμού ενοτήτων ξεκινούν ήδη τον 4ο αιώνα από τον Ευθάλιο, ο οποίος πρότεινε τριμερή διαίρεση (1:1-7:10, 7:11-10:39 και 11:1-13:25), ενώ σχετικά με τα κεφάλαια, αυτά αριθμούνται σε 22. Βλ. Γ. Γρατσέα, *Η προς Εβραίους Επιστολή*, ΕΚΔ 13, Θεσσαλονίκη 1999, 147-148. Το παράδειγμα του ακολούθησαν αργότερα ο Οικουμένιος Τρίκκης και ο Ζιγαβηνός. Αργότερα επιχειρήθηκε από τον Θωμά τον Ακινάτη προσπάθεια θεματικής διαίρεσης σε δύο μέρη (1-10 και 11-13). Βλ. T. Aquinas, «Super Epistolam ad Hebraeos Lectura», στο *Super Epistolas Sancti Pauli Lectura*, έκδ. P. R. Cai, τ. 2, Rome [8]1953, 335-506. Πρβλ. G. H. Guthrie, *The Structure of Hebrews. A Text-Linguistic Analysis*, 1994, 4. Για τις σύγχρονες προτάσεις διαίρεσης του κειμένου της προς Εβραίους βλ. τις παρακάτω εργασίες: D. A. Black, «A Note on the Structure of Hebrews 12,1-2», *Bib* 68 (1987) 543-551. J. Bligh, «The Structure of Hebrews», *HeyJ* 5 (1964) 170-177. F. F. Bruce, «The Structure and Argument of Hebrews», *SWJT* 28 (1985) 6-12. E. B. Horning, «Chiasmus, Creedal Structure and Christology in Hebrews 12:1-2», *PCSBR* 23 (1978) 37-48. D. W. Robinson, «The Literary Structure of Hebrews 1:1-4», *AJBA* 2 (1972) 178-186. J. W. Thompson, «The Structure and the Purpose of the Catena in Heb. 1:5-13», *CBQ* 38 (1976) 352-363. του ίδιου, «The Underlying Unity of Hebrews», *ResQ* 18 (1975) 129-136.

Η προς Εβραίους και οι φιλολογικές αναλύσεις

Η έρευνα της δομής του κειμένου της επιστολής είναι πολύ σημαντική, διότι επηρεάζει την κατανόηση της ανάπτυξης των επιχειρημάτων του συγγραφέα.

1.1 Η θεματική διαίρεση του κειμένου

Η κλασική διαίρεση της προς Εβραίους θέλει το κείμενο να συγκροτείται από δύο μεγάλα μέρη: α) το δογματικό (1:1-10:18), όπου το 1:1-4 θεωρείται προοίμιο και β) το παραινετικό (10:19-13:25), στο οποίο το 13:22-25 αποτελεί τον επίλογο. Στην αρχή του 20ου αι. οι ερευνητές[365] ασπάζονταν αυτή τη διμερή διαίρεση του κειμένου, η οποία στην ουσία είναι θεματική. Επιπλέον, από το σύνολο των νεότερων υπομνηματιστών αναγνωρίζεται ότι υπάρχουν παραινετικά μέρη μέσα στο δογματικό τμήμα και δογματική διδασκαλία στις προτροπές. Με τη διαίρεση αυτού του είδους, οι μελετητές επιχειρούν να καταδείξουν τα διάφορα θέματα, τα οποία ο συγγραφέας αναπτύσσει. Για παράδειγμα την θεότητα και ανθρωπότητα του Χριστού, την ιεροσύνη του, τη θυσία, τη διαθήκη κ.α. Συχνά το πρώτο μέρος αποκαλείται κηρυγματικό και το δεύτερο ηθικό ή διδακτικό.

Η κλασική διαίρεση της προς Εβραίους σε δύο μέρη έχει το πλεονέκτημα ότι αναδεικνύει σημαντικά χαρακτηριστικά της επιστολής. Προφανώς όμως, δεν λαμβάνει υπόψη της εκείνο που το κείμενο αναφέρει σε κάθε σημείο του χωριστά. Ένα άλλο επίσης αρνητικό της σημείο, είναι η παράβλεψη της φανερής αριστοτεχνικής σύνθεσης των ρητορικών επινοήσεων,

---

[365] Π.χ. B. F. Westcott, *The Epistle to the Hebrews: The Greek Text with Notes and Essays*, Grand Rapids, Wm. B. Eerdmans, ²1980, xlviii-l. A. Nairne, *The Epistle to the Hebrews*, 1917, xi-xii, T. H. Robinson, *The Epistle to the Hebrews*, 1933, xi. A. Snell, *New and Living Way: An Explanation of the Epistle to the Hebrews*, London, Faith Press, 1959, 52-54 αλλά και οι νεότεροι π.χ. D. Guthrie, *The Epistle to the Hebrews*, 1983, 58-59. J. Héring, *The Epistle to the Hebrews*, 1970 xvi. H. A. Kent, *The Epistle to the Hebrews. A Commentary*, Grand Rapids, Baker Book House, 1972.

Η φιλολογική ανάλυση

της χρήσης του χιασμού κ.α. Αν και η κλασική αυτή θέση δεν καθορίζει την εξωτερική δομή του κειμένου, ωστόσο συμβάλει στη διασάφηση των περιεχομένων της. Η θεματική ανάλυση παρουσιάζει την προς Εβραίους ως μία δογματική και απολογητική θεολογική πραγματεία, η οποία απευθύνεται σε ιουδαιοχριστιανούς, οι οποίοι σκέφτονται να επιστρέψουν στην αρχική τους πίστη[366]. Αυτή η θεώρηση όμως, δεν εναρμονίζεται με τη συνάφεια του κειμένου.

1.2 Διαφορετικές διαιρέσεις

Κάποιοι άλλοι ερευνητές όμως, επειδή δεν μπορούσαν να αρκεστούν σε μια δομή περιεχομένου αυτού του είδους, ήταν φυσικό να προχωρήσουν σε νέες διαιρέσεις του κειμένου της προς Εβραίους. Ο Von Soden στο υπόμνημα του[367] πρότεινε το παρακάτω τετραμερές σχήμα: α) παρουσίαση της πρόθεσης (1-4), β) διήγηση προς πιθανότητα (5-6), γ) απόδειξη προς πειθώ (7:1-10:18) και δ) επίλογος (10:19-13:25). Αργότερα αυτή η διαίρεση ακολουθήθηκε από τους Hearing[368] και Windisch[369].

Άλλοι, όπως οι Büchsel[370] και Gyllenberg[371], ακολούθησαν την εναλλαγή μεταξύ της δογματικής διδασκαλίας και της παραίνεσης προτείνοντας πενταμερή διαίρεση. Ο Nauck[372] το

---

[366] Βλ. την κριτική της C. L. Westfall, *A Discourse Analysis of the Letter to the Hebrews: The Relationship between Form and Meaning*, JSNTSup 297, London, T & T Clark, 2005, 3.

[367] H. F. Von Soden, *Der Hebräebrief*, Tübingen, 31899.

[368] T. Haering, «Gedankengang und Grundgedanken des Hebräerbriefs», *ZAW* 18 (1917-1918) 153.

[369] H. Windisch, *Der Hebräerbrief*, HNT, Tübingen, Mohr, 21931.

[370] F. Büchsel, *Die Christologie des Hebräerbriefs*, Gütersloh 1922.

[371] R. Gyllenberg, «Die Komposition des Hebräerbriefs», *SEE* 22-23 (1957-1958) 137-147.

[372] Βλ. W. Nauck, «Zum Aufbau des Hebräerbriefes», στο *Judentum, Urchristentum, Kirche*, έκδ. J. Jeremias, 1960.

Η προς Εβραίους και οι φιλολογικές αναλύσεις

1960 επηρεάστηκε από την ανάλυση του Michel[373], ο οποίος είχε ανακαλύψει κάποια σημεία διαχωρισμού μετά τα 4:13 και 10:18. Η προσέγγιση του Nauck αναγνώριζε την καταπληκτική οργάνωση της ύλης του κειμένου της προς Εβραίους δίνοντας την πρωτοκαθεδρία στην παραίνεση. Ο Nauck πίστευε ότι τα παραινετικά μέρη σηματοδοτούσαν τον κύριο ρόλο στη δομική πλαισίωση των τριών τμημάτων του κειμένου. Έτσι πρότεινε την εξής τριμερή διαίρεση: α) 1:1-4:13, β) 4:14-10:31 και γ) 10:32-13:17. Η διαίρεση αυτή έγινε αποδεκτή από την τρίτη έκδοση του υπομνήματος του Michel, τον Kümmel[374] και τον Zimmermann[375]. Ο Bruce[376] πρόσφερε μια άλλη εναλλακτική διαίρεση, την οποία ο Black[377] ονομάζει "προσέγγιση μέσω της συρραφής των διαφόρων τμημάτων". Σύμφωνα με αυτήν, η επιστολή διαιρείται σε οκτώ μέρη και ο Bruce δίνει στο καθένα από αυτά έναν τίτλο που θεωρεί κατάλληλο σύμφωνα με το περιεχόμενο του κάθε τμήματος[378]. Η συγκεκριμένη όμως μέθοδος δεν εξηγεί την περίπλοκη φύση της φιλολογικής δομής της προς Εβραίους και δεν λαμβάνει υπόψη της την εναλλαγή της φιλολογικής μορφής σε συγκεκριμένα τμήματα. Τέλος, δεν θεωρεί ότι υπάρχει κάποια ξεκάθαρη θεολογική ιδέα η οποία κυριαρχεί στο κείμενο.

---

[373] O. Michel, *Der Brief an die Hebräer*, KEK 13, Göttingen, Vandenhoeck und Ruprecht, ¹⁴1984.
[374] Βλ. W. G. Kümmel, *Introduction to the New Testament*, Nashville 1975.
[375] Βλ. H. Zimmermann, *Das Bekenntnis der Hoffnung: Tradition und Redaction im Hebräerbrief*, BBB 47, Köln, Hanstein, 1977.
[376] F. F. Bruce, *The Epistle to the Hebrews*, Michigan 1990.
[377] D. A. Black, «The Problem of the Literary Structure of Hebrews: An Evaluation and a Proposal», *GTJ* 7 (1986) 163-177.
[378] Βλ. G. H. Guthrie, *The Structure of Hebrews. A Text-Linguistic Analysis*, 1994, 27.

Η φιλολογική ανάλυση

1.3 Ο στρουκτουραλισμός

Ο στρουκτουραλισμός είναι μια φιλοσοφική θεωρία γύρω από τον τρόπο με τον οποίο το νόημα γίνεται αντιληπτό μέσω των ανθρώπινων πολιτιστικών συστημάτων. Έχει εξαπλωθεί σε όλες τις επιστήμες με διάφορους τρόπους, αλλά σε κάθε περίπτωση επιχειρεί να δείξει ότι το νόημα και η σημασία του είναι αποτέλεσμα του τρόπου με τον οποίο τα ανθρώπινα όντα διαμορφώνουν τα διανοητικά τους συστήματα[379]. Η δημιουργία των στρουκτουραλιστικών θεωριών ξεκίνησε στο χώρο της γλωσσολογίας με την εργασία της F. Saussure[380]. Η ιδέα της γλώσσας ως ένα δομικό σύστημα και ως βάση για την κατανόηση του νοήματος ενός κειμένου αποτελεί την κεντρική ιδέα της στρουκτουραλιστικής γλωσσολογίας. Εδώ θα πρέπει να διευκρινιστούν και δύο άλλοι σημαντικοί όροι: α) Αρχικά η λεγόμενη «συγχρονική» μελέτη της γλώσσας, είναι η μελέτη του συστήματος ή της δομής μιας γλώσσας, όπως υφίσταται τη συγκεκριμένη αυτή στιγμή, ενώ β) η «διαχρονική» μελέτη, αναφέρεται στο παραδοσιακό ενδιαφέρον της ιστορίας μιας γλώσσας. Ο στρουκτουραλισμός άσκησε μεγάλη επίδραση στη φιλολογία αρχικά μόνο στη Γαλλία και έπειτα σε όλο τον αγγλόφωνο κόσμο. Έτσι η γλώσσα της Βίβλου θεωρήθηκε ότι θα έπρεπε να μελετηθεί σύμφωνα με την τρέχουσα πρακτική της γενικής γλωσσολογίας, ενώ το νόημα να καθορίζεται από την παρούσα συνάφεια των λέξεων και προτάσεων του βιβλικού κειμένου. Η μεγάλη συμβολή του στρουκτουραλισμού στις βιβλικές σπουδές εντοπίζεται στη φιλολογική ανάλυση των κειμένων, η οποία προήλθε από τη γαλλική αυτή κίνηση.

Οι βιβλικοί επιστήμονες ανακάλυψαν στις στρουκτουραλιστικές θεωρίες ένα πολύτιμο εργαλείο για την αποκάλυψη του νοήματος του κειμένου. Το ενδιαφέρον

---

[379] Βλ. J. Barton, «Structuralism», στο *ABD* 5, 214 και στα ελληνικά Σ. Αγουρίδη, *Ερμηνευτική των Ιερών Κειμένων. Προβλήματα-Μέθοδοι Εργασίας στην Ερμηνεία των Γραφών*, Αθήνα ²2000, 262-267.
[380] F. Saussure, *Course in General Linguistics*, ET Glasgow, 1974.

επικεντρώνεται στη διαμόρφωση του κειμένου από το συγγραφέα με τη χρήση επαναλήψεων, χιαστικής επιχειρηματολογίας και διαφόρων αντιθέσεων[381]. Με αυτόν τον τρόπο προσφέρεται μία εικόνα, η οποία συνηγορεί υπέρ της ακεραιότητας της παρούσας μορφής του βιβλικού κειμένου που έχουμε στα χέρια μας.

Ερχόμενοι τώρα στην ιστορία της δομής της προς Εβραίους, ο Thien[382] στις αρχές του 20ου αιώνα, παρατήρησε ότι ο συγγραφέας ανακοινώνει τα θέματα που επιθυμεί να αναφέρει μόλις πριν την εισαγωγή της ενότητας στην οποία θα αναπτυχθούν. Αυτό που είχε παρατηρήσει ο Thien, αναπτύχθηκε αργότερα, το 1940, από τον Vagany[383]. Με αυτόν αρχίζει πλέον, η σύγχρονη συζήτηση γύρω από τη δομή της επιστολής και ταυτόχρονα αυτό που ονομάζεται «στρουκτουραλιστική θεώρηση της προς Εβραίους».

Ο Vagany εστιάζοντας πάνω στο πρόβλημα της κατανομής των ενοτήτων παρατήρησε ότι κάποιες λέξεις λειτουργούν ως «συνδετικές». Αυτές αποτελούν μια ρητορική επινόηση της αρχαιότητας προκειμένου να συνδεθούν δύο τμήματα μεταξύ τους. Ένα άλλο χαρακτηριστικό είναι η εισαγωγή μιας λέξης που χαρακτηρίζεται ως «κλειδί» στο τέλος μιας ενότητας και η επανάληψή της στην αρχή της επόμενης, εξυπηρετώντας έτσι την ομαλή μετάβαση από τη μια ενότητα στην άλλη. Αυτό, όπως παρατήρησε ο Vagany, συμβαίνει στο σύνολο του κειμένου της προς Εβραίους. Έτσι, χάρη σε αυτή την προσέγγιση, ο παραπάνω ερευνητής πρόσφερε ένα διάγραμμα της επιστολής, το οποίο ήταν θεματικά συμμετρικό. Η μέθοδος του παραμένει ακόμη ορόσημο για τη δομή της προς Εβραίους. Η πενταμερής διαίρεση που πρότεινε έχει ως εξής:

---

[381] Βλ. την εργασία του H. W. Attridge, *The Uses of Antithesis in Hebrews 8-10, Christians among Jews and Gentiles*, Philadelphia 1986 και του ίδιου, «The Uses of Antithesis in Hebrews 8-10», *HTR* 79 (1986) 1-9.

[382] Βλ. F. Thien, «Analyse de l' Épître aux Hébreux», *RB* 11 (1902) 74-86.

[383] Βλ. L. Vagany, «Le Plan de l' Épître aux Hébreux», στο *Mémorial Lagrange*, Paris 1940, 269-277.

Η φιλολογική ανάλυση

Εισαγωγή	1:1-4
1° θέμα	1:5-2:18
2° θέμα	3:1-5:10
3° θέμα	5:11-10:39
4° θέμα	11:1-12:13
5° θέμα	12:14-13:21
Επίλογος	13:22-25

Το 1954 ο Descamps[384] στην προσέγγισή του ενδιαφέρθηκε για τη συνειδητή χρήση κάποιων χαρακτηριστικών όρων. Η έκφραση «χαρακτηριστικός όρος» αναφέρεται στη συγκέντρωση λέξεων κλειδιών με σχετικούς όρους μέσα σε μια ενότητα του κειμένου, η οποία χρησιμεύει στη σύνδεση και ανάπτυξη ενός θέματος που προηγήθηκε. Για παράδειγμα η λέξη *άγγελοι* χρησιμοποιείται 11 φορές στην ενότητα 1:5-2:16. Οι χαρακτηριστικοί όροι είναι μια επινόηση με την οποία ο συγγραφέας δημιουργεί εννοιολογική συνοχή μεταξύ των διαφόρων τμημάτων του έργου του.

Ο Vanhoye[385] μη ικανοποιημένος από τις εργασίες των προηγούμενων επιστημόνων, αξιοποίησε όλες τις προγενέστερες προσεγγίσεις και το 1963 με μία μονογραφία ορόσημο[386] στην ιστορία της δομής της προς Εβραίους έκανε μια σύνθεση των προτάσεων των Thien, Gyllenberg[387], Descamps και ειδικά του Vagany. Έτσι ανακάλυψε 6 φιλολογικές επινοήσεις που ο συγγραφέας της προς Εβραίους χρησιμοποιεί για να παρεμβάλει

---

[384] Βλ. A. Descamps, «La Structure de l' Épître aux Hébreux», *RdT* 9 (1954) 333-338.
[385] Βλ. A. Vanhoye, *La Structure Litteraire de l' Épître aux Hébreux*, 1963. ή την αγγλική μετάφραση: *A Structured Translation to the Epistle to the Hebrews*, 1964. Πρβλ. και *Traduction Structure de l' Épître aux Hébreux*, Rome 1963.
[386] A. Vanhoye, *La Structure Litteraire de l' Épître aux Hébreux*, 1963. Ο Vanhoye δέχεται ότι η προς Εβραίους είναι κήρυγμα που εκφωνήθηκε πριν το 70 μ.Χ. Οι παραπομπές προέρχονται από την αγγλική μετάφραση: του ίδιου, *A Structured Translation to the Epistle to the Hebrews*, 1964, 3.
[387] Βλ. R. Gyllenberg, «Die Komposition des Hebräerbriefs», *SEE* 22-23 (1957-1958) 137-147.

και να κλείνει τα διάφορα τμήματα μέσα στο κείμενο. Αυτές είναι οι παρακάτω:

1. Οι αναγγελίες του θέματος[388]. Πρόκειται για μικρές φράσεις ή λέξεις πριν από μια ενότητα, οι οποίες δείχνουν ποιο είναι το θέμα που θα αναπτυχθεί σε αυτή. Για παράδειγμα στο Εβρ. 5:9-10 η φράση «*καὶ τελειωθεὶς ἐγένετο πᾶσιν τοῖς ὑπακούουσιν αὐτῷ αἴτιος σωτηρίας αἰωνίου, προσαγορευθεὶς ὑπὸ τοῦ θεοῦ ἀρχιερεὺς κατὰ τὴν τάξιν Μελχισέδεκ*» αποτελεί την αναγγελία του θέματος που θα αναπτυχθεί στην επόμενη ενότητα.

2. Οι μεταβατικές συνδετικές λέξεις. Η μετάβαση εδώ επιτυγχάνεται με τη χρήση της ίδιας λέξης στο τέλος μιας ενότητας και στην αρχή της επόμενης. Χαρακτηριστικό παράδειγμα το 1:1-4/5-14, όπου η γενική «*τῶν ἀγγέλων*» λειτουργεί ως συνδετική λέξη.

3. Η εναλλαγή του φιλολογικού είδους. Το κείμενο της επιστολής εναλλάσσεται αριστοτεχνικά από δογματική διδασκαλία σε παραίνεση από την αρχή μέχρι το τέλος. Ο Vanhoye προτείνει το εξής σχήμα:

1:1-4	Εισαγωγή
1:5-14	Διδασκαλία
2:1-4	Παραίνεση
2:5-5:10	Διδασκαλία
5:11-6:20	Παραίνεση
7:1-10:18	Διδασκαλία
10:19-39	Παραίνεση
11:1-40	Διδασκαλία
12:1-13	Παραίνεση
12:14-13:19	Παραίνεση
13:20-25	Επίλογος

---

[388] Βλ. A. Vanhoye, *A Structured Translation to the Epistle to the Hebrews*, 1964, 20.

Η φιλολογική ανάλυση

1η αναγγελία θέματος	του	1:4-2:18	α' μέρος	(1:4-2:18)
2η αναγγελία θέματος	του	2:17-18	β' μέρος	(3:1-5:10)
3η αναγγελία θέματος	του	5:9-10	γ' μέρος	(5:11-10:39)
4η αναγγελία θέματος	του	10:36-39	δ' μέρος	(11:1-12:13)
5η αναγγελία θέματος	του	12:13	ε' μέρος	(12:14-13:21)

Ο J. C. Fenton[389] προτείνει την εξής παραλλαγή:

1:1-4	Εισαγωγή
1:5-14	Διδασκαλία
2:1-4	Παραίνεση
2:5-18	Διδασκαλία
3:1-4:16	Παραίνεση
5:1-10	Διδασκαλία
5:11-6:20	Παραίνεση
7:1-10:18	Διδασκαλία
10:19-39	Παραίνεση
11:1-40	Διδασκαλία
12:1-29	Παραίνεση
13:1-25	Επίλογος

Ο Fenton, όπως αναφέρει ο MacLeod[390], κάνει τρεις σημαντικές παρατηρήσεις: α) τα ρήματα στην προστακτική είναι περισσότερο κοινά στις παραινέσεις, β) ο συγγραφέας χρησιμοποιεί τρίτο πρόσωπο στην διδασκαλία

---

[389] Βλ. J. C. Fenton, «The Argument in Hebrews», *SE* 7 (1982) 175-76. Πρβλ. και W. G. Johnsson, *Hebrews*, 1980, 2.
[390] D. J. MacLeod, «The Literary Structure of the Book of Hebrews», *BSac* 146 (1989) 185-197.

και πρώτο ή δεύτερο πληθυντικού στα παραινετικά μέρη και γ) τέσσερις από τις πέντε παραινέσεις αρχίζουν με το «*Διὰ τοῦτο*».

4. Οι χαρακτηριστικοί όροι. Πρόκειται για λέξεις, οι οποίες επαναλαμβάνονται μέσα σε μια συγκεκριμένη ενότητα. Χαρακτηριστικό παράδειγμα η λέξη *πίστη* στην ενότητα 11:1-40.

5. Το ομοιοτέλευτο. Η ενότητα τελειώνει με την ίδια λέξη με την οποία άρχισε. Χαρακτηριστική περίπτωση η λέξη «*ἀρχιερεὺς*» στην ενότητα 5:1-10.

6. Το χιαστό σχήμα. Ο Vanhoye υποστήριξε ότι η δομή της προς Εβραίους, τόσο στο σύνολο, όσο και στις επιμέρους ενότητες, έχει συνταχθεί με το χιαστό σχήμα[391]. Στο 9:11-14 για παράδειγμα έχουμε:

Α. *Χριστὸς δὲ παραγενόμενος ἀρχιερεὺς τῶν γενομένων ἀγαθῶν διὰ τῆς μείζονος καὶ τελειοτέρας σκηνῆς οὐ χειροποιήτου, τοῦτ' ἔστιν οὐ ταύτης τῆς κτίσεως,*

Β. *οὐδὲ δι' αἵματος τράγων καὶ μόσχων διὰ δὲ τοῦ ἰδίου αἵματος εἰσῆλθεν ἐφάπαξ εἰς τὰ ἅγια αἰωνίαν λύτρωσιν εὑράμενος.*

Β'. *εἰ γὰρ τὸ αἷμα τράγων καὶ ταύρων καὶ σποδὸς δαμάλεως ῥαντίζουσα τοὺς κεκοινωμένους ἁγιάζει πρὸς τὴν τῆς σαρκὸς καθαρότητα,*

Α'. *πόσῳ μᾶλλον τὸ αἷμα τοῦ Χριστοῦ, ὃς διὰ*

---

[391] Για τη χιαστική δομή της επιστολής βλ. επίσης D. J. MacLeod, «The Literary Structure of the Book of Hebrews», *BSac* 146 (1989) 187-188 και D. A. Black, «The Problem of the Literary Structure of Hebrews: An Evaluation and a Proposal», *GTJ* 7 (1986) 166-169. Για το χιασμό βλ. J. Bligh, *Chiastic Analysis of the Epistle to the Hebrews*, Heythrop, Athenaeum 1966 και Ι. Καραβιδόπουλου, «Νέες Κατευθύνσεις στη Βιβλική Ερμηνευτική», *ΔΒΜ* 17 (1998) 61.

Η φιλολογική ανάλυση

πνεύματος αἰωνίου ἑαυτὸν προσήνεγκεν ἄμωμον τῷ θεῷ, καθαριεῖ τὴν συνείδησιν ἡμῶν ἀπὸ νεκρῶν ἔργων εἰς τὸ λατρεύειν θεῷ ζῶντι.

I. 1:5-2:18   Εσχατολογία
II. 3:1-5:10   Εκκλησιολογία
III. 5:11-10:39 Θυσία
IV. 11:1-12:13   Εκκλησιολογία
V. 12:14-13:18   Εσχατολογία

Με βάση τα παραπάνω η επιστολή διαιρείται σε 5 ενότητες με διάφορες υποενότητες[392]. Η πρώτη και η πέμπτη ενότητα δεν χωρίζονται σε υποενότητες. Η δεύτερη και τέταρτη, διαιρούνται σε 2 υποενότητες η καθεμία, ενώ η τρίτη αποτελείται από τρεις υποενότητες. Το μέσο σημείο σε αυτή την ομόκεντρη δομή του Vanhoye αποτελεί η υποενότητα 8:1-9:28[393].

Ο σπουδαίος ρωμαιοκαθολικός καινοδιαθηκολόγος, έδειξε επίσης ποια είναι η σημασία των συμμετρικών δομών στη σύνθεση του κειμένου, τόσο στο σύνολο, όσο και στις υποενότητες. Όπως ήταν αναμενόμενο, ακολούθησε πολύ δυνατή και ενδιαφέρουσα συζήτηση γύρω από τη διαίρεση των ενοτήτων που ο Vanhoye πρότεινε[394]. Η κριτική που

---

[392] Πρβλ. A. Vanhoye, «Discussions sur la Structure de l' Épître aux Hébreux», *Bib* 55 (1974) 377-378 και Γ. Γρατσέα, *Η προς Εβραίους Επιστολή*, ΕΚΔ 13, Θεσσαλονίκη 1999, 159, όπου παρατίθεται αναλυτικός πίνακας της δομικής ανάλυσης του Vanhoye.
[393] Βλ. A. Vanhoye, *A Structured Translation to the Epistle to the Hebrews*, 1964, 33. Πρβλ. του ίδιου, *De Epistola ad Hebraeos. Sectio Centralis (Cap. 8-9). Ad Usum Privatum*, Roma 1966. του ίδιου, *Christo è Il Nostro Sacerdote. La Doctrina dell' Epistola agli Ebrei*, Torino, 1970, ή την αγγλική μετάφραση: *Our Priest is Christ: The Doctrine of the Epistle to the Hebrews*, Roma, Editrice Pontificio Istituto Biblico, 1977. του ίδιου, *Prêtres Anciens et Prêtre Nouveau selon le Nouvean Testament*, Cerf, Paris 1980. του ίδιου, «La "Teleiôsis" du Christ: Point Capital de la Christologie Sacerdotale d' Hébreux», *NTS* 42 (1996) 321-338.
[394] Πρβλ. και A. Vanhoye, *La Structure Littiraire de l' Épître aux Hébreux*, Desclée de Brouwer, Paris ²1976. του ίδιου, «La Structure Centrale de l' Épître

Η προς Εβραίους και οι φιλολογικές αναλύσεις

ακολούθησε θα μπορούσε να συνοψιστεί στις παρακάτω παρατηρήσεις: α) Οι φιλολογικές αρχές δεν είναι μια ικανοποιητική βάση ανάλυσης της δομής ενός κειμένου και δεν πρέπει να θεωρούνται απομονωμένες από το περιεχόμενο, β) οι τίτλοι που αποδίδονται συχνά στις ενότητες, πιθανώς δεν ανταποκρίνονται στο πλάνο ανάπτυξης που είχε υπόψη του ο συγγραφές και γ) μολονότι οι μικρές χιαστικές ενότητες έγιναν αποδεκτές, η υπόθεση της ευρύτερης χιαστικής δομής της προς Εβραίους, την οποία πρότεινε ο Vanhoye δεν κατάφερε να πείσει το σύνολο της επιστημονικής έρευνας. Για παράδειγμα, επειδή τα 13:20-21 και 13:22-25 δεν ταίριαζαν στην χιαστική ανάλυσή του, ο Vanhoye κατέληξε στο συμπέρασμα ότι δεν ανήκαν στο αρχικό κείμενο. Μια άλλη αναπόφευκτη συνέπεια είναι ότι ο Vanhoye χρησιμοποίησε σύγχρονες φιλολογικές επινοήσεις, ενώ η επιστολή γράφτηκε χωρίς διαστήματα και υποενότητες. δ) Οι φιλολογικές επινοήσεις τέλος, που ο Vanhoye ακολούθησε, δεν είναι ίσης αξίας μεταξύ τους, ούτε έχουν την ίδια σκοπιμότητα. Ο Swetnam[395] υποστήριξε ότι οι αναγγελίες του θέματος και η εναλλαγή του φιλολογικού είδους είναι πρωταρχικής σημασίας, ενώ το ομοιοτέλευτο, οι χαρακτηριστικοί όροι και οι συνδετικές λέξεις λειτουργούν απλώς ως βοηθητικά στοιχεία.

Έχουν επίσης προταθεί από τον MacLeod[396] άλλες έξι

---

aux Hébreux (Heb 8,1-9,28)», *RSR* 47 (1959) 44-60. του ίδιου, «Des Indices de la Structure Literaire de l' Épître aux Hébreux», *SE* 2 (1964) 493-509. του ίδιου, «Discussions sur la Structure de l' Épître aux Hébreux», *Bib* 55 (1974) 349–380 και του ίδιου, «La Question Literaire de Hébreux XIII,1-6», *NTS* 23 (1976-1977) 121-139. Βλ. σχόλια και σύνοψη της συζήτησης που ακολούθησε στις εργασίες της C. L. Westfall, *A Discourse Analysis of the Letter to the Hebrews: The Relationship between Form and Meaning*, JSNTSup 297, London, T & T Clark, 2005, 8-11 και του V. Rhee, *Faith in Hebrews: Analysis within the Context of Christology, Eschatology, and Ethics*, Studies in Biblical Literature 19, New York, Peter Lang, 2001, 23-28. Βλ. στα ελληνικά Κυρ. Παπαδημητρίου, *Η Χρήση της Κοινής από τον Ευαγγελιστή Λουκά. Μια Αδήλη Ταυτότητα. Συμβολή στο Ζήτημα του Συγγραφέα της προς Εβραίους Επιστολής*, (Διδακτ. Διατρ.), Θεσσαλονίκη 2003, 130-136.

[395] J. Swetnam, «Form and Content in Hebrews 7-13», *Bib* 55 (1974) 333.

[396] D. J. MacLeod, «The Literary Structure of the Book of Hebrews», *BSac* 146

Η φιλολογική ανάλυση

φιλολογικές επινοήσεις που ο συγγραφέας της επιστολής χρησιμοποιεί. Αυτές είναι:
1. Ένας μεγάλος αριθμός συγκριτικών π.χ. «*τοσούτῳ κρείττων, διαφορώτερον*».
2. Όροι που δηλώνουν το τέλος κάποιας κατάστασης. Για παράδειγμα οι όροι αυτοί εντοπίζονται στη σύγκριση της παλιάς λατρείας με την καινούργια (8:13).
3. Επιχειρήματα κατ' αναλαγίαν και κατά δείνωσιν (*a fortiori*). Χρησιμοποιούνται για να αποδειχθεί η νέα αποκάλυψη ἐν Χριστῷ.
4. Η μορφολογική αντίθεση. Χρησιμοποιούνται πολλά αντιθετικά μόρια προκειμένου να καταδειχθεί η ανωτερότητα της νέας πραγματικότητας π.χ. «*καὶ πρὸς μὲν....πρὸς δε...*».
5. Τα θέματα που επαναλαμβάνονται. Η ανάληψη, ο αρχιερέας, οι υποσχέσεις του Θεού κ.α[397].
6. Οι θεματικές προτάσεις. Ο D. M Stine υποστήριξε την εξής τριμερή διαίρεση της προς Εβραίους: 1:1-7:28, 8:1-10:18 και 10:19-13:25 και τόνισε ότι κάθε ενότητα εισάγεται με μια θεματική πρόταση: 1:1-4, 8:1-2 και 10:19-25[398].

(1989) 193.
[397] G. W. Buchanan, «The Present State of Scholarship on Hebrews», στο *Christianity, Judaism and other Greco-Roman Cults. Studies in Judaism in Late Antiquity*, εκδ. J. Neusner, Leiden 1975, 316.
[398] D. M. Stine, *The Finality of the Christian Faith: A Study of the Unfolding Argument of the Epistle to the Hebrews, Chapters 1-7*, 1964, 106, υποσ. 2 και 3. Άλλοι επιστήμονες που διαιρούν την επιστολή κατά τον ίδιο τρόπο με τον Stine είναι οι: G. L. Archer, *The Epistle to the Hebrews*, 1957, 9-14 και O. Michel, *Der Brief an die Hebräer*, Göttingen [12]1966, 92, 204 και 368. Ο Michel προτείνει την εξής διαίρεση: 1:1-4:13, 4:14-10:39 και 11:1-13:25. Αυτοί που ακολουθούν μια παρόμοια τριμερή διαίρεση είναι: P. Feine-J. Behm, *Introduction to the New Testament*, 1966, 274-275. A. Snell, *New and Living Way: An Explanation of the Epistle to the Hebrews*, London, Faith Press, 1959, 52-54. Ο J. Swetnam, «Form and Content in Hebrews 7-13», *Bib* 55 (1974) 347, στηρίζει την τριμερή του διαίρεση στην εμφάνιση της λέξης *ομολογία* στα 3:1, 4:14 και 10:23. Ο F. Delitzsch, *Commentary on the Epistle to the Hebrews*, τ. 2, 1978, 1:v-vii; 2:v-vii, προτείνει: 1:1-6:20, 7:1-10:18 και 10:19-13:25.

Η προς Εβραίους και οι φιλολογικές αναλύσεις

Είναι δύσκολο να δοθεί μία πλήρης εικόνα των δομικών στοιχείων της ανάλυσης του Vanhoye εξαιτίας της πληθώρας των στοιχείων που την χαρακτηρίζουν. Γεγονός πάντως είναι ότι κατάφερε μια δομική ανάλυση που παρόμοια της δεν είχε επιχειρηθεί ποτέ και απέδειξε ότι τίποτα στην προς Εβραίους δεν έχει τοποθετηθεί τυχαία[399]. Ο συγγραφέας, οποιοσδήποτε και αν ήταν, είχε σπουδάσει την τέχνη της σύνθεσης. Η επιλογή των λέξεων, ο ρυθμός, η δομή των φράσεων και η διάταξη διαφορετικών θεμάτων εμφανίζονται σε μια αρμονική ισορροπία επιτυγχάνοντας έτσι αυτό που ονομάζεται συμμετρία. Επιδράσεις της εργασίας του Vanhoye συναντάμε στα περισσότερα σύγχρονα υπομνήματα[400], ενώ σχετικά με την αυθεντικότητα του 13ου κεφαλαίου, στις μεταγενέστερες

---

[399] Βλ. ενδεικτικά τις εργασίες του: A. Vanhoye, *Epistolae ad Hebraeos. Textus de Sacerdotio Christi. Ad Usum Auditorum*, Romae 1969. του ίδιου, *Exegesis Epistola ad Hebraeos Cap. I-II. Ad Usum Privatum Auditorum*, Roma 1968. του ίδιου, *Epistola agli Ebrei. Struttura Letteraria e Ultima Parte (12, 14-13, 25)*, Roma 1974. του ίδιου, *La Nuova Alleanza nell' Epistola agli Ebrei*, Roma, Pontificio Istituto Biblico, 1981. του ίδιου, «De Sessione Celesti in Epistola ad Hebraeos», *VD* 44 (1966) 131-134. του ίδιου, «De Structura Litteraria Epistolae ad Hebraeos», *VD* 47 (1969) 76-77. του ίδιου, «Situation et Signification de Hébreux V, 1-10», *NTS* 23 (1976-1977) 445-456.

[400] Βλ. N. R. Lightfoot, *Jesus Christ Today: A Commentary on the Book of Hebrews*, 1976. Επιπλέον τη δική του διαίρεση ακολουθούν οι P. Ellingworth-E. A. Nida, *A Translator's Handbook on the Letter to the Hebrews*, New York 1983. H. Montefiore, *A Commentary on the Epistle to the Hebrews*, New York, 1964. M. M. Bourke, *The Epistle to the Hebrews*, 1990. D. A. Black, «The Problem of the Literary Structure of Hebrews: An Evaluation and a Proposal», *GTJ* 7 (1986) 163-177. W. L. Lane, *Hebrews 1-8*, WBC 47A, Waco, Texas 1991. P. Aufret, «Essai sur la Structure Litteraire et l' Interpretation d' Hébreux 3,1-6», *NTS* 26 (1979-1980) 380-396. M. Gourgues, «Remarques sur la Structure Centrale de l' Épître aux Hébreux», *RB* 84 (1977) 26-37. H. W. Attridge, *The Epistle to the Hebrews: A Commentary on the Epistle to the Hebrews*, Hermeneia, Philadelphia 1989. Πρόσφατα και στην εργασία του V. Rhee, *Faith in Hebrews: Analysis within the Context of Christology, Eschatology, and Ethics*, 13-17.

Η φιλολογική ανάλυση

εργασίες των Tasker[401], Spicq[402] και Filson υιοθετήθηκε η άποψη ότι αυτό προσαρτήθηκε αργότερα στο κείμενο[403].

Η εργασία του Vanhoye, παρά τις διαφωνίες που προκάλεσε, παραμένει σημαντική μέχρι σήμερα και συνεχίζει να επηρεάζει όλες τις εργασίες που ασχολούνται με τη δομή του κειμένου της προς Εβραίους. Επιπλέον, καθιέρωσε αυτόν τον τύπο δομικής ανάλυσης σε μια στερεότερη βάση ως μέρος μιας ευρύτερης προσέγγισης των κειμένων της Κ.Δ. γενικά, και της προς Εβραίους ειδικότερα.

Ο Dussaut εφαρμόζοντας τον στρουκτουραλισμό, επεχείρησε μια ιδιόμορφη διαίρεση της δομής της προς Εβραίους. Αυτή περιλαμβάνει τρία μέρη, από τα οποία το πρώτο και το τρίτο χωρίζονται σε δύο ενότητες και το δεύτερο σε τρεις[404]. Έχουμε δηλαδή επτά ενότητες (2+3+2), κάθε μία από τις οποίες αποτελείται από δύο υποενότητες, δίνοντας έτσι συνολικά 14 υποενότητες. Στην δομή που πρότεινε, παρατηρείται απόλυτος συσχετισμός των υποενοτήτων ανά ζεύγη. Το χιαστό σχήμα επανέρχεται πάλι στη δομή κατά τον τρόπο που είχε προτείνει ο Vanhoye, αλλά κατά τον Dussaut η πρώτη ενότητα αντιστοιχεί κατά συμμετρία με την δέκατη τέταρτη, η δεύτερη με την δέκατη τρίτη κ.ο.κ[405]. Σχετικά με το 13ο κεφάλαιο, ο Dussaut διαφοροποιείται από τον Vanhoye, ισχυριζόμενος ότι αποτελεί αναπόσπαστο μέρος της επιστολής, κάνοντας έτσι το 13:1-21 να αποτελεί την 13η υποενότητα της προς Εβραίους. Διατηρεί όμως το 9:11 ως το επίκεντρο της επιστολής.

Το πρώτο πράγμα που γίνεται φανερό είναι η έλλειψη

---

[401] Βλ. V. G. Tasker, «The Integrity of the Epistle to the Hebrews», *ExpTim* 47 (1935–6) 136–38.
[402] C. Spicq, *L' Épître aux Hébreux*, 1952.
[403] Βλ. F. Filson, «*Yesterday*». *A Study of Hebrews in the Light of Chapter 13*, 1967.
[404] L. Dussaut, *Synopse Structurelle de l' Épître aux Hébreux: Approche d' Analyse Structurelle*, Paris, Les Editions du Cerf, 1981.
[405] Βλ. Γ. Γρατσέα, *Η προς Εβραίους Επιστολή*, ΕΚΔ 13, Θεσσαλονίκη 1999, όπου στη σ. 162 παρατίθεται αναλυτικός πίνακας της δομικής ανάλυσης του L. Dussaut.

συμφωνίας πάνω στη διαίρεση των ενοτήτων. Υπάρχουν συγκεκριμένοι παράγοντες μέσα στο ίδιο το κείμενο που δεν επιτρέπουν την επικράτηση μιας συγκεκριμένης άποψης. Η ασυνήθιστη εναλλαγή και ανάμειξη διδασκαλίας και παραίνεσης κάνει προβληματική οποιαδήποτε προσπάθεια διαίρεσης του κειμένου. Από την άλλη, ο αριθμός των προτάσεων αποδεικνύει τον αριστοτεχνικό τρόπο σύνταξης και τη φιλολογική περιπλοκότητα της προς Εβραίους.

Σχετικά με το ζήτημα του διαχωρισμού των ενοτήτων κατά τον Lane[406] κυριαρχούν δύο αρχές. α) Ο συγγραφέας ακολουθεί κάποιες φιλολογικές και ρητορικές επινοήσεις, οι οποίες χρησιμοποιούνταν στην αρχαιότητα για την τακτοποίηση του υλικού και β) αν επρόκειτο για ομιλία και όχι για επιστολή, η σύνταξή της σε γραπτή μορφή απαιτούσε την παρουσία μέσα στο κείμενο κάποιων ενδείξεων με σκοπό να βοηθηθούν οι αναγνώστες να παρακολουθήσουν το ξετύλιγμα της υπόθεσης. Έτσι γίνεται αντιληπτό γιατί η χρήση των μεταβατικών τεχνικών ήταν ουσιαστική σε ένα κείμενο, το οποίο θα έπρεπε να κατανοηθεί ακουστικά.

2. Η γλωσσολογική ανάλυση

Ως γραπτό κείμενο η προς Εβραίους υπόκειται σε γλωσσολογική ανάλυση. Η ανάλυση αυτή αποτελεί μία σχετικά νέα μορφή ανάλυσης, η οποία χρησιμοποιείται στη βιβλική έρευνα και ουσιαστικά απορρέει και αυτή από το στρουκτουραλισμό. Μέχρι σήμερα όμως, δεν υπάρχει μια γενικά αποδεκτή μορφή, μια συγκεκριμένη μεθοδολογία, ούτε μια κοινή αποδεκτή ορολογία. Πρόκειται για τη μελέτη της ανθρώπινης γλώσσας και ειδικά της εσωτερικής δυναμικής μέσα σε ένα δίκτυο σχέσεων που συνυπάρχουν αρμονικά για να επιτευχθεί το αποτέλεσμα της επικοινωνίας[407]. Ο νέος

---

[406] Πρβλ. W. L. Lane, στο ίδιο, xc.
[407] Στην Ευρώπη καλείται Text Linguistics, ενώ στην Αμερική προτιμάται

Η γλωσσολογική ανάλυση

αυτός κλάδος της γλωσσολογικής ανάλυσης αγωνίζεται να δημιουργήσει προοπτικές και εργαλεία ανάλυσης που μπορούν να αποδειχθούν πολύ χρήσιμα για την ερμηνεία των κειμένων της Κ.Δ. Το ενδιαφέρον της μεθόδου αυτής εστιάζεται στην εννοιολογική συνοχή, στις συστατικές σχέσεις μέσα σε μια ενότητα του κειμένου και στην αναγνώριση ορίων μέσα σε μια ομιλία ή πραγματεία. Η πρωταρχική επιτυχία της γλωσσολογικής ανάλυσης είναι η κατανόηση της κάθε μίας παραγράφου που συγκροτούν την ομιλία ξεχωριστά. Το κλειδί για την κατανόηση του όλου κειμένου αποτελεί η ενότητα και όχι οι στίχοι ή οι λέξεις. Αυτό συμβαίνει διότι ο συγγραφέας συνθέτει τις προτάσεις με σκοπό αυτές να αποτελέσουν μια παράγραφο ή ενότητα. Θεμελιώδης προϋπόθεση για τη γλωσσολογική ανάλυση αποτελεί το γεγονός ότι τα γραπτά κείμενα έχουν την αυθεντικότητα τους στη συνάφεια του θέματος που ο συγγραφέας επιθυμεί να φανερώσει για να επικοινωνήσει με τους αναγνώστες. Σκοπός αυτής της μεθόδου είναι να ανακαλύψει τον τρόπο με τον οποίο ο συγγραφέας επεξεργάζεται γλωσσολογικά τις ενότητες στην πορεία διαμόρφωσης της κύριας ομιλίας ή πραγματείας.

Η γλωσσολογική ανάλυση χρησιμοποιήθηκε ως ισχυρό εργαλείο ερμηνείας της προς Εβραίους από τη Neeley[408]. Η ανάλυσή της στηρίζεται στις μεθόδους των σύγχρονων γλωσσολόγων. Η Neeley προτείνει 4 κριτήρια για να απομονώσει τις ενότητες της προς Εβραίους: α) την εναλλαγή του φιλολογικού είδους, π.χ. διδασκαλία-παραίνεση, β) τις μεταβατικές εισαγωγές ή καταλήξεις, γ) τη χρήση σχετικά σπάνιων γλωσσολογικών τεχνασμάτων π.χ. ρητορικές ερωτήσεις και δ) τη μαρτυρία της λεξικολογικής και εννοιολογικής συνοχής της ενότητας που προηγούνταν, το χιαστό σχήμα και κάποιες χαρακτηριστικές λέξεις. Πιστεύει

ο όρος *Discourse Analysis*. Πρβλ. W. R. Bodine, «Linguistics and Biblical Studies», στο *ABD* 3, 330 και C. L. Westfall, *A Discourse Analysis of the Letter to the Hebrews*, 22-27.

[408] L. L. Neeley, «A Discourse Analysis of Hebrews», *OPTT* 3-4 (1987) 1-146.

Η προς Εβραίους και οι φιλολογικές αναλύσεις

ότι μπορούμε να διακρίνουμε μία εισαγωγή, διάφορα σημεία που αναπτύσσεται η σκέψη του συγγραφέα, ένα σημείο όπου κορυφώνεται το ενδιαφέρον και έναν επίλογο. Έτσι έχουμε:

εισαγωγή	1:1-4[409]
σημείο 1	1:5-4:13
σημείο 2	4:14-10:18
σημείο κορυφή	10:19-13:19
επίλογος	13:20-21
κατάληξη	13:22-25

Πρόκειται για μία καθαρά γλωσσολογική προσέγγιση, η οποία χρησιμοποιεί κριτήρια παρόμοια με εκείνα του Vanhoye. Η εργασία της ενδιαφέρεται μόνο για το γλωσσολογικό χαρακτήρα του κυρίως κειμένου, το οποίο με βάση την παραπάνω ερευνήτρια πρόκειται για ομιλία[410]. Η προσέγγιση της Neeley ενσωματώνει σημαντικά στοιχεία από τη φιλολογική, ρητορική και θεματική ανάλυση, αλλά δεν λαμβάνει όμως, υπόψη της τον κοινωνικό και ιστορικό παράγοντα που έχει επηρεάσει την επιφανειακή δομή του κειμένου. Οι αρχές που χρησιμοποίησε είναι αυτές που χρησιμοποιούν στις μελέτες τους οι σύγχρονοι γλωσσολόγοι και έδειξε ότι ορισμένες αρχές της επικοινωνίας είναι παρούσες στο κείμενο. Η σύνδεση που επιχείρησε μεταξύ ορισμένων χαρακτηριστικών της προς Εβραίους και των κεντρικών θεμάτων, τα οποία κορυφώνονται σε συγκεκριμένα σημεία είναι προφανώς η σημαντικότερη συμβολή της μεθοδολογίας της Neeley.

Ο Guthrie προσεγγίζει το κείμενο της προς Εβραίους, με μία μέθοδο που αναγνωρίζει το χαρακτήρα ενός αρχαίου έργου[411].

---

[409] D. A. Black, «Hebrews 1:1-4: A Study in Discourse Analysis», *WTJ* 49 (1987) 175-199.
[410] Σχεδιάγραμμα της διαίρεσης παρέχει ο Lane, *στο ίδιο*, lxxxiii και κριτική η C. L. Westfall, *A Discourse Analysis of the Letter to the Hebrews*, 17-18.
[411] G. H. Guthrie, *The Structure of Hebrews. A Text-Linguistic Analysis*, NovTSup 73, Leiden Brill, 1994.

Η γλωσσολογική ανάλυση

Αν και πρόκειται για μια ρητορικο-γλωσσολογική προσέγγιση, με ευαισθησία στο προφορικό και φιλολογικό περιβάλλον του αρχαίου κόσμου, η κύρια μέθοδος του παραμένει η γλωσσολογική ανάλυση, παρόλο που φαίνεται ότι ευνοεί τη δυναμική και άλλων σχετικών προσεγγίσεων. Ειδικότερα, αναπτύσσει μία μέθοδο που συνδυάζει τις δυνατότητες των γλωσσολογικών, φιλολογικών, θεματικών και ρητορικών προσεγγίσεων.

Ο Guthrie υποστηρίζει ότι πρόκειται για ομιλία και όχι για επιστολή, η οποία φέρει χαρακτηριστικά ομιλίας της συναγωγής. Μεθοδολογικά τώρα, πρώτα ερευνά τις ενότητες, όπου παρεμβάλλονται ομιλίες, ενώ με τη βοήθεια των συμπερασμάτων που βγάζει από τη μελέτη τους, εξετάζει το όλο κείμενο χρησιμοποιώντας τη συνεκτική ανάλυση και τη ρητορική. Προσοχή δίνεται σε αυτό που ονομάζεται «μετάβαση μεταξύ των ενοτήτων». Ο Guthrie συμπεραίνει και αυτός το πόσο καλογραμμένο κείμενο είναι η προς Εβραίους.

Ο Guthrie, όπως ο Vanhoye[412] και ο Nauck[413], εξέτασε τη χρήση της αρχαίας φιλολογίας στο κείμενο της επιστολής. Στο έκτο κεφάλαιο εστιάζει το ενδιαφέρον του στη σύνοψη του λεξιλογίου (όπως ο Vanhoye). Οι μεταβάσεις μέσα σε κάθε ενότητα παριστάνουν διαστηματικές εναλλαγές. Η πρώτη φέρνει τον Ιησού στη γη, ενώ η δεύτερη πάνω στον ουρανό[414].

Πρόκειται για μια εντυπωσιακή προσέγγιση που επηρεάζει πλέον όλες τις μελέτες γύρω από τη δομή της προς Εβραίους. Ο Guthrie έδωσε προσοχή στις μεταβατικές επινοήσεις που χρησιμοποιεί ο συγγραφέας για να συνδέσει τα διαφορετικά τμήματα της ομιλίας μεταξύ τους. Αναγνώρισε πως ο αριστοτεχνικός τρόπος συνοχής αυτών των τμημάτων της ομιλίας μεταξύ τους ήταν μια παραμελημένη οπτική γωνία της έρευνας.

---

[412] A. Vanhoye, *La Structure Litteraire de l' Épître aux Hébreux*, 1963 και του ίδιου, *Traduction Structure de l' Épître aux Hébreux*, Rome 1963.

[413] W. Nauck, «Zum Aufbau des Hebräerbriefes», στο *Judentum, Urchristentum, Kirche*, έκδ. J. Jeremias, 1960.

[414] Βλ. G. H. Guthrie, στο ίδιο, 142.

Ο Guthrie επινόησε εννέα μεταβατικές τεχνικές, τις οποίες κατατάσσει σε δύο ευρύτερες κατηγορίες. Στην πρώτη κατηγορία ανήκουν οι λεγόμενες «συστατικές μεταβάσεις». Πρόκειται για φράσεις που τοποθετούνται σε ένα ή περισσότερα από τα συστατικά μέρη των δύο μερών του υλικού που ενώνονται με τη μετάβαση. Αυτές αποτελούν πάντα εισαγωγή ή κατάληξη. Στην δεύτερη κατηγορία ανήκουν οι «ενδιάμεσες μεταβάσεις». Αυτές αποτελούνται από μια ενότητα κειμένου που τοποθετείται ανάμεσα σε δύο μεγαλύτερες ενότητες της ομιλίας. Σε αυτή την περίπτωση η εν λόγω ενότητα δεν ανήκει αποκλειστικά στην ενότητα που προηγείται, ούτε σε εκείνη που ακολουθεί, αλλά και στις δύο.

Στις συστατικές μεταβάσεις ανήκουν οι παρακάτω τεχνικές του συγγραφέα της επιστολής:

1. Οι συνδετικές λέξεις. Η μετάβαση εδώ επιτυγχάνεται με τη χρήση της ίδιας λέξης στο τέλος μιας ενότητας και στην αρχή της επόμενης. Χαρακτηριστικό παράδειγμα η ενότητα 1:1-4/5-14 όπου ως συνδετική λέξη λειτουργεί η γενική «*τῶν ἀγγέλων*».

2. Οι μακρινές συνδετικές λέξεις. Όταν μια επεξηγηματική ενότητα ακολουθείται από μια προτροπή, η οποία με τη σειρά της ακολουθείται από μια επεξηγηματική ενότητα, τότε ο συγγραφέας χρησιμοποιεί δυο ζεύγη από συνδετικές λέξεις που δένουν τις τρεις ενότητες μεταξύ τους (π.χ. 1:5-14/2:1-4/2:5-9). Οι δύο πρώτες ενότητες συνδέονται μεταξύ τους με τις λέξεις «*σωτηρία*» και «*μέλλειν*», ενώ η δεύτερη με την τρίτη μέσω του «*λαλεῖν*» και τους τύπους του «*μαρτυρεῖν*»[415].

3. Οι συνδετικές λέξεις κλειδιά. Πρόκειται για τρεις μεταβατικές τεχνικές που χρησιμοποιούν χαρακτηριστικούς όρους. Η μετάβαση επιτυγχάνεται με α) έναν χαρακτηριστικό όρο στη δεύτερη ενότητα που εισάγεται ως κατάληξη στην πρώτη, β) την επανάληψη ενός χαρακτηριστικού όρου από την προηγούμενη ενότητα στην εισαγωγή της ενότητας που ακολουθεί ή γ) έναν συνδυασμό των δύο. Χαρακτηριστικό παράδειγμα για το

---

[415] Πρβλ. G. H. Guthrie, στο *ίδιο*, όπου στις σελίδες 94-109, παρέχονται σχεδιαγράμματα και εικόνες που επεξηγούν χαρακτηριστικά τη χρήση των συγκεκριμένων γλωσσολογικών τεχνικών.

Η γλωσσολογική ανάλυση

(α) αποτελεί το 1:1-4, το οποίο συνδέεται με το 1:5-2:18. Το περιεχόμενο του 1:4 προμηνύει την ανάπτυξη του 1:5-2:18. Η λέξη «*άγγελοι*» απαντάται 10 φορές. Για το (β) η λέξη *άγγελοι* που αποτελεί λέξη κλειδί για το 1:5-14 επαναλαμβάνεται στο 2:2 και τέλος για την (γ) περίπτωση η μετάβαση πραγματοποιείται με την επανάληψη της λέξης «*δόξη*» (2:9) στην αρχή του 2:10-18 και την εισαγωγή δύο χαρακτηριστικών όρων «*πάθημα*» και «*θανάτου*» από το 2:10-18 που εισάγονται στο τέλος του 2:5-9[416].

4. Οι συμπλεκόμενες συνιστώσες. Πρόκειται για μια ενότητα του κειμένου, την οποία ο συγγραφέας χρησιμοποιεί ταυτόχρονα για να κλείσει ένα τμήμα της ομιλίας του και να αρχίσει ένα άλλο. Αυτό συμβαίνει λόγου χάρη στις ενότητες 4:14-16 και 10:19-25. Έτσι το 10:19-25 αποτελεί την κατάληξη του 4:14-10:18[417] και την εισαγωγή σε όσα ακολουθούν μετά από αυτό.

5. Οι παράλληλες εισαγωγές. Εδώ έχουμε την περίπτωση ο συγγραφέας να χρησιμοποιεί δυο παράλληλες αναγγελίες στην αρχή δυο ενοτήτων για να πετύχει τη μετάβαση. Ο στίχος 5:1 επαναλαμβάνεται με μικρή τροποποίηση στο 8:3 διατυπώνοντας έτσι τα δύο θέματα που αναπτύσσονται στην ενότητα 4:14-10:25, την από τον Πατέρα εγκαθίδρυση του Υιού στο αρχιερατικό λειτούργημα και την ανώτερη θυσία του.

Κατά τον ίδιο τρόπο παρουσιάζονται οι ανάλογες τεχνικές που υπάγονται στις ενδιάμεσες μεταβάσεις. Αυτές είναι οι παρακάτω:

---

[416] Βλ. λεπτομέρειες στο R. L. Brawley, «Discoursive Structure and the Unseen in Hebrews 2:8 and 11:1: A Neglected Aspect of the Context», *CBQ* 55 (1993) 81-98.

[417] Βλ. λεπτομέρειες στο W. Schenk, «Hebräerbrief 4,14-16: Texttlinguistic als Kommentierungsprinzip», *NTS* 26 (1980) 380-396 και M. Theobald, «Vom Text zum "Lebendigen Wort" (Hebr 4,12). Beobachtungen zur Schrifthermeneutik des Hebräerbriefs», στο *Jesus Christus als die Mitte der Schrift. Studien zur Hermeneutik des Evangeliums*, έκδ. C. Landmesser-H. J. Eckstein-H. Lichtenberger, BZNW 86, Berlin, Walter de Gruyter 1997, 751-790.

Η προς Εβραίους και οι φιλολογικές αναλύσεις

1. Η άμεση ενδιάμεση μετάβαση. Πρόκειται για μια ενότητα του κειμένου που λειτουργεί ως συνδετικός κρίκος, ο οποίος συνδέει δυο μεγαλύτερες ενότητες της ομιλίας. Η ενδιάμεση ενότητα περιλαμβάνει στην αρχή της ένα προεξέχον στοιχείο του προηγούμενου τμήματος και εισάγει ένα στοιχείο που θα αναπτυχθεί στο τμήμα που ακολουθεί. Το Εβρ. 8:1-2 αποτελεί χαρακτηριστικό παράδειγμα μιας άμεσης ενδιάμεσης μετάβασης από την ενότητα 5:1-7:28 στην 8:3-10:18. Οι όροι που διευκολύνουν την μετάβαση είναι οι «*τῶν ἁγίων*» και «*τῆς σκηνῆς*».
2. Έμμεση ενδιάμεση μετάβαση. Σε αυτό το είδος της ενδιάμεσης μετάβασης κάποια χαρακτηριστικά στοιχεία από την ενότητα που προηγήθηκε και από εκείνη που έπεται διαπλέκονται μεταξύ τους. Αυτή η μεταβατική τεχνική εφαρμόζεται στο 2:5-9, το οποίο λειτουργεί ως ενδιάμεση μετάβαση μεταξύ του 1:5-2:4, όπου αναπτύσσεται η ανωτερότητα του Υιού έναντι των αγγέλων και του 2:10-18, στο οποίο ο συγγραφέας αναλύει την αναγκαιότητα της ταπείνωσης του Χριστού. Το κλειδί εδώ συνίσταται από την φράση «*ἠλάττωσας αὐτὸν βραχύ τι παρ' ἀγγέλους*» και τους όρους «*ὑπέταξεν*» και «*ἐστεφανωμένον*».

Η συμβολή του Guthrie έγκειται στην κατανόηση των ξεχωριστών στόχων της διδασκαλίας και της προτροπής στην προς Εβραίους. Ο Guthrie ισχυρίζεται ότι κάθε ενότητα στην οποία έχουμε θεολογική διδασκαλία στηρίζεται στην προηγούμενη, ενώ τα παραινετικά μέρη λειτουργούν ως προτροπές στην υπακοή στο λόγο του Θεού και στις συνέπειες της ανυπακοής. Στη δομή της προς Εβραίους προτείνει ότι πρέπει να ακολουθηθεί η διάκριση μεταξύ της διδασκαλίας της πίστης και της προτροπής καθώς σε κάθε γένος έχει ανατεθεί ένα διαφορετικό λειτούργημα.

Σύμφωνα με τον Guthrie η θεολογική διδασκαλία της επιστολής διαιρείται σε δυο μεγαλύτερα τμήματα παρεμβαλλόμενων ομιλιών, από τα οποία το μεν πρώτο δείχνει τη σχέση του Υιού με τους αγγέλους, ενώ το δε δεύτερο τη θέση του Χριστού ως αρχιερέα σε σχέση με το επίγειο θυσιαστικό

Η γλωσσολογική ανάλυση

σύστημα. Το κάθε ένα από τα δυο αυτά τμήματα διαιρείται σε δύο μέρη, τα οποία χωρίζονται με μια ενδιάμεση μετάβαση[418].

I. Α. Η ανωτερότητα του Υιού
I. αβ. *Μετάβαση*. Ο ανώτερος Υιός γίνεται ταπεινώτερος
I. Β. Ο Υιός ταπεινώτερος
II. Α. Ο Υιός τελειωθεὶς ἐγένετο πᾶσιν τοῖς ὑπακούουσιν αὐτῷ αἴτιος σωτηρίας αἰωνίου,
Α1 Εισαγωγή
Α2 Η ανωτερότητα του Μελχισεδέκ[419]
Α3 Η ανωτερότητα του Χριστού.
II. Αβ. *Μετάβαση*. Ο αρχιερέας μεσίτης στην αληθινή σκηνή στον ουρανό.
II. Β. Ο ουράνιος αρχιερέας προσφέρει μια ανώτερη θυσία[420]
Β1 Εισαγωγή
Β2 Η ανωτερότητα της νέας διαθήκης
Β3 Η ανωτερότητα της νέας προσφοράς

Τα Α1-Β1, Α2-Β2 έχουν κοινά θέματα. Οι πέντε διαιρέσεις του συμβουλευτικού υλικού που αναπτύσσεται στην ενότητα 3:1-4:16 ισορροπούν με τα αντεστραμμένα αντίστοιχα πέντε μέρη της ενότητας 10:19-12:3. Δηλαδή:

1) 3:1-6   5) 12:1-3
2) 3:7-19   4) 11:1-40
3) 4:1-11   3) 10:32-39
4) 4:12-13   2) 10:26-31
5) 4:14-16   1) 10:19-25

---

[418] Βλ. W. L. Lane, *στο ίδιο*, xcvi-xcviii, πρβλ. και G. H. Guthrie, *στο ίδιο*, 122 και 142, όπου παρατίθενται χαρακτηριστικά σχήματα της δομικής ανάλυσης που ακολουθεί.
[419] Βλ. Μ. Καραμπίνη, «Μελχισεδέκ», *ΕκκΛ* 29 (1952) 20-22.
[420] Πρβλ. την ανάλυση του H. Feld, *Der Hebräerbrief*, Darmstadt, Wissenschaftliche Buchgesellschaft, 1985, 20-23 και 76-82.

Η εκτεταμένη χρήση αυτών των φιλολογικών και ρητορικών τεχνικών φανερώνει ότι υπήρχε μία καθιερωμένη τεχνική συγγραφής κατά τον 1° αιώνα. Ο συγγραφέας της προς Εβραίους βέβαια, αξιοποίησε στο μέγιστο βαθμό όλες αυτές τις τεχνικές και με την ικανότητα του αυτή, δικαίως έχει χαρακτηριστεί ως ο Μότσαρτ της ρητορικής τέχνης και ο λόγος του, αναφορικά με τη μορφή και τη δομή, συμφωνία[421].

Μία εναλλακτική γλωσσολογική ανάλυση στο κείμενο της προς Εβραίους πρόσφερε πρόσφατα η Westfall, υιοθετώντας ως μέθοδο τη δομολειτουργική γλωσσολογία. Η εργασία της προσθέτει στις ήδη υπάρχουσες γλωσσολογικές αναλύσεις μία εναλλακτική προοπτική. Το συγκεκριμένο μοντέλο ανάλυσης επιχειρεί την ομαδοποίηση ορισμένων τμημάτων προκειμένου να διαμορφωθούν ενότητες κειμένου, οι οποίες περιέχουν εννοιολογική συνοχή και διατηρούν εξέχουσα θέση στο κείμενο.

Ειδικότερα, η προς Εβραίους αναλύεται ως σύνολο με βάση τη συγκεκριμένη γλωσσολογική προσέγγιση και διαιρείται σε 4 μεγάλες ενότητες (1:1-4:16, 4:11-7:28, 8:1-10:25, 10:19-13:25). Κάθε ενότητα αναλύεται με μια συγκεκριμένη δομική πορεία, η οποία ακολουθείται σταθερά. Αυτή περιλαμβάνει: α) τη γραμμική μορφοποίηση, β) την ομαδοποίηση σε μικρότερες ενότητες, γ) τη συνοχή, η οποία περιλαμβάνει τους γλωσσολογικούς συνδέσμους της ομιλίας, δ) την εξέχουσα θέση, δηλαδή τον τρόπο με τον οποίο ο συγγραφέας τονίζει μία ενότητα του κειμένου, και ε) τη συνέπεια, η οποία φανερώνει πως και γιατί η ομιλία κάνει αίσθηση[422].

Η Westfall δέχεται ότι ο συγγραφέας της προς Εβραίους επιλέγει να συνθέσει τις προτάσεις στηριζόμενος σε μια προκαθορισμένη σειρά και δείχνει ότι η σειρά αυτή καθορίζεται από τις έννοιες, τις οποίες επιθυμεί να μεταδώσει. Για παράδειγμα, οι παραστάσεις του αθλητικού αγώνα και της λατρευτικής τελετουργίας διαδραματίζουν σημαντικό ρόλο

---

[421] Πρβλ. G. H. Guthrie, *The Structure of Hebrews. A Text-Linguistic Analysis*, NovTSup 73, Leiden Brill, 1994, 147.

[422] Βλ. εισαγωγικά για τις κατηγορίες αυτές στο C. L. Westfall, *A Discourse Analysis of the Letter to the Hebrews*, 28-41.

Η γλωσσολογική ανάλυση

στον καθορισμό των θεμάτων και τον προσδιορισμό των υποενοτήτων⁴²³. Πρόκειται για μία εξαντλητική γλωσσολογική ανάλυση εξαιρετικά δύσκολη να την ακολουθήσει ο μη ειδικός. Οι βασικές θέσεις, οι οποίες προκύπτουν είναι οι εξής. Η προς Εβραίους θα πρέπει να αντιμετωπίζεται ως ομιλία. Ο συγγραφέας της ή ο τελικός συντάκτης κατόρθωσε να δώσει ικανοποιητική συνοχή στα διαφορετικά θέματα της Π.Δ., τα οποία χρησιμοποιούνται στο κείμενο. Τα ερωτήματα σχετικά με τα διαφορετικής μορφής κεφάλαια, όπως το 11 και ειδικά το 13 παραμένουν ανοιχτά σε σχέση με την ακεραιότητα του συνολικού κειμένου. Ο συγγραφέας χρησιμοποιεί μία ποικιλία φιλολογικών και ρητορικών τεχνικών.

Σύμφωνα με την παραπάνω ανάλυση η ομιλία κορυφώνεται σε δύο θεματικές ενότητες (4:11-16 και 10:19-25, οι οποίες διαμορφώνονται από τριάδες ομιλητικών υποτακτικών) και όχι σε μία πλέον, όπως στις διαιρέσεις των Γάλλων στρουκτουραλιστών. Το Εβρ. 3:1 αποτελεί το κεντρικό θέμα της ομιλίας, το οποίο παρουσιάζεται αναλυτικά στα 1:1-4:16 (ο Ιησούς ως απόστολος), 4:11-10:25 (ο Ιησούς ως αρχιερέας) και 10:19-13:25 (η κοινωνία των πιστών με τον Ιησού)⁴²⁴. Η Westfall πρόσφερε μία νέα γλωσσολογική ανάλυση, διαφορετική από τις δύο προηγούμενες, η οποία υιοθετεί μία διεπιστημονική μεθοδολογική προσέγγιση. Αυτή είναι η τελευταία μέχρι σήμερα εργασία στο χώρο της γλωσσολογικής ανάλυσης της προς Εβραίους, η οποία όμως, δεν έχει κατορθώσει να ασκήσει την επίδραση που είχε η εργασία του Guthrie⁴²⁵. Το θετικό της σημείο είναι ότι έδειξε με διαφορετικό τρόπο ότι οι υποενότητες οργανώνονται στο κείμενο με βάση ορισμένες βασικές θεολογικές έννοιες, τις οποίες ο συγγραφέας αναπτύσσει εκτενέστερα μέσα σε αυτές.

---

⁴²³ Με την αθλητική παράσταση ασχολήθηκε ρητορικά ο N. C. Croy, *Endurance in Suffering*, 59-62.

⁴²⁴ C. L. Westfall, *A Discourse Analysis of the Letter to the Hebrews*, 297-301.

⁴²⁵ Βλ. την εκτίμηση του J. Kurianal, *Jesus Our High Priest: Ps. 110,4 as the Substructure of Heb 5,1-7,28*, Europäische Hochschulschriften. Reihe Xxiii, Theologie 693, Frankfurt am Main, P. Lang, 2000, 22-23.

3. Η ρητορική ανάλυση

Η ρητορική ανάλυση της Καινής Διαθήκης προσπαθεί να εντοπίσει τα ρητορικά και γλωσσολογικά φαινόμενα που χρησιμοποιούνται στο κείμενο. Η μεθοδολογία της περιλαμβάνει: α) τον καθορισμό των ορίων ή το σκοπό της φιλολογικής ενότητας και β) την αναγνώριση της δομής της σύνθεσης και της διάταξης των συστατικών της μερών[426]. Η ρητορική ανάλυση στην πραγματικότητα δεν είναι μια νέα μέθοδος. Αυτό που είναι καινούργιο είναι η χρήση της με συστηματικό τρόπο για την ερμηνεία της Βίβλου και επίσης η αρχή και ανάπτυξη της «νέας ρητορικής»[427]. Μεγάλος αριθμός

---

[426] Βλ. J. D. H. Amador, «Where Could Rhetorical Criticism (Still) Take Us?», CR:BS 7 (1999) 195-221. B. Fiore, «N.T. Rhetoric and Rhetorical Criticism», στο ABD 5, 717 και στα ελληνικά εισαγωγικά για τη μέθοδο Σ. Αγουρίδη, *Ερμηνευτική των Ιερών Κειμένων*, 267-269. Κ. Νικολακόπουλου, *Καινή Διαθήκη και Ρητορική. Τα Ρητορικά Σχήματα Διανοίας στα Ιστορικά Βιβλία της Καινής Διαθήκης*, Κατερίνη 1993. του ίδιου, «Επόψεις της "Παυλείου" Ρητορικής στις Δύο προς Τιμόθεον Επιστολές», στις *Εισηγήσεις ΙΑ΄ Συνάξεως Ορθοδόξων Βιβλικών Θεολόγων*, Θεσσαλονίκη 2004, 287-289 και στο *Ερμηνευτικά Μελετήματα από Ρητορικής και Υμνολογικής Επόψεως*, ΒΒ 34, Θεσσαλονίκη 2000, 127-130. του ίδιου, «Η Νοηματική Λειτουργία Βασικών Ρητορικών Σχημάτων στο Κείμενο της Αποκαλύψεως του Ιωάννου», στο *Ερμηνευτικά Μελετήματα από Ρητορικής και Υμνολογικής Επόψεως*, 153-158. Ι. Καραβιδόπουλου, «Νέες Κατευθύνσεις στη Βιβλική Ερμηνευτική», ΔΒΜ 17 (1998) 51-53. Χ. Ατματζίδη, *Η Έννοια της Δόξας στην Πάυλεια Θεολογία*, ΒΒ 17, Θεσσαλονίκη 2001, 31-32. του ίδιου, *Η Εσχατολογία στη Β΄ Επιστολή Πέτρου*, ΒΒ 33, Θεσσαλονίκη 2005, 65-67 και 111-116. Δ. Κούκουρα, *Η Ρητορική και η Εκκλησιαστική Ρητορική*, Θεσσαλονίκη 2003, 139-181. Κ. Παπαδημητρίου, *Η Χρήση της Κοινής από τον Ευαγγελιστή Λουκά. Μια Άδηλη Ταυτότητα. Συμβολή στο Ζήτημα του Συγγραφέα της προς Εβραίους Επιστολής*, 20-21. της ίδιας, «Η Ρητορική Ανάλυση της Γραφής», στο *Γλώσσα και Ερμηνεία της Καινής Διαθήκης. Γλωσσολογικές και Ερμηνευτικές Δοκιμές*, Θεσσαλονίκη 2004, 79-97. Βλ. επίσης το σχετικό ψηφιακό περιοδικό στη διεύθυνση http://rhetjournal.net/ (καταχωρημένη 3/12/2007), όπου υπάρχει βοηθητικό υλικό.

[427] Διακρίνονται τρεις διαφορετικές προσεγγίσεις: α) Η πρώτη στηρίζεται

Η ρητορική ανάλυση

των σύγχρονων σπουδών δίνει τεράστια προσοχή στην παρουσία των ρητορικών χαρακτηριστικών στη Γραφή[428]. Τα τελευταία χρόνια αρκετοί καινοδιαθηκολόγοι, αναγνωρίζοντας την τεράστια επιρροή της ρητορικής στον ελληνικό πολιτισμό, εφάρμοσαν τους κανόνες της κλασικής ρητορικής στην ανάλυση συγκεκριμένων βιβλικών κειμένων, αφού διέκριναν να υπάρχουν σε αυτά κάποιες ρητορικές τεχνικές, οι οποίες είχαν υιοθετηθεί από τους χριστιανούς συγγραφείς τους.

Σκοπός της ρητορικής ανάλυσης είναι να ανακαλύψει τη στρατηγική που ο συγγραφέας αναπτύσσει προκειμένου να πετύχει το στόχο του. Πρόκειται δηλαδή για μία ερμηνευτική κατανόηση του κειμένου μέσω της γλώσσας που αυτό χρησιμοποιεί. Όπως γίνεται κατανοητό, εφόσον η γλώσσα και η δομή παίζουν σε αυτή καθοριστικό ρόλο, και αυτή η μέθοδος απορρέει από το στρουκτουραλισμό[429]. Κατά τη διάρκεια του 20ού αιώνα η ρητορική κριτική αναπτύχθηκε ως ξεχωριστός κλάδος. Το ενδιαφέρον της ήταν να μας πληροφορήσει για μια ανάλυση των κειμένων της Κ.Δ. με την πλαισίωση της ελληνορωμαϊκής ρητορικής τέχνης[430]. Αυτή η εξέλιξη ενισχύθηκε από το γεγονός ότι η ελληνορωμαϊκή ρητορική τέχνη

στην κλασική ελληνορωμαϊκή ρητορική, β) η δεύτερη περιέχει τις σημιτικές διαδικασίες της διδασκαλίας ενός κειμένου και γ) η τρίτη παίρνει την έμπνευσή της από πρόσφατες μελέτες, από αυτό που ονομάζεται «νέα ρητορική». Μία από τις παλαιότερες προσπάθειες να σχηματιστεί μία ρητορική δομή της προς Εβραίους παρουσιάστηκε στην εργασία του H. F. Weiss, *Der Brief an die Hebräer*, KEK 15, Göttingen, Vendenhoeck & Ruprecht, 1991, 50-51.

[428] Βλ. Pontifical Biblical Commission (εκδ.), *The Interpretation of the Bible in the Church*, 1993, 41-44.

[429] Βλ. Ι. Καραβιδόπουλου, «Νέες Κατευθύνσεις στη Βιβλική Ερμηνευτική», *ΔΒΜ* 17 (1998) 51-53 και την εργασία του N. Casalini, *Agli Ebrei: Discorso di Esortazione*, SBFLA 34, Jerusalem 1992.

[430] Η νέα ρητορική υιοθετεί ένα περισσότερο γενικό πλαίσιο έρευνας. Είναι κάτι παραπάνω από έναν απλό κατάλογο που περιλαμβάνει ρητορικές στρατηγικές και διάφορους τρόπους ομιλίας. Μελετάει τη μορφή και τη διδασκαλία των γραπτών ως νοήματα μιας ενέργειας μπροστά σε ένα ακροατήριο. Σε αυτό έχει ωφεληθεί από τη συμβολή άλλων περιοχών γνώσης: γλωσσολογία, σημειωτική, ανθρωπολογία και κοινωνιολογία.

συστηματοποιήθηκε στα διασωθέντα εγχειρίδια ρητορικής. Στην αρχαιότητα ο ομιλητής προσπαθούσε να παρέχει στο ακροατήριο του κάποιες ενδείξεις για το που τελειώνει μία ενότητα και που αρχίζει μία άλλη. Στα αρχαία κείμενα όμως, παρατηρείται απουσία οποιασδήποτε ένδειξης για το που τα συστατικά μέρη μιας πραγματείας ξεκινούν και που αυτά τελειώνουν. Τεχνικές, όπως επαναλήψεις, αναφορά, ομοιοτέλευτο, παραλληλισμοί, συνθηματική σύνδεση, ρητορική προστακτική, απευθείας αναφορά στους ακροατές, ρητορικά ερωτήματα, συνδετικές λέξεις κ.α., εμφανίζονται στην προς Εβραίους με σκοπό να παρέχουν προφορική βοήθεια στους ακροατές, ειδικά όταν επρόκειτο για κοινή ανάγνωση (π.χ. στις λατρευτικές συνάξεις).

Επιστρέφοντας τώρα στην προς Εβραίους, θα πρέπει να σημειωθεί ότι αυτή, τόσο ως προς τη μορφή, όσο και ως προς τη μέθοδο επιχειρηματολογίας χρησιμοποιεί ρητορικές τεχνικές του αρχαίου κόσμου. Ήδη από το 16° αι. μ.Χ. παρατηρείται προσπάθεια από τον Hemmingsen[431] να κατανοηθεί η προς Εβραίους με τη συνδρομή των αρχαίων ελληνορωμαϊκών ρητορικών τεχνικών. Αυτός διαίρεσε την προς Εβραίους σε δύο τμήματα, ονομάζοντάς τα *narratio* και *disputatio* αντίστοιχα.

Στη σύγχρονη εποχή, ο Cosby[432] δέχτηκε ότι η υψηλή ρητορική στρατηγική της επιστολής αρχίζει από τον πρώτο κιόλας στίχο με το «*πολυμερῶς καὶ πολυτρόπως πάλαι...*». Η υπόθεση ότι η προς Εβραίους είναι ομιλία, η οποία ακολουθεί ορισμένους κανόνες της αρχαίας ρητορικής τέχνης δεν είναι

---

[431] N. Hemmingsen, «Ad Hebraeos», στο *Commentaria in omnes Epistolas Apostolorum, Pauli, Petri, Iudae, Iohannis, Iacobi et in eam quae ad Hebraeos inscribitur*, Leipzig, Andreas Schneider, typis Voegelianis, 1572, 831. Βλ. D. F. Watson, «Rhetorical Criticism of Hebrews and the Catholic Epistles since 1978», *CR:BS* 5 (1997) 175-207 και H. Löhr, «Reflections on Rhetorical Terminology in Hebrews», στο G. Gelardini (εκδ.), *Hebrews: Contemporary Methods-New Insights*, BIS 75, Leiden, Brill, 2005, 199-200.

[432] Βλ. M. R. Cosby, «The Rhetorical Composition of Hebrews 11», *JBL* 107 (1988) 258.

Η ρητορική ανάλυση

καινούργια. Στις αρχές του 20ου ο Von Soden⁴³³ υποστήριξε ότι η δομή της επιστολής σχεδιάστηκε απόλυτα σύμφωνη με τις αρχές των ρητορικών σχολών της εποχής εκείνης. Ο Von Soden με βάση τις αρχές της κλασικής δικανικής ρητορικής ανέλυσε τη δομή της προς Εβραίους ως εξής:

προοίμιον	1:1-4
με πρόθεση	1:5-4:16
διήγηση προς πιθανότητα	5-6
απόδειξις προς πειθώ	7:1-10:18
επίλογος	10:19-13:25

Αυτό το τετραμερές σχήμα υιοθετήθηκε με κάποιες μικρές αναθεωρήσεις από τους Haering⁴³⁴ και Windisch⁴³⁵. Σήμερα όμως, κανείς δεν ακολουθεί τον Von Soden και τη θέση ότι η προς Εβραίους μοιάζει με κείμενο δικανικής ρητορικής. Ο Mitchell δέχτηκε ότι ο συγγραφέας της προς Εβραίους είναι επηρεασμένος από δυο αρχές της ρητορικής⁴³⁶: την ευπρέπεια και την πειθώ. Το «πρέπον» στη ρητορική επιτυγχάνεται με μια αρμονική ισορροπία ανάμεσα σε τρία πράγματα: τον ομιλητή, τους ακροατές και τον λόγο. Από την άλλη, η πειθώ αποτελεί τον σκοπό της ρητορικής. Στην επιστολή, ο Θεός εμφανίζεται από τη μια, ως πειστικός ομιλητής (1:2, 4:7) και από την άλλη, ως περισσότερο πειστικός ομιλητής (2:5-18). Ο Χριστός στην ενότητα 4:14-5:10 εμφανίζεται ως πειστικός μεσίτης, ενώ στην 7:20-28 γίνεται φανερή μια περισσότερο πειστική μεσιτεία του (πρόκειται για την εγκαθίδρυσή του στο αρχιερατικό αξίωμα με ορκωμοσία).

Ο Lindars⁴³⁷, αφού τόνισε το γεγονός ότι πρέπει πρώτα να

---

[433] H. Von Soden, «Der Hebräerbrief», *JPTh* 10 (1884) 435-493, 627-656.
[434] Βλ. T. Haering, «Gedankengang und Grundgedanken des Hebräerbriefs», *ZNW* 18 (1917-1918) 145-164.
[435] Βλ. H. Windisch, *Der Hebräerbrief*, HNT, Tübingen, Mohr, ²1931.
[436] A. C. Mitchell, «The Use of πρέπειν and Rhetorical Propriety in Hebrews 2:10», *CBQ* 54 (1992) 683.
[437] B. Lindars, *The Theology of the Letter to the Hebrews*, Cambridge 1991.

καθοριστεί σε ποιο ρητορικό είδος ανήκει η προς Εβραίους, επειδή αυτό έχει σημασία για την ερμηνεία του κειμένου, υποστήριξε ότι αυτή ανήκει στο συμβουλευτικό ρητορικό είδος, αφού περιέχει προτροπές και αποτροπές[438]. Η μέθοδος του έχει πρωταρχικό σκοπό να εκτιμήσει τη ρητορική της αποτελεσματικότητα παρά να περιγράψει το δομικό της πλαίσιο.

Οι Lindars και Mitchell[439] υποστηρίζουν ότι η ρητορική δεν σταματάει μόνο στη σύνθεση και στην επιχειρηματολογία του συγγραφέα της προς Εβραίους, αλλά έχει επηρεάσει και τη θεολογία του[440]. Ο Lindars πιστεύει, σε αντίθεση με τους περισσότερους σύγχρονους ερευνητές, ότι έχει το χαρακτήρα μιας επιστολής. Η κορύφωση της επιχειρηματολογίας του συγγραφέα βρίσκεται στο 10:19-12:29, όπου αποδεικνύεται η αποτελεσματικότητα και η αξία της εξιλαστήριας θυσίας του Χριστού.

Μία περισσότερο χρήσιμη συμβολή στην έρευνα της ρητορικής μορφής της προς Εβραίους επιχειρήθηκε από τον Übelacker[441]. Αυτός συνδυάζει τη ρητορική ανάλυση με τη γλωσσολογική και ταυτίζει την προς Εβραίους με ρητορική πραγματεία. Θεωρεί ότι ανήκει στο συμβουλευτικό είδος. Προτείνει την εξής δομή[442]:

---

[438] Το επιχείρημα ενισχύεται από το γεγονός ότι οι παραλήπτες είναι ιουδαιοχριστιανοί, ανάμεσα στους οποίους κάποιοι άρχισαν να χάνουν την πίστη τους στο Χριστό και επιστρέφουν στον ιουδαϊκό τρόπο ζωής. Βλ. T. H. Olbricht, «Hebrews as Amplification», στο *Rhetoric and the New Testament*, εκδ. S. E. Porter-T. H. Olbricht, JSNTSup 90, Sheffield, JSOT Press, 1993, 378.
[439] Βλ. A. C. Mitchell, *στο ίδιο*.
[440] Βλ. B. Lindars, «The Rhetorical Structure of Hebrews», *NTS* 35 (1989) 382-406. A. C. Mitchell, «The Use of πρέπειν and Rhetorical Propriety in Hebrews 2:10», *CBQ* 54 (1992) 683.
[441] Βλ. W. G. Übelacker, *Der Hebräerbrief als Appell I: Untersuchungen zu Exordium, Narratio und Postscriptum (Hebr 1-2 und 13,22-25)*, ConBNT 21, Stockholm, Almqvist & Wiksell, 1989.
[442] Έχει επικρατήσει η λατινική ορολογία στην ονομασία των διαφόρων τμημάτων ενός κειμένου. Για παράδειγμα: *Proemium* (προοίμιο), *narratio* (έκθεση των γεγονότων), *propositio* (τα κύρια σημεία) *argumentatio* (επιχειρηματολογία), *probatio* (απόδειξη), *refutatio* (ανασκευή), *perororatio*

Η ρητορική ανάλυση

proemium	1:1-4
narratio	1:5-2:18
με *propositio*	2:17-18
argumentatio με *probatio* και *refutatio*	3:1-12:29
peroratio	13:1-21
proscriptum	13:22-25

Το 1979 ο Nissilä[443] είχε διαιρέσει το κείμενο σε 9 ενότητες[444] με μια ανάλυση της δομής, της μορφής, του πλαισίου, των ιδεών, της σχέσης του μοτίβου του αρχιερέα με τα άλλα μοτίβα της προς Εβραίους και κυρίως της ρητορικής σχέσης του μοτίβου του αρχιερέα. Ο Nissilä πιστεύει ότι αυτό ακριβώς το μοτίβο αποτελεί στοιχείο κλειδί δένοντας το όλο κείμενο. Έτσι ρητορικά λειτουργεί ως εργαλείο διδασκαλίας, παρότρυνσης, φωτισμού και νουθεσίας των ακροατών. Η επιστολή διαιρείται ως εξής:

exordium	1:1-14
narratio	1:5-2:18
argumentatio	3:1-12:29
epilogus	13:1-25

Τόσο ο Übelacker, όσο και ο Nissilä έκαναν μια εκτίμηση της ρητορικής δομής της προς Εβραίους στηριζόμενοι σε μια ανάλυση των διαφόρων μερών της ομιλίας. Οι Übelacker, Nissilä και Lindars θεωρούν ότι ανήκει στο συμβουλευτικό ρητορικό είδος. Το 1988 ο Black[445] υποστήριξε ότι ο συγγραφέας της επιστολής χρησιμοποιεί τεχνικές της επιδεικτικής

(επίλογος) και *proscriptum* (υστερόγραφο).
[443] Βλ. Κ. Nissilä, *Das Hohepriestermotiv im Hebräerbrief: Eine Exegetische Untersuchung*, Helsinki 1979.
[444] Βλ. W. L. Lane, *Hebrews 1- 8*, WBC 47A, Waco, Texas 1991, lxxviii-lxxix.
[445] Βλ. C. C. Black, «The Rhetorical Form of the Hellenistic Jewish and Early Christian Sermon. A Response to L. Wills», *HTR* 81 (1988) 1-18.

ρητορικής. Ο Attridge⁴⁴⁶ επίσης, ισχυρίζεται ότι πρόκειται για επιδεικτική δημηγορία με συμβουλευτικά στοιχεία. Η προσπάθεια να προσδιοριστεί το ρητορικό είδος στο οποίο ανήκει η προς Εβραίους είναι πραγματικός πονοκέφαλος επειδή η συμβουλευτική ρητορική έχει ως σκοπό να πείσει τους ακροατές να πάρουν μια σωστή απόφαση για το μέλλον, ενώ η επιδεικτική αντίθετα, ενδιαφέρεται να ενισχύσει κάποιες ιδέες που οι ακροατές όμως, έχουν ήδη αποδεχθεί. Στο κείμενο μας συνυπάρχουν και τα δύο χαρακτηριστικά. Αν και οι ρητορικές τεχνικές διακρίνονται εύκολα στην προς Εβραίους, η αναγνωρίσιμη ρητορική της δομή μαρτυρείται λιγότερο.

Η έκδοση ενός νέου υπομνήματος στην προς Εβραίους στην έγκριτη βιβλική σειρά Anchor Bible από τον Koester πρόσφερε ταυτόχρονα και μία νέα ρητορική ανάλυση στο κείμενό της⁴⁴⁷. Την προτεινόμενη ρητορική δομή του ο Koester τη δημοσίευσε και σε ένα πρόσφατο άρθρο⁴⁴⁸. Στις εργασίες αυτές χρησιμοποιείται η κλασική ρητορική στρατηγική της αρχαιότητας. Εδώ θα πρέπει να σημειωθεί με συντομία ότι το *exordium* ή εισαγωγή προετοιμάζει τους ακροατές να δώσουν την κατάλληλη προσοχή στον ομιλητή. Το *propositio* καθορίζει το θέμα για το οποίο θα γίνει λόγος και ακολουθούν τα επιχειρήματα, τα οποία ενισχύουν τη θέση του ομιλητή. Το *peroratio* τέλος, κλείνει την ομιλία. Σύμφωνα με τη δομή του Koester έχουμε:

---

[446] H. W. Attridge, *The Epistle to the Hebrews: A Commentary on the Epistle to the Hebrews*, 1989, 13-20. Βλ. και όσα αναφέρονται στο C. L. Westfall, *A Discourse Analysis of the Letter to the Hebrews: The Relationship between Form and Meaning*, 4-5.

[447] Βλ. C. R. Koester, *Hebrews: A New Translation with Introduction and Commentary*, AB 36, New York, Doubleday, 2001, 84-96.

[448] C. R. Koester, «"Hebrews", Rhetoric, and the Future of Humanity», *CBQ* 64 (2002) 103-123. Βλ. σχετικά με τη ρητορική ανάλυση και τις μελέτες του ίδιου, «The Epistle to the Hebrews in Recent Study», *CR:BS* 2 (1994) 125-128 και του D. F. Watson, «Rhetorical Criticism of Hebrews and the Catholic Epistles», *CR: BS* 5 (1997) 181-187.

Η ρητορική ανάλυση

exordium	1:1-2:4
propositio	2:5-9
argumentatio	2:10-12:27
1η σειρά επιχειρημάτων	2:10-6:20
2η σειρά επιχειρημάτων	7:1-10:39
3η σειρά επιχειρημάτων	11:1-12:27
peroratio	12:28-13:21
epilogus	13:22-25

Οι μεταβάσεις μεταξύ των τμημάτων γίνονται μέσω παρεκβάσεων, με τις οποίες ο συγγραφέας της προς Εβραίους ζητά την προσοχή του ακροατηρίου και προειδοποιεί για τους κινδύνους. Έτσι μετά από κάθε επιχείρημα ακολουθεί μεταβατική παρέκβαση, η οποία περιέχει παραίνεση και ενθάρρυνση[449]. Το *exordium* περιέχει σύνθετες φράσεις, οι οποίες κάνουν λόγο για τον τρόπο δράσης του Θεού στο παρελθόν μέσω των προφητών και στο παρόν μέσω του Υιού. Το *propositio* κυριαρχείται από την παράθεση του Ψλ. 8:4-6 και την ερμηνεία του. Η πρώτη σειρά επιχειρημάτων πλαισιώνεται από θέσεις, οι οποίες δείχνουν ότι ο Χριστός ολοκλήρωσε το έργο του μέσω του πάθους και έτσι έγινε ο πρόδρομος της σωτηρίας των ανθρώπων. Η δεύτερη σειρά επιχειρημάτων δείχνει ότι ο Χριστός έπαθε προκειμένου η θυσία του να επιτρέψει τους πιστούς του να εισέλθουν στη βασιλεία του Θεού. Η τρίτη σειρά επιχειρημάτων δείχνει την πορεία των δικαίων, η οποία ολοκληρώνεται στην ουράνια πόλη. Το *peroratio* τέλος, αναφέρεται στην προσφορά ευχαριστίας στο Θεό και περιέχει την τελική ευλογία. Ο επίλογος είναι τυπικός των υπόλοιπων επιστολών της Κ.Δ. Η τέχνη της πειθούς περιλάμβανε τρία χαρακτηριστικά: το λόγο, το πάθος και το ήθος του ομιλητή. Στη ρητορική ανάλυση του Koester λαμβάνονται σοβαρά υπόψη και τα τρία χαρακτηριστικά. Πρόκειται για μία πολύ προσεκτική μελέτη, η οποία λαμβάνει υπόψη της όλες τις προηγούμενες ρητορικές αναλύσεις και επιπλέον προβάλει

---

[449] Βλ. C. R. Koester, *Hebrews*, 84-85 και του ίδιου, «"Hebrews', Rhetoric, and the Future of Humanity», *CBQ* 64 (2002) 106.

τα ρητορικά σχήματα που χρησιμοποιούνται στο κείμενο[450]. Οι εργασίες του Koester έχουν ήδη αρχίσει να επηρεάζουν αρκετούς σύγχρονους μελετητές της προς Εβραίους.

Έτσι, ο Cosby[451] επιχείρησε μία ρητορική ανάλυση του ενδέκατου κεφαλαίου της προς Εβραίους. Σύμφωνα με αυτόν, το κεφάλαιο 11 αποτελεί το ρητορικότερο τμήμα της επιστολής. Ο Cosby δέχεται ότι οι αρχαίοι συγγραφείς έγραφαν τα κείμενα τους γνωρίζοντας ότι στο μέλλον οι περισσότεροι θα τα γνώριζαν από προφορική παρακολούθηση. Γι' αυτό το λόγο χρησιμοποιούσαν κάποιες ρητορικές τεχνικές για να υποβοηθήσουν το ακροατήριο. Το ενδιαφέρον της εργασίας επικεντρώνεται στην αναφορική χρήση της λέξης «*πίστη*», η οποία εμφανίζεται 18 φορές μέσα στην ενότητα Εβρ. 11:1-33[452]. Η αναφορά εξυπηρετεί τον εξής ρητορικό σκοπό: να αποδειχθεί ότι η πίστη παρακίνησε όλες τις σπουδαίες πράξεις που έγιναν από εκείνους που έτυχαν αποδέκτες της ιδιαίτερης ευλογίας του Θεού. Το ενδέκατο κεφάλαιο της προς Εβραίους αποτελεί στην ουσία έναν κατάλογο των ηρώων της πίστης. Εδώ αριθμούνται οι πατριάρχες και οι υπόλοιποι σπουδαίοι ήρωες της πίστης του Ισραήλ με σκοπό οι ακροατές ή αναγνώστες της επιστολής να μιμηθούν το παράδειγμά τους.

Ο Cosby θεωρεί ότι η επιστολή έχει έκδηλη ρητορική μορφή, ενώ πρόκειται πιθανότατα για μια ομιλία που εκφωνήθηκε στη συναγωγή[453]. Σκοπός του Cosby είναι να δείξει γιατί η προς Εβραίους περιλαμβάνει αυτόν τον κατάλογο των ηρώων της πίστης. Επικέντρωσε την προσοχή του στα: ασύνδετο,

---

[450] Βλ. για αυτά στα ελληνικά Κυρ. Παπαδημητρίου, *Η Χρήση της Κοινής από τον Ευαγγελιστή Λουκά*, 111-113.

[451] M. R. Cosby, *The Rhetorical Composition and Function of Hebrews 11: In Light of Example Lists in Antiquity*, Macon 1988.

[452] G. L. Cockerill, «The Better Resurrection (Heb. 11:35). A Key to the Structure and Rhetorical Purpose of Hebrews 11», *TynB* 51 (2000) 215-234. Βλ. και M. R. Cosby, «The Rhetorical Composition of Hebrews 11», *JBL* 107 (1988) 259-261.

[453] Πιστεύει ότι συντάχθηκε σύμφωνα με μια κοινώς αναγνωρισμένη ρητορική μορφή, πιθανώς για χρήση στη συναγωγή.

Η ρητορική ανάλυση

παρονομασία, πολυσύνδετο, ρητορικές ερωτήσεις, αντίθεση[454] κα. Επιπλέον διαπίστωσε ότι στο συγκεκριμένο κεφάλαιο υπάρχει και ένας έντονος ρυθμός. Η κάθε υποενότητα έχει συνταχθεί με ένα κοφτό ρυθμό π.χ. 11:32-34. Στους συγκεκριμένους στίχους η ρητορική αποτελεσματικότητα επιτυγχάνεται επίσης με το χιαστό σχήμα και με τη χρήση ρημάτων που βρίσκονται σε αόριστο χρόνο. Από το στίχο 11:38 εξ., ύστερα δηλαδή από την απαρίθμηση των παθημάτων, ο συγγραφέας χρησιμοποιεί πλέον το πολυσύνδετο, ενώ στους 11:39-40[455] επαναφέρει τη μορφή «διά πίστεως», η οποία εδώ εξυπηρετεί στην κατάληξη του δευτέρου μεγάλου μέρους της λίστας. Όλες αυτές οι ρητορικές επινοήσεις εξυπηρετούν το σκοπό του συγγραφέα να παρουσιάσει έναν ανεξάντλητο αριθμό από παραδείγματα για να αποδείξει τον ορισμό της πίστης που έδωσε στο 11:1[456].

Μετά από μια έρευνα σε διάφορα κείμενα του αρχαίου κόσμου, ο Cosby βρίσκει μόνο 25 παρόμοιους καταλόγους, διαφορετικούς όμως, μεταξύ τους. Ομοιότητες εντοπίζονται στον Κικέρωνα και στον Κοϊντιλιανό. Το συμπέρασμα πάντως είναι ότι υπάρχει μεγάλη διαφορά ανάμεσα σε αυτούς τους καταλόγους και εκείνον του ενδέκατου κεφαλαίου της προς Εβραίους[457], αλλά και μια καταπληκτική ομοιότητα ως προς τη ρητορική λειτουργία αυτών των κειμένων. Η συμβολή του Cosby στην έρευνα είναι ότι τοποθετεί το συγκεκριμένο κεφάλαιο της

---

[454] Πολλές αντιθέσεις εντοπίζονται στο Εβρ. 11. Αξιοσημείωτη είναι η αντίθεση εκείνη, μεταξύ των έργων της πίστης που τελείωσαν με επιτυχία (11:32-35α) και των έργων που κατέληξαν σε πολλά παθήματα (11:35β-38).

[455] Βλ. Σ. Σάκκου, «Η Μακαριότης των δικαίων (Εβρ. 11,39-40)», στο Έρευνα της Γραφής, 1961, 129-134.

[456] Βλ. M. R. Cosby, «The Rhetorical Composition of Hebrews 11», JBL 107 (1988) 267.

[457] Στο τέλος του βιβλίου του παρατίθενται δύο πίνακες από τους οποίους, ο μεν πρώτος παρουσιάζει καταλόγους της αρχαίας ελληνορωμαϊκής και ιουδαϊκής γραμματείας, ο δε δεύτερος δείχνει τις διαφοροποιήσεις ανάμεσα στους ελληνικούς, ρωμαϊκούς και ιουδαϊκούς καταλόγους ηρώων. Βλ. ανάλυση στις σσ. 45-169 και σύντομη παρουσίαση στο M. R. Cosby, «The Rhetorical Composition of Hebrews 11», JBL 107 (1988) 268-272.

προς Εβραίους στην ευρύτερη συνάφεια της ελληνορωμαϊκής ρητορικής και δίνεται μια ικανοποιητική εξήγηση του 11ου κεφαλαίου και των ιδιαίτερων χαρακτηριστικών που αυτό φέρει.

Ρητορική ανάλυση σε συγκεκριμένο κεφάλαιο της προς Εβραίους επιχείρησε και ο Seid στη διδακτορική του διατριβή[458]. Αυτή τη φορά αναλύθηκε ρητορικά το έβδομο κεφάλαιο με βάση τη ρητορική σύγκριση. Αντίστοιχη μελέτη στο Εβρ. 6:4-12 επιχείρησε πρόσφατα ο Nongbri[459]. Η μεθοδολογία της εργασίας του μοιάζει αρκετά με εκείνη του Cosby διότι γίνεται πάλι αναδρομή στα ρητορικά εγχειρίδια του ελληνορωμαϊκού κόσμου. Η προς Εβραίους κατά τον Seid ανήκει στο επιδεικτικό ρητορικό είδος και η σύγκριση αποτελούσε μία καθορισμένη μορφή της ρητορικής τέχνης του αρχαίου κόσμου. Με αναδρομή στα ρητορικά έργα του Αριστοτέλη και του Κοϊντιλιανού, αλλά και στα *Προγυμνάσματα* του Θέωνα, του Ερμογένη, του Λιβάνιου και του Αφθόνιου η εργασία μελετά τον τρόπο χρήσης της σύγκρισης. Ο Seid παρατήρησε ότι στο κείμενο

---

[458] T. W. Seid, *The Rhetorical Form of the Melchizedek/Christ Comparison in Hebrews 7*, (Διδακτ. Διατρ.), Department of Religious Studies, Brown University, 1996. Βλ. και του ίδιου, «Synkrisis in Hebrews 7: The Rhetorical Structure and Strategy», στο *The Rhetorical Interpretation of Scripture. Essays from the 1996 Malibu Conference*, εκδ. S. E. Porter-D. L. Stamps, JSNTSup 180, Sheffield, JSOT Press, 1999, 322-347. Ρητορική ανάλυση επιχείρησαν ο N. C. Croy, *Endurance in Suffering. A Study of Hebrews 12:1-13 in Its Rhetorical, Religious, and Philosophical Context*, SNTSMS 98, Cambridge, Cambridge University Press 1998 και V. H. M. Castro, «Theology of the Papal Jesus Christ. Rhetoric Analysis and Semantics of the Book of Hebrews 4,15; 7,26 and 9,14», *RB* 112 (2005) 305-405.

[459] B. Nongbri, «A Touch of Condemnation in a Word of Exhortation: Apocalyptic Language and Graeco-Roman Rhetoric in Hebrews-Vi,4-12», *NovT* 45 (2003) 274-279. Εδώ συγκρίνεται επίσης και η γλώσσα της αποκαλυπτικής γραμματείας σε σχέση με το φόβο που προκαλείται στους πιστούς μέσα από σκληρές περιγραφές μελλοντικών γεγονότων σε όλα αυτά τα κείμενα, όπως και στην προς Εβραίους. Ειδικά στο κεφ. 6 σχετικά με το ζήτημα της άρνησης μιας δεύτερης μετάνοιας σε όσους απομακρυνθούν από την χριστιανική κοινότητα.

Η ρητορική ανάλυση

της προς Εβραίους η τεχνική της σύγκρισης επαναλαμβάνεται αρκετές φορές ακολουθούμενη από παραίνεση, η οποία στηρίζεται στη σύγκριση που προηγήθηκε. Έτσι προτείνεται το εξής διάγραμμα[460]:

>Σύγκριση του Υιού με τους αγγέλους (1:1-14)
>Παραίνεση (2:1-18)
>Σύγκριση του Μωυσή και του Χριστού (3:1-6)
>Παραίνεση (3:7-4:16)
>Σύγκριση του Ααρών και του Χριστού (5:1-10)
>Παραίνεση (5:11-6:20)
>Σύγκριση του Μελχισεδέκ/Χριστού και της λευιτικής ιεροσύνης (7:1-25)
>Παραίνεση (7:26-8:3)
>Σύγκριση μεταξύ της παλιάς και της νέας διαθήκης (8:4-10:18)
>Παραίνεση (10:19-12:29)
>Επίλογος (13:1-25)

Η παραπάνω προτεινόμενη δομή έδειξε χαρακτηριστικά αυτό το οποίο δέχονται όλοι οι μελετητές. Στην προς Εβραίους προβάλλεται η ανωτερότητα του Χριστού. Με βάση το λεξιλόγιο, την επιχειρηματολογία και τη δομή η επιστολή

---

[460] T. W. Seid, *The Rhetorical Form of the Melchizedek/Christ Comparison in Hebrews 7*, 89-91. Ο H. Löhr, «Reflections on Rhetorical Terminology in Hebrews», στο G. Gelardini (έκδ.), *Hebrews: Contemporary Methods-New Insights*, 202-209 μελετά τα ίδια κείμενα συγκρίνοντας την ρητορική ορολογία τους με εκείνη που υιοθετείται στην προς Εβραίους. Ο Löhr κατατάσσει την προς Εβραίους στο συμβουλευτικό ρητορικό είδος και συμπεραίνει ότι, αν και δεν υπάρχουν ρητές ενδείξεις ότι ο συγγραφέας της προς Εβραίους χρησιμοποίησε τα ρητορικά εγχειρίδια της αρχαιότητας, ωστόσο αναγνωρίζονται στο κείμενο ρητορικές τεχνικές. Στο ίδιο ρητορικό είδος πιστεύει ότι ανήκει η προς Εβραίους και ο T. H. Olbricht, «Hebrews as Amplification», στο *Rhetoric and the New Testament*, έκδ. S. H. Porter-T. H. Olbricht, JSNTSup 90, Sheffield, JSOT Press, 1993, 378.

μπορεί να καταταχθεί στο ρητορικό είδος της σύγκρισης και υιοθετεί τον τρόπο χρήσης της από τον ελληνορωμαϊκό κόσμο της εποχής της. Τα συμπεράσματα της ρητορικής ανάλυσης του Seid έδειξαν ότι δεν είναι απαραίτητο να καταφεύγει κανείς στις μιδρασικές τεχνικές και τους ραββινικούς κανόνες προκειμένου να κατανοήσει τον τρόπο με τον οποίο ο συγγραφέας αναπτύσσει την επιχειρηματολογία του[461].

Στον ελληνικό χώρο ήδη πριν το τέλος του $20^{ου}$ αι. άρχισαν να εμφανίζονται προσπάθειες βιβλικών θεολόγων, οι οποίοι υιοθετούσαν στις εργασίες τους τη ρητορική ανάλυση. Η Παπαδημητρίου στη διδακτορική της διατριβή εφάρμοσε τη ρητορική ανάλυση στην προς Εβραίους, περιορίζοντας όμως τη μεθοδολογία της στα γλωσσικά πεδία, τα οποία αναδεικνύουν την ιδιαίτερη χρήση της γλώσσας από το συγγραφέα[462]. Η εργασία προτείνει τη συγγραφή της προς Εβραίους από τον ευαγγελιστή Λουκά και σε αυτό καταλήγει μετά από εξέταση των ιδιαζόντων γνωρισμάτων του λεξιλογίου, το οποίο χρησιμοποιείται στα δύο έργα. Κατά την Παπαδημητρίου επιλέχθηκαν τρεις τομείς έρευνας: το λεκτικό, οι δομές του κειμένου και οι συγγραφικές διαθέσεις.

Είναι γεγονός ότι η ρητορική ανάλυση της προς Εβραίους πρόβαλλε ορισμένες ουσιαστικές παρατηρήσεις και διόρθωσε παλαιότερες εσφαλμένες αντιλήψεις. Κυρίως όμως, ανέδειξε τον ομιλητικό χαρακτήρα της προς Εβραίους, στοιχείο που σήμερα λαμβάνεται σοβαρά υπόψη στις περισσότερες μελέτες[463]. Η αδυναμία της μεθόδου από την άλλη, έγκειται στην ιδιαιτερότητα του κειμένου της προς Εβραίους, το οποίο δεν εμφανίζει την τυπική μορφή, η οποία συναντάται στα ρητορικά κείμενα του ελληνορωμαϊκού κόσμου.

---

[461] T. W. Seid, *στο ίδιο*, 134-135.

[462] Για τη μεθοδολογία που ακολουθείται βλ. Κυρ. Παπαδημητρίου, *Η Χρήση της Κοινής από τον Ευαγγελιστή Λουκά*, 20-21 και ειδικά για την προς Εβραίους σσ. 111-145.

[463] M. Karrer, *Der Brief an Die Hebraer: Kapitel 1,1-5,10*, ΦΤΚ 20/1, Gutersloh, Gutersloher Verlagshaus, 2002.

5
Η ΠΡΟΣ ΕΒΡΑΙΟΥΣ ΚΑΙ Η ΣΥΝΔΡΟΜΗ ΤΩΝ ΚΟΙΝΩΝΙΚΩΝ ΕΠΙΣΤΗΜΩΝ

1. Η κοινωνιολογική ανάλυση

Τα τελευταία χρόνια επιχειρήθηκε από τη βιβλική έρευνα μια προσπάθεια προσέγγισης των κειμένων της Αγίας Γραφής με τη συνδρομή των κοινωνικών επιστημών. Οι κοινωνικές επιστήμες στηρίζονται σε κάποια μοντέλα με τα οποία ερευνούν πως λειτουργεί ο κόσμος των ανθρώπινων διεργασιών και ειδικότερα επιχειρούν να εξηγήσουν την ανθρώπινη συμπεριφορά με όρους τυποποιήσεων[464]. Η κατανόηση και ερμηνεία δηλαδή της ανθρώπινης συμπεριφοράς στηρίζεται σε μοντέλα που δείχνουν πως ο κοινωνικός κόσμος λειτουργεί και γιατί λειτουργεί κατ' αυτό τον τρόπο. Έτσι έχουν επιστρατευτεί οι μέθοδοι και τα μοντέλα που χρησιμοποιούν κυρίως η κοινωνιολογία και η κοινωνική ανθρωπολογία, αλλά και οι οικονομικές και πολιτικές επιστήμες, ώστε να διασαφηνιστεί η σχέση μεταξύ βιβλικής γραμματείας και αρχαίας κοινωνίας. Πρώτη η σχολή του Σικάγο (αρχές του $20^{ου}$ αι.), εστίασε το ενδιαφέρον της στον αρχέγονο χριστιανισμό ως κοινωνική πραγματικότητα

---

[464] Δ. Πασσάκου, «Προλεγόμενα της Κοινωνιολογικής Ερμηνείας της Καινής Διαθήκης», *ΔΒΜ* 10 (1991) 17. Βλ. τις παρακάτω εργασίες: T. H. Eriksen, *Small Places, Large Issues: An Introduction to Social and Cultural Anthropology*, London 1995. D. D. Gilmore, «Anthropology of the Mediterranean Area», *ARA* 11 (1982) 175-205. R. L. Grimes, «Victor Turner's Definition, Theory, and Sense of Ritual», στο *Victor Turner and the Construction of Cultural Criticism: Between Literature and Anthropology,* Bloomington 1990, 141-146. S. A. Grunlan-M. K. Mayers, *Cultural Anthropology: A Christian Perspective*, 1988. A. W. Johnson, *Quantification in Cultural Anthropology: An Introduction to Research Design*, Palo Alto, Stanford University Press, 1978. C. P. Kottak, *Mirror for Humanity: A Concise Introduction to Cultural Anthropology*, London 1996. G. Lewis, *Day of Shining Red: An Essay on Understanding Ritual*, Studies in Social Anthropology, Cambridge, Cambridge University Press, 1980.

και στον Ιησού ως κοινωνικό μεταρρυθμιστή[465]. Οι επιστήμονες αυτοί προσπάθησαν να αναλύσουν την ιστορία του αρχέγονου χριστιανισμού υπό το πρίσμα των κοινωνικών διεργασιών που τον διαμόρφωσαν. Βασική αιτία για την υιοθέτηση κάποιων αναλυτικών μεθόδων από αυτές τις επιστήμες αποτελεί το γεγονός ότι τα βιβλικά κείμενα διαμορφώθηκαν μέσα σε ένα συγκεκριμένο κοινωνικό περιβάλλον της εποχής εκείνης που τα έχει επηρεάσει όχι μόνο στον τρόπο γραφής, αλλά και στις ιδέες που διατυπώνονται. Η γνώση αυτών των κοινωνικών συνθηκών αποτελεί κύριο μέλημα για τη σύγχρονη έρευνα επειδή έτσι μπορούν να φωτισθούν πτυχές της δημιουργίας και της εξέλιξης του χριστιανισμού που μέχρι τώρα αγνοούνταν. Αντίθετα από ό,τι συνήθως απαιτείται στην κλασική ερμηνευτική, στην κοινωνιολογική ανάλυση η βασική αρχή είναι ότι εμείς θα πρέπει να πάμε στο κείμενο, στη δική του εποχή και στο δικό του κοινωνικό περιβάλλον και όχι να φέρουμε το κείμενο στη δική μας εποχή για να το αναλύσουμε με βάση τα δικά μας δεδομένα[466].

Η αξία των κοινωνιολογικών μεθόδων ανάλυσης στην ερμηνεία της Βίβλου βρίσκεται στο γεγονός ότι αυτές προσφέρονται ως κατάλληλα εργαλεία, τόσο ως προς το γλωσσολογικό, όσο και ως προς το ιστορικό υπόβαθρο των βιβλικών κειμένων[467]. Η υιοθέτηση των κοινωνιολογικών

---

[465] Βλ. R. Scroggs, «The Sociological Interpretation of the New Testament: The Present State of Research», *NTS* 26 (1980) 164.
[466] Βλ. Δ. Πασσάκου, *Ευχαριστία και Ιεραποστολή. Κοινωνιολογικές Προϋποθέσεις της Παύλειας Θεολογίας*, (Διδακτ. Διατρ.), Αθήνα 1997, 38-61. του ίδιου, «Προλεγόμενα της Κοινωνιολογικής Ερμηνείας της Καινής Διαθήκης», *ΔΒΜ* 10 (1991) 17. του ίδιου, *Θεολογία και Κοινωνία σε Διάλογο. Νέες Ερμηνευτικές Προσεγγίσεις στην Καινή Διαθήκη*, ΒΒ 18, Θεσσαλονίκη 2001, 11-51.
[467] B. J. Malina, «The Social Sciences and Biblical Interpretation», *Int* 36 (1982) 229. Βλ. και G. E. Marcus-M. M. Fischer, *Anthropology as Cultural Critique*, Chicago 1986. T. W. Overholt, *Cultural Anthropology and the Old Testament*, Minneapolis, Fortress Press, 1996. G. Sarana, *The Methodology of Anthropological Comparisons: An Analysis of Comparative Methods in Social and*

Η κοινωνιολογική ανάλυση

μεθόδων ερμηνείας από τη βιβλική επιστήμη αποσκοπεί σε τρεις στόχους: α) να βοηθήσουν στην περιγραφή της σύνθεσης και της δομής των χριστιανικών κοινοτήτων, της δυναμικής της ζωής τους και της σχέσης τους με τον κόσμο που τις περιέβαλλε, β) να επιχειρηθεί μια κοινωνιολογική ανάλυση της πρώτης εκκλησίας μέσα από τις πληροφορίες που μας δίνουν τα κείμενα και γ) να συνδεθεί ο κοινωνικός κόσμος μιας συγκεκριμένης κοινότητας με τα θεολογικά ενδιαφέροντα που εκδηλώνονται σε ένα συγκεκριμένο κείμενο.

Η δεκαετία 1950-60 παρουσίασε έκδηλο ενδιαφέρον για την αναζήτηση του κοινωνικού πλαισίου του χριστιανισμού. Την εποχή αυτή παρατηρείται ότι το ευαγγέλιο του Ματθαίου συγκεντρώνει πολλά χαρακτηριστικά στα οποία και εστιάζουν οι επιστήμονες που επιθυμούν να εφαρμόσουν τις κοινωνικές επιστήμες στη μελέτη της Κ.Δ. Έπειτα η έρευνα στρέφεται στο κατά Λουκάν και στις Πράξεις[468], ενώ το αποκορύφωμα συντελείται με τις παύλειες επιστολές[469]. Από τις αρχές του

Cultural Anthropology, 1975. J. Skorupski, Symbol and Theory: A Philosophical Study of Theories of Religion in Social Anthropology, 1976. R. Strijp, Cultural Anthropology of the Middle East: A Bibliography, 1992. W. F. Taylor, «Cultural Anthropology as a Tool for Studing the New Testament», Trinity Seminary Review 18 (1996) 13-27 και (1997) 69-82. R. W. Casson, «Schemata in Cognitive Anthropology», ARA 12 (1983) 429-462. A. V. Cicourel, «Text and Discourse», ARA 14 (1985) 159-185. H. Eilberg-Schwartz, The Savage in Judaism: An Anthropology of Israelite Religion and Ancient Judaism, Bloomington, Indiana University Press, 1990. Πρβλ. στα ελληνικά Ε. Κασσελούρη-Χατζηβασιλειάδη, Φεμινιστική Ερμηνευτική. Ο Παράγοντας "Φύλο" στη Σύγχρονη Βιβλική Ερμηνευτική, ΒΒ 27, Θεσσαλονίκη 2003, 96-106. της ίδιας, Η Διήγηση της Μυράλειψης του Ιησού στα Ευαγγέλια. (Ματθ.26:6-13//Μαρκ.14:3-9//Λουκ.7:36-50//Ιω.12:1-8), Θεσσαλονίκη 2006, 118-144. Κυρ. Παπαδημητρίου, Ερμηνεύοντας την Ειρήνη στην Καινή Διαθήκη. Σύγχρονες Ερμηνευτικές Προσεγγίσεις, Θεσσαλονίκη 2007, 102-104.

[468] Βλ. H. Moxnes, The Economy of the Kingdom: Social Conflict and Economic Relations in Luke's Gospel, OBT, Philadelphia, Fortress Press, 1988 και του ίδιου, «The Social Context of Luke's Community», Int 48 (1994) 379-389.

[469] Βλ. S. C. Barton, «Community» στο Dictionary of Biblical Interpretation, έκδ. R. J. Coggins-J. L. Houlden, 1990, 134-138 και M. E. Adeyemi, «A Sociological

171

Η προς Εβραίους και η συνδρομή των κοινωνικών επιστημών

1970 άρχισε πλέον να αναγνωρίζεται ο ρόλος των κοινωνικών επιστημών στην κατανόηση και τον επαναπροσδιορισμό των ιστορικών φαινομένων[470]. Η έντονη όμως κοινωνιολογική προσπάθεια προσέγγισης της Κ.Δ. ξεκινάει το 1973 από τους Meeks[471] και Keck[472] με την *American Academy of Religion* και τη *Society of Biblical Literature* να στηρίζουν αυτές τις προσπάθειες. Θα μπορούσαμε να διακρίνουμε την προσπάθεια που επιχειρήθηκε σε δύο κατευθύνσεις, την κοινωνικο-ιστορική από τη μία και την κοινωνιολογική προσέγγιση από την άλλη (*sociological* ή *social-scientific approach*). Την πρώτη μέθοδο χρησιμοποίησαν στις εργασίες τους οι: Malherbe[473], Grant[474], Hock[475], ενώ υπό το πρίσμα της δεύτερης εργάστηκαν οι: Theissen[476],

---

Approach to the Background of Pauline Epistles», *ΔBM* 10 (1991) 32-42.

[470] N. K. Gottwald, «Sociology», στο *ABD* 6, 79. Βλ. την κλασική εργασία του αμερικανού ερευνητή, *The Tribes of Yahweh: A Sociology of the Religion of Liberated Israel, 1350-1050 B.C.E.*, Maryknoll, New York, Orbis, 1979. Βλ. και http://www.torreys.org/bible/biblia03.html (καταχωρημένη 4/12/2007), όπου πλούσιο βοηθητικό υλικό.

[471] W. A. Meeks, *The First Urban Christians: The Social World of the Apostle Paul*, New Haven, Yale University Press, 1983.

[472] L. E. Keck, «On the Ethos of Early Christians», *JAAR* 42 (1974) 435-452.

[473] A. J. Malherbe, *Social Aspects of Early Christianity*, Philadelphia 1983.

[474] R. M. Grand, *Early Christianity and Society*, San Francisco 1977.

[475] R. F. Hock, *The Social Context of Paul's Ministry*, Philadelphia 1980.

[476] G. Theissen, *Sociology of Early Palestinian Christianity*, (μτφρ. J. Bowden), Philadelphia, Fortress, 1978. του ίδιου, *The Social Setting of Pauline Christianity*, 1982. του ίδιου, *Καίρια Χαρακτηριστικά της Κίνησης του Ιησού: Κοινωνιολογική Θεώρηση. Συμβολή στην Ιστορία Γένεσης του Αρχέγονου Χριστιανισμού*, (μτφρ. Δ. Χαρισοπούλου-Θ. Σωτηρίου), Αθήνα 1997. του ίδιου, «The Social Structure of Pauline Communities: Some Critical Remarks on J. J. Meggitt, *Paul, Poverty and Survival*», *JSNT* 84 (2001) 65-84. του ίδιου, «Social Conflicts in the Corinthian Community: Further Remarks on J. J. Meggitt, *Paul, Poverty and Survival*», *JSNT* 25 (2003) 371-391. του ίδιου, *The Religion of the Earliest Churches: Creating a Symbolic World* (μτφρ. J. Bowden), Minneapolis, Fortress, 1999.

Η κοινωνιολογική ανάλυση

Elliott[477], Meeks[478], Malina[479], Neyrey[480], Moxnes[481] κ.α. Πολύ ενδιαφέρουσα είναι και η εργασία των ρωμαιοκαθολικών Destro και Pesce που καλύπτει σχεδόν όλο το φάσμα της Κ.Δ[482].

---

[477] J. H. Elliott, *A Home for the Homeless: A Sociological Criticism of I Peter. Its Situation and Strategy*, Minneapolis, Augsburg-Fortress 1990. του ίδιου, *What is a Social-Scientific Criticism?*, 1993. Βλ. του ίδιου, «Social Scientific Criticism of the New Testament: More on Methods and Models», *Semeia* 35 (1986) 1-33. του ίδιου, «The Anthropology of Christian Origins», *BTB* 28 (1998) 120-122. του ίδιου, «The Epistle of James in Rhetorical And Social Scientific Perspective: Holiness-Wholeness and Patterns of Replication», *BTB* 23 (1993) 71-81.

[478] W. A. Meeks, *The First Urban Christians: The Social World of the Apostle Paul*, New Haven, Yale University Press, 1983. Βλ. και του ίδιου, «The Social Context of Pauline Theology», *Int* 36 (1982) 266-277.

[479] B. J. Malina, *The New Testament World. Insights from Cultural Anthropology*, 1993. του ίδιου, *Christian Origins and Cultural Anthropology: Practical Models for Biblical Interpretation*, 1986. του ίδιου, *The Social World of Jesus and the Gospels*, 1996. B. J. Malina-J. H. Neyrey, *Calling Jesus Names: The Social Value of Labels in Matthew*, 1988. των ίδιων, *Portraits of Paul: An Archaelogy of Ancient Personality*, 1996. B. J. Malina-R. L.Rohrbaugh, *Social Science. Commentary on the Synoptic Gospels*, 1992. Πρβλ. και τις εργασίες: B. J. Malina, «Christ and Time: Swiss or Mediterranean», *CBQ* 51 (1989) 1-31. του ίδιου, «Dealing with Biblical (Mediteranean) Characters: A Guide for U.S. Consumers», *BTB* 19 (1989) 127-141. του ίδιου, «Interpreting the Bible with Anthropology: The Case of the Poor and the Rich», *Listening* 21 (1986) 148-159. του ίδιου, «Jesus as Charismatic Leader?», *BTB* 14 (1984) 55-62. του ίδιου, «Mediterranean Sacrifice: Dimensions of Domestic and Political Religion», *BTB* 26 (1996) 26-44. του ίδιου, «Religion in the Imagined New Testament World: More Social Science Lenses», *Scriptura* 51 (1994) 1-26. του ίδιου, «Why I Interpret the Bible with the Social Sciences», *ABQ* 2 (1983) 119-133.

[480] J. H. Neyrey, *Paul in other Words; A Cultural Reading of His Letters*, Louisville, Westminster/John Knox Press, 1990. του ίδιου, *The Social World of Luke-Acts: Models for Interpretation,* 1991. Πρβλ. S. R. Garrett, «Sociology of Early Christianity», στο *ABD* 6, 94-97, όπου παρουσιάζονται οι εργασίες των ερευνητών.

[481] Βλ. H. Moxnes, *The Economy of the Kingdom: Social Conflict and Economic Relations in Luke's Gospel*, OBT, Philadelphia, Fortress Press, 1988 και του ίδιου, «The Social Context of Luke's Community», *Int* 48 (1994) 379-389.

[482] A. Destro-M. Pesce, *Antropologia delle Origini Cristiane*, Quadrante 78, Bari, Laterza, 21997.

Η προς Εβραίους και η συνδρομή των κοινωνικών επιστημών

Σήμερα κυριαρχεί η αντίληψη ότι οι κοινωνικές επιστήμες χωρίς αμφιβολία εμπλούτισαν τη σύγχρονη μελέτη της Βίβλου[483].

---

[483] Βλ. P. J. Richter, «Recent Sociological Approaches to the Study of the New Testament», *Religion* 14 (1984) 77-90. R. L. Rohrbaugh, «A Social-Scientific Response», *Semeia* 72 (1999) 247-258. του ίδιου, «Social Location of Thoughts as a Heuristic to N.T.», *JSNT* 30 (1987) 103-119. του ίδιου, «The Social Location of the Markan Audience», *Int* 47 (1993) 380-395. R. A. Segal, «The Application of Symbolic Anthropology to Religions in the Greco-Roman World», *RSR* 10 (1984) 216-223. D. Smith, *Text and Experience: Towards a Cultural Exegesis of the Bible*, 1995. J. E. Stambaugh-D. L. Balch, «The New Testament in Its Social Environment», στο *The Library of Early Christianity*, Philadelphia 1986. L. N. Stephen-S. Cris, *Anthropology and Cultural Studies*, London 1997. S. K. Stowers, «The Social Sciences and the Study of Early Christianity, Approaches to Ancient Judaism», στο *Studies in Judaism and its Greco-Roman Context*, τ. 5, Atlanda 1985, 149-182. D. Tidball, *An Introduction to the Sociology of the New Testament*, Exeter, The Paternoster Press, 1983. C. Von Wahlde, «Community in Conflict: The History and Social Context of the Johannine Community», *Int* 49 (1995) 379-89. G. S. Worgul, «Anthropological Consciousness and Biblical Theology», *BTB* 9 (1979) 3-12. D. Bergant, «An Anthropological Approach to Biblical Interpretation: The Passover Supper in Exodus 12:1-20 as a Case Study», *Semeia* 67 (1995) 43-62. B. K. Blount, *Cultural Interpretation: Reorienting New Testament Criticism*, Minneapolis 1995. S. Brandes, *Reflection on Honor and Shame and the Unity of the Mediteranean*, Washington, American Anthropological Association, 1987, 121-134. J. G. Cager, «Body-Symbols and Social Reality: Ressurection, Incarnation and Ascetism in Early Christianity», *Religion* 12 (1982) 345-364. J. K. Chance, «The Anthropology of Honor and Shame: Culture, Values, and Practice», *Semeia* 68 (1994) 139-152. G. M. Corrigan, «Paul's Shame for the Gospel», *BTB* 16 (1986) 23-27. P. F. Craffert, «The Anthropological Turn in New Testament Interpretation: Dialogue as Negotiation and Cultural Critique», *Neot* 29 (1995) 167-182. P. F. Craffert, «The Origins of Resurrection Faith: The Challenge of a Social-Scientific Approach», *Neot* 23 (1989) 331-348. του ίδιου, «Towards an Interdisciplinary Definition of the Social-Scientific Interpretation of the New Testament», *Neot* 25 (1991) 123-144. S. A. Grunlan-M. K. Mayers, *Cultural Anthropology: A Christian Perspective*, 1988. S. R. Isenberg, *Mary Douglas and Hellenistic Religions: The Case of Qumran*, SBLSP, Missoula, 1975, 179-185. E. A. Judge, «Cultural Conformity and Innovation in Paul: Clues from Contemporary Documents», *TynB* 35 (1984) 3-24. B. N. Kaye, «Cultural Interaction in the New Testament», *TZ* 40 (1984) 341-358. B. Lang, *Anthropological Approaches to the Old Testament*,

Η κοινωνιολογική ανάλυση

Η κοινωνιολογία στηρίζεται σε κάποια δεδομένα, αλλά τα επεξεργάζεται με διαφορετικό τρόπο που η ιστοριογραφία δεν μπορεί να ακολουθήσει[484]. Αυτονόητα ερωτήματα που παραμένουν μετά την εφαρμογή αυτών των μεθόδων στις εργασίες των καινοδιαθηκολόγων είναι: α) πόσο καλά εφαρμόζουν οι θεολόγοι τις κοινωνικές επιστήμες στις εργασίες τους; και β) πώς μπορούν να βελτιώσουν τη χρήση των κοινωνικών μεθόδων ανάλυσης;

Με την αύξηση των κοινωνιολογικών μελετών στα κείμενα της Κ.Δ. μετά το 1990 αποδείχτηκε ότι η κοινωνιολογική ανάλυση είναι απαραίτητη στη σύγχρονη βιβλική έρευνα, όταν μάλιστα αυτή χρησιμοποιείται επικουρικά προς τις κλασικές ερμηνευτικές μεθόδους[485]. Πολλοί βέβαια ακόμη και σήμερα τη

London 1985. B. O. Long, «The Social World of Ancient Israel», *Int* 36 (1982) 243-255. I. J. Mosala, «Social-Scientific Approaches to the Bible: One Step forward, two Steps backward», *JTSA* 55 (1986) 15-30. J. H. Neyrey, «Bewitched in Galatia. Paul and Cultural Anthropology», *CBQ* 50 (1988) 72-100. του ίδιου, «Body Language in 1 Corinthians: The Use of Anthropological Models for Understanding Paul and His Opponents», *Semeia* 35 (1986) 129-170. του ίδιου, «Ceremonies in Luke-Acts: The Case of Meals and Table Fellowship», στο *The Social World of Luke-Acts: Models for Interpretation,* Hendrickson, 1991, 361-387. του ίδιου, «Social Science Modeling and the New Testament», *BTB* 16 (1986) 107-110. του ίδιου, «The Idea of Purity in Mark's Gospel», *Semeia* 35 (1986) 81-128. J. H. Neyrey, et al., «Review Articles on Two Social-Scientific Studies of the Bible. *BTB* 16 (1986) 107-118. J. J. Pilch, «Interpreting Scripture: The Social Science Method», *TBT* 26 (1988) 13-19. του ίδιου, «Reading Matthew Anthropologically: Healing in Cultural Perspective», *Listening* 24 (1989) 278-290.

[484] R. Scroggs, «The Sociological Interpretation of the New Testament: The Present State of Research», *NTS* 26 (1980) 167-168.

[485] Βλ. τις πλέον πρόσφατες εργασίες: T. J. Burke, *Family Matters: A Socio-Historical Study of Fictive Kinship Metaphors in 1 Thessalonians,* JSNTSup 247, New York, T & T Clark International, 2003. J. Clark-Soles, *Scripture Cannot Be Broken: The Social Function of the Use of Scripture in the Fourth Gospel,* Boston, Brill Academic Publishers, 2003. Z. A. Crook, «Reflections on Culture and Social-Scientific Models», *JBL* 124 (2005) 515-520. R. S. Dutch, *The Educated Elite in 1 Corinthians: Education and Community Conflict in Graeco-Roman Context,* JSNTSup 271, New York, T&T Clark International, 2005. P.

χρησιμοποιούν αποκλειστικά στις εργασίες τους. Σε αυτή την περίπτωση παρατηρούνται τα παρακάτω φαινόμενα:

α) Η αφαιρετικότητα δεν μπορεί να αποφευχθεί. Αυτή εμφανίζεται όταν επιχειρείται μια εξήγηση της θεολογίας υπό το πρίσμα της κοινωνιολογίας και το αντίστροφο. Με άλλα λόγια η μία επιστήμη υποβιβάζεται από την άλλη.

β) Η εφαρμογή των κοινωνιολογικών μεθόδων μπορεί να χαρακτηριστεί αδόκιμη γιατί τα δεδομένα και η γνώση του πολιτισμού και των κοινωνικών συνθηκών εκείνης της εποχής δεν αρκούν για την επιτυχημένη χρήση τους.

γ) Στις κοινωνικές επιστήμες, οι οποίες ενεργούν με διαφορετικό τρόπο από τη θεολογική επιστήμη, κυριαρχεί πολλές φορές, μια αιτιοκρατία και συνεπώς όταν αυτές εφαρμόζονται στην ερμηνεία της Κ.Δ. αφήνουν λίγα περιθώρια για τις ενέργειες του Θεού μέσα στην ιστορία.

δ) Πολλές φορές ο ερμηνευτής τοποθετεί στην έρευνα και στα συμπεράσματά του κοινωνικές καταστάσεις και

F. Esler-R. A. Piper, *Lazarus, Mary and Martha: Social-Scientific Approaches to the Gospel of John*, Minneapolis, Augsburg Fortress, 2006. N. P. Estrada, *From Followers to Leaders: The Apostles in the Ritual of Status Transformation in Acts 1-2*, JSNTSup 255, New York, T & T Clark International, 2004. D. Hutchinson Edgar, *Has God Not Chosen the Poor?: The Social Setting of the Epistle of James*, JSNTsup 206, Sheffield, Sheffield Academic Press, 2001. B. J. Malina, *The Social Gospel of Jesus: The Kingdom of God in Mediterranean Perspective*, Minneapolis, Fortress Press, 2001. B. J. Malina-J. J. Pilch, *Social-Science Commentary on the Book of Revelation*, Minneapolis, Fortress Press, 2000. των ίδιων, *Social-Science Commentary on the Letters of Paul*, Minneapolis, Fortress Press, 2006. B. J. Malina et al., *Social Scientific Models for Interpreting the Bible: Essays by the Context Group in Honor of Bruce J. Malina*, BIS 53, Leiden, Boston, Brill, 2001. T. Roh, *Die Familia Dei in Den Synoptischen Evangelien: Eine Redaktions-Und Sozialgeschichtliche Untersuchung Zu Einem Urchristlichen Bildfeld*, Freiburg, Schweiz Göttingen, Universitätsverlag, Vandenhoeck & Ruprecht, 2001.W. Stegemann et al., *Jesus in Neuen Kontexten*, Stuttgart, Verlag W. Kohlhammer, 2002. των ίδιων, *The Social Setting of Jesus and the Gospels*, Minneapolis, Fortress Press, 2002. M. Zetterholm, *The Formation of Christianity in Antioch: A Social-Scientific Approach to the Separation between Judaism and Christianity*, New York, Routledge, 2003.

Η κοινωνιολογική ανάλυση

αρχές που επικρατούν στην περιοχή του και στην εποχή του (αναχρονισμός).

ε) Πολλοί ερευνητές βλέπουν τις σύγχρονες κοινωνιολογικές μεθόδους ερμηνείας και τη φιλολογική κριτική ως διαμετρικά αντίθετες, επειδή καμιά από τις δύο δεν αναφέρεται ή δεν απαιτεί τη συμβολή της άλλης[486].

Στο κλίμα της συζήτησης που ακολούθησε με την εφαρμογή της κοινωνιολογικής μεθόδου, έχουν διατυπωθεί, και μάλιστα από τους ίδιους τους αποκαλούμενους «κοινωνιολόγους της Κ.Δ.», κάποιες προτάσεις που κρίνονται ως ιδανικές για μία πιο επιτυχημένη προσέγγιση της Αγίας Γραφής. Οι προτάσεις της σύγχρονης έρευνας περιληπτικά είναι οι εξής:

α) Είναι απαραίτητο κάθε φορά ένα διαπολιτισμικό μοντέλο υπό μια συγκριτική προοπτική.

β) Η αναλυτική μέθοδος που εφαρμόζεται θα πρέπει να ταιριάζει με ένα ευρύτερο κοινωνικό και γλωσσολογικό πλαίσιο της ερμηνείας των κειμένων.

γ) Αν χρησιμοποιείται κάποιο κοινωνικό μοντέλο, να απορρέει από εμπειρίες που γνωρίζουμε ότι επικρατούσαν σίγουρα στον αρχαίο κόσμο.

δ) Το μήνυμα που θα προκύπτει να είναι κατανοητό στο δικό μας κόσμο.

ε) Το μοντέλο που εφαρμόζεται να είναι αποδεκτό από τις κοινωνικές επιστήμες[487].

---

[486] Βλ. Ν. Κ. Gottwald, «Sociology», στο *ABD* 6, 81.
[487] Για τα μοντέλα που έχουν χρησιμοποιηθεί στη μελέτη της Κ.Δ. βλ. Β. J. Malina, *The New Testament World. Insights from Cultural Anthropology*, 1993, 21-26. του ίδιου, «The Social Sciences and Biblical Interpretation», *Int* 36 (1982) 229-242. Δ. Πασσάκου, «Προλεγόμενα της Κοινωνιολογικής Ερμηνείας της Καινής Διαθήκης», *ΔΒΜ* 10 (1991) 15-26. P. F. Craffert, «More Models and Muddles in the Social-Scientific Interpretation of the New Testament: The Sociological Fallacy Reconsidered», *Neot* 26 (1992) 217-239.

Η προς Εβραίους και η συνδρομή των κοινωνικών επιστημών

1.1 Η κοινωνιολογία της γνώσης ως μέθοδος προσέγγισης της προς Εβραίους

Πρόσφατα ο Salevao[488] χρησιμοποιώντας κοινωνιολογικά μοντέλα ανάλυσης επιχείρησε να αναλύσει το κείμενο της προς Εβραίους. Η πολυσέλιδη εργασία του προσεγγίζει την επιστολή μέσω της κοινωνιολογίας της γνώσης. Βασική αρχή στην εργασία είναι ότι μία καλύτερη κατανόηση της προς Εβραίους απαιτεί προσεκτική θεώρηση της σύνδεσης μεταξύ θεολογικής διδασκαλίας και κοινωνικής κατάστασης. Η σύνδεση ανάμεσα στην ιδεολογία και την κοινωνική κατάσταση αποτελεί άλλωστε πρωταρχικό ενδιαφέρον για την κοινωνιολογία της γνώσης, η οποία αποτελεί εξειδικευμένο κοινωνιολογικό κλάδο[489]. Με άλλα λόγια, ο συμβολισμός και οι θεολογικές ιδέες της επιστολής πιστεύεται ότι είχαν ως σκοπό να διαμορφώσουν και να διατηρήσουν την κοινότητα των παραληπτών της. Η αρχή αυτή λαμβάνεται από τις εργασίες των Berger και Luckmann[490] στο χώρο της κοινωνιολογίας της γνώσης. Στόχος του Salevao ειδικότερα, είναι να δείξει ότι η ιδέα της «νομιμοποίησης» μπορεί να εξηγήσει με επιτυχία τη σύνδεση ανάμεσα στη θεολογία, την κοινωνική κατάσταση και τη στρατηγική της επιστολής. Ως «νομιμοποίηση» εδώ θα πρέπει να σημειώσουμε ότι κατανοείται ένα σύστημα από σύμβολα και θεωρητικές θέσεις, το οποίο γίνεται αποδεκτό από τους παραλήπτες. Αυτό οδηγεί στη δημιουργία μιας συμβολικής πραγματικότητας μέσα στο υπόλοιπο χάος της καθημερινής πραγματικότητας. Ως πορεία η νομιμοποίηση συνεπάγεται την

---

[488] I. Salevao, *Legitimation in the Letter to the Hebrews: The Construction and Maintenance of a Symbolic Universe*, JSNTSup 219, Sheffield, Sheffield Academic Press, 2002.
[489] Βλ. γενικά για την κοινωνιολογία της γνώσης στο Β. Τ. Γιούλτση, *Γενική Κοινωνιολογία*, Θεσσαλονίκη ⁴1994, 352-355.
[490] Βλ. ενδεικτικά P. L. Berger-T. Luckmann, *The Social Construction of Reality. A Treatise in the Sociology of Knowledge*, Garden City, New York, Doubleday, 1966 και P. L. Berger, *The Sacred Canopy. Elements of a Sociological Theory of Religion*, Anchor Books Editions, USA ²1990, 22-23 και 50-51.

Η κοινωνιολογική ανάλυση

κοινωνική παραγωγή ιδεών και νοημάτων. Η νομιμοποίηση ως κοινωνιολογικό μοντέλο αποτελεί ένα άθροισμα από τρόπους με τους οποίους ερμηνεύεται μια κοινωνία. Συνδέεται επίσης με τη γένεση και τη διατήρηση μιας κοινωνίας και των κοινωνικών της θεσμών. Επιπρόσθετα, εξηγεί και δικαιώνει την ύπαρξη και τη συνέχεια ενός κοινωνικού κόσμου[491]. Τα παραπάνω αποτελούν το θεωρητικό πλαίσιο, το οποίο επιχειρήθηκε να υιοθετηθεί στην ερμηνεία της προς Εβραίους. Ανάλογο πλαίσιο υιοθετήθηκε παλιότερα από τον Esler στην κοινότητα του Λουκά και τον Elliott στην Α΄ Πέτρου[492].

Η συμβολική πραγματικότητα παρέχει σύμφωνα με τους κοινωνιολόγους της γνώσης στα μέλη μιας κοινωνίας ένα ενδιαφέρον πλαίσιο αναφοράς. Περικλείει το σύνολο της κοινωνίας και τους διάφορους θεσμούς της, τους ρόλους, τις καταστάσεις και τις έννοιες που διαμορφώνονται μέσα σε αυτή[493]. Στην προς Εβραίους δύο καταστάσεις είναι αυτές που απαιτούν την άμεση νομιμοποίηση μιας συμβολικής πραγματικότητας και αναγκάζουν το συγγραφέα της να αντιδράσει. Η πρώτη είναι η αποστασία κάποιων μελών. Η δεύτερη είναι σοβαρότερη επειδή τίθεται από μία άλλη κοινότητα (ιουδαϊκή) με μια διαφορετική συμβολική πραγματικότητα και είναι η θεώρηση κάποιων ιδεών των χριστιανών ως ανώφελων και επικίνδυνων.

Η πρόταση του Salevao είναι ότι ένα σημαντικό μέρος της στρατηγικής του συγγραφέα της επιστολής δημιουργήθηκε για να εξηγήσει και να δικαιώσει τη χριστιανική διδασκαλία στους χριστιανούς της εποχής εκείνης. Ωστόσο, η συμβολική πραγματικότητα της χριστιανικής κοινότητας έγινε προβληματική (Εβρ. 10:25). Εμφανίστηκε το φαινόμενο της αποστασίας. Το πρόβλημα αυτό απαίτησε την ύπαρξη θεωρητικών μηχανισμών,

---

[491] I. Salevao, *Legitimation in the Letter to the Hebrews*, 6 και 33-38.
[492] Βλ. P. F. Esler, *Community and Gospel in Luke-Acts. The Social and Political Motivation of Lucan Theology*, SNTSMS 57, Cambridge, Cambridge University Press 1987 και J. H. Elliott, *A Home for the Homeless: A Sociological Criticism of I Peter. Its Situation and Strategy*, Minneapolis, Augsburg-Fortress 1990.
[493] P. L. Berger-T. Luckmann, *The Social Construction of Reality*, 113-114.

οι οποίοι θα ήταν σε θέση να διατηρούν την κοινωνική κατάσταση των χριστιανών μελών χωρίς προβλήματα και αμφισβητήσεις[494]. Η χριστιανική κοινότητα εμφανιζόταν τώρα διαφορετική από εκείνη του Ιουδαϊσμού. Αποτελούσε μία καθορισμένη σέκτα ανεξάρτητη από το ιουδαϊκό της παρελθόν. Η προς Εβραίους έτσι, δεν είναι παρά μια προσπάθεια θεολογικής νομιμοποίησης του διαχωρισμού μιας συγκεκριμένης χριστιανικής κοινότητας από τον Ιουδαϊσμό[495]. Οι παραλήπτες κατά τον Salevao είναι είτε ιουδαιοχριστιανοί της Ρώμης που ξέφυγαν το διωγμό του Νέρωνα, είτε ιουδαιοχριστιανοί που μετοίκισαν στη Ρώμη μετά το 64 μ.Χ. και αποτελούν μία κατ' οίκον εκκλησία. Ο αντισημιτισμός είναι πραγματικότητα στο κείμενο που εξηγείται και με κοινωνιολογικούς όρους. Η ανοχή πλέον είναι αδύνατη και για τις δύο θρησκευτικές κοινότητες.

Η κοινωνική ιστορία της κοινότητας περιλαμβάνει δύο εξαιρετικά δύσκολες καταστάσεις. Η μία είναι η εξωτερική πίεση από την ευρύτερη κοινωνία, η οποία βιώνεται ως πολιτική δίωξη, κοινωνικός αποκλεισμός και εχθρότητα. Η άλλη είναι η εσωτερική διάσπαση, η οποία προκλήθηκε πιθανώς από μία θεολογική διαμάχη που οδήγησε στην απομάκρυνση κάποιων μελών και την ενδεχόμενη επιστροφή τους στο ιουδαϊκό τους περιβάλλον. Η δεύτερη γίνεται αντιληπτή ως αμεσότερη απειλή, η οποία διασπά την κοινωνική συνοχή της κοινότητας. Από το πρίσμα της κοινωνιολογικής ανάλυσης ο κίνδυνος ήταν ότι η εκδοχή της συμβολικής πραγματικότητας που εκπροσωπούσαν οι αποστάτες είχε εξελιχθεί σε μία άλλη πραγματικότητα που τώρα προωθούνταν και στα υπόλοιπα μέλη προκαλώντας διαιρέσεις[496]. Μία άλλη θρησκευτική κοινότητα παρουσίαζε μια εναλλακτική συμβολική πραγματικότητα, η οποία θα έπρεπε να αποφευχθεί σε θεωρητικό και πρακτικό επίπεδο. Έτσι εξηγούνται οι παραινέσεις του κειμένου για υπακοή στα ηγετικά μέλη (Εβρ. 13:17, 24). Οι αποστάτες βρίσκονται σε αυτό που συχνά ονομάζεται «γκρίζα ζώνη» μεταξύ

---

[494] I. Salevao, *στο ίδιο*, 69-71.
[495] I. Salevao, *στο ίδιο*, 108.
[496] I. Salevao, *στο ίδιο*, 143.

Η κοινωνιολογική ανάλυση

χριστιανισμού και Ιουδαϊσμού. Η θεολογική νομιμοποίηση του χριστιανισμού έπρεπε να αποδείξει την ανωτερότητά της έναντι του ιουδαϊκού παρελθόντος. Η διαλεκτική αυτή παίζει σημαντικό ρόλο στη στρατηγική του συγγραφέα της προς Εβραίους. Τα όρια που υπάρχουν λειτουργούν αφενός προς ενίσχυση της συνοχής της ομάδας, αλλά και αφετέρου ως δείκτες διαφοροποίησης των εντός από τον κοινωνικό περίγυρο.

Στην εργασία του Salevao πέρα από τη συμβολική πραγματικότητα, το λειτουργισμό, τη νομιμοποίηση, το μοντέλο εκκλησία/σέκτα, χρησιμοποιείται και ο ρόλος της κοινωνικής σύγκρουσης σε εξωτερικό και εσωτερικό επίπεδο, όπως συνοπτικά παρουσιάσαμε παραπάνω. Πέρα από τα αρνητικά, παρατηρούνται και ορισμένα θετικά σημεία σε τέτοιες συγκρούσεις[497] με κυριότερο την ενίσχυση της συνοχής της ομάδας. Είναι γεγονός ότι από την πρώτη στιγμή ο χριστιανισμός γνώρισε τη σύγκρουση με το ευρύτερο περιβάλλον.

Το μοντέλο εκκλησία/σέκτα εφαρμόζεται με επιτυχία, αφού στην περίπτωση της προς Εβραίους ως εκκλησία (με κοινωνιολογικές προϋποθέσεις) κατανοείται ο Ιουδαϊσμός, αντίθετα ο χριστιανισμός γίνεται αντιληπτός ως αυτόνομη και ανεξάρτητη σέκτα. Εδώ φανερώνεται ότι η κάθε θρησκευτική κοινότητα προσπαθεί να δημιουργήσει τις καλύτερες δυνατές εξηγήσεις προκειμένου να αποδείξει την ανωτερότητα της δικής της συμβολικής πραγματικότητας. Η θέση της συγκεκριμένης κοινωνιολογικής προσέγγισης είναι ότι η θεολογική διδασκαλία της προς Εβραίους διαμορφώνεται στηριζόμενη στη σεκταριστική συνείδηση των παραληπτών της. Τα κοινωνικά χαρακτηριστικά μιας τέτοιας σέκτας είναι μία στάση διαμαρτυρίας των μελών της απέναντι σε αυτό που θεωρείται εκκλησία, η απόρριψη της καθιερωμένης πραγματικότητας, μία ελιτίστικη αντίληψη για το μέλλον της, αγάπη και αποδοχή προς τα μέλη της, εθελοντική προσφορά, υπακοή ορισμένων κανόνων και εσχατολογικός προσανατολισμός. Επιπλέον, ο τρόπος ζωής της περιλαμβάνει κάποιες βασικές θέσεις, προσηλυτισμό, μύηση, μυστήρια,

---

[497] Βλ. αναλυτικά I. Salevao, *στο ίδιο*, 150-151.

οργάνωση, υποταγή, κα. Τα παραπάνω χαρακτηριστικά λαμβάνονται από την εργασία του κοινωνιολόγου Wilson στις θρησκευτικές σέκτες και επιβεβαιώνονται από τις ενδείξεις της προς Εβραίους[498]. Ο Wilson στις αναλύσεις του προτείνει επτά αντιδράσεις μιας σέκτας απέναντι στην ευρύτερη κοινωνία από τις οποίες οι τέσσερις υιοθετούνται από τον Salevao ως οι πλέον ενδεικτικές για την κοινότητα της προς Εβραίους. Αυτές είναι η εσχατολογική, η ριζοσπαστική, η εσωστρεφής και η ουτοπική. Οι τέσσερις αυτές αντιδράσεις της σέκτας έχουν σαν στόχο να την απαλλάξουν από το κακό του κόσμου και να της προσφέρουν ένα εναλλακτικό πλάνο σωτηρίας. Το λατρευτικό σύστημα του Ιουδαϊσμού για παράδειγμα κρίνεται ως ατελές από το συγγραφέα της προς Εβραίους και συνεπώς ανώφελο.

Η πορεία της νομιμοποίησης του διαχωρισμού της σέκτας από ένα τέτοιο περιβάλλον πραγματοποιείται με τις παρακάτω ενέργειες: α) οι αντίπαλοι της σέκτας θεωρούνται εχθρικοί και τα μέλη της πρέπει να απομακρυνθούν από αυτούς, β) χρησιμοποιείται η αντίθεση για να καταφανεί και να διατηρηθεί αυτός ο διαχωρισμός, γ) επανερμηνεύονται βασικές αντιλήψεις της εκκλησίας (με κοινωνιολογικούς όρους) από την οποία προέκυψε η συγκεκριμένη σέκτα και τέλος, δ) η σέκτα εξελίσσεται σε εκκλησία. Χαρακτηριστικό παράδειγμα μίας τέτοιας εξελικτικής πορείας αποτελεί ο χριστιανισμός ως σύνολο[499].

Ο Salevao δέχεται ότι υπάρχουν ορισμένα πολύ σημαντικά στοιχεία στην προσπάθεια του συγγραφέα της να νομιμοποιήσει το διαχωρισμό της χριστιανικής κοινότητας από τον Ιουδαϊσμό. Αυτά συνοπτικά είναι: α) η αρνητική παρουσίαση της ιουδαϊκής λατρείας, β) η χρήση ελιτίστικης γλώσσας[500]

---

[498] B. R. Wilson, «An Analysis of Sect Development», στο *Patterns of Sectarianism: Organization and Ideology in Social and Religious Movements*, εκδ. B. R.Wilson, London 1967, 22-45. Περισσότερα στο I. Salevao, *στο ίδιο*, 202-205.

[499] Για τα ιδιαίτερα κοινωνικά χαρακτηριστικά της κοινότητας της προς Εβραίους βλ. I. Salevao, *στο ίδιο*, 214-217 και Μ. Γκουτζιούδη, *Ιωβηλαίο Έτος, Μελχισεδέκ και η προς Εβραίους Επιστολή. Συμβολή στη Διαμόρφωση της Χριστιανικής Σωτηριολογίας*, ΒΒ 36, Θεσσαλονίκη 2006, 452-460.

[500] Βλ. αναλυτικά I. Salevao, *στο ίδιο*, 383-401.

Η κοινωνιολογική ανάλυση

προκειμένου να διαφανεί η ανωτερότητα του χριστιανισμού και γ) η επανερμηνεία ορισμένων παραδόσεων υπό νέο πρίσμα. Συμπερασματικά προκύπτει μία ανεξάρτητη κοινότητα με διακριτά όρια με αυτόνομο και αυτοδιοίκητο σώμα και κάποια μορφή εσωτερικής οργάνωσης. Πρόκειται δηλαδή για μία εσχατολογική σέκτα. Προτιμάται αυτό το είδος από την παραπάνω τυπολογία, αν και δεν ταιριάζει απόλυτα με καμία πρόταση και φυσικά εμφανίζει και ριζοσπαστική αντίδραση. Αυτό σημαίνει ότι η συγκεκριμένη κοινότητα ήταν ανοικτή για τους εκτός με καθορισμένη συνοχή και διαφορετική μορφή από την ευρύτερη κοινωνία. Τέλος, η συμβολική πραγματικότητα που διαμορφώνεται έχει μία καθορισμένη ταυτότητα. Είναι αυστηρά καθορισμένη και ανώτερη από τις αντίστοιχες των υπόλοιπων θρησκευτικών ομάδων της εποχής.

Η κοινωνιολογική ανάλυση γενικά αποδείχτηκε ιδιαίτερα χρήσιμη για τη μελέτη των λατρευτικών κοινοτήτων του αρχέγονου χριστιανισμού και την κατανόηση της θεολογικής του διδασκαλίας. Η συγκεκριμένη προσπάθεια έδειξε ότι ο συμβολικός κόσμος των παραληπτών της προς Εβραίους συνεχιζόταν να διαμορφώνεται και δεν είχε παγιωθεί. Φυσικά, τα πορίσματα και η ίδια η εφαρμογή της κοινωνιολογίας της γνώσης δεν βρίσκουν σύμφωνο το σύνολο των ερευνητών και ειδικά στην περίπτωση του μοντέλου εκκλησία/σέκτα. Ένα σημαντικό αρνητικό επιχείρημα είναι ότι η πιθανή σύνδεση μεταξύ των όσων λέγονται στο κείμενο και όσων ισχύουν στην κοινωνική πραγματικότητα εγείρει αμφιβολίες, επειδή δεν γνωρίζουμε αρκετά για την παραλήπτρια κοινότητα. Από την άλλη, το μοτίβο της κοινότητας που βρίσκεται σε πορεία εξηγείται ικανοποιητικά κοινωνιολογικά ως η λύση του συγγραφέα της προς Εβραίους στο πρόβλημα του κοινωνικού αποκλεισμού των παραληπτών χριστιανών.

Η μεθοδολογία και τα πορίσματα της προσέγγισης του Salevao χρησιμοποιήθηκαν πρόσφατα στη μελέτη του Backhaus[501], ο οποίος με τη συνδρομή της κοινωνιολογίας της

---

[501] K. Backhaus, «How to Entertain Angels: Ethics in the Epistle to the Hebrews», στο G. Gelardini (εκδ.), *Hebrews: Contemporary Methods-New Insights*, BIS 75,

γνώσης καταλήγει στη διαπίστωση ότι ο κεντρικός στόχος του συγγραφέα της επιστολής είναι η συστηματική και πρακτική κατανόηση μιας ερμηνευτικής προσπάθειας, η οποία προστατεύει τον αυτοκαθορισμό της κοινότητας από την ευρύτερη κοινωνία. Επιπλέον, η νομιμοποίηση αυτής της πορείας προστατεύει και από την πίεση της πολιτιστικής αφομοίωσης και παρέχει τη δυνατότητα στον πιστό να εσωτερικοποιήσει ατομικά ορισμένα χριστιανικά πιστεύω. Η περιθωριοποίηση εδώ κατανοείται ως είσοδος στην ιερή περιοχή του Θεού και έτσι καθιερώνεται μία συμβολική πραγματικότητα[502]. Αυτό που αλλάζει με την ηθική διδασκαλία της προς Εβραίους είναι κατά τον Backhaus το χριστιανικό σύστημα αναφοράς, ο κοινωνικός αυτοκαθορισμός και ο πρακτικός ορίζοντας της πίστης. Έτσι το ερώτημα περί ηθικής μετατρέπεται σε ερώτημα ζωής[503].

Συμπερασματικά, θα λέγαμε ότι η κοινωνιολογική ανάλυση του Salevao λαμβάνει σοβαρά υπόψη, ακόμη και στην προσπάθεια ερμηνείας της θεολογικής διδασκαλίας της προς Εβραίους, το *Sitz im Leben* των παραληπτών της. Με αυτή, προσφέρεται ακόμη μία εναλλακτική ερμηνεία της στρατηγικής του συγγραφέα, η οποία μπορεί να γίνει καλύτερα αντιληπτή από τους σύγχρονους αναγνώστες της επιστολής.

1.2 Το κοινωνιολογικό μοντέλο ανάλυσης ομάδα/πλέγμα

Λίγους μήνες πριν την έκδοση της εργασίας του Salevao είχε εκδοθεί από τον ίδιο βρετανικό εκδοτικό οίκο και μάλιστα στην ίδια σειρά μία άλλη μονογραφία, η οποία προσέγγιζε με τη συνδρομή της κοινωνιολογίας το λατρευτικό υπόβαθρο της προς Εβραίους[504]. Στην εργασία μας επιλέξαμε να την

Leiden, Brill, 2005, 149-175.
[502] Βλ. αναλυτικά Κ. Backhaus, «How to Entertain Angels: Ethics in the Epistle to the Hebrews», στο G. Gelardini (εκδ.), *Hebrews*, 168-169.
[503] Βλ. αναλυτικά την εργασία του G. Forster, *The Moral Vision of the Letter to the Hebrews*, Grove Ethics Series 138, Cambridge, Grove, 2005.
[504] R. W. Johnson, *Going outside the Camp: The Sociological Function of the*

Η κοινωνιολογική ανάλυση

παρουσιάσουμε μετά από εκείνη του Salevao για να μην παρουσιάσουμε και πάλι ορισμένες βασικές κοινωνιολογικές αρχές που ήδη έχουν εκτεθεί παραπάνω. Επιπλέον, η δεύτερη εργασία χρησιμοποιεί ένα συγκεκριμένο μοντέλο και όχι τις γενικές αρχές ενός κλάδου της κοινωνιολογίας. Ειδικότερα, η κοινωνιολογική ανάλυση του Johnson στοχεύει να αναλύσει την κριτική του συγγραφέα της προς Εβραίους στο λευιτικό λατρευτικό σύστημα προκειμένου να διαφανεί ο τρόπος με τον οποίο λειτουργεί κοινωνιολογικά η κριτική αυτή. Τα αποτελέσματα της ανάλυσής του φανερώνουν τον τύπο της κοινότητας που υπονοείται και τις διαφορές της με την ελληνιστική ιουδαϊκή κοινότητα του 1^{ου} αι. μ.Χ. μέσα από την οποία η πρώτη προέκυψε. Ενδιαφέρον είναι το γεγονός ότι χρησιμοποιείται το κοινωνιολογικό μοντέλο ομάδα/πλέγμα, έτσι όπως εφαρμόστηκε αρχικά από τη Μ. Douglas[505]. Θα πρέπει εδώ να εξηγήσουμε συνοπτικά τις βασικές αρχές αυτού του μοντέλου ανάλυσης για να γίνει κατανοητή η λειτουργία του παρακάτω. Η Βρετανή ανθρωπολόγος ταξινόμησε τις κοινωνίες σύμφωνα με δύο μεταβλητές, την ομάδα, δηλαδή την εμπειρία μιας καθορισμένης κοινωνικής ομάδας και το πλέγμα, δηλαδή κανόνες οι οποίοι συνδέουν το άτομο με τα υπόλοιπα μέλη αυτής της ομάδας σε μία εγωκεντρική βάση. Έτσι μία κοινωνία μπορεί να θεωρηθεί αδύναμη ή ισχυρή σε σχέση πάντα με την ομάδα και το πλέγμα. Σύμφωνα με το παραπάνω μοντέλο παρατηρούνται τέσσερις τύποι κοινωνιών. Από τα παραπάνω η Douglas συμπεραίνει ότι κοινωνίες με τα ίδια ή παρόμοια χαρακτηριστικά ομάδας/πλέγματος

Levitical Critique in the Epistle to the Hebrews, JSNTSup 209, Sheffield, Sheffield Academic Press, 2001.

[505] Βλ. Μ. Douglas, *Natural Symbols: Explorations in Cosmology*, New York 1973. Στην εργασία αυτή, η γνωστή ανθρωπολόγος θεωρούσε έναν αριθμό κοινωνιών μέσα από το πρίσμα δύο μεταβλητών που τις ονόμασε πλέγμα και ομάδα. Βλ. εξήγηση του μοντέλου στο Β. J. Malina, *Christian Origins and Cultural Anthropology: Practical Models for Biblical Interpretation*, Atlanta, John Knox Press, 1986, 13 εξ.

τείνουν να έχουν παρόμοιες κοσμολογικές θεωρίες[506] και κατά συνέπεια να τηρούν την ίδια στάση απέναντι σε θέματα όπως η τελετουργία, η καθαρότητα και η προσωποποίηση του κόσμου. Μία κοινωνία του τύπου αδύναμη ομάδα/ισχυρό πλέγμα είναι περίπλοκη και διαθέτει ρόλους που είναι καθορισμένοι και αποδεκτοί από τα μέλη της. Η κοινωνία του τύπου ισχυρή ομάδα/ισχυρό πλέγμα αποτελεί μια θεσμοθετημένη ομάδα. Η ιεραρχία χαίρει σεβασμού από τα μέλη της και η πίστη των μελών της επιβραβεύεται. Η κοινωνία του τύπου αδύναμη ομάδα/αδύναμο πλέγμα χαρακτηρίζεται από ατομικισμό. Τέλος, η κοινωνία του τύπου ισχυρή ομάδα/αδύναμο πλέγμα κυριαρχείται από το φατριασμό. Από τα όρια που διαθέτει μόνο τα εξωτερικά είναι διακριτά, ενώ όλα τα υπόλοιπα είναι ανοιχτά και διαπραγματεύσιμα. Περιληπτικά αυτά είναι τα χαρακτηριστικά της παραπάνω τυπολογίας του κοινωνιολογικού μοντέλου ομάδα/πλέγμα[507]. Εξαιρετικά σημαντική θεωρείται στην τυπολογία αυτή η ανταπόκριση στην τελετουργία. Το μοντέλο αυτό έχει εξελιχθεί με τη συνδρομή νεότερων κοινωνιολογικών αναλύσεων, οι οποίες πρόσθεσαν στο αρχικό μοντέλο της Douglas εννέα παραμέτρους[508]. Από αυτές οι πέντε αναφέρονται στη μεταβλητή ομάδα και οι τέσσερις στη μεταβλητή πλέγμα. Από όσα προηγήθηκαν γίνεται αντιληπτό γιατί το μοντέλο ομάδα/πλέγμα γίνεται ένα κοινωνιολογικό εργαλείο ανάλυσης της κριτικής που ασκεί η προς Εβραίους στη λευιτική τελετουργία. Το ίδιο το κείμενο αποτελεί ανταπόκριση στο λατρευτικό σύστημα μιας άλλης κοινωνικής και θρησκευτικής ομάδας. Το μειονέκτημα στην εφαρμογή του παραπάνω κοινωνιολογικού μοντέλου είναι ότι ο ερευνητής δεν έχει στη διάθεση του την ίδια την κοινότητα για να τη μελετήσει, ούτε φυσικά αρχαιολογική ευρήματα, αλλά

---

[506] M. Douglas, *Natural Symbols*, 105 εξ.

[507] Βλ. επεξηγήσεις και σχόλια στο Δ. Πασσάκου, «Προλεγόμενα της Κοινωνιολογικής Ερμηνείας της Καινής Διαθήκης», *ΔΒΜ* 10 (1991) 21-22. Σχηματική παρουσίαση του μοντέλου ανάλυσης στα M. Douglas, *στο ίδιο*, 59 και R. W. Johnson, *Going outside the Camp*, 21.

[508] Βλ. τα δεδομένα του πίνακα 2 στο R. W. Johnson, *στο ίδιο*, 23-24.

θα πρέπει να στηριχθεί σε όσα λέγονται για αυτή στο κείμενο. Αυτό αποτελεί τη μόνη πηγή δεδομένων.

Με την εφαρμογή του μοντέλου ομάδα/πλέγμα στην προς Εβραίους προκύπτει ότι ο Ιουδαϊσμός του 1^{ου} αι. μ.Χ. ήταν μια κοινωνία του τύπου ισχυρή ομάδα/ισχυρό πλέγμα. Αντίθετα, διαπιστώνεται ότι η χριστιανική κοινότητα στην οποία απευθύνεται η προς Εβραίους ανήκει στον τύπο αδύναμη ομάδα/αδύναμο πλέγμα[509]. Κατά συνέπεια αυτή μειονεκτούσε σε σχέση με τις ιουδαϊκές κοινότητες της διασποράς. Επιβεβαιώνεται ότι η κριτική που ασκεί το κείμενο στη λευιτική λατρευτική παράδοση αποτελεί στοιχείο μιας κοσμολογίας, η οποία προέρχεται από μια κοινωνία του τύπου αδύναμη ομάδα/ αδύναμο πλέγμα. Η χριστιανική κοινότητα ήταν περισσότερο ανοιχτή στους ξένους και περισσότερο πρόθυμη να αφομοιώσει νέα μέλη από τον ελληνιστικό Ιουδαϊσμό του 1^{ου} αι. μ.Χ.

Η μεταβλητή της ομάδας για τον Ιουδαϊσμό μπορεί να οριστεί από τον καθορισμό των ορίων που διέκριναν τους Ιουδαίους από τους εθνικούς, ενώ η μεταβλητή του πλέγματος από τον καθορισμό του τρόπου ρύθμισης του βίου των Ιουδαίων και από το βαθμό που αυτός συνέβαινε κατά την εποχή που μας ενδιαφέρει[510]. Από τις πληροφορίες της γραμματείας του 1^{ου} αι. για τους Ιουδαίους ο Johnson διαπιστώνει ότι τα χαρακτηριστικά της πρώτης μεταβλητής στην περίπτωση του ελληνιστικού Ιουδαϊσμού είναι: ο ανεικονικός μονοθεϊσμός,

---

[509] Πρόσφατα ο B. Dunning, «The Intersection of Alien Status and Cultic Discourse in the Epistle to the Hebrews», στο G. Gelardini (έκδ.), *Hebrews: Contemporary Methods-New Insights*, BIS 75, Leiden, Brill, 2005, 177-198, επιχείρησε μια σύγκριση με τη συνδρομή της κοινωνιολογικής ανάλυσης της κοινωνικής κατάστασης που βιώνουν οι παραλήπτες της προς Εβραίους με εκείνη των Μορμόνων των ΗΠΑ κατά το 19° αι. Εξετάζεται δηλαδή η διαφορετικότητα του τρόπου ζωής των δύο μειονοτικών κοινοτήτων σε σχέση με την ευρύτερη κοινωνία στην οποία ζούσαν. Η μελέτη εξετάζει κυρίως το μοτίβο του περιπλανώμενου λαού του Θεού της προς Εβραίους αλλά δεν καταφέρνει να προχωρήσει σε κοινωνιολογικά πορίσματα αντίστοιχα με εκείνα των προηγούμενων κοινωνιολογικών προσεγγίσεων στο κείμενο.
[510] Βλ. αναλυτικά R. W. Johnson, *στο ίδιο*, 29-67.

η κεντρική σημασία του νόμου, η τήρηση της αργίας του Σαββάτου, η ύπαρξη εορτών και νηστειών, η περιτομή, οι διαιτητικοί κανόνες, η ενδογαμία, η αφιέρωση στο Ναό της Ιερουσαλήμ, η εκ νέου κοινωνικοποίηση των προσήλυτων, και τέλος, η ενότητα μεταξύ Ιουδαίας και διασποράς[511]. Κατά τον ίδιο τρόπο τα χαρακτηριστικά της δεύτερης μεταβλητής είναι κυρίως ο Ναός και ο νόμος ως παράγοντες, οι οποίοι καθορίζουν το πλέγμα της ιουδαϊκής κοινότητας.

Αντίθετα η χριστιανική κοινότητα του τύπου αδύναμη ομάδα/αδύναμο πλέγμα δεν έχει όρια, τα οποία να καθορίζουν την καθαρότητα των μελών της. Από το κείμενο απουσιάζει μια εθνικιστική γλώσσα, στοιχείο που είναι ενδεικτικό μιας ισχυρής ομάδας. Δεν υπάρχει επίσης, κάποια αντιπαράθεση μεταξύ των εντός της κοινότητας μελών και των εκτός. Ακόμη ο συγγραφέας αποφεύγει να χαρακτηρίσει οποιοδήποτε μέλος της κοινότητας με κάποιο από τους γνωστούς τίτλους από τα υπόλοιπα βιβλία της Κ.Δ.. Τα μέλη δεν είναι υπόλογοι στους ηγουμένους, αλλά όλοι είναι υπόλογοι στο Θεό. Οι κοινωνιολόγοι θεωρούν ότι μια τέτοια ευθύνη αποτελεί στοιχείο των ισχυρών ομάδων. Από την άλλη η απλότητα στη δομή της κοινότητας και οι αποκαλυπτικές παραστάσεις είναι χαρακτηριστικό γνώρισμα των αδύναμων ομάδων που ανήκουν στο αδύναμο πλέγμα. Τα παραπάνω δεδομένα επιβεβαιώνουν τη θέση του Johnson για τους παραλήπτες της προς Εβραίους. Ακόμη και η στάση της προς Εβραίους απέναντι στην αμαρτία και την τελετουργία είναι συμβατή με την κοσμολογική θεωρία μιας κοινωνίας του τύπου αδύναμη ομάδα/αδύναμο πλέγμα[512]. Τέλος απουσιάζει και η σύγκρουση του πιστού σε ατομικό επίπεδο με την ευρύτερη κοινωνία. Όλα όσα λέγονται για τους πιστούς αφορούν το σύνολο της κοινότητας. Προκαλώντας ο συγγραφέας της προς Εβραίους το λευιτικό λατρευτικό σύστημα προκαλεί το συμβολισμό του Ιουδαϊσμού και προσφέρει ένα νέο τρόπο κατανόησης των συμβολικών ενεργειών.

---

[511] Βλ. τις πηγές των ενδείξεων στον πίνακα 3 στο R. W. Johnson, *στο ίδιο*, 50.
[512] R. W. Johnson, *στο ίδιο*, 108-110.

Η κοινωνιολογική προσέγγιση του Johnson στην προς Εβραίους είναι ιδιαίτερα ενδιαφέρουσα για τη σύγχρονη ερμηνευτική. Αν και ακολουθείται διαφορετικό μοντέλο ανάλυσης από εκείνο της κοινωνιολογίας της γνώσης του Salevao οι δύο εργασίες σε πολλά σημεία φτάνουν στα ίδια συμπεράσματα για την κοσμολογία της επιστολής και την κριτική στάση απέναντι στο ιουδαϊκό λατρευτικό σύστημα. Το μοντέλο ομάδα/πλέγμα εμφανίζει σίγουρα και κάποιες αδυναμίες ή περιορισμούς ως προς την εφαρμογή του στην κοινότητα στην οποία απευθύνεται η προς Εβραίους εξαιτίας της έλλειψης βασικών πληροφοριών. Ένα σοβαρό μειονέκτημα για την κοινωνιολογική ανάλυση είναι ότι η μόνη πηγή πληροφόρησης είναι το κείμενο της επιστολής και πολλά από όσα αναφέρονται δεν είναι εύκολο να γίνουν αντιληπτά από τους σύγχρονους αναγνώστες. Άλλη δυσκολία είναι η στάση της επιστολής απέναντι στην τελετουργία. Είναι άγνωστο αν και σε ποιο βαθμό η συγκεκριμένη χριστιανική κοινότητα είχε λατρευτική ζωή σαν και αυτή που γνωρίζουμε από τις παύλειες επιστολές για άλλες κοινότητες. Η κοινωνιολογική ανάλυση του Johnson την απορρίπτει λόγω της απουσίας στο κείμενο άμεσων αναφορών στην ευχαριστία. Το σίγουρο είναι ότι και η συγκεκριμένη ανάλυση συνέβαλε στη σύγχρονη επιστημονική συζήτηση για την προς Εβραίους και ειδικά στο χώρο των κοινωνιολογικών αναλύσεων.

2. Η κοινωνική ανθρωπολογία

Ο πολλαπλασιασμός των διαπολιτισμικών δεδομένων στις κοινωνικές επιστήμες από το 1950 και έπειτα, έκανε περισσότερο φανερό το γεγονός ότι αυτή καθεαυτή η βιβλική ερμηνευτική αποτελούσε μια μορφή διαπολιτισμικής μελέτης[513]. Όταν ένας ομιλητής μοιράζεται το ίδιο κοινωνικό περιβάλλον με τον ακροατή αμέσως κατανοεί ο ένας τον άλλο, ενώ αν

---

[513] B. J. Malina, *The Social World of Jesus and the Gospels*, 1996, xii-xiii.

Η προς Εβραίους και η συνδρομή των κοινωνικών επιστημών

ανήκουν σε διαφορετικό δυσκολεύονται να συνεννοηθούν ή δεν συνεννοούνται καθόλου. Έτσι ο ερμηνευτής των κειμένων της Αγίας Γραφής θα πρέπει να γνωρίζει τα πολιτιστικά και κοινωνικά χαρακτηριστικά του κόσμου του συγγραφέα, του οποίου επιχειρεί να ερμηνεύσει[514]. Σε αυτά περιλαμβάνονται: α) Οι αξίες και οι δομές του πλαισίου των συγκεκριμένων λαών της ανατολικής Μεσογείου (Εβραίοι, Έλληνες, Ρωμαίοι), β) το γεγονός της έλλειψης ιστορικής αίσθησης που ήταν κοινή στους λαούς αυτής της περιόδου, γ) ο ρόλος διαφόρων ερμηνευτών των κειμένων της εποχής εκείνης, δ) ο τρόπος δράσης των ανθρώπων και ε) οι σύγχρονες μέθοδοι ερμηνείας της Κ.Δ., οι οποίες προέκυψαν από τις σημερινές απαιτήσεις.

Η κοινωνική ανθρωπολογία είναι μια επιστήμη που μελετά την ανθρώπινη ζωή και τον ανθρώπινο πολιτισμό, ιδιαίτερα των προβιομηχανικά ανεπτυγμένων λαών[515]. Φυσική και πολιτιστική ανθρωπολογία είναι αλληλένδετες. Μολονότι ο κλάδος της ανθρωπολογίας είναι πρόσφατος, το ενδιαφέρον της συγκεκριμένης επιστήμης εντοπίζεται από την αρχαιότητα. Ο Ηρόδοτος για παράδειγμα, θεωρείται από τους σύγχρονους ανθρωπολόγους ο πρώτος ανθρωπολόγος. Περισσότεροι από εννέα τόμοι των *Ιστοριών* του αναφέρονται στη μελέτη λαών κάτω από τις ίδιες βασικές κατηγορίες που χρησιμοποιούν σήμερα οι ανθρωπολόγοι. Ο Ηρόδοτος περιγράφει την οικογένεια, τη συγγένεια, το γάμο, την οικονομία, την τεχνολογία και τη θρησκεία των ανθρώπων που είχε συναντήσει[516].

Ο κόσμος της Βίβλου από την άλλη, μπορεί σήμερα να μην υπάρχει, αλλά η Βίβλος παραμένει σε έναν κόσμο που είναι διαμετρικά αντίθετος από αυτόν στον οποίο διαμορφώθηκε.

---

[514] B. J. Malina, στο ίδιο, 22-23. Πρβλ. και Ι. Πέτρου, *Θεολογία και Κοινωνική Δυναμική*, 1993, 54-57.

[515] Βλ. στα ελληνικά την εργασία του Γ. Παγκάκη, *Κοινωνική Ανθρωπολογία*, Αθήνα, Σαββάλας, 2001, 7-9. Πρβλ. A. Kuper, *Ανθρωπολογία και Ανθρωπολόγοι: Η Σύγχρονη Βρετανική Σχολή*, Αθήνα 1996. G. Lienhardt, *Κοινωνική Ανθρωπολογία*, Αθήνα, Gutenberg, 1995.

[516] Πρβλ. V. H. Matthews-D. C. Benjamin, «Social Sciences and Biblical Studies», *Semeia* 68 (1996) 14.

Η κοινωνική ανθρωπολογία

Το κοσμοείδωλο των βιβλικών κειμένων δεν διακρίνει μεταξύ θρησκείας και καθημερινής ζωής, ούτε μεταξύ πολιτείας και εκκλησίας. Εκείνο που φέρνει αυτούς τους διαμετρικά αντίθετους κόσμους κοντά είναι η αναζήτηση της πληρότητας της ανθρώπινης ζωής. Η συμβολή της ανθρωπολογίας έγκειται στο να εξηγήσει πολλές από τις σχέσεις μεταξύ της σημερινής εποχής στην οποία διαβάζεται η Γραφή και εκείνης στην οποία διαμορφώθηκε[517].

Σύμφωνα με τον Malina η Κ.Δ. γράφτηκε μέσα σε αυτό που οι ανθρωπολόγοι αποκαλούν «κοινωνία υψηλού πλαισίου»[518]. Σε μια τέτοια κοινωνία αναμενόταν ότι όλοι οι αναγνώστες θα γνώριζαν το συγκεκριμένο πλαίσιο και θα ανταποκρίνονταν στα ζητήματα που το κείμενο θα παρουσίαζε. Επομένως ο συγγραφέας δεν χρειαζόταν να εξηγήσει τίποτα. Αυτό συνέβαινε σε όλους τους λαούς που ήταν εγκατεστημένοι γύρω από τη λεκάνη της Μεσογείου.

Το ενδιαφέρον που δείχνουν σήμερα οι βιβλικές σπουδές για τη συνδρομή των ανθρωπιστικών επιστημών στην έρευνα της Γραφής, ολοένα και αυξάνεται. Ιδιαίτερο ενδιαφέρον εκδηλώθηκε για εκείνον τον κλάδο της ανθρωπολογίας που παλαιότερα αποκαλούνταν «συγκριτική κοινωνιολογία»[519]. Ο Βρετανός ανθρωπολόγος Radcliffe-Brown (της έδωσε τον όρο «συγκριτική κοινωνιολογία») και ο Malinowski θεωρούνται οι ιδρυτές της σύγχρονης ανθρωπολογίας. Ως ακαδημαϊκός κλάδος η ανθρωπολογία οργανώνεται διαφορετικά σε διάφορες χώρες. Δύο είναι οι κύριες τάσεις της σύγχρονης ανθρωπολογίας.

---

[517] V. H. Matthews-D. C. Benjamin, «Social Sciences and Biblical Studies», *Semeia* 68 (1996) 12.

[518] B. J. Malina-R. L. Rohrbaugh, *Social Science Commentary on the Synoptic Gospels*, 1992, 11-13. Σε αντίθεση με αυτό το είδος κοινωνίας οι «κοινωνίες χαμηλού πλαισίου» είναι εκείνες οι οποίες παράγουν αρκετά ειδικά και λεπτομερή κείμενα που αφήνουν λίγο χώρο στον αναγνώστη για να συμπληρώσει ή να καλύψει.

[519] Βλ. D. Bergant, «An Anthropological Approach to Biblical Interpretation: The Passover Supper in Exodus 12:1-20 as a Case Study», *Semeia* 67 (1995) 43 και υποσ. 2.

Η προς Εβραίους και η συνδρομή των κοινωνικών επιστημών

(α) Στη Ν. Αμερική, όπου ο επιστημονικός αυτός κλάδος καλείται «πολιτιστική ανθρωπολογία», το πρωταρχικό αντικείμενο της είναι ο πολιτισμός και ειδικά τα πολιτιστικά τεχνουργήματα, τα οποία φωτίζουν και βοηθούν την ερμηνεία της ανθρώπινης συμπεριφοράς. Ειδικότερα, ενδιαφέρεται για τη συγκριτική μελέτη των κοινωνιών και των πολιτισμών, διαμορφώνοντας γενικές θεωρίες για τον τρόπο με τον οποίο ο πολιτισμός μεταβάλλεται σε ανταπόκριση προς τις εναλλαγές του περιβάλλοντος[520].

(β) Η βρετανική ανθρωπολογία από την άλλη μεριά, χρησιμοποιεί τον όρο «κοινωνική ανθρωπολογία» και κινήθηκε διαφορετικότερα. Εστίασε το ενδιαφέρον της περισσότερο στις κοινωνικές σχέσεις, παρά στα πολιτιστικά τεχνουργήματα. Ειδικότερα, επικεντρώνει το ενδιαφέρον της σε ξεχωριστές κοινωνίες και μελετά με ποιο τρόπο σε κάθε μια από τις θεωρίες που υιοθετούνται, οι ιδέες της κοινωνίας, η συγγένεια, η άσκηση δύναμης κλπ., διαμορφώνουν μια σειρά από σύμβολα που αντανακλούν την κατανόηση του κόσμου από πλευράς αυτής της συγκεκριμένης κοινωνίας.

Πολύ συχνά η ανθρωπολογία συγχέεται με την εθνογραφία ή την εθνολογία. Η εθνογραφία όμως, προσπαθεί να συγκεντρώσει εμπειρικά δεδομένα, ενώ η εθνολογία ταξινομεί τα ευρήματα της εθνογραφίας. Πολλές φορές ακόμη, είναι δύσκολο να διακρίνει κανείς μεταξύ κοινωνιολογίας και κοινωνικής ανθρωπολογίας. Η διαφορά είναι ότι η κοινωνική ανθρωπολογία ασχολείται με αρχέγονες κοινωνίες, ενώ οι κοινωνιολόγοι ασχολούνται με τους κοινωνικούς θεσμούς των περισσότερο προηγμένων λαών. Αυτό όμως είναι κάτι που μόνο μερικώς αληθεύει.

Η ανθρωπολογία ως μέθοδος ερμηνείας εφαρμόστηκε

---

[520] J. W. Rogerson, «Anthropology and the Old Testament», στο *ABD* 1, 258-259. Βλ. εισαγωγικές πληροφορίες στις εργασίες των Ι. Καραβιδόπουλου, «Πολιτισμική Ανθρωπολογία και Ερμηνεία του κατά Λουκάν Ευαγγελίου», στο *Βιβλικές Μελέτες Γ΄*, ΒΒ 28, Θεσσαλονίκη 2004, 218-239 και Κυρ. Παπαδημητρίου, *Ερμηνεύοντας την Ειρήνη στην Καινή Διαθήκη. Σύγχρονες Ερμηνευτικές Προσεγγίσεις*, Θεσσαλονίκη 2007, 72-73.

Η κοινωνική ανθρωπολογία

αρχικά στην Π.Δ. Η αμερικανική σχολή ενδιαφέρθηκε για τις ισραηλιτικές τελετές καθώς και για τον τρόπο ανάπτυξης του κράτους του Ισραήλ στηριζόμενη σε γενικές θεωρίες πολιτιστικής αλλαγής. Από την άλλη, η βρετανική σχολή εστίασε περισσότερο την προσοχή της στις θυσίες της Π.Δ. ως σύμβολα συνοχής του λαού. Ο Durkheim άσκησε μεγάλη επίδραση στη βρετανική ανθρωπολογία. Θα πρέπει εδώ να σημειωθεί ότι ο τρόπος της χρησιμοποίησης της στο παρελθόν διέφερε από το σημερινό σε δύο κατά κύριο λόγο σημεία. α) Οι ίδιοι οι μη βιβλικοί ανθρωπολόγοι χρησιμοποίησαν την Π.Δ. ως βάση της ανθρωπολογικής έρευνας. Σε αυτή την κατηγορία ανήκουν οι γνωστές εργασίες του Leach[521], ο οποίος χρησιμοποίησε τη στρουκτουραλιστική ανάλυση του Lévi-Strauss για να περιγράψει τις θυσίες στην Έξοδο και το Λευιτικό, αποδεικνύοντας τη πολιτιστική σημασία των τελετουργιών, και της Douglas[522], η οποία ασχολήθηκε με τους νόμους περί καθαρμού του Λευιτικού. β) Οι σύγχρονες εργασίες διακρίνονται για μια περισσότερο ουσιαστική, συστηματική και προσεκτική εκμετάλλευση της ανθρωπολογίας αλλά και της κοινωνιολογίας, της λαογραφίας και της κοινωνικής ψυχολογίας[523].

Οι πολιτιστικές σπουδές στο χώρο της Αγίας Γραφής αναδύθηκαν δυναμικά κατά τη δεκαετία του 1980, ενώ κατά τη δεκαετία του 1990 έφτασαν σε αξιοζήλευτο σημείο[524]. Οι βασικές

---

[521] Βλ. E. Leach, *Culture and Communication, The Logic by Which Symbols are Connected. An Introduction to the Use of the Structuralist Analysis in Social Anthropology*, Cambridge 1976 ή την ελληνική μετάφραση: του ίδιου, *Πολιτισμός και Επικοινωνία*, Αθήνα 1993. Βλ. και του ίδιου, *Anthropological Approaches to the Study of the Bible during the Twentieth Century*, Humanizing America's Ironic Book, SBL Centential Addresses 1980, 73-94.
[522] M. Douglas, *Purity and Danger: An Analysis of Concepts of Pollution and Taboo*, London, Routledge, 1966. της ίδιας, *Natural Symbols: Explorations in Cosmology*, New York 1973. της ίδιας, *Implicit Meanings, Essays in Anthropology*, London, Routledge, 1975.
[523] Βλ. R. C. Culley, «Anthropology and Old Testament Studies: An Introductory Comment», *Semeia* 21 (1982) 1-5.
[524] Βλ. Π. Βασιλειάδη, «Λειτουργική Αναγέννηση: Συμμετοχή τοῦ λαοῦ καί ἐνεργοποίηση τῆς ἀναφορᾶς», *Σύναξη* 72 (1999) 35.

αρχές της υιοθέτησης της κοινωνικο-ανθρωπολογικής ανάλυσης είναι οι εξής: α) Οι πραγματικοί αναγνώστες βρίσκονται πίσω απ' όλα τα μοντέλα ερμηνείας, τις στρατηγικές θεωρίες και τις αποδομήσεις της ιστορίας, β) Όλα αυτά τα μοντέλα και οι θεωρίες θεωρούνται δημιουργίες των πραγματικών αναγνωστών, και γ) οι πραγματικοί αναγνώστες τοποθετούνται ποικιλοτρόπως και ενεργούν μέσα στις δικές τους αντίστοιχες κοινωνικές θέσεις. Σε αυτού του είδους τις αναγνώσεις το νόημα του κειμένου αναδύεται στη συνάντηση μεταξύ ενός κειμένου που διέπεται από κοινωνικά και ιστορικά δεδομένα και ενός αναγνώστη που διέπεται επίσης από κοινωνικά και ιστορικά δεδομένα[525].

Όταν η ανθρωπολογία και η βιβλική επιστήμη συνεργάζονται απαιτούνται μερικές μεθοδολογικές προσαρμογές, επειδή οι δύο κλάδοι δεν έχουν κοινή γλώσσα και φυσικά χρησιμοποιούν διαφορετικές προσεγγίσεις στην έρευνά τους. Επιπλέον, πρέπει να ληφθεί σοβαρά υπόψη το γεγονός ότι οποιοδήποτε αρχαίο κείμενο εμφανίζει τα εξής χαρακτηριστικά: α) είναι γραπτό, δηλαδή υπάρχει μόνο του, χωρίς το συγγραφέα του να μας εξηγήσει το νόημα του, β) έχει μετακινηθεί από το αυθεντικό του ακροατήριο και βρίσκεται στη διάθεση πολλών αναγνωστών, και γ) μπορεί να μεταφερθεί πέρα από πολιτιστικά και χρονικά όρια και να μεταδώσει το μήνυμά του σε αρκετές διαφορετικές περιστάσεις. Η επανατοποθέτηση του κειμένου στη συνάφειά του με τη συνδρομή των ανθρωπολογικών δεδομένων ανοίγει στον αναγνώστη ορίζοντες που μια φτωχή ιστορική-εθνολογική προσέγγιση δεν θα μπορούσε.

Ειδικότερα τα ιερά κείμενα παρουσιάζουν δύο ακόμη σοβαρότερα προβλήματα: α) οι συγγραφείς πολλών κειμένων της Αγίας Γραφής είναι άγνωστοι, και μάλιστα ο χρόνος συγγραφής τους, είτε παραμένει άγνωστος, είτε προσεγγίζεται με υποθέσεις, και β) η προσπάθεια υιοθέτησης της μεθόδου στην έρευνα των βιβλικών κειμένων έρχεται αντιμέτωπη με την πλειοψηφία των ερμηνευτών. Αυτό έχει να κάνει με το ζήτημα

---

[525] Πρβλ. F. F. Segovia, «The Significance of Social Location in Reading John's Story», *Int* 46 (1994) 375-376.

αν και κατά πόσο μπορούν ισχύοντες κανόνες του 20ού αιώνα να εφαρμοστούν στο μακρινό παρελθόν.

Αμέσως, λοιπόν, μετά την εμφάνιση των εργασιών που χρησιμοποίησαν τις μεθόδους της κοινωνικής ανθρωπολογίας ήταν επόμενο να προκύψουν διάφορες ενστάσεις για την εφαρμογή της στην ερμηνεία των κειμένων της Αγίας Γραφής με αποτέλεσμα να αναπτυχθεί μια κριτική στάση[526]. Οι ενστάσεις αυτές θα μπορούσαν να συνοψιστούν στις παρακάτω:

α) Η πρώτη ένσταση που διατυπώθηκε ήταν πως οι βιβλικοί επιστήμονες θα μπορούσαν να εφαρμόσουν, κατά έναν υπεύθυνο τρόπο, μια μέθοδο που χρησιμοποιείται από μία άλλη επιστήμη. Το πρόβλημα της προσεκτικής και υπεύθυνης χρήσης των αρχών μιας νέας μεθόδου είναι βέβαια υπαρκτό, όχι όμως μη προσπελάσιμο.

β) Η δεύτερη ένσταση είναι αυτή καθαυτή η φύση των κοινωνικών επιστημών και το είδος της προοπτικής που μεταφέρουν. Με άλλα λόγια αν μπορούν αυτές να εφαρμοστούν με επιτυχία στις βιβλικές σπουδές.

γ) Σημαντική επίσης, είναι η σχέση μεταξύ μελέτης της κοινωνίας και μελέτης του κειμένου. Πολλές φορές η αναδόμηση του κοινωνικού παρασκηνίου των κειμένων είναι περισσότερο προβληματική απ' όσο φαίνεται αρχικά.

δ) Αρκετά συχνά στα πορίσματα των ερευνητών μεταφέρονται κοινωνικοί θεσμοί που επικρατούν στις περιοχές των ερευνητών, επομένως δεν αποφεύγεται ο εθνοκεντρισμός.

ε) Αν και η συμβολή της ανθρωπολογίας στη σύγχρονη επιστήμη έχει κριθεί ανεκτίμητη, στη βιβλική έρευνα δεν ενισχύθηκε η ευρεία χρήση της για θεολογικούς λόγους, επειδή ο χριστιανισμός είναι μια αποκεκαλυμένη (ή «υψηλότερη» με ανθρωπολογικούς όρους), θρησκεία, ενώ οι ανθρωπολογικές έρευνες μέχρι πρόσφατα εστίαζαν το ενδιαφέρον τους σε «χαμηλότερης αξίας» θρησκευτικά φαινόμενα τα οποία εξελίχθηκαν από την ανθρώπινη εμπειρία.

---

[526] Περισσότερα για τη συζήτηση γύρω από τα προβλήματα που προέκυψαν βλ. R. C. Culley, «Anthropology and Old Testament Studies: An Introductory Comment», *Semeia* 21 (1982) 1-5.

στ) Συχνά λέγεται ότι η θεολογία των κειμένων υποβαθμίζεται. Αυτό είναι μία πραγματικότητα που την ασπάζονται αρκετοί συντηρητικοί ερευνητές της Κ.Δ.

ζ) Τέλος ελλοχεύει πάντα ο κίνδυνος να αναπτυχθεί μια επιχειρηματολογία με αφηρημένες έννοιες[527].

Πέρα από τις ενστάσεις, τις αμφισβητήσεις και τις διαμάχες των ερευνητών της Κ.Δ. γύρω από την εφαρμογή της ή όχι, η ανθρωπολογία έχει καθιερωθεί πλέον ως μέθοδος προσέγγισης της Αγίας Γραφής και τα τελευταία χρόνια έχουν εκδοθεί αρκετές σημαντικές μελέτες[528]. Έτσι επιχειρώντας μια σύνοψη των προτάσεων για μια πιο αποτελεσματική χρήση της μεθόδου, που διατυπώθηκαν από τους ίδιους τους ερμηνευτές που την εφαρμόζουν, αλλά και από όσους τη βλέπουν με κριτική στάση, μπορούμε να παρουσιάσουμε τα εξής: α) θα πρέπει απαραίτητα να αναγνωρίζεται η ετερογένεια των κοινωνιών που μελετώνται, β) να αναπτύσσεται ένα πιο εξεζητημένο πολιτιστικό πλαίσιο, γ) να δίνεται μεγαλύτερη προσοχή στη σχέση μεταξύ των αξιών και της εξάσκησής τους, και τέλος δ) να εφαρμόζονται περισσότερα συστήματα και μοντέλα της ανθρωπολογίας. Στο χώρο της Μεσογείου π.χ. δεν αναπτυσσόταν μόνο ο κώδικας της τιμής και της αισχύνης, αλλά σπουδαίο ρόλο έπαιζαν και άλλοι παράγοντες που μέχρι τώρα δεν έχουν χρησιμοποιηθεί σε ανάλογο βαθμό.

---

[527] C. S. Rodd, «Sociology and Social Anthropology», στο *Dictionary of Biblical Interpretation,* έκδ. R. J. Coggins-J. L. Houlden, 1990, 635-639.

[528] Βλ. ενδεικτικά L. J. Lawrence-M. I. Aguilar (έκδ.), *Anthropology and Biblical Studies: Avenues of Approach,* Leiden, Deo, 2004. J. J. Pilch, *Healing in the New Testament: Insights from Medical and Mediterranean Anthropology,* Minneapolis, Fortress, 2000. L. J. Lawrence, *Reading with Anthropology: Exhibiting Aspects of New Testament Religion,* Waynesboro, Paternoster, 2005. C. Strecker, *Die Liminale Theologie des Paulus: Zugänge zur Paulinischen Theologie aus Kulturanthropologischer Perspektive,* Göttingen, Vandenhoeck & Ruprecht, 1999.

Η κοινωνική ανθρωπολογία

2.1 Η κοινωνικο-ανθρωπολογική προσέγγιση στην προς Εβραίους

Ο Dunnill επιχείρησε μια προσπάθεια κατανόησης της προς Εβραίους με τη συνδρομή της κοινωνικής ανθρωπολογίας[529]. Ο Dunnill δέχεται ότι με καμία άλλη μέθοδο, από αυτές που μέχρι τώρα τουλάχιστον έχουν εφαρμοσθεί, δεν γίνονται κατανοητές οι συμβολικές ενέργειες που περιγράφονται στην προς Εβραίους και ειδικά ο θυσιαστικός της συμβολισμός[530]. Αυτό που ώθησε τον Dunnill στην χρήση αυτής της μεθόδου ανάλυσης της προς Εβραίους ήταν το γεγονός ότι αυτή, όπως και τα υπόλοιπα κείμενα της Κ.Δ., δεν μπορούν να κατανοηθούν απομονωμένα από την κοινωνική διαστρωμάτωση των χριστιανικών κοινοτήτων μέσα στις οποίες διαμορφώθηκαν και στις οποίες απευθύνονται.

Στην προς Εβραίους υπάρχουν για παράδειγμα όροι που η πρωταρχική χρήση τους είναι μεταφορική και όχι κυριολεκτική, π.χ. «*πάροικος*» ή «*οἶκος*». Η λέξη «*οἶκος*»[531] συναντάται δέκα φορές στο κείμενο. Με αυτή ο συγγραφέας εννοεί το πλήρωμα των πιστών, ενώ με τη λέξη «*ἐκκλησία*», που απαντάται δύο φορές εννοεί τη συνάθροιση του λαού του Θεού. Η φυσική χρήση των λέξεων γίνεται τώρα λατρευτική. Εκείνο, λοιπόν, που διακρίνει τους παραλήπτες από τον υπόλοιπο κόσμο είναι ότι αυτοί αποτελούν τον «*οἶκο τοῦ Θεοῦ*». Πρέπει λοιπόν

---

[529] J. Dunnill, *Covenant and Sacrifice in the Letter of the Hebrews*, SNTSMS 75, Cambridge 1992.

[530] Όπως χαρακτηριστικά υποστήριξε παλαιότερα και ο B. S. Childs, *The New Testament as Canon: An Introduction*, London 1984, 400-418, «*η ιστορικοκριτική μέθοδος, αν και εξαιρετική σε όλα της, δεν έχει καταφέρει να βοηθήσει ικανοποιητικά την ανάγνωση της προς Εβραίους*». Πρβλ. Μ. Κωνσταντίνου, «Βιβλική Ερμηνευτική στη Σύγχρονη Ευρώπη», στα *Πρακτικά Διεθνούς Επιστημονικού Συνεδρίου*, «*Ο Απόστολος Παύλος και ο Ευρωπαϊκός Πολιτισμός*», Βέροια, 1997, 197-202 και 209-210.

[531] Βλ. J. H. Elliott, *A Home for the Homeless: A Sociological Criticism of I Peter. Its Situation and Strategy*, Minneapolis, Augsburg-Fortress 1990, όπου αναλύεται η ιδιότητα του «*πάροικου*» στην Α΄ Πέτρου με κοινωνιολογική προσέγγιση.

να φανερωθεί σε ποιες από τις πολλές έννοιες που έχουν οι λέξεις, αυτές αναφέρεται η μεταφορική τους χρήση στην προς Εβραίους και με ποια πραγματικότητα συνδέονται. Για να προσδιοριστεί η ταυτότητα της παραλήπτριας εκκλησίας, ο τόπος όπου αυτή βρίσκεται, αλλά και η κοινωνική κατάσταση των μελών της, ο Dunnill εφαρμόζει την κοινωνιολογική προσέγγιση. Χρησιμοποιείται αρχικά η εφαρμογή του σύγχρονου μοντέλου της «σέκτας» και έπειτα μια μείξη ιστορικής επιχειρηματολογίας και μιας προσπάθειας ένταξης των παραληπτών σε κοινωνικές κατηγορίες.

Σύμφωνα με την τυπολογία του Wilson[532] τα χαρακτηριστικά που διακρίνουν μια λατρευτική ομάδα (σέκτα) από τον κοινωνικό περίγυρο είναι ένας αριθμός μελών με συγκεκριμένους όρους, ένα υψηλό επίπεδο υποχρεώσεων στην ομάδα και στα πιστεύω της, γεγονός που συνεπάγεται συμβολική και ενεργή απομόνωση από τους υπόλοιπους, ένας στόχος τελείωσης, εσωτερική πειθαρχία, κάποια λειτουργική και οργανωτική δομή, χαρισματική αρχηγία και πολύ συχνά ενθουσιαστική λατρεία. Στην προς Εβραίους θα μπορούσαμε να διακρίνουμε αυτά τα χαρακτηριστικά για παράδειγμα στα εξής χωρία: 6:1, 10:26, 10:32, 12:5 κ.α. Στην επιστολή όπως φαίνεται, δύο είναι τα κύρια χαρακτηριστικά της κοινότητας στην οποία αυτή απευθύνεται α) ένας δογματικός αυτοκαθορισμός, και β) η αρχηγία της κοινότητας. Η εικόνα αυτή συμφωνεί με δύο από τις κατηγορίες λατρευτικών ομάδων (σεκτών) που προσδιορίζει η τυπολογία του Wilson[533], την εσχατολογική σέκτα ή την επαναστατική. Οι παραλήπτες της προς Εβραίους με βάση τα χαρακτηριστικά που μας δίνονται από το κείμενο θα μπορούσαν να καταταγούν στον τύπο της εσχατολογικής σέκτας.

Σχετικά με τη μορφή της επιστολής, σύμφωνα με τον Dunnill, πρόκειται για μια εγκύκλια επιστολή, η οποία απευθύνεται σε μια σειρά από μικρές εκκλησιαστικές κοινότητες, πιθανώς

---

[532] B. R. Wilson, «An Analysis of Sect Development», στο *Patterns of Sectarianism*, 1967, 22-45. Ο Wilson διακρίνει τρία είδη «σέκτας» την εσχατολογική, την επαναστατική και την προσηλυτιστική.

[533] Βλ. J. Dunnill, *Covenant and Sacrifice in the Letter of the Hebrews*, υποσ. 22.

ιουδαιοχριστιανών της Μ. Ασίας. Αν και στην επιστολή αντιμετωπίζεται ένα συγκεκριμένο πρόβλημα, δηλαδή ο κίνδυνος επιστροφής κάποιων μελών στον Ιουδαϊσμό λόγω των παθημάτων της νέας κοινότητας, οι παραλήπτες της σε κανένα σημείο του κειμένου δεν κατονομάζονται, ενώ επιπλέον η επιστολή έχει συνταχθεί σε μια απρόσωπη μορφή. Στο επίπεδο της επικοινωνίας συγγραφέα-αναγνωστών η εγκύκλια επιστολή ταιριάζει περισσότερο σε έναν αριθμό μικρών εκκλησιών που αναπτύσσονται σε μια περιορισμένη περιοχή με κοινά ενδιαφέροντα. Οι συνθήκες που έχουν ήδη περιγραφεί ταιριάζουν στο πλήθος των εκκλησιών της Ανατολικής Μεσογείου π.χ. Μακεδονία, Νότια Ελλάδα, Συρία, Ιταλία και Βόρεια Αφρική[534].

Εκείνη την εποχή οι χριστιανοί είχαν μια ιδιαίτερη ταυτότητα και αποτελούσαν ξεχωριστή ομάδα. Τα χαρακτηριστικά αυτής της ξεχωριστής τους ταυτότητας κατά τον Dunnill είναι τα εξής: φυλετική αλληλεγγύη, ενδογαμία, κοινή κατοικία, πατριαρχική εξουσία και κοινές εργασιακές σχέσεις. Οι ιουδαιοχριστιανοί δεν είχαν το δικαίωμα να έχουν στην κατοχή τους γη, εκτός μερικών εξαιρέσεων και δεν θεωρούνταν πολίτες της πόλης όπου κατοικούσαν, διότι θεωρούνταν πάροικοι ή μέτοικοι[535]. Γεγονός πάντως είναι ότι οι χριστιανοί είτε εξ Ιουδαίων, είτε εξ εθνικών, αυτή την εποχή θεωρούνταν από τον περίγυρό τους ως μια αίρεση του Ιουδαϊσμού. Οι παραλήπτες θεωρούν πως είναι αποκλεισμένοι από τη φυλή, τον πολιτισμό και τη θρησκεία στην οποία προηγουμένως ανήκαν. Σύμφωνα με το Εβρ. 11 αποτελούν μια εκκλησία που βρίσκεται σε πορεία. Αυτό που καθορίζει έναν παρεπίδημο δεν είναι ούτε ο νομαδισμός, ούτε η μοναχικότητά του, αλλά η στέρηση των δικαιωμάτων του, το γεγονός δηλαδή ότι ζει στο έλεος των ισχυρών χωρίς να μπορεί να προσφύγει στη δικαιοσύνη.

Πριν επικεντρώσουμε το ενδιαφέρον μας στην προς Εβραίους αξίζει να αναφερθεί ότι οι στρουκτουραλιστικές αναλύσεις κειμένων της Κ.Δ. δείχνουν ιδιαίτερο ενδιαφέρον

---

[534] J. Dunnill, στο ίδιο, 23, υποσ. 27.
[535] J. Dunnill, στο ίδιο, 27.

για μικρές ενότητες, παραβολές ή μικρά κεφάλαια. Στην προς Εβραίους αντίθετα, αν και υπάρχουν διάφορες αφηγηματικές ιστορίες, το ενδιαφέρον των σύγχρονων στρουκτουραλιστικών αναλύσεων εστιάζεται στο θυσιαστικό της συμβολισμό[536]. Πολλοί επιστήμονες της Π.Δ. βρήκαν στην εργασία του Lévi-Strauss[537] μια αξιόλογη μέθοδο ανάλυσης για την ερμηνεία της συμβολικής γλώσσας του Πεντατεύχου και ειδικά των θυσιαστικών συμβολισμών του Λευιτικού, τα οποία μάλιστα ερμηνεύονται κατά διαφορετικό τρόπο από την προς Εβραίους. Αυτή ακριβώς είναι η ανθρωπολογική γραμμή που ακολουθείται από τον Dunnill. Ο Lévi-Strauss συνέβαλε αποφασιστικά στην ταξινόμηση των συμβόλων και στην ερμηνεία του λατρευτικού υλικού. Η Saussure επιπλέον, ισχυριζόμενη ότι η γλώσσα αποτελεί μοντέλο όλων των πολιτισμών ως ένα σύστημα τύπων αντίληψης και δράσης, τόνισε τη σχέση του όλου προς το μέρος[538].

Η αξίωση του στρουκτουραλισμού είναι να εισχωρήσει στο μήνυμα της ανθρώπινης συμπεριφοράς και ιδιαίτερα σε κάποιες από τις δυσκολότερες περιοχές της, ώστε να μπορέσει να εξηγήσει αυτό που οι άλλες μέθοδοι μπορούν μόνο να περιγράψουν. Η Douglas έδειξε ότι το σώμα λειτουργεί ως σύμβολο της ομάδας. Η προσοχή που δείχνει κάποιος στη διατροφή και στις σωματικές εκκρίσεις δείχνει την υψηλή σημασία που έχει ο έλεγχος προσδιορισμού της ταυτότητας των μελών της ομάδας.

Ας επανέρθουμε τώρα στο θυσιαστικό συμβολισμό της προς Εβραίους. Στις τελετές μύησης περιλαμβάνεται μια πράξη τριών σταδίων, ένας *συμβολικός θάνατος* και ακολουθεί μια *αναγέννηση* μέσω της αντιστροφής της κανονικής καταστασης[539]. Σε αυτό το στάδιο βρίσκεται ο ιερός χώρος, όπου δεν υπάρχει τάξη, δεν επικρατεί δηλαδή κάποιος γνωστός

---

[536] J. Dunnill, *στο ίδιο*, 48.
[537] C. Lévi-Strauss, *Structural Anthropology*, Harmodsworth, 1968.
[538] F. Saussure, *Course in General Linguistics*, 1974.
[539] Οι τελετουργίες διακρίνονται σε τρεις μεγάλες κατηγορίες: α) τελετές μύησης, β) τελετές συντήρησης και συνέχισης και γ) τελετές αποκατάστασης. Πρβλ. και J. H. Hayes, «Atonement in the Book of Leviticus», *Int* 52 (1998) 6.

φυσικός νόμος. Τέλος μετά από μια *πράξη εξιλασμού* οι μυημένοι επιστρέφουν στην κοινωνία μεταμορφωμένοι στη καινούργια τους θέση. Σε αυτή τη μετάβαση από τη μια κατάσταση στην άλλη, περνώντας από την οριακή θέση, όπου όλα τα υπόλοιπα καταργούνται, αναγνωρίζεται ο κίνδυνος και η δύναμη αυτού του αποτελέσματος. Από τους ανθρωπολόγους πιστεύεται ότι η πορεία της τελετουργικής αντιστροφής είναι έκδηλη κατά τη διάρκεια του θανάτου του θυσιαζόμενου ζώου[540].

Εδώ θα μπορούσαμε να παρουσιάσουμε επίσης και το φαινομενολογικό μοντέλο *της κοινότητας που βρίσκεται σε πορεία* του Partin με βάση τα συμπεράσματα στα οποία καταλήγει ύστερα από τη μελέτη του μουσουλμανικού *hajj*. Θεωρούμε το μοντέλο σημαντικό επειδή εμφανίζει κοινά σημεία με το σκηνικό της προς Εβραίους, όπως παρατήρησε ο Johnsson[541] αλλά και κατά τη γνώμη μας ανταποκρίνεται στο παραπάνω σχήμα του Leach. Ο Partin διακρίνει τέσσερα ουσιώδη στοιχεία: α) Η πορεία απαιτεί αρχικά κάποιο *διαχωρισμό* από τη συνήθη κατάσταση στην οποία ζουν οι πιστοί, β) το αμέσως επόμενο βήμα είναι *η μετάβαση σε έναν ιερό χώρο*, γ) αυτή η πορεία γίνεται για κάποιο συγκεκριμένο σκοπό, όπως για παράδειγμα *εξαγνισμό ή άφεση αμαρτιών* και τέλος δ) όλη αυτή η προσπάθεια συνεπάγεται *δυσκολίες και επιμονή*, ενώ η πιθανότητα της αποτυχίας παραμένει μόνιμη απειλή.

Στην προς Εβραίους, η ιδέα της πορείας (α) είναι πολύ ισχυρή (6:2, 10:22, 10:32, 11:15-16). Σχετικά με το στοιχείο (β) η πορεία των χριστιανών δεν είναι μια αβοήθητη περιπλάνηση επειδή «*ἔχουσαν πόλιν ἧς τεχνίτης καὶ δημιουργὸς ὁ θεός*» (11:10). Ενώ έχουν καθαρισθεί με το αίμα του Χριστού (γ)

---

[540] Βλ. E. Leach, *Culture and Communication. The Logic by which Symbols are Connected. An Introduction to the Use of the Structuralist Analysis in Social Anthropology*, Cambridge 1976, 78. Πρβλ και B. J. Malina, *The New Testament World. Insights from Cultural Anthropology*, 167.
[541] W. G. Johnson, «The Pilgrimage Motif in the Book of Hebrews», *JBL* 98 (1978) 244-247. Πρβλ. τη διατριβή του W. G. Johnson, *Defilement and Purification in the Book of Hebrews*, (Διδακτ. Διατρ.), Vandeerbilt University 1973.

Η προς Εβραίους και η συνδρομή των κοινωνικών επιστημών

ήδη συμμετέχουν προληπτικά στην ουράνια λατρεία (12:14). Δυσκολίες (δ) φυσικά υπάρχουν και εδώ (3:12-18, 5:11-6:12, 10:23-26, 12:4). Η όλη αυτή ενέργεια θεωρείται ως μια μετάβαση από το βέβηλο στο ιερό. Έχουμε τρία στάδια, *διαχωρισμό, μετάβαση* και *ενσωμάτωση*, τα οποία θα μπορούσαμε να τα παρουσιάσουμε σε σχέση με την λατρευτική κοινότητα που βρίσκεται σε πορεία ως εξής:

Τότε	Παρελθόν	*διαχωρισμός*	(βάπτισμα, διωγμός)
Τώρα	Παρόν	*μετάβαση*	(πορεία, προληπτική συμμετοχή)
Όχι ακόμη	Μέλλον	*ενσωμάτωση*	(η επίτευξη να φτάσουν στην ουράνια πόλη)

Λαμβάνοντας υπόψη τις εξιλαστήριες θυσίες και μάλιστα αυτές της Ημέρας του Εξιλασμού, η οποία κατέχει κεντρική θέση στην προς Εβραίους και αναφορικά με τη μεθοδολογία που χρησιμοποιήθηκε από τον Dunnill, η παρουσία του θύματος περιλαμβάνει τέσσερα στοιχεία: τη μεταφορά του στο θυσιαστήριο, την επίθεση των χεριών του αρχιερέα στο κεφάλι του ζώου, την πράξη ομολογίας και τη διακήρυξη των ιερέων για αποδοχή ή απόρριψη. Καθώς το ζώο μεταφέρεται στην ιερή σφαίρα αυτόματα έχουμε αποκλεισμό από το γύρω χώρο[542]. Στους δύο πρώτους τύπους θυσίας ο ρόλος των ιερέων είναι μεσολαβητικός. Στις εξιλαστήριες θυσίες οι ιερείς στέκουν ως ανθρώπινη ιερή ζώνη.

Η ανθρωπολογία μελετώντας το θυσιαστικό σύστημα του

---

[542] Στην εξιλαστήρια πορεία διακρίνονται δύο βασικά στάδια: α) μια αίσθηση ενοχής που διακατέχει τον πιστό και β) η ομολογία ή αναγνώριση κάποιων σφαλμάτων που έχουν διαπραχθεί. Πρβλ. J. H. Hayes, *στο ίδιο*, 11. Βλ. και A. F. Rainey, «The Order of Sacrifices in Old Testament Ritual», *Bib* 51 (1970) 485-498.

Ισραήλ διακρίνει μία συμβολική πράξη, η οποία αποτελείται από: α) *την είσοδο σε έναν ιερό χώρο*, β) *μια αρκετά επιβαρυνόμενη ενέργεια για τους πιστούς σε αυτόν τον χώρο και* γ) *τη μεταμορφωτική έξοδο από αυτόν το χώρο*. Στη διάρκεια της κεντρικής στιγμής αυτής της ενέργειας επιτυγχάνεται η επικοινωνία με τη θεϊκή δύναμη. Το θύμα που θυσιάζεται έχει μεσολαβητικό ρόλο. Η δημόσια παραδοσιακή φύση αυτού του συμβολισμού βεβαιώνει ότι δεν υπήρχε κάποια θυσία που θα μπορούσε να θεωρηθεί ιδιωτική ακόμη και όταν αυτή γίνεται σε απομόνωση[543]. Στην εργασία του ο Dunnill υπογραμμίζει πέντε χαρακτηριστικές καταστάσεις οι οποίες αναδύονται με την εφαρμογή των μοντέλων ανάλυσης που χρησιμοποιεί η κοινωνική ανθρωπολογία. Αυτές είναι η τυπολογία του ιερού, η αναγκαιότητα και ο συμβολισμός του αίματος, η κοινωνία με το Θεό, η ανταλλαγή της δωρεάς και ένα είδος ιερού λόγου.

Η τυπολογία του ιερού

Η θυσία σύμφωνα με τους ανθρωπολόγους είναι μια ενέργεια που φέρνει τους ανθρώπους σε μια σχέση επικοινωνίας με τη θεϊκή δύναμη στον ιερό χώρο. Ο Beattie διακρίνει δύο άξονες εμπειρίας: τον προσωπικό και απρόσωπο και το συνδετικό και διαζευτικό[544]. Αυτοί οι δύο άξονες όταν τοποθετηθούν ο ένας κάθετα και ο άλλος οριζόντια, αποδίδουν τέσσερις τύπους θυσίας.

I. *Προσωπικός-συνδετικός*: Αυτός ο τύπος περιλαμβάνει όλες τις τελετουργίες που έχουν ως σκοπό την προσωπική επικοινωνία με το Θεό. Εδώ ανήκουν η μεσιτεία, η ευλογία, τα κοινά δείπνα, αλλά και η ιδέες της αφιέρωσης, της υπόσχεσης και της διαθήκης με τις οποίες Θεός και άνθρωποι αναλαμβάνουν

---
[543] J. Dunnill, στο ίδιο, 77.
[544] Βλ. J. H. M. Beattie, «On Understanding Sacrifice», στο *Sacrifice*, έκδ. M. F. C. Bourdillon-M. Forter, London 1980, 37-43.

αμοιβαίες σχέσεις. Η «ειρηνική θυσία» και το «ολοκαύτωμα» ειδικότερα, ανήκουν σε αυτόν ακριβώς τον τύπο.

II. *Απρόσωπος-συνδετικός:* Σε αυτόν τον τύπο ο σκοπός είναι για άλλη μια φορά η προσέγγιση του Θεού, ο οποίος όμως κατανοείται ως απρόσωπη δύναμη. Εδώ εντάσσονται πράξεις, όπως η θεοφαγία ή η συμβολική πόση του θείου αίματος.

III. *Προσωπικός-διαζευτικός:* Εδώ περιλαμβάνονται όλες οι ενέργειες που παρακινούνται από το φόβο της προσωπικής δύναμης, για παράδειγμα από τους νεκρούς προγόνους, από τα εχθρικά πνεύματα, από βασκανία ή από την οργή του Θεού. Οι ανάλογες τελετές περιλαμβάνουν εξορκισμούς και εξαγνιστικές προσφορές επειδή επιδιώκουν την αποκατάσταση τω σχέσεων. Εδώ θα μπορούσε να τοποθετηθεί ξανά, το ολοκαύτωμα στην περίπτωση που αποσκοπούσε να αποτρέψει την οργή του Θεού.

IV. *Απρόσωπος-διαζευτικός:* Η θεϊκή δύναμη εδώ βιώνεται ως ταμπού ή ως υλική ακαθαρσία και απειλή για τη προσωπική ζωή. Το κακό πρέπει να κρατηθεί μακριά γι' αυτό χρησιμοποιούνται εξιλεώσεις, φυλακτά, εξαγνισμοί και τοποθετούνται κάποια όρια, ώστε οι πιστοί να είναι προστατευμένοι.

Ο οριζόντιος άξονας (συνδετικός-διαζευτικός) παρουσιάζει δυο εντελώς αντίθετους προσανατολισμούς και δυνάμεις (έλκυση/αποστροφή). Το μέσο αυτών των δύο άκρων απεικονίζει τη σφαίρα της κανονικής ζωής χωρίς όμως, επικοινωνία με το θείο. Ο κάθετος άξονας προσφέρει μια δυναμική κλιμάκωση από την απρόσωπη ενέργεια στην έντονα προσωποποιημένη έννοια του Χριστού, περιλαμβάνοντας μια ευρύτερη μέση περιοχή μεταβλητότητας και ανασφάλειας από την οποία ακόμη και τα άκρα δεν μετακινούνται ολοκληρωτικά. Σύμφωνα με τις θεωρίες που έχουν ήδη ειπωθεί, η ακριβής ταξινόμηση μιας συγκεκριμένης τελετής είναι μικρότερης σημασίας από το γενικότερο πλάνο των τελετουργιών μέσα σε έναν πολιτισμό.

Η διάκριση μεταξύ καθαρών και ακαθάρτων κατείχε ύψιστη σημασία στον Ισραήλ. Η διάκριση αυτή όμως δεν περιοριζόταν μόνο στα προσφερόμενα στις θυσίες ζώα, άλλα επικρατούσε στο σύνολο της κοινωνικής ζωής. Η φύση όμως του συγκεκριμένου προβλήματος δεν είναι ιατρική, ούτε κοινωνική αλλά θεολογική. Άρα ο διαχωρισμός γινόταν με θεολογικά κριτήρια. Σύμφωνα με την Πεντάτευχο ο Γιαχβέ θα μπορούσε να παρουσιαστεί ως μια εικόνα εγκλωβισμένη πίσω από έναν αριθμό από επικίνδυνα όρια, κάνοντας γνωστή την παρουσία του μόνο μέσα στα Άγια των Αγίων της Σκηνής του Μαρτυρίου. Ανάμεσα σε αυτή την ιερή περιοχή βρίσκονται οι ιερείς και οι λευίτες που λειτουργούν ως το μέσο που φέρνει το λαό κοντά στο Θεό, αλλά και ως προστατευτικά όργανα του Ισραήλ από την οργή του Θεού. Το παρακάτω διάγραμμα δείχνει ότι στις αιματηρές τελετές συνδέονται διάφορες συμπληρωματικές κινήσεις[545].

Άνοδος	:	*Είσοδος*
Κάθοδος		*Έξοδος*

Στο θυσιαστικό τυπικό της Ημέρας του Εξιλασμού, το οποίο χρησιμοποιείται στο Εβρ. 9, το σχεδιάγραμμα φαίνεται να ισχύει στην επιλογή και το ρόλο των δύο κριών[546]. Ο ένας κριός θυσιάζεται υπέρ των αμαρτιών του λαού και το αίμα του εισέρχεται μέσα στο θυσιαστήριο (*είσοδος*), στα Άγια των Αγίων, όπου ο αρχιερέας με το αίμα του ραντίζει το θυσιαστήριο (*άνοδος*) και έτσι επιτυγχάνεται ο εξαγνισμός προς τα κάτω (*κάθοδος*), ενώ ο άλλος στέλνεται με τις αμαρτίες του λαού στην έρημο (*έξοδος*), όπου και εγκαταλείπεται (Λευ. 16:7-10).

Το αίμα είναι πρωταρχικό σύμβολο και έχει μια σειρά από διαφορετικές χρήσεις και σημασίες στα κείμενα της Αγίας Γραφής. Ο Dunnill[547] προσδιορίζει το νόημα της θυσίας ως την καθαγίαση ενός προσώπου, ζώου ή αντικειμένου με το νόημα μιας συμβολικής μεταφοράς μέσα σε μια ιερή σφαίρα

---

[545] Από το βιβλίο του J. Dunnill, σ. 98.
[546] Βλ. J. H. Hayes, «Atonement in the Book of Leviticus», *Int* 52 (1998) 5-15.
[547] J. Dunnill, *στο ίδιο*, 100-102.

και τη μεταμόρφωση του εκεί από τη δύναμη του ιερού, σε ένα αντικείμενο ιερής δύναμης. Το ολοκαύτωμα για παράδειγμα, φαίνεται πραγματικά να είναι μια πράξη αυτού του τύπου κατά τον οποίο ο δωρητής θεωρείται ότι στέκει στο ιερό μέρος λόγω της αξίας της προσφοράς του και μέσω της οποίας δέχεται την ευλογία του Θεού. Μέσα στα πλαίσια της θυσίας κατά τον Morris[548] το αίμα δηλώνει παντού τον θάνατο και η στιγμή της σφαγής του θύματος είναι το κεντρικό σημείο του δράματος. Κατά τον Dewar από την άλλη, το αίμα εκφράζει τη δύναμη της ζωής και τη ζωτική ενέργεια που περιέχεται μέσα σ' αυτό[549]. Όλα τα σύμβολα των θυσιών συμπίπτουν εν μέρει σε μια κοινή περιοχή και εκφράζουν την κοινή ομολογία: *αποστροφή/αφιέρωση, εξιλέωση/κοινωνία, θυσία/διαθήκη*. Σε όλες αυτές τις περιπτώσεις αυτός που ενεργεί είναι ο Θεός.

Η προς Εβραίους επιχειρεί από μόνη της μια συστηματική ερμηνεία της σωτηρίας των χριστιανών ως εκπλήρωση της θυσιαστικής λατρείας της Π.Δ. Ο συγγραφέας παρόλο που αναφέρεται λεπτομερώς στο θυσιαστικό τυπικό των Ιουδαίων δεν εξηγεί τίποτα από αυτά. Προφανώς οι αναγνώστες γνώριζαν καλά το ρόλο όλων αυτών των πραγμάτων. Παράδοξη θεωρείται η χρήση από το συγγραφέα της επιστολής μιας σειράς αντιθέσεων. Για παράδειγμα η εικόνα του Θεού που από τη μια εμφανίζεται ως ελεήμων (Εβρ. 4:15) και από την άλλη ως «*πῦρ καταναλίσκον*» (12:29).

Η προς Εβραίους έχει ένα έντονο λειτουργικό ύφος και δανειζόμενη το τελετουργικό πλαίσιο της Ημέρας του Εξιλασμού, ενσωματώνει κάποια θυσιαστικά σύμβολα και μερικές διηγήσεις που αφορούν τον Ισραήλ συγκροτώντας τα σε ένα ενιαίο σύνολο[550]. Χαρακτηριστικά στο 9:15-22 ο συγγραφέας

---

[548] L. Morris, «The Biblical Use of the Term Blood», *JTS* 3 (1952) 216-227 και 6 (1955) 77-82.

[549] L. Dewar, «The Biblical Use of the Term Blood», *JTS* 4 (1953) 204-208.

[550] Αυτό το λατρευτικό κλίμα αναπτύσσεται με τρεις συνώνυμες λέξεις: *δώρον, θυσία* και *προσφορά*. Η λέξη *δώρο* χρησιμοποιείται όταν πρόκειται για θυσίες για τις οποίες δεν απαιτείται η έκχυση αίματος. Η λέξη *θυσία* αναφέρεται σε αιματηρές θυσίες και η λέξη *προσφορά* τέλος, χρησιμοποιείται και για τις δύο

για να παρουσιάσει τον Ιησού ως μεσίτη της νέας διαθήκης περιγράφει την τελετή με την οποία ο Μωυσής εγκαινίασε την παλαιά διαθήκη. Εδώ το θέμα είναι δάνειο από το Εξ. 24:3-8, αλλά πολλές από τις λεπτομέρειες προέρχονται από άλλες τελετουργίες του Ισραήλ με αποτέλεσμα να παρουσιάζεται μια σύνθετη τελετή διαθήκης. Ένα άλλο χαρακτηριστικό είναι ο τρόπος με τον οποίο η επιστολή δανείζεται από το Δευτερονόμιο τις ιδέες του λειτουργικού χρόνου και χώρου, θεωρώντας όλους τους καιρούς ως τον ένα καιρό, τον καιρό της λατρείας. Ενώ η Π.Δ. είχε μια σειρά από επαναλαμβανόμενες θυσίες για τις οποίες απαιτούνταν η διαδοχή του χρόνου, η Κ.Δ. έχει μία μόνο θυσία που έχει ήδη επιτελεστεί για όλους και έτσι η συνέχιση του χρόνου δεν έχει κανένα νόημα για το συγγραφέα.

Το πλέον φανερό παράδειγμα της λειτουργικής και συμβολικής χρήσης του χώρου αποτελεί ο στίχος 12:22 «*ἀλλὰ προσεληλύθατε Σιὼν ὄρει καὶ πόλει θεοῦ ζῶντος, Ἰερουσαλὴμ ἐπουρανίῳ*»[551]. Η δυσκολία εδώ βρίσκεται στο αν θα πρέπει η μεταφορά να θεωρηθεί ότι αναφέρεται στην Ιερουσαλήμ ως ουράνιας πόλης ή ως επίγειας. Γεγονός πάντως είναι ότι και οι δύο ιδέες συναντώνται στην αποκαλυπτική γραμματεία και την εσχατολογική παράδοση και δηλώνουν τις δυο διαφορετικές εμφάσεις στην κοσμολογία[552]. Η εικόνα του Εβρ. 13:11-14 μας θυμίζει την κίνηση «*έξοδος*» προς τα έξω που είδαμε νωρίτερα και πιστοποιεί ακριβώς αυτό που χαρακτηρίζεται ως μεταμόρφωση της εξιλαστήριας γλώσσας για να βεβαιώσει την ανωτερότητα της θυσίας του Χριστού.

περιπτώσεις. Πρβλ. και W. Stott, «The Conception of Offering in the Epistle to the Hebrews», *NTS* 9 (1962-1963) 62-63.
[551] Πρβλ. M. E. Isaacs, *Sacred Space. An Approach to the Theology of the Epistle to the Hebrews*, 1992.
[552] Βλ. J. Dunnill, *στο ίδιο*, 144.

Η προς Εβραίους και η συνδρομή των κοινωνικών επιστημών

Η αναγκαιότητα και ο συμβολισμός του αίματος

Το αίμα είναι ένα δυναμικό σύμβολο της ζωής και του θανάτου, το οποίο ελκύει την προσοχή του αναγνώστη στα θέματα του ιερού, του βεβήλου, της καθαρότητας και της ακαθαρσίας, της παράδοσης και της κρίσης[553]. Στην αρχαία ιουδαϊκή και χριστιανική χρήση το αίμα από μόνο του δεν είναι ούτε θετική, ούτε αρνητική ουσία. Εξαρτάται από τι είδους αίμα είναι, ποιος το αγγίζει, που βρίσκεται και πως χρησιμοποιείται. Το αίμα του Χριστού είναι σαφώς ανώτερο από αυτό που προσφερόταν στη λατρεία της Π.Δ. επειδή ακριβώς πρόκειται για ανθρώπινο αίμα, εθελοντικά προσφερόμενο, περιλαμβάνοντας εκτός από την τελετουργική και μια ηθική κατεύθυνση. Η εξιλαστήρια θυσία πρέπει να θεωρηθεί ως μια συνολική πράξη στην οποία ο θάνατος του θύματος και η μεταφορά των συμβόλων του θανάτου, περιλαμβάνοντας και το αίμα, είναι σημαντικότατα στοιχεία. Θάνατος χωρίς προσφορά είναι ένοχος θάνατος (Λευ. 17:3) και προσφορά χωρίς αίμα δεν είναι εξιλαστήρια (Λευ. 17:11)[554]. Εξαγνισμός του θυσιαστηρίου και θέσπιση της διαθήκης είναι δυο τρόποι περιγραφής του ίδιου αποτελέσματος (9:18-22). Η άφεση των αμαρτιών στην προς Εβραίους δεν σημαίνει διαχωρισμό αλλά προσέγγιση του Θεού (8:10-12). Στο βασικό μοτίβο της Ημέρας του Εξιλασμού που έχει κεντρική θέση στην επιστολή, το κύριο πρόσωπο είναι ο αρχιερέας και το κυριότερο χαρακτηριστικό της εορτής είναι περισσότερο η είσοδος στα Άγια των Αγίων, παρά ο χειρισμός του αίματος μέσα σε αυτά. Αυτή η ενέργεια, θεωρείται από μια διαφορετική σκοπιά ως μια προσφορά δώρων και συνεπώς ανήκει στο *συνδετικό τύπο*.

---

[553] Βλ. K. C. Hanson, «Blood and Purity in Leviticus and Revelation», *JRC* 28 (1993) 215. Σύμφωνα με τον ανθρωπολόγο V. Turner, το αίμα είναι κυρίαρχο τελετουργικό σύμβολο με διάφορες έννοιες. Συνδέεται με το φόνο, τη θυσία και τη μόλυνση.

[554] Βλ. W. E. Brooks, «The Perpetuity of Christ's Sacrifice in Hebrews», *JBL* 89 (1970) 205-214. J. Swetnam, «On the Imagery and Significance of Hebrews 9,9-10», *CBQ* 28 (1966) 155-173 και J. Dunnill, *στο ίδιο*, 231, υποσ. 14.

Η κοινωνική ανθρωπολογία

Η ιδέα της οριακότητας αναπτύσσεται γύρω από το θάνατο των μαρτύρων. Εξετάζεται δηλαδή αν ο θάνατος ενός μάρτυρα είναι θυσία ή απώλεια. Στο κείμενο δείχνεται ότι με τη νέα διαθήκη η κατάσταση έχει αλλάξει. Ένα καινούργιο οριακό φαινόμενο έχει εμφανιστεί, η σφαίρα της σωτηρίας. Στη θέση της παλιάς τάξης στην οποία κάποιος θα μπορούσε να είναι περισσότερο ή λιγότερο αμαρτωλός τώρα υπάρχει η πορεία που οδηγεί προς *θρόνο δόξης* ή προς *πῦρ καταναλίσκον*. Έτσι η θυσία του Χριστού είναι από τη μια, νίκη επί του θανάτου και από την άλλη, μια πράξη υποταγής στη δύναμη του θανάτου (2:9).

Η κοινωνία με το Θεό

Στην Κ.Δ. φανερώνεται η νέα σχέση ανάμεσα στο Θεό και τους ανθρώπους μέσω του Ιησού. Στηριζόμενοι στην επιστολή, οι χριστιανοί σύμφωνα με την προσέγγιση της κοινωνικής ανθρωπολογίας θεωρούνται να προσεγγίζουν τον Θεό με έξι τρόπους:
1. Με την παρουσία του Αγίου Πνεύματος (10:29)[555].
2. Με τη μετατροπή τους σε υιούς του Θεού (12:3-17).
3. Αγιαζόμενοι ως βασίλειον ιεράτευμα (10:19-23, 12:18-29).
4. Μετέχοντας στην Θ. Ευχαριστία (Η Ευχαριστία στην επιστολή κατά τον Dunnill δεν αναφέρεται ρητά αλλά πιθανώς υπονοείται σε διάφορα σημεία).
5. Συμμετέχοντας στο σώμα του Χριστού (η παύλεια ιδέα δεν συναντάται εδώ, αλλά αναπτύσσεται μια παραπλήσια θέση στο έκτο κεφάλαιο).
6. Προσφέροντας πνευματικές θυσίες (13:15).

---

[555] R. C. Gleason, «The Eschatology of the Warning in Hebrews 10:26-31», *TynB* 53 (2002) 97-120.

Η προς Εβραίους και η συνδρομή των κοινωνικών επιστημών

Η ανταλλαγή της δωρεάς

Ένα άλλο μοντέλο της *προσωπικής-συνδετικής* σχέσης που υιοθετείται από τον Dunnill στη μελέτη της προς Εβραίους προέρχεται από την οικονομική ζωή των Ελλήνων και των Ιουδαίων της εποχής[556]. Πρόκειται για το μοντέλο της ανταλλαγής της δωρεάς, όπως αυτή η ανταλλαγή εφαρμοζόταν στις θυσιαστικές ρυθμίσεις της λατρείας και προέρχεται από τις εργασίες των ανθρωπολόγων Mauss και van Baal[557]. Αναφέρεται στη δυνατότητα της δωρεάς υπό το νόημα των κοινωνικών σχέσεων που επικρατούν από την αναλογία μεταξύ Θεού και ανθρωπότητας. Με βάση την κριτική του Ιουδαϊσμού, όπως εμφανίζεται στην Κ.Δ., αυτός παρουσιάζεται ως ένα εμπορικό σύστημα εργασιών και τήρησης του Νόμου, σε αντίθεση με την χριστιανική ανταλλαγή της δωρεάς που παρουσιάζεται στηριζόμενη στην πίστη και την συγχώρεση. Η προς Εβραίους θίγει την καθαρά επαναλαμβανόμενη ρουτίνα της ανταλλαγής δώρων και θυσιών της Π.Δ. Αυτό που λαμβάνουν οι πιστοί που βρίσκονται κάτω από μια τέτοια διαθήκη είναι η μη τελείωση, η μη συγχώρηση, η μη εκπλήρωση της διαθήκης και το δικαίωμα να μην τρώνε από το θυσιαστήριο.

Αντίθετα, στην Κ.Δ. που χαρακτηρίζεται ως ένα σύστημα δωρεάς, η οποία προσφέρεται στους πιστούς το κέντρο αποτελεί η μοναδική ἐφάπαξ θυσία του Ιησού που *καθαριεῖ τὴν συνείδησιν ἡμῶν* (9:14). Η επιπλέον δωρεά των χριστιανών είναι: η γεύση αυτής της δωρεάς, τα γενόμενα αγαθά, η ευλογία, η δόξα και το καλύτερο από όλα «*βασιλείαν ἀσάλευτον παραλαμβάνοντες*» (12:28).

---

[556] Βλ. στα ελληνικά τις εργασίες του Ι. Καραβιδόπουλου, «Το Κοινωνικό Υπόβαθρο της Προτροπής του Απ. Παύλου *εἴ τις οὐ θέλει ἐργάζεσθαι μηδὲ ἐσθιέτω* (Β' Θεσ. 3,10)», στο *Βιβλικές Μελέτες Γ'*, ΒΒ 28, Θεσσαλονίκη 2004, 57-62 και του ίδιου, «Πολιτισμική Ανθρωπολογία και Ερμηνεία του κατά Λουκάν Ευαγγελίου (7:36-50)», στο *Βιβλικές Μελέτες Γ'*, 228-230.
[557] Βλ. J. Dunnill, *στο ίδιο*, 242 και υποσ. 5 και 6.

Η κοινωνική ανθρωπολογία

Ο ιερός λόγος

Ένας ειδικός τύπος παράλληλα με το παραπάνω σύστημα δωρεάς είναι η δύναμη του «ιερού λόγου». Ανάμεσα στα αγαθά που ανταλλάσσονται βρίσκουμε τη θεία ευλογία και την ανθρώπινη δοξολογία και ομολογία που αποτελούν παραδείγματα μόνο ενός ευρύτερου χώρου μιας «οικονομίας ρηματικής ανταλλαγής», η οποία αποτελεί το όργανο μέσω του οποίου η σχέση Θεού και ανθρώπων μεταβιβάζεται στην Κ.Δ. Ως περιεχόμενο αυτός ο λόγος εκφράζει την απ' ευθείας και φανερωμένη κοινωνία που εγκαινιάζει, καθώς και την προσωπική φύση της λατρείας. Αυτό δηλώνει και ο ενεστωτικός χρόνος που χρησιμοποιείται για να εκφράσει τη νέα πραγματικότητα. Οι λέξεις είναι ενέργειες και οι ενέργειες μιλούν.

Ο Dunnill για να εξετάσει αυτό το υλικό υιοθετεί την πενταμερή ταξινόμηση των πράξεων, του Austin σε ετυμηγορίες, ασκήσεις, υποχρεώσεις, νόρμες και εξηγήσεις[558].

1. *Ετυμηγορίες*. Εδώ ανήκει η θεία κρίση που αποτελεί και το χαρακτηριστικότερο παράδειγμα «*πόρνους γὰρ καὶ μοιχοὺς κρινεῖ ὁ θεός*» (13:4).

2. *Ασκήσεις*, οι οποίες δηλώνουν την άσκηση της εξουσίας ή της επίδρασης για καθορισμό, συμβουλή και επίκληση. Π.χ. «*ὃς ὢν ἀπαύγασμα τῆς δόξης καὶ χαρακτὴρ τῆς ὑποστάσεως αὐτοῦ, φέρων τε τὰ πάντα τῷ ῥήματι τῆς δυνάμεως αὐτοῦ*» (1:3) και «*Διὸ τὰς παρειμένας χεῖρας καὶ τὰ παραλελυμένα γόνατα ἀνορθώσατε*» (12:12).

3. *Υποχρεώσεις*. Εδώ ανήκουν οι υποσχέσεις οι οποίες δεσμεύουν τον ομιλητή με συγκεκριμένες πράξεις. Π.χ. «*Τῷ γὰρ Ἀβραὰμ ἐπαγγειλάμενος ὁ θεός, ἐπεὶ κατ' οὐδενὸς εἶχεν μείζονος ὁμόσαι, ὤμοσεν καθ' ἑαυτοῦ λέγων, Εἰ μὴν εὐλογῶν εὐλογήσω σε καὶ πληθύνων πληθυνῶ σε· καὶ οὕτως μακροθυμήσας ἐπέτυχεν τῆς ἐπαγγελίας*» (6:13-15).

4. *Νόρμες*, δηλαδή πράξεις που εκφράζουν στάσεις

---
[558] Βλ. J. Dunnill, *στο ίδιο*, 246 υποσ. 12.

και σχετίζονται με την κοινωνική συμπεριφορά. Αυτές είναι ποικίλες, πράγμα που σημαίνει ότι τα περισσότερα χωρία της επιστολής εντάσσονται σε αυτή την κατηγορία. Εδώ υπάγονται οι προσευχές και οι ευχαριστίες προς το Θεό (12:28, 13:15), η φιλοξενία (13:2), η ενθάρρυνση κ.α.

5. *Εξηγήσεις*. Με αυτόν το όρο εννοούνται εδώ οι δηλώσεις που γίνονται σε πρώτο πρόσωπο, όπως «Πεπείσμεθα δὲ περὶ ὑμῶν» (6:9) ή «περισσοτέρως δὲ παρακαλῶ» (13:19).

Πολλά από τα παραπάνω στοιχεία δεν είναι ιερά από μόνα τους, αλλά αποκτούν αυτόν τον χαρακτήρα με το να λειτουργούν σε ένα σύστημα που κατευθύνεται προς το Θεό και κυριαρχείται από δυο τύπους του λόγου-αποτελέσματος: α) τους όρκους και β) τις ευλογίες και τις κατάρες. Αρχικά το ενδιαφέρον εστιάζεται στους θείους όρκους που έχουν βαθύτατη σημασία στην προς Εβραίους, ενώ δεν υπάρχουν ανθρώπινοι όρκοι μέσα στο κείμενο. Ένας όρκος διακρίνεται από μια υπόσχεση από το γεγονός ότι τοποθετεί αυτόν που τον εκστομίζει από την *κανονική σφαίρα* στην *οριακή ζώνη*. Σε έναν όρκο, ο λόγος δημοσίως και ρητά υψώνεται στο επίπεδο του γεγονότος και ειδικά ενός γεγονότος με υπαρξιακές συνέπειες. Χαρακτηριστικό παράδειγμα αποτελεί ο όρκος του Ψλ. 109:4 που παρατίθεται στο Εβρ. 5:6 «Σὺ ἱερεὺς εἰς τὸν αἰῶνα κατὰ τὴν τάξιν Μελχισέδεκ».

Με τον όρο ευλογία εννοείται οποιοσδήποτε *συνδετικός* ιερός λόγος και με τον όρο κατάρα οποιοσδήποτε τύπος *απρόσωπου* ιερού λόγου[559]. Αυτοί οι ορισμοί μας δίνουν κάποιους θεμελιώδεις τύπους που προσανατολίζουν την ανθρωπότητα προς το Θεό. Οποιαδήποτε ενέργεια από μεριάς της λατρεύουσας κοινότητας προς το Θεό θα την ονομάσουμε (α). Από την άλλη, όταν έχουμε ενέργεια του Θεού προς την ανθρωπότητα, θα ονομάσουμε κατά τον ίδιο τρόπο την κίνηση αυτή (β) όταν είναι άμεση, ενώ όταν πρόκειται για έμμεση ενέργεια θα την ονομάζουμε (γ). Στηριζόμενος ο Dunnill στο διάγραμμα της τυπολογίας του ιερού τοποθετεί τους όρκους και

---

[559] Βλ. J. Dunnill, *στο ίδιο*, 251.

τις ευλογίες και τις κατάρες πάνω στους αντίστοιχους άξονες.

Τύπος Ι, *προσωπική-συνδετική* ευλογία είναι:
α) Η ανθρώπινη δοξολογία του Θεού.
β) Ο Θεός διακηρύσσει τη συμπάθεια του στους ανθρώπους (ατομικά ή ομαδικά).
γ) Η αγάπη του Θεού ανοίγει νέους δρόμους (έμμεσα) π.χ. μέσω των προφητών ή των ιερέων, ή μέσω των προσευχών.

Τα παραπάνω πρέπει να διακρίνονται από την ευλογία του τύπου ΙΙ *απρόσωπη-συνδετική* που είναι η μεταφορά της θείας ζωτικής δύναμης σε ένα πρόσωπο ή αντικείμενο. Αυτή μπορεί να συμβαίνει:
β) Άμεσα από το Θεό.
γ) Έμμεσα μέσω μιας εξουσιοδοτημένης ενέργειας. Εδώ δεν υπάρχει κατηγορία (α), εφόσον οι άνθρωποι δεν μπορούν να μεταδίδουν δύναμη στο Θεό.

Η κατάρα μπορεί να είναι: Τύπος ΙΙΙ, *προσωπική-διαζευκτική*:
α) Η ανθρώπινη απόρριψη του Θεού.
β) Η διακήρυξη της έχθρας του Θεού προς τους ανθρώπους (ατομικά ή ομαδικά).
γ) Η δυσαρέσκεια του Θεού ανοίγει νέες δυνατότητες (έμμεσα) π.χ. εξουσιοδοτώντας τους ιερείς ή κάποιους με ισχυρή επίδραση στο λαό.

Μπορεί επίσης να ανήκει στον τύπο IV, *απρόσωπη-διαζευκτική*:
β) Άμεσα από το Θεό ως οργή.
γ) Έμμεσα μέσω μιας εξουσιοδοτημένης ενέργειας.

Έτσι φαίνεται η διάκριση μεταξύ της λατρείας του Θεού ως απρόσωπης δύναμης και της λατρείας του Θεού ως προσωπικού δημιουργού[560]. Μόνο σε προσωπικό επίπεδο μπορεί ένα πρόσωπο να ευχαριστεί το Θεό (Ψλ. 15:7). Δεν υπάρχει η ιδέα της

---

[560] Βλ. B. F. Westcott, *The Epistle to the Hebrews: The Greek Text with Notes and Essays*, Grand Rapids, Wm. B. Eerdmans, ²1980, 203-210. Λέγεται ότι ο άγγλος επίσκοπος ήταν ενημερωμένος για τις κοινωνικο-ανθρωπολογικές μεθόδους ανάλυσης της εποχής του.

Η προς Εβραίους και η συνδρομή των κοινωνικών επιστημών

απρόσωπης ευλογίας ή μιας ευλογίας που ανακοινώνεται από τους ιερείς απομονωμένη από τη διαθήκη του Θεού. Ο Dunnill υποστηρίζει ότι υπάρχει ένα στοιχείο απρόσωπης κατάρας του τύπου IV (β), στην παρουσίαση της εικόνας του Θεού ως «πῦρ καταναλίσκον». Όλα τα άλλα φαινόμενα όμως, είναι ολότελα προσωπικά. Με την εφαρμογή της κοινωνικής ανθρωπολογίας, επιχειρήθηκε από τον Dunnill η προσπάθεια να καταδειχθεί η πρόσωπο προς πρόσωπο σχέση μεταξύ των ανθρώπων και του Θεού, όπως εκφράζεται με το σχήμα λόγου-πράξεων, με όρκους, υποσχέσεις, ευλογίες, κατάρες και ύμνους που ο παραπάνω ερευνητής ονομάζει «συνολική οικονομία ρηματικής ανταλλαγής». Τα όσα προσπαθήσαμε να μεταφέρουμε από την προσέγγιση αυτού του είδους είναι μερικές επιπλέον πτυχές που ανοίγονται στην ανάγνωση της προς Εβραίους μέσω των κοινωνικών και κοσμολογικών λειτουργιών του θρησκευτικού συμβολισμού. Η εργασία του Dunnill επηρέασε πολύ γρήγορα μια σειρά από πρόσφατες μελέτες στην προς Εβραίους. Η μελέτη του Hahn στηρίζεται αποκλειστικά στα πορίσματα της εργασίας του Dunnill για την κατανόηση της έννοιας της *διαθήκης* στο Εβρ. 9:15-22[561] και ειδικά των νομικών και λειτουργικών πτυχών της. Η μελέτη του όμως, δεν προσφέρει κάτι νέο στη μελέτη της προς Εβραίους από κοινωνικο-ανθρωπολογικής πλευράς αλλά επαναλαμβάνει βασικές θέσεις που έχουν υποστηριχθεί παλαιότερα.

---

[561] Βλ. S. Hahn, «Covenant, Cult, and the Curse-of-Death: Διαθήκη in Heb 9:15.22», στο G. Gelardini (εκδ.), *Hebrews: Contemporary Methods-New Insights*, BIS 75, Leiden, Brill, 2005, 68-85.

6
Η ΠΡΟΣ ΕΒΡΑΙΟΥΣ ΚΑΙ ΟΙ ΔΙΕΠΙΣΤΗΜΟΝΙΚΕΣ ΠΡΟΣΕΓΓΙΣΕΙΣ

1. Η προσέγγιση μέσω των αποσπασμάτων της Παλαιάς Διαθήκης

Ο συγγραφέας της προς Εβραίους χρησιμοποιεί ένα μοναδικό τρόπο παράθεσης της Π.Δ. Ο τρόπος παράθεσης και ερμηνείας των χωρίων της Π.Δ. από πολύ νωρίς απασχόλησε τους ερευνητές με αποτέλεσμα να μην υπάρχει σήμερα εργασία στην προς Εβραίους που να μην διαθέτει ένα μικρό μέρος στον τρόπο επεξεργασίας του υλικού της Π.Δ. Όλα σχεδόν τα χωρία παρατίθενται χωρίς κάποια εισαγωγική μορφή από αυτές που μας είναι γνωστές από τα άλλα βιβλία της Κ.Δ. (π.χ. «*γέγραπται*» ή «*γέγραπται γάρ ὅτι*» ή «*ἡ γραφή λέγει*...»). Πολλές φορές οι φράσεις εισάγονται κατά τέτοιο τρόπο που παρουσιάζονται ως λόγια, τα οποία ο ίδιος ο Χριστός εκφωνεί (2:12). Τα πάντα κατανοούνται υπό το φως του Χριστού και της παραλήπτριας κοινότητας[562] και το κεντρικό γεγονός της επιστολής, η θυσία του αρχιερέα Χριστού απορρέει από το 16° κεφάλαιο του Λευιτικού (*Ημέρα Εξιλασμού*).

Σε κανένα άλλο κείμενο της Κ.Δ. δεν παρουσιάζεται μία τέτοια δυσκολία διάκρισης των αποσπασμάτων της Π.Δ., τα οποία χρησιμοποιούνται στην επιστολή. Αυτός είναι και ο λόγος που δεν υπάρχει ομοφωνία ανάμεσα στους ερευνητές για τον αριθμό των ρητών αποσπασμάτων, αλλά και των νύξεων από τα διάφορα βιβλία της Π.Δ. Έχουν διατυπωθεί πολλές προτάσεις[563], τις οποίες εμείς επιχειρήσαμε

---

[562] Πρβλ. L. Goppelt, *Theology of the New Testament. Vol. 2. The Variety and Unity of the Apostolic Witness to Christ*, Michigan 1982, 245.
[563] Βλ. ενδεικτικά E. Ahlborn, *Die Septuaginta-Vorlage des Hebräerbriefes*, (Διδακτ. Διατρ.), Göttingen 1966. M. D. Aldridge, «Hebrews 1:1a and Exodus 35:30-36:3», *RevExp* 87 (1990) 611-614. B. W. Bacon, «Heb 1, 10-12 and the Septuagint

Η προς Εβραίους και οι διεπιστημονικές προσεγγίσεις

να συνοψίσουμε στον παρακάτω πίνακα, προκειμένου να

Rendering of Ps 102, 23», ZNW 3 (1902) 280-285. του ίδιου, «Hermeneutical Issues and Principles in Hebrews as Exemplified in the Second Chapter», JETS 39 (1996) 587-607. του ίδιου, «The Correction of the Text of Hebrews towards the LXX», NovT 34 (1992) 257-292. του ίδιου, «The Use of the Old Testament in Hebrews», SWJT 28 (1985) 36-45. G. L. Cockerill, «Hebrews 1:6: Source and Significance», BBR 9 (1999) 51-64. H. J. Combrink, «Some Thoughts on the Old Testament Citations in the Epistle to the Hebrews», Neot 5 (1971) 22-36. P. Ellingworth, «New Testament Text and Old Testament Context in Heb.12:3», στο Studia Biblica 1978. III. Papers on Paul and other New Testament Authors, εκδ. E. A. Livingstone, JSNTSup 3, Sheffield, JSOT Press, 1980, 89-95. P. E. Enns, «Creation and Re-Creation: Psalm 95 and Its Interpretation in Hebrews 3:1-4:13», WTJ 55 (1993) 281-297. του ίδιου «The Interpretation of Psalm 95 in Hebrews 3.1-4.13», στο Early Christian Interpretation of the Scriptures of Israel. Investigations and Proposals, εκδ. C. A. Evans-J. A. Sanders, JSNTSup 148, Sheffield, JSOT Press 1997, 352-363. R. T. France, «The Writer of Hebrews as a Biblical Expositor», TynB 47 (1996) 245-276. M. H. Gaughey, The Hermeneutic Method of the Epistle to the Hebrews, Boston 1963. R. C. Gleason, «The Old Testament Background of the Warnings in Hebrews 6:4-8», BSac 155 (1998) 62-91. του ίδιου, «The Old Testament Background of Rest in Hebrews 3:7-4:11», BSac 157 (2000) 281-303. R. P. Gordon, «Better Promises: Two Passages in Hebrews against the Background of the Old Testament Cultus», στο Templum Amicitiae, εκδ. B. Ernst-W. Horbury, JSNTSup 48, Sheffield, 1991, 434-449. G. W. Grogan, «The Old Testament Concept of Solidarity in Hebrews», TynB 49 (1998) 159-173. D. A. Hagner, «The Epistle to the Hebrews» στο The Use of the Old and the New Testament in Cle ment of Rome, 1973, 179-195. K. Homburg, «Ps 110,1 im Rahmen des Judäischen Krönungszeremoniells», ZAW 84 (1972) 243-246. W. F. Howard, Hebrews and the Old Testament Quotations», NovT 10 (1968) 208-216. J. Irwin, «The Use of Hebrews 11:11 as Embryological Proof-Text», HTR 71 (1978) 312-316. P. Katz, «Εν πυρί φλογός», ZNW 49 (1955) 133-138. του ίδιου., «The Quotations from Deuteronomy in Hebrews», ZNW 49 (1958) 213-223. του ίδιου, «Οὐ μή σε ἀνῶ οὐδ' οὐ μή σε ἐγκαταλίπω» (Heb. XIII, 5): The Biblical Source of the Quotation», Bib 33 (1952) 523-525. W. Leonard, The Old Testament in the Epistle to the Hebrews and the Problem of Its Authorship, Sydney 1938. J. C. McCullough, Hebrews and the Old Testament, (Διδακτ. Διατρ.), Queens University, Belfast 1971. J. Muddiman, «Wrestling with Hebrews: A Note on TETRACHILISMENA at Hebrews 4.13», στο Understanding, Studying and Reading, JSNTSup 153, Sheffield, JSOT Press 1997, 165-173. P. Padva, Les Citations de l'Ancien Testament dans l' Épître aux

Η προσέγγιση μέσω των αποσπασμάτων της Π.Δ.

καταδειχθεί παραστατικότερα η ποικιλομορφία των απόψεων. Παρατηρείται μια προτίμηση του συγγραφέα στην Πεντάτευχο και στους Ψαλμούς⁵⁶⁴. Από τα αποσπάσματα της Π.Δ., 12 ρητά και 10 από αυτά που υπονοούνται προέρχονται από την Πεντάτευχο. Επιπλέον, η Πεντάτευχος προσεγγίζεται και μέσω της ερμηνείας της από τους Ψαλμούς. Το κείμενο των Ψαλμών χρησιμοποιείται 17 φορές άμεσα, ενώ 16 έμμεσα.

Hébreux, Paris 1904. N. E. Peter, «Bible Study-Practical Exhortation. Hebrews 3:7-15», *AJT* 3 (1989) 576-581. D. W. Rooke, «Jesus as Royal Priest: Reflections on the Interpretation of the Melchizedek Tradition in Heb 7», *Bib* 81 (2000) 81-94. L. Sabourin, «Auctor Epistolae ad Hebraeos ut Interpress Scripturae», *VD* 46 (1968) 275-285. S. K. Stanley, *A New Covenant Hermeneutic: The Use of Scripture in Hebrews 8-10*, 1994. A. Strobel, «Die Psalmengrundlage der Gethsemane-Parallele. Hbr 5, 7ff», *ZNW* 45 (1954) 252-266. K. J. Thomas, «The Old Testament Citations in Hebrews», *NTS* 11 (1965) 303-325. W. B. Wallis, «The Use of Psalms 8 and 110 in I Corinthians 15:25-27 and Hebrews 1 and 2», *JETS* 15 (1972) 25-29. J. S. Wiid, «The Testamental Significance of Διαθήκη in Hebrews 9,15-2», *Neot* 26 (1992) 146-156. E. J. Wright, «Hebrews 11:37 and the Death of the Prophet Ezekiel», στο *The Echoes of Many Texts. Reflections on Jewish and Christian Traditions. Essays in Honor of Lou H. Silberman*, έκδ. W. G. Dever-E. J. Wright, BJS 313, Atlanta, Georgia, Scholars Press 1997, 147-158. M. D. Aldridge, «Hebrews 1:1a and Exodus 35:30-36:3», *RevExp* 87 (1990) 611-614. C. Büchel, «Der Hebräerbrief und das Alten Testament», *TSK* 79 (1906) 508-591. W. M. L. De Wette, «Über die Symbolisch-Typische Lehrart des Briefes an die Hebräer», *TZ* 3 (1822) 1-51. P. E. Enns, «Creation and Re-Creation: Psalm 95 and Its Interpretation in Hebrews 3:1-4:13», *WTJ* 55 (1993) 281-297. του ίδιου, «The Interpretation of Psalm 95 in Hebrews 3.1-4.13», στο *Early Christian Interpretation of the Scriptures of Israel. Investigations and Proposals*, έκδ. C. A. Evans-J. A. Sanders, JSNTSup 148, Sheffield, JSOT Press 1997, 352-363. R. Fabris, «La Lettera agli Ebrei e l' Antico Testamento», *RivB* 32 (1984) 237-252. L. Goppelt, *ΤΥΠΟΣ: The Typological Interpretation of the Old Testament in the New*, (μτφρ. D. H. Madvig), Grand Rapids, Eerdmans 1978. M. Perry, «Method and Model in the Epistle to the Hebrews», *Th* 77 (1974) 66-74.
⁵⁶⁴ Βλ. F. Schröger, *Der Verfasser des Hebräerbriefes als Schriftausleger*, BU 4, Regensburg 1968, 35-196, όπου παρουσιάζονται όλες οι παραπομπές από την Π.Δ. Η εργασία ασχολείται με τη χρήση και ερμηνεία του υλικού της Π.Δ. στην προς Εβραίους. Βλ. και G. Reim, «Quoting the Psalms - from the 'Epistle to the Hebrews' to the 'Gospel according to John'», *BZ* 44 (2000) 92-99.

	ΕΡΕΥΝΗΤΗΣ	ΑΡΙΘΜΟΣ ΑΠΟΣΠΑΣΜΑΤΩΝ ΠΟΥ ΕΝΤΟΠΙΖΟΝΤΑΙ
1	Westcott & Caird	29 αποσπάσματα
2	Eisenbaum	31 αποσπάσματα και ένας αριθμός παραφράσεων
3	Michel, Kistemacker	32 αποσπάσματα
4	Dittmar	34 αποσπάσματα
5	Ellingworth, Guthrie	35 αποσπάσματα
6	Spicq	36 αποσπάσματα
7	Longenecker	38 αποσπάσματα και 55 νύξεις
8	Lane	31 αποσπάσματα και 4 που περισσότερο υπονοούνται. Επιπλέον 37 νύξεις, 19 σημεία όπου παρατηρείται σύνοψη υλικού της Π.Δ. και ακόμη 13 στα οποία διάφορα βιβλικά ονόματα τοποθετούνται χωρίς αναφορά σε κάποια ειδική συνάφεια
9	Tönges	44 αποσπάσματα από 53 διαφορετικά κείμενα της Π.Δ.
10	Thomas	56 συνολικά από τα οποία τα 29 είναι αυτούσια

Μία πρώτη τάση στην έρευνα των παλαιοδιαθηκικών αποσπασμάτων εστιάζει το ενδιαφέρον της γύρω από τη συζήτηση για το ποιο κείμενο της Π.Δ. χρησιμοποιεί ο

Η προσέγγιση μέσω των αποσπασμάτων της Π.Δ.

συγγραφέας της επιστολής. Η μέχρι στιγμής έρευνα έχει αποφανθεί ότι χρησιμοποιείται κυρίως το ελληνικό κείμενο (Ο'). Δεν υπάρχει όμως, ομοφωνία για το αν πρόκειται για το κείμενο που διασώζει ο Αλεξανδρινός Κώδικας (Α) ή ο Βατικανός (Β). Μόνο έξι αποσπάσματα από το σύνολο των ρητών αποσπασμάτων της Π.Δ. δεν συμφωνούν με κανέναν από τους δύο κώδικες[565]. Η διαφωνία αυτή συνεχίζεται εδώ και περισσότερο από 150 χρόνια. Η επιστολή εμφανίζει κοινά σημεία, αλλά και αποκλίσεις και από τους δύο κώδικες. Αυτός είναι και ο λόγος που δεν μπορεί να υποστηριχθεί ότι ο συγγραφέας χρησιμοποιεί το ένα ή το άλλο κείμενο αποκλειστικά.

Ένας αριθμός επιστημόνων (Caird[566], Longenecker[567], Johnson[568], Kistemacker[569]) προσεγγίζει την επιστολή από μια άλλη οπτική γωνία, τη δομή του κειμένου γύρω από τα αποσπάσματα της Π.Δ. Οι ερευνητές αυτοί διαμορφώνουν τη δεύτερη τάση της σύγχρονης έρευνας σχετικά με τα χωρία της Π.Δ. Αυτοί διαφωνούν για το ποιο από αυτά τα χωρία αποτελεί το κλειδί στην επιχειρηματολογία του συγγραφέα. Οι Caird και Longenecker προτείνουν τους Ψαλμούς 7, 94, 109 και Ιερ. 31, ο Johnson τους Ψαλμούς 1, 39, 109 και Ιερ. 31, ενώ ο Kistemacker τους Ψαλμούς 7, 39, 94 και 109. Πέρα από αυτή τη διαφωνία γύρω από τα διάφορα παλαιοδιαθηκικά αποσπάσματα, οι παραπάνω μελετητές συμφωνούν ότι όλες οι ενότητες της επιστολής έχουν ως πυρήνα τους ένα απόσπασμα από την Π.Δ., το οποίο καθορίζει την πορεία της υπόθεσης.

---

[565] Βλ. πληροφορίες στο πολύ καλό άρθρο του G. H. Guthrie, «Hebrews' Use of the Old Testament: Recent Trends in Research», *CR:BS* 12 (2003) 275-277.
[566] G. B. Caird, «The Exegetical Method of the Epistle to the Hebrews», *CJT* 5 (1959) 44-51.
[567] R. N. Longenecker, *Biblical Exegesis in the Apostolic Period,* Grand Rapids, 1975.
[568] S. L. Johnson, *The Old Testament in the New*, Grand Rapids, 1980.
[569] S. J. Kistemaker, *The Psalm Citations in the Epistle to the Hebrews*, Amsterdam 1961. Βλ. και του ίδιου, *Exposition of the Epistle to the Hebrews*, NTCS, Welwyn 1984.

Ο Macleod[570] συνέταξε έναν κατάλογο, ο οποίος περιλαμβάνει τις υποθέσεις και των τεσσάρων ερευνητών και επιχειρεί το παρακάτω διάγραμμα της προς Εβραίους με βάση τη θέση των χωρίων της Π.Δ. που χρησιμοποιούνται στο κείμενο:

1:1-2:4	Ψλ. 1 και 109 (πρβλ. Β' Βασ. 7)
2:5-18	Ψλ. 7:4-6
3:1-4:13	Ψλ. 94:7-11
4:14-7:28	Ψλ. 109:4
8:1-9:28	Ιερ. 31:31-34
10:1-18	Ψλ. 39:6-8
10:19-13:25	Ψλ. 94:7-11
(Αβ. 2:3-4;)	

Για τον Kistemacker τα πάντα μέσα στην επιστολή κινούνται υπό το πρίσμα της υπόσχεσης και της εκπλήρωσης. Έτσι ο συγγραφέας της προς Εβραίους ερμηνεύει όλα τα χωρία της Γραφής υπό το φως της εκπλήρωσης της Π.Δ., όπως αυτή πραγματοποιείται στο πρόσωπο του Χριστού[571]. Οι τέσσερις Ψαλμοί που αναφέρθηκαν, σύμφωνα με τον Kistemacker, έχουν κεντρική σημασία στην επιχειρηματολογία του συγγραφέα, έτσι ώστε όλα τα άλλα αποσπάσματα να υπάγονται σε αυτούς. Όλα τα ψαλμικά χωρία εξυπηρετούν τη διαμόρφωση της χριστολογίας της επιστολής. Ο Ψλ. 7 αποδεικνύει την ανθρωπότητα του Ιησού, ο Ψλ. 109 συνδέεται με τη βασιλεία και την ιεροσύνη. Με την ιεροσύνη συνδεέται επίσης και ο Ψλ. 39[572]. Επιπλέον, το πρακτικό μέρος της επιστολής από το 10:19 ως το τέλος καθορίζεται από το Ψλ. 94.

---

[570] Βλ. D. J. MacLeod, «The Literary Structure of the Book of Hebrews», *BSac* 146 (1989) 193.

[571] Οι Ψαλμοί αυτοί, αποτελούν προφητείες που έχουν εκπληρωθεί στο πρόσωπο του Χριστού.

[572] S. J. Kistemaker, *The Psalm Citations in the Epistle to the Hebrews*, Amsterdam 1961, 130-131. Πρβλ. και την εργασία του W. R. G. Loader, *Sohn und Hohepriester. Eine Traditionsgeschichtliche Untersuchung zur Christologie des Hebräerbriefes*, WMANT 53, Neukirchen 1981. Βλ. ενδεικτικά σσ. 15-20 για τη χρήση του Ψλ. 109:1 και σσ. 29-38 για τη χρήση του Ψλ. 8:5.

Η προσέγγιση μέσω των αποσπασμάτων της Π.Δ.

Στο Εβρ. 1:4 δηλώνεται η ανωτερότητα του Χριστού έναντι των αγγέλων με την παράθεση του Ψλ. 1:7. Αποδίδοντας έτσι ο συγγραφέας της επιστολής τον τίτλο του Θεού στον Χριστό, τον τοποθετεί, στο ίδιο επίπεδο με τον Γιαχβέ. Το μήνυμα που θέλει να περάσει είναι ότι ο Ιησούς είναι ο Μεσσίας, ο οποίος πέρασε δια του θανάτου στη δόξα, ως αρχηγός της σωτηρίας. Οι παραθέσεις από την Π.Δ., οι οποίες χρησιμοποιούνται στο κείμενο λειτουργούν ως απόδειξη της Γραφής. Φαινόμενο που είναι απόλυτα σύμφωνο με το πνεύμα της εποχής[573].

Η μεσσιανική ερμηνεία του Ψλ. 44:6 (Εβρ. 1:8, 9), αλλά και του Ψλ. 7:4-6 (Εβρ. 2:5-9) με ένα τυπολογικό νόημα, μετακινεί το συγκεκριμένο Ψαλμό από την ιστορική του συνάφεια και τον κάνει να εξυπηρετεί τη θεολογία της επιστολής. Επιπλέον, ο δεύτερος Ψαλμός αποκτά τώρα μια εσχατολογική κατεύθυνση που δεν είχε προηγουμένως. Στην προς Εβραίους βρίσκεται προσανατολισμένος στην τελική ολοκλήρωση του έργου του Θεού[574]. Η χρήση του Μελχισεδέκ (Ψλ. 109:4 στο Εβρ. 7) αποδεικνύει την ερμηνευτική μεθοδολογία του συγγραφέα να τον συνδέσει με τον Χριστό. Η προς Εβραίους λέει τόσα πολλά για αυτόν, ενώ η Π.Δ. τόσα λίγα. Ακόμη και η περικοπή Γεν. 14:18-20 προσεγγίζεται μέσω του Ψλ. 109[575]. Προφανώς ο συγκεκριμένος Ψαλμός θα πρέπει στην πρώτη εκκλησία να κατανοούνταν ως αναφερόμενος στο πρόσωπο του Χριστού[576].

Στα όσα μέχρι τώρα παρουσιάσαμε έρχονται να προστεθούν και δύο πρόσφατες εργασίες που αφορούν το συγκεκριμένο ζήτημα. Ο Kurianal δημοσίευσε τη διδακτορική του διατριβή, στην οποία εξετάζει την εικόνα του αρχιερέα Χριστού στην προς Εβραίους[577]. Πρόκειται για μια ανάλυση του

---

[573] S. J. Kistemaker, *στο ίδιο*, 146-147.
[574] D. F. Leschert, *στο ίδιο*, 111.
[575] Πρβλ. L. R. Rendal, «The Method of the Writer to the Hebrews in Using Old Testament Quotations», *EvQ* 25 (1955) 214-220.
[576] Βλ. D. F. Leschert, *στο ίδιο*, 241.
[577] J. Kurianal, *Jesus our High Priest: Ps. 110,4 as the Substructure of Heb 5,1-7,28*, Europäische Hochschulschriften 693, Peter Lang, Frankfurt am Main, 2000.

Ψλ. 109:4 ως την υποδομή του Εβρ. 5:1-7:28. Στην μέχρι τώρα ανάλυση του 5:1-7:28, οι ερευνητές θεωρούν ότι πρόκειται για δύο μέρη διαφορετικών ενοτήτων. Η θέση του Kurianal είναι ότι τα μέρη του 5:1-7:28 σχηματίζουν μια ενότητα με τρεις υποδιαιρέσεις. Επιπλέον ύστερα από εξέταση των εσσαϊκών[578] και αλεξανδρινών ερμηνευτικών τεχνικών[579], υποστηρίζεται ότι στην ενότητα αυτή ο Ψλ. 109:4 ερμηνεύεται μιδρασικά, κάτι που σήμερα γίνεται αποδεκτό από το σύνολο της έρευνας. Οι ερευνητές, οι οποίοι ασχολούνται με την ερμηνευτική τεχνική του συγγραφέα της προς Εβραίους αποτελούν την τρίτη τάση της έρευνας[580]. Πριν το 1960 επικρατούσε η άποψη ότι χρησιμοποιείται η αλληγορική εξηγητική μέθοδος, όπως αυτή συναντάται στα έργα του Φίλωνα. Η σημασία της ανάλυσης του Kurianal δείχνει τη σπουδαιότητα του Ψλ. 109:4 για την παρουσίαση του Χριστού ως του ανώτερου αρχιερέα, ιδέα η οποία στην προς Εβραίους κατέχει θέση κεντρικής θεολογικής σημασίας.

Η δεύτερη εργασία προέρχεται από έναν ευαγγελικό ερευνητή[581], ο οποίος εξετάζει τη χρήση του Ψλ. 109:1 και 4 στο κείμενο της προς Εβραίους. Αφού ερευνάται πρώτα η χρήση του Ψλ. 109 στην Κ.Δ., κατόπιν εξετάζονται οι νύξεις και οι αναφορές αρχικά στον στ. 1 και κατόπιν στο στ. 4 του Ψαλμού στην προς Εβραίους. Ο Anderson κατέληξε στο συμπέρασμα ότι ο πρώτος στίχος του Ψλ. 109 δε συμβάλλει

---

[578] J. Kurianal, στο ίδιο, 181-183.
[579] J. Kurianal, στο ίδιο, 183-185 και 196.
[580] Βλ. αναλυτικά τις ερμηνευτικές τεχνικές, όπως τις παρουσιάζει ο G. H. Guthrie, «Hebrews' Use of the Old Testament: Recent Trends in Research», CR:BS 12 (2003) 279-283. Πρβλ. F. Schröger, Der Verfasser des Hebräerbriefes als Schriftausleger, BU 4, Regensburg 1968. I. Willi-Plein, «Some Remarks on Hebrews from the Viewpoint of Old Testament Exegesis», στο G. Gelardini (εκδ.), Hebrews: Contemporary Methods-New Insights, BIS 75, Leiden, Brill, 2005, 27-28. E. Tönges, «The Epistle to the Hebrews as a Jesus-Midrash», στο G. Gelardini (εκδ.), Hebrews, 91-92.
[581] D. R. Anderson, The King-Priest of Psalm 110 in Hebrews, Studies in Biblical Literature 21, New York, Peter Lang, 2001.

Η προσέγγιση μέσω των αποσπασμάτων της Π.Δ.

στην καθιέρωση μόνο του βασιλικού αξιώματος του Χριστού, αλλά και του ιερατικού⁵⁸². Ο στίχος 4 του Ψλ. 109, ο οποίος απουσιάζει από τα υπόλοιπα βιβλία της Κ.Δ., παραπέμπεται μόνο εδώ και χρησιμοποιείται από το συγγραφέα της προς Εβραίους με σκοπό να αποδειχθεί η ανωτερότητα της ιεροσύνης του Χριστού. Ο Χριστός είναι με βάση την ερμηνεία του Ψλ. 109:1, 4 στην προς Εβραίους ο αναμενόμενος Μεσσίας. Συνεπώς και αυτή η εργασία, με διαφορετική όμως μεθοδολογία από την προηγούμενη, αποδεικνύει τη σπουδαιότητα του Ψλ. 109 για την επιχειρηματολογία του συγγραφέα της επιστολής.

Η τέταρτη τάση της σχετικής έρευνας ασχολείται με τον τρόπο ερμηνείας των συγκεκριμένων χωρίων της Π.Δ. Η τάση αυτή αρνείται ότι ο συγγραφέας της προς Εβραίους υιοθετεί κάποιες συγκεκριμένες ερμηνευτικές τεχνικές της εποχής του, αλλά χρησιμοποιεί επιλεκτικά ορισμένα κείμενα της Π.Δ. προκειμένου να αποδείξει τις θέσεις του⁵⁸³. Η επιλογή και

---

[582] D. R. Anderson, *στο ίδιο*, 288. Βλ. την ανάλυση στις σσ. 137-173. Πρβλ. O. Cullmann, *Χριστός και Χρόνος*, (μτφρ. Π. Κουμάντος), Αθήνα, Άρτος Ζωής, 1997, 151-152.

[583] Βλ. G. H. Guthrie, «Hebrews' Use of the Old Testament: Recent Trends in Research», *CR:BS* 12 (2003) 284-290. Εδώ ανήκουν οι M. Barth, «The Old Testament in Hebrews», στο *Current Issues in New Testament Interpretation*, έκδ. W. Klassen-G. F. Snyder, New York, Harper & Row, 1962, 53-78, 263-273. P. Ellingworth, *The Epistle to the Hebrews: A Commentary on the Greek Text*, NIGTC, Grand Rapids, Michigan, W. B. Eerdmans, 1993, 41-42. G. Hughes, *Hebrews and Hermeneutics: The Epistle to the Hebrews as a New Testament Example of Biblical Interpretation*, Cambridge, Cambridge University Press 1980. G. B. Caird, «The Exegetical Method of the Epistle to the Hebrews», *CJT* 5 (1959) 44-51. P. E. Enns, «The Interpretation of Psalm 95 in Hebrews 3.1-4.13», στο *Early Christian Interpretation of the Scriptures of Israel. Investigations and Proposals*, έκδ. C. A. Evans-J. A. Sanders, JSNTSup 148, Sheffield, JSOT Press 1997, 352-363. R. T. France, «The Writer of Hebrews as a Biblical Expositor», *TynB* 47 (1996) 245-276. R. Gheorghita, *The Role of the Septuagint in Hebrews: An Investigation of Its Influence with Special Consideration to the Use of Hab 2:3-4 in Heb 10:37-38*, WUNT 2.160, Tübingen, Mohr Siebeck, 2003. L. T. Johnson, «The Scriptural World of 'Hebrews' (Religious Pluralism within the New Testament World)», *Int* 57 (2003) 237-250. R. G. Wooden, «The Role

χρήση των συγκεκριμένων Ψαλμών αποδεικνύει ότι δεν είναι τυχαία. Κάθε παραπομπή συμπληρώνει το θεολογικό μοτίβο του συγγραφέα και εξυπηρετεί στο να φέρει σε επικοινωνία την ιερή ιστορία του Ισραήλ με τους παραλήπτες. Συνοψίζοντας θα μπορούσαμε να πούμε ότι ο συγγραφέας της προς Εβραίους χρησιμοποιεί εκτεταμένα την Π.Δ. για: α) να διαμορφώσει τη χριστολογία του, β) να μεταφέρει τα συγκεκριμένα χωρία από την ιστορική τους συνάφεια στις συγκεκριμένες καταστάσεις των παραληπτών και γ) να αναπτύξει συγκεκριμένες μεθοδολογίες, όπως μιδράς, αλληγορία και τυπολογία[584]. Αυτός ο τρόπος ερμηνείας της Γραφής από την πλευρά του, είναι η αιτία που τον καθιερώνει ως τον θεολόγο συγγραφέα, ο οποίος περισσότερο και ικανοποιητικότερα από όλους τους άλλους συγγραφείς των βιβλίων της Κ.Δ., δούλεψε πάνω σε αυτό που σήμερα ονομάζεται ερμηνευτική.

2. Ο συνδυασμός ρητορικής και αποδομητικής ανάλυσης

Ο Garuti[585] επιχείρησε μία ρητορική ανάλυση της επιστολής, αλλά και μία προσπάθεια αποδόμησης των διαφόρων φάσεων της σύνταξης της. Η μέθοδος της αποδόμησης (*deconstruction*) σε αντίθεση με τον στρουκτουραλισμό, ο οποίος προϋποθέτει τη δομή, διασπά τη συνοχή του κειμένου. Ο αναγνώστης μπορεί να βρίσκει διαρκώς νέα νοήματα σε αυτό[586]. Πρόκειται

---

of the Septuagint in Hebrews: An Investigation of Its Influence with Special Consideration to the Use of Hab 2:3-4 in Heb 10:37-38», *CBQ* 67 (2005) 492-494. G. T. Montague, «Temporal Oppositions as Hermeneutical Categories in the Epistle to the Hebrews», *CBQ* 69 (2007) 588-589.

[584] Η τυπολογία ήταν η απλή μέθοδος της πρώτης εκκλησίας να αποδείξει την ενότητα της Γραφής και να δουλέψει πάνω σε αυτή με αναφορά στο πρόσωπο του Χριστού.

[585] Βλ. P. Garuti, *Alle Origini dell' Omiletica Cristiana: La Lettera agli Ebrei*, Jerusalem 1995.

[586] Για τη μέθοδο της αποδόμησης βλ. Ι. Καραβιδόπουλου, «Νέες Κατευθύνσεις στη Βιβλική Ερμηνευτική», *ΔΒΜ* 17 (1998) 56-59.

Ο συνδυασμός ρητορικής και αποδομητικής ανάλυσης

για μία χωρίς τέλος ερμηνευτική προσπάθεια, η οποία δέχεται ότι το κείμενο δεν έχει μία δεδομένη σημασία. Το εντυπωσιακό είναι ότι δεν έχει επιχειρηθεί άλλη φορά στο παρελθόν μια τόσο προσεκτική και λεπτομερής ανάλυση της προς Εβραίους. Με την εργασία αυτή μελετάται η ρητορική τέχνη της εποχής και επιχειρείται μια σύγκριση με τις τεχνικές επιχειρηματολογίας που είναι παρούσες στην επιστολή.

Η μέθοδος του Garuti δεν είναι αντίθετη ή εχθρική με την κλασική φιλολογική κριτική που ξεκινά με σκοπό να ανακαλύψει την ιστορία της σύνταξης του κειμένου. Η συμβολή του Garuti είναι πολύ σημαντική για τη σύγχρονη επιστημονική έρευνα. Το αποτέλεσμα μιας τέτοιας μεθόδου είναι ότι επιτρέπει στον Garuti να κατανοήσει αρκετά και συγκεκριμένα σημεία, όπου παρατηρείται διακοπή των ενοτήτων ακόμη και στη μορφή. Επιπλέον ο ερευνητής αυτός επινόησε μια καινούργια θεωρία για την ιστορία της σύνταξης της προς Εβραίους και αυτή είναι ίσως η μεγαλύτερη προσφορά του.

Σύμφωνα με τον Garuti η σύνταξη της επιστολής έχει ως εξής: α) Η πρώτη φάση γίνεται από έναν άγνωστο δάσκαλο, β) σε μια μεταγενέστερη φάση ένας μαθητής (ο συντάκτης) ένωσε το υλικό που βρήκε σε μια θεολογική πραγματεία, όμως η επιστολή έχασε τον αυθεντικό ομιλητικό της χαρακτήρα και γ) ένας τρίτος συντάκτης αργότερα (ο τελικός) έδωσε στην πραγματεία μερικά από τα φιλολογικά χαρακτηριστικά που φέρει ως επιστολή. Σε αυτή τη φάση προστέθηκαν κατά τον Garuti το 13° κεφάλαιο και η ενότητα 5:11-6:20. Με μια εξονυχιστική ανάλυση καταλήγει στο συμπέρασμα ότι τα *exordium, narratio, argumentatio, conclusio* δεν ακολουθούν τα φιλολογικά χαρακτηριστικά που υιοθετούνταν από την αρχαία ρητορική τέχνη[587]. Η ανάλυση των τεχνικών της επιχειρηματολογίας της προς Εβραίους του επιτρέπει να ανακαλύψει τα διαλείμματα στη συνέχιση της σκέψης του συγγραφέα και την από πλευράς του χρήση της τεχνικής γλώσσας των τριών διαφορετικών φάσεων.

Ο Garuti συμπεραίνει ότι η θεολογία του δασκάλου είναι

---

[587] P. Garuti, *στο ίδιο*, 172-182, όπου βλ. τις αναλύσεις.

επηρεασμένη από μια αποκαλυπτική αίσθηση και από ένα συγκεκριμένο μεσοπλατωνισμό που αντισταθμίζει τον γήινο κόσμο με τον ουράνιο. Ο δάσκαλος αυτός αντιλαμβάνεται τη σωτηρία που επιτελέστηκε από τον Χριστό σταδιακά, με πλατωνικό λεξιλόγιο: π.χ. μελλοντικά αγαθά, σκιά, αλήθεια, πραγματικότητα και εικόνα. Ο συντάκτης συχνά παρανοεί τις ερμηνευτικές αρχές του δασκάλου, ενώ εμφανίζεται δυαλιστικός. Τέλος, ο τελικός συντάκτης, ο οποίος ευθύνεται και για τη μορφή της προς Εβραίους που έχουμε στα χέρια μας, έχει αλλάξει τη θεολογία του κειμένου, δείχνοντας όμως μια διστακτικότητα προς την πνευματικοποίηση του μεσοπλατωνισμού.

Ο Garuti πρόσφερε μια εξήγηση για τις διάφορες δυσκολίες που η έρευνα της προς Εβραίους συναντάει. Η υπόθεσή του υποχρέωσε τους ερευνητές να λάβουν ξανά υπόψη τους νέες απόψεις για την ιστορία της σύνταξης της επιστολής. Από την άλλη πλευρά όμως, ούτε αυτή η εξήγηση μας επιτρέπει να καταλάβουμε τον τρόπο με τον οποίο λειτουργεί το τελικό κείμενο.

Η επιστολή δεν έχει προοίμιο, επιχειρηματολογία και τρόπο αφήγησης σύμφωνα με την ελληνορωμαϊκή επιστολογραφία και ρητορική. Το συμπέρασμα ότι τα ρητορικά χαρακτηριστικά της επιστολής δεν απαντούν στην ελληνορωμαϊκή ρητορική γραμματεία είναι μεγάλης σημασίας, διότι ωθεί τη βιβλική έρευνα στην ανακάλυψη των ρητορικών τεχνικών, τις οποίες ο μαθητής-συντάκτης δανείστηκε και εφάρμοσε στο έργο του.

Από την άλλη, η ρητορική ανάλυση έχει και αυτή τους περιορισμούς της. Δεν μπορεί να έχει την αξίωση να είναι μία ανεξάρτητη μέθοδος που μπορεί να σταθεί από μόνη της, χωρίς και τη συνδρομή των άλλων ερμηνευτικών προσεγγίσεων. Η αναφορά της στα βιβλικά κείμενα εγείρει αρκετά ερωτήματα, όπως για παράδειγμα αν οι συγγραφείς αυτών των κειμένων ανήκαν στα πιο μορφωμένα στρώματα της κοινωνίας ή σε ποια έκταση ακολούθησαν τους κανόνες της ρητορικής στα κείμενά τους.

Μέχρι στιγμής στην έρευνα της προς Εβραίους, κανείς δεν έχει προσφέρει μια ανάλυση που να συμφωνεί απόλυτα με τους

Ο συνδυασμός ρητορικής και αποδομητικής ανάλυσης

τύπους της ρητορικής, όπως αυτοί καθορίζονται στα σχετικά ρητορικά εγχειρίδια. Το βέβαιο πάντως είναι ότι ο συγγραφέας της προς Εβραίους χρησιμοποιεί αρχές και κανόνες της αρχαίας ελληνικής ρητορικής τέχνης, όπως μαρτυρείται καθαρά μέσα στο κείμενο και μάλιστα κατά τέτοιο τρόπο που να ευνοούν το ποιμαντικό του σκοπό[588]. Η ρητορική ανάλυση είναι ικανή να βοηθήσει αρκετά την ερμηνεία της προς Εβραίους διαφωτίζοντας τη στρατηγική, την οποία εφαρμόζει ο συγγραφέας της.

3. Ο συνδυασμός αποδομητικής ανάλυσης και ανταπόκρισης του αναγνώστη

Για τον αποδομισμό έχουμε ήδη κάνει λόγο και συνεπώς εδώ χρειάζεται να σημειωθούν μερικά εισαγωγικά για τη μέθοδο της ανταπόκρισης του αναγνώστη. Σε αυτή, όπως και στην αποδομητική μέθοδο η σχέση μεταξύ κειμένου και αναγνώστη θεωρούνται εκ νέου. Αρχή μιας τέτοιας θεώρησης αποτέλεσαν οι απόψεις του φιλοσόφου Derrida. Η συγκεκριμένη μέθοδος δεν ενδιαφέρεται για το συγγραφέα του έργου ή τους πρώτους αναγνώστες, αλλά για τους σύγχρονους και τη σημασία που αυτοί δίνουν στο κείμενο, το οποίο διαβάζουν. Εξετάζεται δηλαδή η επίδραση που ασκεί το κείμενο στο σημερινό αναγνώστη κατά τη στιγμή που αυτός το διαβάζει[589]. Κάθε

---

[588] Βλ. Κ. Η. Jobes, «Rhetorical Achivement in the Hebrews 10. "Misquote" of Psalm 40», *Bib* 72 (1991) 387-396. Σύμφωνα με τον Jobes οι παραφράσεις των αποσπασμάτων της Π.Δ. και ειδικά των Ψαλμών γίνονται από τον συγγραφέα για να αποκτήσουν οι στίχοι παρονομασία, η οποία εξυπηρετεί τη ρητορική επιτυχία της επιστολής γι' αυτό και επιστρατεύονται λέξεις που ευνοούν τη φωνητική τεχνική.

[589] Βλ. πληροφοριακά Ι. Καραβιδόπουλου, «Νέες Κατευθύνσεις στη Βιβλική Ερμηνευτική», *ΔΒΜ* 17 (1998) 55-56. Ε. Κασσελούρη-Χατζηβασιλειάδη, *Φεμινιστική Ερμηνευτική. Ο Παράγοντας "Φύλο" στη Σύγχρονη Βιβλική Ερμηνευτική*, ΒΒ 27, Θεσσαλονίκη 2003, 83-86. R. M. Fowler, «Who Is "the Reader" in Reader Response Criticism?», *Semeia* 31 (1985) 5-23. S. Brown, «Reader Response: Demythologising the Text», *NTS* 34 (1988) 232-237.

αναγνώστης λοιπόν, μπορεί να κατανοεί με διαφορετικό τρόπο το ίδιο κείμενο. Το ίδιο δηλαδή κείμενο έχει πολλές ερμηνείες.

Το 2003 δημοσιεύτηκε ένα ενδιαφέρον άρθρο, το οποίο συζητούσε τα ζητήματα της αποκάλυψης, του εξιλασμού και του σκοπού της πίστης στην προς Εβραίους. Μεθοδολογικά ο συγγραφέας του ακολουθούσε ένα συνδυασμό της αποδομητικής μεθόδου και της ανταπόκρισης του αναγνώστη[590]. Στόχος του Via είναι να προτείνει μία νέα ανάγνωση, η οποία μπορεί να εφαρμοστεί χωρίς να προκαλεί ένταση στο ιστορικό νόημα του κειμένου. Ο Via επιλέγει τρία θέματα και θέτει τρία βασικά ερωτήματα. Το πρώτο θέμα έχει να κάνει με τον μεσίτη της αποκάλυψης. Το ερώτημα αφορά το πότε έλαβε χώρα η αποκάλυψη του Θεού. Με βάση το κείμενο της προς Εβραίους μπορούν να διακριθούν δύο θέσεις[591]. Μία επικρατούσα και μία δευτερεύουσα. Σύμφωνα με την επικρατούσα θέση από την αρχή ο Ιησούς είναι ο μεσίτης της αποκάλυψης (Εβρ. 1:1-3). Σύμφωνα με τη δευτερεύουσα θέση ο Ιησούς ως Υιός και ιερέας αποτελεί ένα σημαντικό γεγονός. Έτσι ο λόγος του Υιού αποτελεί ένα γεγονός εξουσίας. Είναι λοιπόν η αποκάλυψη γεγονός ως λόγος ή λόγος ως γεγονός;

Δεύτερο θέμα αποτελεί η πηγή της αποτελεσματικότητας της αποκάλυψης. Το ερώτημα στρέφεται γύρω από το τι είναι αυτό που δίνει την εξουσία σε κάποιον για τη σωτηρία[592]. Σύμφωνα με την επικρατούσα θέση το αίμα είναι αυτό που χαρίζει τη λύτρωση. Ο Χριστός είναι αυτός που προσφέρει τη θυσία, αλλά και εκείνος που προσφέρεται (Εβρ. 8:3 και 9:14). Σύμφωνα με τη δευτερεύουσα θέση ο συγγραφέας της επιστολής παρουσιάζει τον Ιησού να δηλώνει μέσω του ψαλμικού χωρίου ότι ο Θεός δεν απαιτεί θυσίες, αλλά υπακοή στο θέλημά του. Αυτό ακριβώς πρόσφερε ο Ιησούς (Εβρ. 10:4-10). Το τρίτο θέμα αφορά το σκοπό της αποτελεσματικότητας

---

[590] D. O. Via, «Revelation, Atonement and the Scope of Faith in the Epistle to the Hebrews: A Deconstructive and Reader-Response Interpretation», *BibInt* 11 (2003) 515-530.
[591] D. O. Via, *στο ίδιο*, 516-517.
[592] D. O. Via, *στο ίδιο*, 517-518.

Αποδομητική ανάλυση και ανταπόκριση του αναγνώστη

της αποκάλυψης και το σχετικό ερώτημα είναι ποιοι θα λάβουν μέρος στη σωτηρία κατά τη νέα διαθήκη[593]. Σύμφωνα με την επικρατούσα θέση ο Ιησούς μπορεί να σώζει εκείνους που προσεγγίζουν το Θεό μέσω αυτού (Εβρ. 7:25). Σύμφωνα με τη δευτερεύουσα θέση ο Χριστός νίκησε το θάνατο για όλους και συνεπώς όχι μόνο για τους πιστούς του (Εβρ. 2:9). Η υπόσχεση επίσης, της ευλογίας έχει ένα οικουμενικότερο όραμα (6:14).

Στηριζόμενος στα παραπάνω ερωτήματα και τις διαφορετικές θέσεις του κειμένου ο Via προσπαθεί να μετατρέψει τις αντιφάσεις αυτές που υπάρχουν στην προς Εβραίους σε διαλεκτικές εντάσεις ερμηνείας. Σχετικά με το πρώτο θέμα ο μεσίτης της αποκάλυψης είναι τόσο το ιστορικό γεγονός της αποστολής του Ιησού, όσο και το γεγονός της διακήρυξης του λόγου του Θεού. Η ανάληψη του Ιησού φέρνει την ισχύ της προηγούμενης αποστολής του στο παρόν και το μέσο είναι ο λόγος που διακηρύχτηκε. Ο Via παρατηρεί εδώ ότι η προς Εβραίους δίνει κυρίαρχη θέση στο παρελθοντικό γεγονός του Ιησού και θέλει αυτό να το αντιστρέψει και να δώσει ιδιαίτερη βαρύτητα στο λόγο, ο οποίος ενεργοποιεί τους αναγνώστες στο παρόν[594]. Το δεύτερο θέμα τονίζει τη σημασία της θυσιαστήριας προσφοράς του Ιησού, αλλά και την υπακοή του στο θέλημα του Πατέρα. Η δευτερεύουσα θέση ότι η υπακοή του Ιησού παρουσιάζεται ως μία αντίφαση προς τις προσφορές του ιουδαϊκού νόμου συνεπάγεται μία αναποτελεσματικότητα και στο αίμα του Ιησού, έστω και αν αναφέρεται ρητά η ανωτερότητά του. Έτσι, φαίνεται να υπάρχουν στο κείμενο δύο μη συμβατές μεταξύ τους θέσεις. Από τη μία το θυσιαστικό μοτίβο και από την άλλη, το μοτίβο της υπακοής. Προφανώς υπονοείται κάποια σχέση ανάμεσα σε αυτά τα δύο για τη σωτηρία των πιστών. Ο Via δίνει προτεραιότητα στη δευτερεύουσα θέση[595], η οποία τώρα μετατρέπεται σε επικρατούσα, αφού το αίμα δεν απαιτείται στο δεύτερο μοτίβο. Στο τρίτο θέμα τέλος, υπάρχει και εδώ η αντίφαση σχετικά με το ποιοι σώζονται. Ενώ ο συγγραφέας

---

[593] D. O. Via, στο ίδιο, 518-519.
[594] D. O. Via, στο ίδιο, 521-522.
[595] D. O. Via, στο ίδιο, 523-526.

τονίζει την αποτυχία του Ισραήλ στη συνέχεια διατηρεί ένα ανοιχτό παράθυρο στο μέλλον για τους Ιουδαίους (Εβρ. 11:16, 40)[596]. Χριστιανοί και Ιουδαίοι βρίσκονται καθ' οδόν προς τη σωτηρία. Έτσι η δευτερεύουσα θέση γίνεται τώρα η κυρίαρχη θέση για τη σωτηρία των πιστών και είναι συμβατή με τις ιδέες της χάρης και του ελέους του Θεού που υπάρχουν στο κείμενο. Με τις παραπάνω ερμηνευτικές προτάσεις ο Via κάνει μία σύνθεση αποδομητικών τεχνικών και εφαρμόζει τη μέθοδο της ανταπόκρισης του αναγνώστη στην προς Εβραίους με ικανοποιητικό τρόπο. Έτσι αντιστρέφει βασικές θέσεις της θεολογικής διδασκαλίας της επιστολής, οι οποίες θεωρούνται ακόμη και σήμερα κυρίαρχες στο σωτηριολογικό πλάνο του συγγραφέα της. Μία τέτοια προσέγγιση δεν θα μπορούσε να επιχειρηθεί για παράδειγμα κατά τους πρώτους αιώνες του χριστιανισμού για λόγους που έχουμε δει στο δεύτερο κεφάλαιο. Σήμερα όμως, η προσέγγιση αυτή είναι εφικτή στα πλαίσια της οικουμενικής κίνησης και της σύγχρονης θεώρησης της χριστιανικής ιεραποστολής. Η αδυναμία της μεθόδου εντοπίζεται στη χρήση και τη σημασία του αίματος στο κείμενο. Το ζήτημα αυτό παρουσιάζεται στην προς Εβραίος εξαιρετικά περίπλοκο και συνυπάρχει με το άλλο μοτίβο της υπακοής ή του σαββατισμού που αναμένεται για το λαό του Θεού.

Στον πρόσφατο τόμο της Gelardini, στον οποίο περιέχονται μελέτες στην προς Εβραίους με τη συνδρομή των σύγχρονων ερμηνευτικών μεθόδων, περιέχεται και μία διεπιστημονική προσέγγιση των Koosed-Seesengood[597]. Πρόκειται για μία επιλεκτική χρήση ορισμένων από τις σύγχρονες ερμηνευτικές μεθόδους, οι οποίες εφαρμόζονται τα τελευταία χρόνια στα βιβλία της Κ.Δ. Εδώ επιλέχθηκε ο συνδυασμός μεθόδων όπως: ανταπόκριση του αναγνώστη, ιστορία της προσλήψεως, διακειμενική προσέγγιση και πολιτιστική ανθρωπολογία. Οι

---

[596] D. O. Via, στο ίδιο, 527-529.
[597] J. Koosed-R. Seesengood, «Constructions and Collusions: The Making and Unmaking of Identity in Qoheleth and Hebrews», στο G. Gelardini (έκδ.), *Hebrews: Contemporary Methods-New Insights*, BIS 75, Leiden, Brill, 2005, 265-280.

Ο συνδυασμός κοινωνιολογικής και ρητορικής ανάλυσης

δύο επιστήμονες συγκρίνουν τις ομοιότητες στην ιστορική και ερμηνευτική διαδρομή του κειμένου της προς Εβραίους και του Εκκλησιαστή. Για παράδειγμα διασώθηκαν και τα δύο βιβλία ανώνυμα αλλά αποδόθηκαν γρήγορα σε σημαντικές προσωπικότητες (Σολομών, Παύλος). Αξιοσημείωτα παράλληλα εντοπίζονται στη ραββινική και πατερική ερμηνεία των δύο βιβλίων. Σκοπός του συνδυασμού των παραπάνω ερμηνευτικών μεθόδων που υιοθετούνται και ειδικότερα εδώ, της μεθόδου της ανταπόκρισης του αναγνώστη είναι να καταδειχθεί όχι τόσο ότι η ανάγνωση και η ερμηνεία αποτελούν στιγμές της αλληλόδρασης μεταξύ αναγνωστών και συγγραφέα, αλλά ο τρόπος με τον οποίο το ίδιο το κείμενο γίνεται αναπόσπαστο μέρος της ερμηνείας[598]. Σημαντικοί σταθμοί στην ερμηνεία των δύο κειμένων αποτελούν οι θέσεις του Ωριγένη και του Λουθήρου. Στην περίπτωση της προς Εβραίους αξίζει η εξής παρατήρηση της συγκεκριμένης μελέτης: η προς Εβραίους παραθέτει την Πεντάτευχο ως πηγή μιας θεολογικής διδασκαλίας, η οποία θεωρεί την Τορά ξεπερασμένη[599]. Κάτι αντίστοιχο κάνει ο Εκκλησιαστής ως προς τη σημασία της σοφίας σε σχέση με τη σοφιολογική γραμματεία. Η συγκεκριμένη προσέγγιση είναι περισσότερο διακειμενική και ιστορική, ενώ δεν επιμένει ιδιαίτερα στην εφαρμογή των κανόνων της ανταπόκρισης του αναγνώστη. Για το λόγο αυτό δεν θα επιμείνουμε παραπάνω στην κριτική της παρουσίαση.

4. Ο συνδυασμός κοινωνιολογικής και ρητορικής ανάλυσης

Η κοινωνικο-ρητορική μέθοδος χρησιμοποιεί τις αρχές και τις μεθόδους της κοινωνιολογίας, αλλά και της γλωσσολογίας, της σημειωτικής και της εθνογραφίας σε ένα διεπιστημονικό

---
[598] J. Koosed-R. Seesengood, «Constructions and Collusions: The Making and Unmaking of Identity in Qoheleth and Hebrews», στο G. Gelardini (εκδ.), *Hebrews: Contemporary Methods*, 266-267.
[599] στο ίδιο, 278.

μοντέλο ανάλυσης, το οποίο τοποθετεί τα αρχαία και τα σύγχρονα συστήματα σκέψης σε ένα αποφασιστικό και ζωντανό διάλογο μεταξύ τους. Η κοινωνικο-ρητορική ερμηνεία εστιάζει την προσοχή της όχι μόνο στα πολλαπλά συστατικά μέρη του κειμένου, αλλά και στα πολλαπλά μέρη του λόγου των συγγραφέων των κειμένων, έτσι όπως αυτά συνδέονται μεταξύ τους[600]. Το κοινωνικό στοιχείο της μεθόδου προϋποθέτει την αλληλόδραση των ανθρώπων, ενώ το ρητορικό αναφέρεται στον τρόπο επικοινωνίας κατά την αλληλόδραση μεταξύ ομοίων ή διαφορετικών προσώπων και κοινοτήτων.

Η αρχή της χρήσης αυτής της μεθόδου ξεκινάει το 1975 με την ανάλυση του βιβλίου των Πράξεων των Αποστόλων. Οι επιστολές του Παύλου, οι Πράξεις και το Ευαγγέλιο του Λουκά είναι τα κατεξοχήν κείμενα, τα οποία ενδιέφεραν τους θιασώτες της νέας μεθόδου εκείνη την εποχή[601]. Πρόσφατα όμως, η εφαρμογή της νέας αυτής μεθόδου παρατηρήθηκε και στην προς Εβραίους με τις εργασίες του DeSilva[602]. Η φάση που

---

[600] Βλ. εισαγωγικά στη μέθοδο V. K. Robbins, *Exploring the Texture of Texts. A Guide to Socio-Rhetorical Interpretation*, Valley Forge, Trinity Press 1996. του ίδιου, «A Socio-Rhetorical Response: Contexts of Interaction and Forms of Exhortation», *Semeia* 50 (1990) 261-271. D. F. Watson, «Why We Need Socio-Rhetorical Commentary and What It Might Look Like», στο S. E. Porter-D. L. Stamps (εκδ.), *Rhetorical Criticism and the Bible*, JSNTSup 195, Sheffield, Sheffield Academic Press 2002, 129-157. Βλ. και http://www.religion.emory.edu/faculty/robbins/SRI/index.html (καταχωρημένη 3/12/2007) όπου υπάρχει γλωσσάριο, βιβλιογραφία και ειδικές μελέτες.

[601] V. K. Robbins, «The We-Passages in Acts and Ancient Sea Voyages», *BR* (1975) 5-18. B. Witherington, *The Acts of the Apostles. A Socio-Rhetorical Commentary*, Grand Rapids, Michigan Eerdmans, 1998. Βλ. την πρόσφατη εργασία του J. Fotopoulos, *Τα Θυσιαστήρια Δείπνα στη Ρωμαϊκή Κόρινθο. Μία Κοινωνικο-ρητορική Ανάλυση του Α' Κορ. 8:1-11:1*, (μτφρ. Μ. Γκουτζιούδη), BB 37, Θεσσαλονίκη 2006, 259-300.

[602] Βλ. D. A. DeSilva, *Despising Shame: Honor Discourse and Community Maintenance in the Epistle to the Hebrews*, SBLDS 152, Atlanta, Scholars Press, 1995. του ίδιου, «Exchanging Favor for Wrath: Apostasy in Hebrews and Patron-Client Relationships», *JBL* 115 (1996) 91-116. του ίδιου., «Hebrews 6:4-8: A Socio-Rhetorical Investigation (Part 1)», *TynB* 50 (1999) 33-57. του

Ο συνδυασμός κοινωνιολογικής και ρητορικής ανάλυσης

διανύει η κοινωνικο-ρητορική ανάλυση αυτή τη στιγμή είναι η συγκέντρωση του ενδιαφέροντος σε διάφορα ομιλητικά κείμενα του αρχέγονου χριστιανισμού του μεσογειακού κόσμου[603].

Αυτή η κοινωνική και πολιτιστική υφή των αρχαίων έργων οδήγησε τον DeSilva στο να εστιάσει το ενδιαφέρον του στον κοινωνικό κόσμο των αναγνωστών ενός συγκεκριμένου κειμένου και στον τρόπο με τον οποίο το κείμενο τους τοποθετεί και τους προτρέπει να ανταποκριθούν σε αυτόν τον κόσμο[604]. Εδώ ακριβώς είναι που υιοθετούνται οι μέθοδοι ανάλυσης και περιγραφής των κοινωνικών επιστημών.

Για την εφαρμογή της κοινωνικο-ρητορικής ανάλυσης των κειμένων της Κ.Δ. επιστρατεύονται τα πορίσματα των κοινωνικών επιστημών, αλλά και τα ρητορικά εγχειρίδια του ελληνορωμαϊκού κόσμου για να μελετηθούν οι αρχές και οι κανόνες της συγκεκριμένης τέχνης. Η γλώσσα αυτού του είδους, της «τιμής» δηλαδή, και της «αισχύνης», όπως χαρακτηρίζεται από τον DeSilva, εξυπηρετεί στο να υποστηρίζει τις νόρμες του κυρίαρχου πολιτισμού ή να δημιουργεί και να διατηρεί τα σύνορα ή καλύτερα τα όρια ενός μειονοτικού πολιτισμού και την υποχρέωση των μελών του για την τήρηση των αρχών του, πράγμα που δηλώνει όχι μόνο τη θρησκευτική, αλλά και την κοινωνική τους ταυτότητα.

Ο DeSilva επικεντρώνει το ενδιαφέρον του στο γεγονός του σταυρού του Χριστού, καθώς αυτό αποτελεί κεντρικό σημείο

ίδιου., «Hebrews 6:4-8: A Socio-Rhetorical Investigation (Part 2)», *TynB* 50 (1999) 225-235. Ο DeSilva δεν έμεινε στις παραπάνω εργασίες, αλλά το 2000 δημοσίευσε το πρώτο κοινωνικο-ρητορικό υπόμνημα στην προς Εβραίους, *Perseverance in Gratitude: A Socio-Rhetorical Commentary on the Epistle to the Hebrews*, Grand Rapids, Wm. B. Eerdmans, 2000, ενώ νωρίτερα είχε εκδοθεί η μελέτη του ίδιου, *Bearing Christ's Reproach: The Challenge of Hebrews in an Honor Culture*, North Richland Hills, Texas, BIBAL, 1999.

[603] Βλ. τις εργασίες του D. A. DeSilva, *The Hope of Glory: Honor Discourse and New Testament Interpretation*, Collegeville, The Liturgical Press, 1999 και του ίδιου, *Honor, Patronage, Kinship & Purity: Unlocking New Testament Culture*, Downers Grove, InterVarsity Press, 2000.

[604] Βλ. D. A. DeSilva, «Hebrews 6:4-8: A Socio-Rhetorical Investigation (Part 1)», *TynB* 50 (1999) 37.

για την υψηλή θεολογία της επιστολής, αλλά σε συνδυασμό με το ενδέκατο κεφάλαιο της προς Εβραίους. Η μέθοδος που χρησιμοποίησε αποσκοπούσε στο να επιχειρηθεί να φωτισθεί ο σκοπός των παραινέσεων του συγγραφέα και ειδικότερα η γλώσσα της «τιμής και της αισχύνης» που αυτός χρησιμοποιεί για να ενισχύσει τους παραλήπτες με κέντρο αναφοράς το σταυρό του Χριστού. Έτσι εξηγείται η πολλαπλή χρήση των όρων «*δόξα και τιμή*» ή το συγκριτικό «*κρείττον*»[605].

Ο συγγραφέας χρησιμοποιεί αυτού του είδους τη γλώσσα και όταν μιλάει για όλους αυτούς που συνδέονται με τον Χριστό. Από την άλλη, χρησιμοποιούνται επίσης όροι που δηλώνουν την αισχύνη των παραληπτών, όπως για παράδειγμα «*ὀνειδισμοῖς τε καὶ θλίψεσιν θεατριζόμενοι, καὶ γὰρ τοῖς δεσμίοις συνεπαθήσατε*». Αποφασιστικής σημασίας γεγονός είναι αυτό που ο στίχος Εβρ. 12:2 περιγράφει με τη φράση «*σταυρὸν αἰσχύνης καταφρονήσας*». Σκοπός του DeSilva είναι να δείξει την αποτελεσματικότητα της τεχνικής του λόγου του συγγραφέα της προς Εβραίους με την υιοθέτηση αυτής της ειδικής γλώσσας, «*της τιμής και της αισχύνης*»[606]. Κανένας άλλος ερευνητής πριν από αυτόν δεν φαίνεται να έδωσε προσοχή σε αυτού του είδους την περιγραφή, αλλά και όσοι χρησιμοποίησαν στο παρελθόν τη ρητορική τεχνική του συγγραφέα δεν επιχείρησαν να την εντάξουν στο κοινωνικό περιβάλλον της εποχής εκείνης.

Στις αναλύσεις αυτού του είδους, αν και ρητορικές, δεν θα βρούμε τη γνωστή διαίρεση σε *proemium, narratio*, κλπ. επειδή δεν είναι αυτός ακριβώς ο σκοπός της κοινωνικο-ρητορικής προσέγγισης, αλλά το γεγονός ότι αυτή ενδιαφέρεται περισσότερο για τα κοινωνικά χαρακτηριστικά που ενυπάρχουν στο κείμενο. Αυτός ακριβώς είναι και ο λόγος για τον οποίο το έργο του DeSilva συνήθως κατατάσσεται στις κοινωνιολογικές μεθόδους ερμηνείας της Αγίας Γραφής.

Ο DeSilva χρησιμοποιεί τις προηγούμενες κοινωνιολογικές

---

[605] Η ενθρόνιση στα δεξιά του Πατέρα αποτελεί τιμητική ενέργεια και δηλώνει το πέρας του έργου του Υιού.

[606] Βλ. την εργασία του D. A. DeSilva, *Perseverance in Gratitude*.

Ο συνδυασμός κοινωνιολογικής και ρητορικής ανάλυσης

και κοινωνικο-ανθρωπολογικές αναλύσεις που έχουν γίνει στα βιβλία της Κ.Δ. και ειδικά αυτές που επικεντρώνουν το ενδιαφέρον τους στον κοινωνικό περιβάλλον των λαών γύρω από τη λεκάνη της Μεσογείου[607]. Ουσιαστικά πρόκειται για χρήση των πορισμάτων των ερευνών των ανθρωπολόγων στους πολιτισμούς αυτών των λαών κατά τους χρόνους της Κ.Δ. Έτσι, σύμφωνα με αυτή την ειδική γλώσσα, «της τιμής και της αισχύνης», το μόνο είδος του ρητορικού λόγου που συνδέεται με αυτή είναι το επιδεικτικό[608]. Η τιμή ήταν η περισσότερο επιδιωκόμενη αξία της εποχής εκείνης και έτσι δίκαια μια τέτοια κοινωνία χαρακτηρίζεται από τους ερευνητές που επιδίδονται σε αυτού του είδους τις αναλύσεις ως «ανταγωνιστική προς την τιμή». Η μέθοδος αυτή επιχείρησε να φωτίσει έννοιες όπως αμαρτία, θυσία και καθαρισμός της συνείδησης, παρουσιάζοντας τη σημασία και την απήχησή τους στο κοινωνικό περίγυρο της εποχής που μας ενδιαφέρει.

Στη μέθοδο ανάλυσης του DeSilva την πρώτη θέση κατέχει η ρητορική τεχνική της σύγκρισης και η αποτελεσματικότητα της. Βασικός του σκοπός είναι να αποδειχθεί η κοινωνικο-ρητορική στρατηγική της προς Εβραίους ως συνόλου. Πολλές φορές για να στηρίξει τις θέσεις του ο DeSilva καταφεύγει στον Αριστοτέλη, τον Κικέρωνα και τον Κοϊντιλιανό, τους κύριους εκπροσώπους της ελληνορωμαϊκής ρητορικής. Ο DeSilva συμφωνεί και αυτός ότι η προς Εβραίους θα πρέπει να παραδόθηκε προφορικά στους παραλήπτες. Το ρητορικό τέχνασμα της αναφοράς, όπως εμφανίζεται στην προς Εβραίους, αποτελεί το χαρακτηριστικότερο παράδειγμα της Κ.Δ. Σχετικά με τη συζήτηση για το αν ανήκει στο επιδεικτικό ή στο συμβουλευτικό

---

[607] B. Witherington, *Conflict and Community in Corinth: A Socio-Rhetorical Commentary on 1 and 2 Corinthians*, Grand Rapids, Carlisle, Eerdmans Publishing Company and The Paternoster Press, 1995. Παρόμοια ανάλυση στο κατά Ιωάννην επεχείρησε ένα χρόνο αργότερα ο J. H. Neyrey, «Despising the Shame of the Cross: Honor and Shame in the Johannine Passion Narrative», *Semeia* 68 (1996) 113. Ο Neyrey ασχολήθηκε με την περικοπή της Σταύρωσης και τη σημασίας της στο κατά Ιωάννην.
[608] Βλ. αναλυτικά D. A. DeSilva, *Perseverance in Gratitude*, 58-69.

είδος ο DeSilva θεωρεί ότι για τους ερευνητές που υπερτονίζουν το θέμα της πίστης στον Χριστό, λειτουργεί ως επιδεικτική ρητορική, ενώ για εκείνους που επικεντρώνουν το ενδιαφέρον τους στην ιδέα της απόστασης από την χριστιανική κοινότητα θεωρούν ότι λειτουργεί ως συμβουλευτική ρητορική[609].

Η επιδεικτική ρητορική είναι το μόνο είδος που συνδέεται με τη *«γλώσσα της τιμής και της αισχύνης»*, παρόλο που οι σχέσεις της με τη συμβουλευτική είναι πολύ στενές. Αυτό συμβαίνει επειδή οι αξίες της σοφίας, της πίστης και της υπομονής λειτουργούν καλύτερα αναφορικά με την ανταπόκριση του ακροατηρίου, όταν αυτές χρησιμοποιούνται στις παραινέσεις. Πέρα από αυτό, όλες αυτές οι αξίες αποτελούν ένδειξη τιμής για όποιον τις κατέχει. Τέτοιου είδους παραινέσεις συναντάμε στο Δίωνα Χρυσόστομο. Σχετικά τώρα με το κοινωνιολογικό στοιχείο η γλώσσα αυτή εξυπηρετεί στο να υιοθετήσει και να εκφράσει τις αξίες της κοινωνίας της εποχής εκείνης. Με άλλα λόγια μας δείχνει τι σημαίνει κάποιος για τα άλλα μέλη της κοινότητας στην οποία ανήκει. Η μέθοδος αυτή επιτρέπει σε κάποιον να δει την κοινωνική θέση και τις ιδέες τόσο των μελών μιας κοινότητας ή ομάδας, όσο και των άλλων που βρίσκονται έξω από αυτήν (εθνικοί), στοιχεία που κάνουν τις καταστάσεις που αντιμετωπίζονται στην επιστολή να μοιάζουν αρκετά με τις αντίστοιχες που περιγράφονται στα βιβλία των Παροιμιών, της Σοφίας Σειράχ και των Δ' Μακκαβαίων. Σε όλα αυτά τα βιβλία διαπιστώνουμε ότι η αρετή της φιλοτιμίας κυριαρχεί στη συνείδηση των ανθρώπων της εποχής εκείνης ως πρωταρχική αρετή[610].

Τα παθήματα των παραληπτών χριστιανών αποτελούν όλα μορφές αισχύνης που μέσα στο πλάνο της ρητορικής στρατηγικής του συγγραφέα λειτουργούν αντιστροφικά με πρότυπο το μοναδικό γεγονός της θυσίας του Χριστού[611]. Η

---

[609] D. A. DeSilva, *Perseverance in Gratitude*, 35. του ίδιου, «Exchanging Favor for Wrath: Apostasy in Hebrews and Patron-Client Relationships», *JBL* 115 (1996) 109-115.
[610] D. A. DeSilva, *Despising Shame*, 143.
[611] D. A. DeSilva, *Bearing Christ's Reproach*, 24-36.

Ο συνδυασμός κοινωνιολογικής και ρητορικής ανάλυσης

φιλοτιμία λειτουργεί ως συνώνυμο της ευσέβειας. Οι χριστιανοί που διακηρύσσουν ότι ο Χριστός είναι ο μοναδικός Θεός αυτού του κόσμου αυτόματα εισέρχονται σε μια αβέβαιη σχέση με το σύνολο της κοινωνίας που τους περιβάλλει[612]. Αυτό σημαίνει ότι συνεπάγονται ειδικές οικονομικές, κοινωνικές και πολιτιστικές δραστηριότητες, όπως για παράδειγμα λατρευτικές τελετές στις οποίες κάποιοι συμμετέχουν και κάποιοι όχι, εφόσον είναι μέλη μιας άλλης θρησκευτικής κοινότητας. Είναι λογικό, η τιμή μιας ομάδας να καθορίζεται από την τιμή του αρχηγού της. Τώρα μπορεί να κατανοηθεί καλύτερα η σχέση Χριστού και πιστών και οι προτροπές για μίμηση του παραδείγματός του. Οι Χριστιανοί αυτή την εποχή είναι κοινωνικά στιγματισμένοι και πολιτικά ύποπτοι. Αυτό σημαίνει ότι τοποθετούνται έξω από τα όρια της κοινωνίας στην οποία ζούσαν. Όταν κάποιος γινόταν χριστιανός τοποθετούσε αυτόματα τον εαυτό του έξω από την κοινωνική ζωή του χώρου όπου ζούσε, αλλά και έχανε την τιμή που ενδεχομένως είχε στα μάτια των άλλων, γεγονός που γίνεται περισσότερο αντιληπτό στις περιπτώσεις διωγμού. Όλα αυτά λαμβάνουν χώρο δημόσια «*ὀνειδισμοῖς τε καὶ θλίψεσιν θεατριζόμενοι*». Η μετοχή *θεατριζόμενοι* δηλώνει το στιγματισμό και την ατίμωση των χριστιανών μπροστά στους άλλους. Ίσως ήταν μια ενέργεια που αποσκοπούσε στο να επαναφέρει όλους αυτούς τους αποστάτες στις κοινωνικές συνθήκες που ζούσαν πιο μπροστά[613]. Όλα αυτά που έγιναν στο παρελθόν εις βάρος των χριστιανών, η φυλάκιση, οι ονειδισμοί και η αρπαγή των υπαρχόντων τους, τους τοποθετούν ως πρόσωπα στο περιθώριο. Η απώλεια της περιουσίας σήμαινε και απώλεια της κοινωνικής θέσης και φυσικά της τιμής. Η ζωή τους μετά από όλα αυτά θα ήταν σαφώς πιο δύσκολη.

Ο συγγραφέας της προς Εβραίους τοποθετεί το παράδειγμα του Χριστού ως το χαρακτηριστικότερο και δυσκολότερο παράδειγμα πίστης, ο οποίος «*ἀντὶ τῆς προκειμένης αὐτῷ χαρᾶς ὑπέμεινεν σταυρὸν αἰσχύνης καταφρονήσας*». Η

---

[612] D.A. DeSilva, *Despising Shame*, 148.
[613] D. A. DeSilva, *Despising Shame*, 157. Πρβλ. και του ίδιου, *Perseverance in Gratitude*, 425-438.

ταπείνωση του Χριστού ξεκινά με την ενανθρώπιση. Ο σταυρός βέβαια, αποτελεί το αποκορύφωμα επειδή εκτός των άλλων ήταν και ένας ατιμωτικός τρόπος θανάτωσης που δεν έδινε καμιά ευκαιρία στο θύμα να ανακτήσει την τιμή του[614]. Επιπλέον, μετά το θάνατο το σώμα του νεκρού αφηνόταν εκτεθειμένο για κάποιες ημέρες. Εδώ όπως και σε όλες τις προηγούμενες περιπτώσεις, τόσο η υπομονή, όσο και η αντοχή στα πάθη λειτουργούν αντιστροφικά. Αποτελούν υπέρτατο αγαθό τιμής. Ενώ κάποιος ατιμάζεται στα μάτια των άλλων, στη πραγματικότητα τιμάται. Για τους μεν εθνικούς αποτελεί παράδειγμα προς αποφυγή, ενώ για δε τους χριστιανούς πρότυπο μίμησης[615]. Αφού ο σταυρός αποτελεί το κεντρικό σημείο της θεολογίας της προς Εβραίους, οι έννοιες της τιμής και της αισχύνης δεν θα μπορούσαν να νοηθούν απομονωμένες από το γεγονός αυτό. Ένα άλλο πόρισμα από τις μελέτες των κοινωνιολόγων στους λαούς της Μεσογείου είναι ότι η αίσθηση της αισχύνης ή της τιμής του ανθρώπου δεν καθορίζεται σε σχέση με όλους αυτούς που τον παρακολουθούν παρά μόνο με αυτούς που τον ενδιαφέρουν[616].

Στο σταυρό όμως, τελειώνει η ταπείνωση του Χριστού και αρχίζει η υπερύψωση, που ολοκληρώνεται με την ενθρόνιση στα δεξιά του Πατέρα. Το 11° κεφάλαιο της επιστολής δεν θα μπορούσε να ξεφύγει της προσοχής, ούτε από την κοινωνικο-ρητορική ανάλυση. Όλοι αυτοί οι ήρωες της πίστης προβάλλονται ως λαμπρά παραδείγματα μίμησης για τους πιστούς. Εδώ εφαρμόστηκε η προσέγγιση μέσω του κοινωνιολογικού μοντέλου πάτρωνα πελάτη. Ο Θεός θεωρείται ο πάτρωνας όλων αυτών των προγόνων του Ισραήλ. Ο καταλυτικός παράγοντας σε αυτή τη σχέση

---

[614] Αναγνωριζόταν ως ο ατιμωτικότερος τρόπος θανάτωσης. Βλ. D. A. DeSilva, *Despising Shame*, 167.

[615] D. A. DeSilva, *Bearing Christ's Reproach*, 105-114. Βλ. και τη μελέτη του P. Golding, *Why Does Being a Christian Have to Be So Hard: Studies in Hebrews 12:1-13*, Darlington, Evangelical Press, 2004.

[616] Τα πρόσωπα που ενδιαφέρουν άμεσα κάποιον είναι η οικογένεια, οι φίλοι και οι συνεργάτες. Πρβλ. και D. A. DeSilva, *Bearing Christ's Reproach*, 170.

Ο συνδυασμός κοινωνιολογικής και ρητορικής ανάλυσης

που όχι μόνο την ορίζει, αλλά και τη διατηρεί, είναι η πίστη. Ο DeSilva εξετάζει όλα αυτά τα παραδείγματα της ανθρώπινης πίστης υπό το πρίσμα του στίχου Εβρ. 12:2. Πρώτος ο Αβραάμ, του οποίου η πίστη επαινείται, ήταν πάροικος, που σημαίνει ότι υπέστη απώλεια γης και άρα απώλεια τιμής. Άφησε την χώρα του και έγινε ένας περιπλανώμενος. Ο Αβραάμ και οι πατριάρχες *αἰσχύνης καταφρονήσαντες* με το ότι άφησαν το θέλημα του Θεού να καθορίσει τι είναι τιμή και τι ατίμωση[617]. Ακολουθεί ο Μωυσής[618]. Το σημαντικότερο για τον συγγραφέα της επιστολής είναι η αποκήρυξη, από πλευράς Μωυσή, μιας τιμητικής κοινωνικής θέσης στα μάτια του κόσμου και η επιλογή της κοινωνικής τάξης του δούλου. Ο Μωυσής *αἰσχύνης καταφρονήσας* με αυτήν ακριβώς τη στάση του, που είναι ανάλογη του Χριστού. Και οι δύο άφησαν το θρόνο της δόξας και πήραν τη θέση του δούλου.

Οι μάρτυρες υπέστησαν πολλά παθήματα και εμπαιγμούς. Καταστάσεις που δηλώνουν από τη μία, την απώλεια της τιμής και από την άλλη, την ταπείνωση μπροστά σε όλους. Αυτόματα περιθωριοποιούνται. Χάνουν όλα τα υπάρχοντα τους αλλά καταρρίπτουν τα δεδομένα μιας κοινωνίας στην οποία δεν μπορούν να ζήσουν. Έτσι *αἰσχύνης καταφρονήσαντες* με το ότι διατήρησαν την ακεραιότητα τους και παρέμειναν πιστοί σε αυτά που ο Θεός τους υποσχέθηκε[619].

Έπειτα ακολουθεί το παράδειγμα της κοινότητας στην

---

[617] D. A. DeSilva, *Bearing Christ's Reproach,* 190. Πρβλ. F. R. Howe, «The Challenge for Spiritual Vision. An Exegesis of Hebrews 12:1-3», *JGES* 13 (2000) 25-35 και N. H. Young, «"Bearing His Reproach": Hebrews-Xiii,9-14 (Social Marginalization and Communal Separation as Christological Direction in the 'Epistle to the Hebrews')», *NTS* 48 (2002) 243-261.

[618] Βλ. C. J. Barber, «Moses: A Study of Hebrews 11:23-29a», *GTJ* 14 (1973) 14-28 και C. L. Westfall, «Moses and Hebrews 3.1-6: Approach or Avoidance?», στο S. E. Porter-B. W. R. Pearson (εκδ.), *Christian-Jewish Relations through the Centuries,* JSNTSup 192, Sheffield, Sheffield Academic Press 2000, 175-201.

[619] D. A. DeSilva, *Despising Shame,* 201. Βλ. και την πρόσφατη εργασία του K. Backhaus, «The Promised Land and the Land of Promise: A Sanctuary for the Faithful in the 'Letter to the Hebrews' - A Theocentric Transformation and Christological Interpretation of Israel as Fatherland», *NTS* 47 (2001) 171-188.

οποία η προς Εβραίους απευθύνεται (10:32). Το αποτέλεσμα της αντοχής και υπομονής των παθημάτων, όπως σε όλες τις προηγούμενες περιπτώσεις, θα είναι η ανταλλαγή της αισχύνης του κόσμου με την αιώνια δόξα και τιμή μπροστά στο Θεό. Το πρόβλημα που ο συγγραφέας της επιστολής έχει να αντιμετωπίσει είναι το ορατό ενδεχόμενο οι παραλήπτες να ατιμάσουν το όνομα του Θεού με τη στάση τους. Σύμφωνα με το κείμενο, στα μάτια του υπάρχουν δυο πιθανότητες. Από τη μία, να τιμήσουν το όνομα του Θεού με την υπακοή τους στο θέλημα του, αλλά να ατιμαστούν σχετικά με τον κοινωνικό τους περίγυρο και από την άλλη, να αποκαταστήσουν την τιμή τους στην κοινωνία υπό τον κίνδυνο να ατιμάσουν το όνομα του αρχηγού και λυτρωτή τους και να προκαλέσουν την οργή του[620]. Με τη συγκεκριμένη προσέγγιση δείχνεται ότι σκοπός λοιπόν του συγγραφέα είναι να προτρέψει τους παραλήπτες να καταφρονήσουν την αισχύνη με το να υπομένουν όλες τις δυσκολίες και να παραμείνουν πιστοί στο θέλημα του Θεού.

Ένα άλλο σημαντικό στοιχείο που αναδύεται με τη χρήση της κοινωνικο-ρητορικής μεθόδου, σχετικά με την περιγραφή του Χριστού, δεν είναι μόνο οι αξίες της τιμής και της αισχύνης, αλλά και η σχέση προστασίας μεταξύ του Χριστού που είναι ο πάτρωνας και της παραλήπτριας κοινότητας που φυσικά βρίσκεται υπό την προστασία του (*ἐπιλαμβάνεται, βοηθῆσαι, μισθαποδότης*). Το κοινωνιολογικό μοντέλο πάτρωνας πελάτης έχει χρησιμοποιηθεί αρκετά στις μελέτες και αναλύσεις της Κ.Δ., οι οποίες χρησιμοποιούν τις κοινωνικές επιστήμες. Στην προς Εβραίους συγκεκριμένα, ο σκοπός είναι να δειχθεί η ανώτερη τιμή του Ιησού που ως Υιός του Θεού και αρχιερέας αξιώνει τη μεγαλύτερη τιμή από τους πιστούς του. Η ρητορική δεινότητα του συγγραφέα της επιστολής κορυφώνεται στην προσπάθειά του να διατηρήσει στη μνήμη των χριστιανών, στους οποίους απευθύνεται, το γεγονός ότι ο Χριστός είναι ο ευεργέτης τους και

---

[620] D. A. DeSilva, *Despising Shame*, 209. Κατά τον Spicq δεν θα μπορούσε να γίνει καλύτερη παρουσίαση στο κείμενο της επιστολής αυτής της σύνδεσης μεταξύ της ύβρης και της χάρης. Πρβλ. C. Spicq, *L' Épître aux Hébreux*, τ. 2, Paris 1952, 325.

αυτή ακριβώς η σχέση που έχουν μαζί τους συνεχίζεται έστω και αν τώρα βρίσκεται στον ουρανό, ενθρονισμένος στα δεξιά του Πατέρα, στην πλέον τιμητική θέση. Για την τιμητική αυτή θέση επιστρατεύονται κάποιοι ειδικοί όροι και εικόνες που δηλώνουν δόξα (*δόξη καὶ τιμῇ ἐστεφάνωσας αὐτόν, πάντα ὑπέταξας ὑποκάτω τῶν ποδῶν αὐτοῦ*). Με τον τίτλο του αρχιερέα τοποθετεί τον Ιησού στην τιμητικότερη θέση στο ουράνιο θυσιαστήριο[621]. Παράλληλα ο Χριστός λειτουργεί ως ευεργέτης και μεσίτης. Επειδή το μέγεθος της προσφοράς του στους προστατευομένους του είναι τόσο μεγάλης σημασίας, αξιώνει και την ανάλογη τιμή από αυτούς. Ο DeSilva δίνει μεγάλη προσοχή στο κοινωνικό ρόλο του πάτρωνα, του μεσίτη, του πελάτη και στη σχέση που αναπτύσσονταν μεταξύ του ευεργέτη και του ευεργετούμενου. Στην ελληνορωμαϊκή κοινωνία ήταν πολύ έντονα τέτοια χαρακτηριστικά[622]. Μια τέτοια σχέση κατηύθυνε τον τρόπο ζωής και συναλλαγής την εποχή που μας ενδιαφέρει[623]. Σε αυτή τη σχέση κεντρικής σημασίας είναι ο ρόλος του μεσίτη, ο οποίος βρίσκεται ανάμεσα στον πάτρωνα και τον πελάτη και ενεργεί για λογαριασμό και των δυο[624]. Χαρακτηριστικό παράδειγμα στην Κ.Δ. αποτελεί η επιστολή προς Φιλήμονα, στην οποία ο Παύλος λειτουργεί ως μεσίτης ζητώντας από τον Φιλήμονα να συγχωρέσει τον Ονήσιμο.

Οι πιστοί βέβαια, από την άλλη, θα έχουν κάποιες ωφέλειες

---

[621] Βλ. D. A. DeSilva, *Perseverance in Gratitude*, 122-124.

[622] Χαρακτηριστικό παράδειγμα κατά τον Elliott αποτελεί το ενδιαφέρον του εκατόνταρχου για τον άρρωστο δούλο του (Λκ. 7:2-5). Βλ. J. K. Elliott, «Patronage and Clientism in Early Christian Society. A Short Reading Guide», *Forum* 3 (1987) 40. Για πολλούς ερευνητές το συγκεκριμένο κοινωνικό φαινόμενο ήταν κυρίαρχο στον αρχαίο κόσμο και αναφερόταν στην ανταλλαγή των αγαθών και των υπηρεσιών ανάμεσα σε κάποιους ανώτερους προστάτες και πολλούς, κατώτερους κοινωνικά, πελάτες. Το κοινωνικό αυτό φαινόμενο διαμόρφωνε τη δημόσια και ιδιωτική ζωή.

[623] D. A. DeSilva, *Perseverance in Gratitude*, 226.

[624] Ο μεσίτης στην πραγματικότητα δεν είναι ένα τρίτο πρόσωπο *sui generis*, αλλά ένας πελάτης του πάτρωνα και πάτρωνας των πελατών. Βλ. D. A. DeSilva, «Exchanging Favor for Wrath: Apostasy in Hebrews and Patron-Client Relationships», *JBL* 115 (1996) 93.

εξαιτίας της σταθερής τους πίστης στο Θεό⁶²⁵. Πρώτα δίνεται η υπόσχεση ότι θα λάβουν και αυτοί μια περίοπτη θέση («*πολλοὺς υἱοὺς εἰς δόξαν ἀγαγόντα*», 2:10). Εδώ έχουμε το φαινόμενο της κοινωνίας, η οποία αποτελεί κοινό τόπο σε όλους αυτούς τους λαούς και τις ιδέες που έχουν για τη φιλία. Με τη μεσιτεία του Χριστού οι πιστοί θα απολαμβάνουν όλα τα αγαθά του Θεού. Το πρόβλημα που ο συγγραφέας της επιστολής βλέπει είναι ότι κάποια μέλη της χριστιανικής κοινότητας κινδυνεύουν να ατιμάσουν το όνομα του αρχηγού τους. Για το λόγο αυτό καταφεύγει στο παράδειγμα της γενιάς της Εξόδου που απέτυχε⁶²⁶ (Εβρ. 3:7-4:13) ή την περίπτωση του Ησαύ (Εβρ. 12:16-17), γεγονότα τα οποία και θεωρούνται υπό το πρίσμα του μοντέλου πάτρωνα πελάτη⁶²⁷. Το αποτέλεσμα ήταν να εισπράξουν την οργή του Θεού. Ατίμωση του ονόματος του Θεού σημαίνει αυτόματα και μετατροπή της χάρης που λαμβάνει κάποιος σε οργή, η οποία οδηγεί στην απώλεια.

Το μοτίβο της απόστασης υπό την έννοια της απομάκρυνσης κάποιου μέλους της κοινότητας από τις αρχές και τα βασικά της πιστεύω προσεγγίζεται με το ίδιο μοντέλο και θεωρείται κάτω από αυτή τη σχέση πάτρωνα πελατών⁶²⁸. Ο συγγραφέας παρουσιάζει τον αποστάτη ως «*ὁ τὸν υἱὸν τοῦ θεοῦ καταπατήσας καὶ τὸ αἷμα τῆς διαθήκης κοινὸν ἡγησάμενος, ἐν ᾧ ἡγιάσθη, καὶ τὸ πνεῦμα τῆς χάριτος ἐνυβρίσας*» (10:29). Ο Θεός είναι ο τελικός κριτής και με την κοινωνιολογική ανάλυση διακρίνονται

---

⁶²⁵ Για τη θεώρηση της πίστης ως πατρωνία ή φιλία βλ. D. A. DeSilva, *Perseverance in Gratitude*, 382-383 και υποσ. 13.

⁶²⁶ Για το θέμα της νέας εξόδου στην προς Εβραίους, βλ. Ι. Μούρτζιου, «"Ὕδωρ εκ πέτρας". Η Παράδοση της Εξόδου στις Επιστολές του Αποστόλου Παύλου», στο *Ερμηνευτικές Μελέτες στην Παλαιά και την Καινή Διαθήκη*, Θεσσαλονίκη 2000, 280-285.

⁶²⁷ Βλ. D. A. DeSilva, *Despising Shame*, 250.

⁶²⁸ D. A. DeSilva, *Despising Shame*, 263. Πρβλ. και του ίδιου, *Bearing Christ's Reproach*, 52-554, όπου και η ιδέα της αμαρτίας θεωρείται κάτω από αυτή την προοπτική. Αμαρτία στην προς Εβραίους, σύμφωνα με την προσέγγιση του DeSilva, είναι η αποκήρυξη της κοινωνίας με το λαό του Θεού για χάρη της επιστροφής στην ειρήνη του εθνικού κόσμου.

Ο συνδυασμός κοινωνιολογικής και ρητορικής ανάλυσης

οι κρίσεις δυο διαφορετικών κριτών. Αρχικά της κοινωνίας και έπειτα του Θεού. Μέσα όμως, στην κοινωνική κρίση ενυπάρχει και μια διαφορετική κρίση που γίνεται από την χριστιανική κοινότητα, η οποία αποτελεί έναν μειονοτικό πληθυσμό «*οὐ γὰρ ἄδικος ὁ θεὸς ἐπιλαθέσθαι τοῦ ἔργου ὑμῶν καὶ τῆς ἀγάπης*» (6:10). Το συμπέρασμα είναι ότι το ζήτημα της τιμής και της αισχύνης είναι τώρα ζήτημα σχέσης Χριστού και πιστών. Ο αγιασμός, ο εξαγνισμός και η συγχώρεση των αμαρτιών των χριστιανών είναι θέματα τιμής, τα οποία αναλύονται τόσο όμορφα στη συνάφεια 7:11-10:18. Η ομολογία του Χριστού αποτελεί δωρεά τιμής για τον πιστό[629]. Ο συγγραφέας της προς Εβραίους, κατά τον DeSilva, ερμηνεύει την απώλεια των υπαρχόντων των πιστών και της ατίμωσης τους, δηλαδή της απώλειας της προγενέστερης κοινωνικής τους θέσης ως στίγμα υιοθεσίας τους στην οικογένεια του Θεού. Αυτή η μεταμόρφωση της ατίμωσης, δηλαδή των παθημάτων που κάποιος υφίσταται, σε δόξα ήταν γνωστή στους Ιουδαίους. Ο δεύτερος τρόπος με τον οποίο ο συγγραφέας επανερμηνεύει την προηγούμενη εμπειρία των παραληπτών είναι η εικόνα του αγώνα, πολύ γνωστή από τα βιβλία των Μακκαβαίων (Εβρ. 10:33-34). Ο τρίτος και τελευταίος τρόπος είναι μέσω της χρήσης των προσώπων του Χριστού, του Αβραάμ και του Μωυσή. Οι προσωπικότητες αυτές αποτελούν υπόδειγμα μέσω του οποίου αποδεικνύεται ότι η υπομονή στα πάθη οδηγεί στην τιμή και στην ουράνια πατρίδα.

Η αποτυχία να ζει κάποιος χριστιανός σύμφωνα με το πρότυπο του Χριστού ή σύμφωνα με τη ζωή εκείνων των μελών που τιμούν με τη ζωή τους την χριστιανική κοινότητα, προσφέρει τη βάση της αίσθησης της αισχύνης. Ο δρόμος που οδηγεί στην τιμή, στην πραγματικότητα κατευθύνεται προς δυο αρετές, την ευσέβεια και την ευγνωμοσύνη[630].

Αρχικά είναι πασιφανές ότι με μια μελέτη αυτού του είδους η πρώτη περιοχή που φωτίζεται είναι το κοινωνικό

---

[629] D. A. DeSilva, *Despising Shame*, 294.
[630] D. A. DeSilva, *Despising Shame*, 313. Βλ. και του ίδιου, *Bearing Christ's Reproach*, 44-48.

και το πολιτιστικό παρασκήνιο του κειμένου με σκοπό να κατανοηθεί καλύτερα το μήνυμα της προς Εβραίους από τους σύγχρονους αναγνώστες της[631]. Όπως αναφέρθηκε πιο πάνω, καμιά άλλη ερμηνευτική μέθοδος μέχρι τώρα, εκτός των κοινωνιολογικών, δεν λάμβανε σοβαρά υπόψη τις συγκεκριμένες κοινωνικές συνθήκες της εποχής, αλλά και τα συγκεκριμένα χαρακτηριστικά των ανθρώπων των συγκεκριμένων πολιτισμών.

Αν προσέξουμε λίγο καλύτερα τη μέθοδο ανάλυσης του Desilva θα δούμε ότι μας βοηθάει να καταλάβουμε αυτό που ο Elliott ονομάζει «*τρόπο με τον οποίο το κείμενο, σχεδιασμένο με τη βοήθεια της φιλολογικής, κοινωνιολογικής και θεολογικής στρατηγικής του συγγραφέα του, γίνεται μια ειδική ανταπόκριση σε μια ειδική κατάσταση που βιώνουν οι παραλήπτες έτσι όπως αυτή γίνεται αντιληπτή από τον ίδιο*»[632]. Στην προς Εβραίους ειδικότερα, ο σκοπός του συγγραφέα είναι να αποκαταστήσει την αποσύνδεση των παραληπτών χριστιανών από την πίεση της κοινωνίας που τους περιβάλλει, γι' αυτό και χρησιμοποιεί το παράδειγμα του Ιησού και των ηρώων της πίστης. Επιθυμεί να τους αποδείξει ότι, παρά το γεγονός ότι αυτοί θεωρούνται περιθωριοποιημένοι για τον εθνικό κόσμο, αποτελούν το λαό του Θεού. Τους τονίζει ότι μια στάση δειλίας ή αποστροφής μετατρέπει τον Θεό από ευεργέτη σε τιμωρό. Βέβαια, και ο ίδιος ο DeSilva ομολογεί ότι μια κοινωνιολογική ανάλυση, ειδικά στην προς Εβραίους, λόγω της άγνωστης ταυτότητας του συγγραφέα, των αναγνωστών, του τόπου και του χρόνου συγγραφής είναι οπωσδήποτε περιορισμένη[633].

Η μέθοδος αυτή προσφέρει το απαραίτητο υπόβαθρο για μια ανάλυση της κοινωνικής λειτουργίας της χρήσης της γλώσσας της τιμής και της αισχύνης μέσα σε μια ομιλία. Συγκεκριμένα στην προς Εβραίους έδειξε ότι η τιμή και η

---

[631] D. A. DeSilva, «Exchanging Favor for Wrath: Apostasy in Hebrews and Patron-Client Relationships», *JBL* 115 (1996) 91.
[632] J. H. Elliott, *A Home for the Homeless: A Sociological Criticism of I Peter. Its Situation and Strategy*, Minneapolis, Augsburg-Fortress 1990, 8.
[633] D. A. DeSilva, *Despising Shame*, 316.

Η φεμινιστική προσέγγιση

αισχύνη παίζουν σημαντικό ρόλο στην επιχειρηματολογία του συγγραφέα και φυσικά στα αυτιά των ακροατών. Έτσι εξηγείται η υπόσχεση μιας μεγαλύτερης τιμής που τους περιμένει. Επιπλέον, φωτίζεται η έννοια της απόστασης έτσι όπως το συγκεκριμένο φαινόμενο παρατηρείται στην επιστολή[634]. Το φαινόμενο της απόστασης παρουσιάζεται υπό μια άλλη οπτική γωνία. Αποτελεί ενέργεια, η οποία ατιμάζει τον ευεργέτη και πάτρωνα Θεό και αυτόματα απομακρύνει την τιμή του ίδιου του αποστάτη δίνοντας τη θέση της στην αισχύνη. Επιπλέον, η έρευνα αυτού του είδους τοποθετεί την προς Εβραίους μέσα σε έναν πολιτισμό στο σταυροδρόμι μεταξύ από τη μία, της τιμής και της αισχύνης και από την άλλη, της σχέσης πάτρωνα πελατών. Φανερώνεται ακόμη μια υποπολιτιστική σχέση με τον ιουδαϊκό πολιτισμό. Ο συγγραφέας χρησιμοποιεί την ιουδαϊκή παράδοση και τις Γραφές και τις τοποθετεί στο πλαίσιο του πολιτισμού, στον οποίο απευθύνεται. Αυτή η υποπολιτιστική σχέση φαίνεται και από το συγκριτικό «κρείττων» (Εβρ. 7:19, 7:22, 8:6, 9:23). Η σχέση της χριστιανικής κοινότητας με την ελληνορωμαϊκή κοινωνία, έτσι όπως ο συγγραφέας της προς Εβραίους θέλει να τη διαμορφώσει, παρουσιάζεται ως αντικοινωνική[635]. Οι βασικές αξίες όμως, του αρχαίου κόσμου γίνονται τώρα επιδιωκόμενες χριστιανικές αρετές που υποδηλώνουν την υπακοή στο θέλημα του Χριστού. Αυτό το δίκτυο των σχέσεων της τιμής και της αισχύνης, του πάτρωνα και των πελατών, εξυπηρετεί την προστασία της ακεραιότητας και την επιβίωση της χριστιανικής κοινότητας.

5. Η φεμινιστική προσέγγιση

Ήδη από τις αρχές της δεκαετίας του 1980 η φεμινιστική ερμηνευτική καθιερώθηκε στον χώρο της ακαδημαϊκής

---

[634] Πρβλ. D. A. DeSilva, «Hebrews 6:4-8: A Socio-Rhetorical Investigation (Part 2)», *TynB* 50 (1999) 229.
[635] D. A. DeSilva, *Despising Shame*, 319.

Η προς Εβραίους και οι διεπιστημονικές προσεγγίσεις

θεολογίας σε Ευρώπη και Αμερική και είναι απόρροια της φεμινιστικής θεολογίας[636]. Το γεγονός αυτό δεν είναι άσχετο με όσα πέτυχαν οι γυναίκες τα τελευταία χρόνια γενικότερα στην κοινωνική ζωή και στην επιστήμη. Πρόκειται για μια θεολογία που είναι γραμμένη από γυναίκες. Σκοπός της φεμινιστικής ερμηνευτικής είναι να αναδείξει το ρόλο και τη δράση των γυναικών στον αρχέγονο χριστιανισμό, διότι εξαιτίας της ανδροκρατούμενης κοινωνίας της εποχής αυτός ο ρόλος έχει αποσιωπηθεί εσκεμμένα από τους άνδρες[637]. Στον ορθόδοξο χώρο παρουσιάστηκαν διάφορες μελέτες, οι οποίες υιοθετούν τη φεμινιστική ανάλυση των κειμένων[638].

---

[636] Για την ιστορία της φεμινιστικής θεολογίας βλ. R. Gibellini, *Η Θεολογία του Εικοστού Αιώνα*, (μτφρ. Π. Υφαντή), Αθήνα 2004, 515-553. Για τη φεμινιστική ερμηνευτική βλ. ενδεικτικά τους συλλογικούς τόμους: *Feminist Interpretation of the Bible and the Hermeneutics of Liberation*, έκδ. S. Von Schroer-S. Bietenhard, JSOTSup 374, 2003. *Her Master's Tools? Feminist and Postcolonial Engagements of Historical-critical Discourse*, έκδ. C. Vander Stichele-T. Penner, GPBS 9, Atlanta, SBL, 2005. *Feminist Approaches to the Bible, Symposium at the Smithsonian Institution September 24, 1994*, έκδ. H. Shanks, BAS *Feminist Approaches to the Bible*, 2004, ψηφιακή έκδοση *Biblical Archaeology Review: The Archive CD-ROM (1975-2003)*, LDLS 3.0d, 2000-2006.

[637] Για τις τάσεις και τα ρεύματα της φεμινιστικής θεολογίας βλ. Ε. Κασσελούρη-Χατζηβασιλειάδη, *Φεμινιστική Ερμηνευτική*, 48-66. Ε. Αδαμτζίλογλου, *Ἦσαν δὲ ἐκεῖ γυναῖκες πολλαί. Βιβλικές και Θεολογικές Μελέτες για τη Γυναίκα. Παρεμβάσεις στη Σύγχρονη Φεμινιστική Θεολογία*, ΕΚΟ 13, Θεσσαλονίκη 1997, 110-112. Χ. Ατματζίδη, «Η Φεμινιστική Ερμηνεία της προς Εφεσίους Επιστολής», στα *Πρακτικά Διεθνούς Επιστημονικού Συνεδρίου*, «Η Γυναίκα κατά τον Απόστολο Παύλο», Βέροια 2003, 105.

[638] Ε. Αδαμτζίλογλου, *Η Γυναίκα στη Θεολογία του Αποστόλου Παύλου. Ερμηνευτική Ανάλυση του Α΄ Κορ. 11,2-16*, (Διδακτ. Διατρ.), Θεσσαλονίκη 1989· της ίδιας, «*οὐκ ἔνι ἄρσεν καὶ θῆλυ...*». *Τα Βασιλικά Χαρίσματα των δύο Φύλων (Γαλ. 3,28γ, Γεν. 1,26-27)*, ΒΒ 12, Θεσσαλονίκη 1998· Ε. Κασσελούρη-Χατζηβασιλειάδη, «Η Ερμηνευτική της Υποψίας και η Συμβολή της στη Μελέτη του Ρόλου των Γυναικών στις Θεσσαλονικείς Επιστολές», στις *Εισηγήσεις Θ΄ Συνάξεως Ορθοδόξων Βιβλικών Θεολόγων*, Θεσσαλονίκη 2000, 209-223· Α. Τσαλαμπούνη, «"Ἀνὴρ-Γυνὴ": Φεμινιστικές Προσεγγίσεις και Παύλειος Λόγος», στα *Πρακτικά Διεθνούς Επιστημονικού Συνεδρίου*, «Ο Ἄνθρωπος κατά τον Απόστολο Παύλο», Βέροια 2002, 249-259· Μ.

Η φεμινιστική προσέγγιση

Μεγάλη σημασία για τη φεμινιστική ερμηνευτική έχει η γλώσσα των κειμένων, η οποία χρησιμοποιεί αναφορές στο Θεό και παραστάσεις του με προσδιορισμούς αρσενικού γένους. Η συγκεκριμένη μέθοδος προσέγγισης των βιβλικών κειμένων δεν περιορίζεται μόνο στο θέμα της γλώσσας αλλά προχωρά στην κατανόηση καταστάσεων, όπως ο ανδροκεντρισμός, η πατριαρχία, οι μορφές εξουσίας, η πολιτική και η ηθική, η δράση των γυναικών, η σεξουαλικότητα, η οικογένεια κ.α[639].

Η προς Εβραίους ειδικότερα δεν ήταν από τα πρώτα βιβλία που προξένησαν το ενδιαφέρον της φεμινιστικής προσέγγισης. Μόλις πρόσφατα εμφανίστηκαν δύο μελέτες από δύο γυναίκες θεολόγους που ασχολούνται χρόνια με την προς Εβραίους, οι οποίες περιέχονται σε ένα τόμο που περιέχει μελέτες, οι οποίες προσεγγίζουν τις καθολικές επιστολές και την προς Εβραίους με τη φεμινιστική ανάλυση[640] Εδώ θα πρέπει να αναφερθεί ότι μία πρώτη προσπάθεια ερμηνευτικής προσέγγισης αυτού του είδους μπορεί κανείς να διαπιστώσει στη μελέτη της D'Angelo, η οποία απευθυνόταν σε φεμινίστριες αναγνώστριες[641].

Η Eisenbaum[642] προσεγγίζει τη χριστολογία της επιστολής μέσω της χρήσης της θυσιαστικής ορολογίας με σκοπό να καταδειχθεί η σχέση Πατέρα και Υιού. Η συγγραφέας μετά από μια σύντομη επισκόπηση της θυσιαστικής ορολογίας στον ιουδαϊκό και ελληνορωμαϊκό κόσμο αποκαλύπτει διάφορα στάδια των ανδροκεντρικών προϋποθέσεων στο κείμενο. Για παράδειγμα ο τρόπος με τον οποίο βεβαιώνεται η δαβιδική

Μαστορογιάννη, *Φεμινιστικές Ερμηνείες στο κατά Λουκάν Ευαγγέλιο*, (μετ. εργ.) Θεσσαλονίκη 2001.
[639] Βλ. αναλυτικά Ε. Κασσελούρη-Χατζηβασιλειάδη, *Φεμινιστική Ερμηνευτική*, 46-47.
[640] Βλ. A.-J. Levine, *A Feminist Companion to the Catholic Epistles and Hebrews*, FCNTECW 8, London, T & T Clark, 2005.
[641] M. D'Angelo, «Hebrews», στο C. A. Newsom-S. H. Ringe (έκδ.), *Women's Bible Commentary*, Louisville, Westminster, John Knox Press, 1998, 455-459.
[642] Βλ. P. Eisenbaum, «Father and Son: The Christology of Hebrews in Patrilineal Perspective», στο A.-J. Levine (έκδ.), *A Feminist Companion to the Catholic Epistles and Hebrews*, 127-146.

καταγωγή του Ιησού και η ιεροσύνη του κατά τη μελχισεδεκική τάξη. Ο ρόλος του Ιησού, ο οποίος ενεργεί ως Υιός, ιερέας και τέλεια θυσία, προκαλεί αίσθηση εντός του παραπάνω ανδροκεντρικού θεωρητικού πλαισίου. Δεν υπάρχει καμία αναφορά στη μητέρα του και ο συγγραφέας της επιστολής δεν αισθάνεται την ανάγκη να εξηγήσει γιατί. Το ιερατικό λειτούργημα είναι ανδρική υπόθεση και απαιτείται μία γνωστή πατρογονική καταγωγή. Το γεγονός αυτό εξασφαλίζει την κανονικότητα των θυσιαστικών προσφορών και διατηρεί τη σχέση μεταξύ Πατέρα και Υιού, τη συνέχιση της διαθήκης μεταξύ αυτών και της κοινότητας, αλλά από την άλλη, αδιαφορεί για τη συνεισφορά των γυναικών. Χωρίς αυτή την πατρογονική καταγωγή κατά την Eisenbaum ο συγγραφέας της προς Εβραίους δεν θα μπορούσε να διαμορφώσει τη συγκεκριμένη χριστολογική διδασκαλία[643].

Εύστοχα η Eisenbaum παρατηρεί ότι στην προς Εβραίους αναφέρονται τα ονόματα μόνο δύο γυναικών, της Σάρας και της Ραάβ, διότι εξαίρεται η πίστη τους στο κεφάλαιο 11. Η μελέτη της επικεντρώνεται στους παράγοντες φύλο και γενεαλογία. Το σχήμα μητέρα-κόρη είναι σπανιότατο στη Βίβλο. Αντίθετα η σχέση πατέρα και γιου όχι μόνο απαντάται συχνά αλλά και συνδέεται με ένα ευρύ φάσμα του δημόσιου βίου των ανθρώπων. Μέσω της τελετουργίας ένα αγόρι γινόταν πλήρες μέλος μιας οικογένειας και μιας γενεαλογικής γραμμής και όχι μόνο με τη γέννησή του, αφού τότε μόνο αναγνωριζόταν δημόσια ως κανονικό μέλος. Εξάλλου κατά την Eisenbaum οι ελληνικές, οι ρωμαϊκές και οι ιουδαϊκές τελετουργίες με τις οποίες εξιλάσκονταν η ακαθαρσία από τη γέννηση ενός παιδιού είναι σχεδόν ταυτόσημες με τις τελετουργίες με τις οποίες ένα παιδί εντάσσονταν στη γενεαλογία του πατέρα του. Στην προς Εβραίους η σχέση του Υιού με τον Πατέρα φανερώνεται ήδη από το πρώτο κεφάλαιο.

Πρόκειται για μία ενδιαφέρουσα προσέγγιση στη διαμόρφωση της χριστολογικής διδασκαλίας της προς

---

[643] P. Eisenbaum, στο ίδιο, 128.

Η φεμινιστική προσέγγιση

Εβραίους με πρωτότυπη μεθοδολογία. Δεν είναι βέβαιο σε τι βαθμό οι υποθέσεις της Eisenbaum μπορούν να ισχύουν ή είναι φανταστικές ως προς τη σκέψη του συγγραφέα. Για παράδειγμα είναι πιθανό η όλη της επιχειρηματολογία να μην αποτελεί συνειδητή επιλογή του συγγραφέα της επιστολής. Αυτός ζει σε μια κοινωνία με ορισμένα δεδομένα τα οποία ακολουθεί. Από την άλλη, η υιότητα και η ιεροσύνη του Χριστού διαδραματίζουν μεγάλο ρόλο στο σύνολο του κειμένου. Η φεμινιστική ανάλυση προσφέρει νέα στοιχεία στις παλαιότερες κλασικές προσεγγίσεις μέσω των χωρίων της Π.Δ. ή μέσω του θυσιαστικού συστήματος και κυρίως καταλήγει στη σπουδαιότητα που έχει για την επιχειρηματολογία του κεντρικότερου σημείου της επιστολής η τελειότητα της τελετουργικής διαδικασίας.

Η δεύτερη εργασία που υιοθετεί τη φεμινιστική ανάλυση ασχολείται με το ζήτημα της συγγραφής της επιστολής. Η Hoppin[644] δέχεται ότι η Πρίσκιλλα, η σύζυγος του Ακύλα και συνεργάτιδα του Παύλου, είναι η συγγραφέας της προς Εβραίους. Τη θέση αυτή είχε και νωρίτερα υποστηρίξει η Hoppin χωρίς να καταφεύγει στη φεμινιστική προσέγγιση[645]. Τώρα με τη συνδρομή της επιχειρείται να δοθεί μία απάντηση στο ερώτημα της ανωνυμίας του συγγραφέα της επιστολής αλλά και στην κοινωνική ιστορία των γυναικών των πρώτων χριστιανικών αιώνων. Η Hoppin προσπαθεί να ξεπεράσει το επιχείρημα ότι ο συγγραφέας είναι άνδρας, όπως φανερώνει η μετοχή «*διηγούμενον*» στο 11:32 με δύο προτάσεις. Σύμφωνα με την Hoppin η υποτιθέμενη συγγραφέας της επιστολής δεν μιλά αποκλειστικά για τον εαυτό της στο 11:32 αλλά και για όσους πράττουν το ίδιο. Σύμφωνα με τη δεύτερη πρόταση η μετοχή είναι ουδετέρου γένους και αργότερα κάποιος αντιγραφέας

---

[644] Βλ. R. Hoppin, «The Epistle to the Hebrews Is Priscilla's Letter», στο A.-J. Levine (εκδ.), *A Feminist Companion to the Catholic Epistles and Hebrews*, 147-170.

[645] R. Hoppin, *Priscilla, Author of the Epistle to the Hebrews and Other Essays*, New York, Exposition Press, 1969. Βλ. και την αναθεωρημένη έκδοση της ίδιας, *Priscilla's Letter: Finding the Author of the Epistle to the Hebrews*, Fort Bragg, Lost Coast Press, 2000.

άλλαξε το κείμενο που προφανώς περιείχε κάποια απόδειξη ότι πρόκειται για γυναίκα συγγραφέα για να εξαφανιστεί η αναφορά αυτή⁶⁴⁶. Σύμφωνα με τη συγκεκριμένη εργασία η ανωνυμία της προς Εβραίους προκαλεί σοβαρά ερωτήματα. Αυτή εξηγείται με την πρόταση της συγγραφής από την Πρίσκιλλα και έτσι αποσιωπήθηκε στην ιστορία του κειμένου με αποτέλεσμα να μη γνωρίζει κανείς από τους εκκλησιαστικούς συγγραφείς των μετέπειτα αιώνων ποιος πραγματικά ήταν ο συγγραφέας. Επιπλέον, η Hoppin βρίσκει στο κείμενο δείγματα γυναικείας ευαισθησίας, όπως η έλλειψη της οικογένειας που βίωσε ο Μωυσής (Εβρ. 11:23) και η διαπίστωση ότι γρήγορα τελειώνουν οι σχέσεις μεταξύ γονέων και παιδιών (12:10). Η γνωστή επιστήμονας υποθέτει ότι στον κατάλογο των ηρώων της πίστης στο Εβρ. 11. πίσω από τα ονόματα των αντρών που αναφέρονται βρίσκονται οι ένδοξες ενέργειες κάποιων γνωστών γυναικών της Π.Δ.

Ο διαφορετικός τόνος του κεφ. 13 κατά την Hoppin δείχνει ότι τα δώδεκα πρώτα κεφάλαια αποτελούσαν το αρχικό κήρυγμα προς μια εκκλησιαστική κοινότητα. Αργότερα κάποιο άλλο πρόσωπο, διαφορετικό από το συγγραφέα, τροποποίησε το αυθεντικό κείμενο και πρόσθεσε το κεφ. 13. Έχουμε δει όμως, ότι ο Κλήμης Ρώμης χρησιμοποιεί γλώσσα που μοιάζει πολύ με εκείνη του Εβρ. 13. Με την ερμηνευτική της υποψίας η Hoppin ισχυρίζεται ότι η σιωπή φωνάζει δυνατότερα από τις λέξεις του κειμένου. Υπάρχει μια γυναικεία φωνή στο κείμενο, η οποία δε διστάζει να παρουσιάσει την πίστη ορισμένων γυναικών ως πρότυπο δίπλα στους άντρες σε εκπληκτικό βαθμό. Ακόμη και η εναλλαγή από το πρώτο σε δεύτερο πληθυντικό πρόσωπο σε ορισμένα χωρία (π.χ. 13:18-19) δικαιολογείται ως αναφορά στο σύζυγο της Πρίσκιλλας, Ακύλα⁶⁴⁷. Επιπλέον, η σύνδεση με τη Ρώμη και κάποιες ομοιότητες με τη παύλεια θεολογία μπορούν να δικαιολογηθούν με τη συγκεκριμένη πρόταση. Ιδιαίτερα ενδιαφέρουσα είναι η διαπίστωση

---

⁶⁴⁶ R. Hoppin, «The Epistle to the Hebrews Is Priscilla's Letter», στο A.-J. Levine (εκδ.), *A Feminist Companion to the Catholic Epistles and Hebrews*, 147-148.
⁶⁴⁷ R. Hoppin, στο ίδιο, 159.

ότι η άγκυρα ως χριστιανικό σύμβολο στις κατακόμβες εμφανίζεται γύρω στις 60 φορές. Στην Κ.Δ. η λέξη απαντά συμβολικά μόνο στο Εβρ. 6:19. Το γεγονός αυτό η Hoppin το συνδέει με την παρουσία του συμβόλου της άγκυρας στο αρχαιότερο τμήμα της κατακόμβης της Πρίκιλλας στη Ρώμη, το οποίο χρονολογείται στο δεύτερο μισό του $1^{ου}$ αι. μ.Χ[648].

Η παραπάνω υπόθεση στηρίζεται στο γεγονός ότι κανένα από τα πρόσωπα που γνωρίζουμε από την Κ.Δ. δεν έχει τις προϋποθέσεις να είναι ο συγγραφέας της προς Εβραίους. Αυτό κάνει την Hoppin να υποθέσει ότι πιθανώς μια γνωστή στις χριστιανικές εκκλησίες γυναίκα με ισχυρό ρόλο θα μπορούσε να συνδέεται με τη σύνταξη της επιστολής και αυτό αποσιωπήθηκε αργότερα από την επικρατούσα ανδροκρατούμενη κατάσταση των χριστιανικών κοινοτήτων. Όπως είναι φανερό μια τέτοια υπόθεση εργασίας δεν μπορεί να πείσει το σύνολο της βιβλικής έρευνας εξαιτίας των άκρως υποθετικών επιχειρημάτων της. Από την άλλη, μέσω της συγκεκριμένης ανάλυσης επιχειρήθηκε μια νέα πρόταση για το συγγραφέα της προς Εβραίους που μέχρι τώρα δεν είχε προταθεί μετά τον Harnack. Τέλος, είναι γεγονός ότι το κείμενο της προς Εβραίους με την έντονη λατρευτική ατμόσφαιρα που το διαπερνά δεν αφήνει πολλά περιθώρια για οποιαδήποτε φεμινιστική προσέγγιση. Σε αυτό μπορεί να προστεθεί και το γεγονός ότι όλα τα ερωτήματα σχετικά με το χρόνο, τον τόπο, το συγγραφέα και τους παραλήπτες παραμένουν αναπάντητα.

6. Η προσέγγιση μέσω της ιστορίας της επιδράσεως του κειμένου

Πρόσφατα ο Eberhart[649] σε μια μελέτη του σχετικά με την ορολογία που χρησιμοποιείται στις θυσιαστικές μεταφορές

---

[648] Βλ. αναλυτικά R. Hoppin, στο ίδιο, 169-170.
[649] C. Eberhart, «Characteristics of Sacrificial Metaphors in Hebrews», στο G. Gelardini (εκδ.), *Hebrews: Contemporary Methods-New Insights*, BIS 75, Leiden, Brill, 2005, 37-64.

στην προς Εβραίους χρησιμοποίησε ως μέθοδο ανάλυσης την ιστορία της επιδράσεως του κειμένου (*Wirkungsgeschichte*). Με τη μέθοδο αυτή οι μελετητές μπορούν να παρακολουθήσουν την πορεία ενός συγκεκριμένου κειμένου στο χρόνο[650]. Πως για παράδειγμα αυτό χρησιμοποιείται σε άλλα κείμενα, πως ερμηνεύεται, πως κατανοούνται οι βασικές του θέσεις σε σχέση με τα δεδομένα της κάθε εποχής και ποια επίδραση ασκεί στους αναγνώστες της κάθε εποχής. Ακόμη πως ενεργοποιείται στη λατρεία της κάθε θρησκευτικής κοινότητας, στην τέχνη, στη μουσική και σε κάθε άλλη πτυχή του πολιτισμού[651].

Η ιστορία της επιδράσεως του κειμένου μας βοηθά να κατανοήσουμε το βαθμό της επίδρασης που ασκεί ένα συγκεκριμένο κείμενο σε μεταγενέστερους συγγραφείς. Για παράδειγμα, ένα βιβλικό κείμενο δεν ασκεί την ίδια επίδραση στα υπομνήματα των πατέρων και σε εκείνα των δυτικών συγγραφέων του μεσαίωνα ή της μεταρρύθμισης. Ούτε επίσης ένα κείμενο (π.χ. Αποκάλυψη) γίνεται κατανοητό με το ίδιο τρόπο σε εποχές δεινών και σε περιόδους ευημερίας. Το υπόμνημα του Luz στο κατά Ματθαίον αποτελεί τη πιο γνωστή σύγχρονη προσπάθεια να προσεγγιστεί το κείμενο του ευαγγελίου μέσω της ιστορίας της επιδράσεως του κειμένου[652]. Η συγκεκριμένη μέθοδος είναι ιδιαίτερα χρήσιμη για την κατανόηση όσων έχουν δημιουργηθεί με αφορμή το κείμενο στη διάρκεια της ιστορίας μιας εκκλησιαστικής παράδοσης.

---

[650] Βλ. πληροφοριακά J. Frey, «The Call to Life. A Theologico-Hermeneutical Investigation of the Eschatology of the Johannine Gospel with a Look at Its History of Influence», *BZ* 42 (1998) 272-275. R. W. Klein, «The 'Servant Song' in Second-Isaiah (Isaiah-Liii) and Its History of Influence», *CBQ* 60 (1998) 796-797. J. Kremer, *Lazarus: Die Geschichte einer Auferstehung: Text, Wirkungsgeschichte und Botschaft von Joh 11, 1-46*, Stuttgart, Katholisches Bibelwerk, 1985. F. Manns, «La Parabole des Talents: Wirkungsgeschichte et Racines Juives», *RevScRel* 65 (1991) 343-362.

[651] Βλ. το πρόσφατο άρθρο του U. Luz, «Κειμενική Ερμηνεία και Εικονογραφία» *ΔΒΜ* 23 (2005) 151-173.

[652] Βλ. περισσότερα για τη μέθοδο U. Luz, *Matthew 1-7*, (μτφρ. W. C. Linss), Minneapolis, Fortress Press, 1989, 95-99. του ίδιου, «Das Primatwort Matthäus 16.17-19 aus Wirkungsgeschichtlicher Sicht», *NTS* 37 (1991) 415-433.

Η προσέγγιση μέσω της ιστορίας της επιδράσεως του κειμένου

Το πολιτιστικό περιβάλλον διαδραματίζει καθοριστικό ρόλο και στον ερμηνευτή. Δανειζόμαστε εδώ τη φράση του Luz προκειμένου να γίνει αντιληπτό το έργο της ερμηνείας. «*Ο ερμηνευτής μοιάζει με ένα πρόσωπο που πρέπει να εξερευνήσει το νερό ενός ποταμού καθώς βρίσκεται μέσα σε μια μικρή βάρκα, η οποία πλέει μέσα στο ίδιο ποτάμι. Με τον ίδιο τρόπο ο ερμηνευτής μεταφέρεται από το κείμενο*»[653].

Ειδικά τώρα, στην περίπτωση της προς Εβραίους αφορμή για την υιοθέτηση της συγκεκριμένης μεθόδου αποτέλεσε η διαπίστωση ότι οι θυσιαστικές μεταφορές εντάσσονται στο γενικότερο πλαίσιο ερμηνείας της θυσίας του Ιησού. Η σημασία και οι συνέπειες αυτής της θέσης αλλάζουν στο κείμενο, όπως φαίνεται χαρακτηριστικά από τα Εβρ. 5:7 και 9:28. Σύμφωνα με το πρώτο χωρίο ο Ιησούς είναι αυτός που προσφέρει κάτι, ενώ σύμφωνα με το δεύτερο ο Ιησούς προσφέρεται ο ίδιος ως θυσία. Το ερώτημα που θέτει ο Eberhart αφορά τη φύση της θυσίας και το σημαντικότερο σημείο όπου κορυφώνεται το τελετουργικό της στοιχείο. Έτσι επιχειρείται μια εξέταση των θυσιαστικών μεταφορών στα βιβλία της Π.Δ. και της Κ.Δ. πριν εξεταστούν οι αναφορές της προς Εβραίους, προκειμένου να διαπιστωθεί ο τρόπος ερμηνείας και κατανόησης της τελετουργίας. Ο συγγραφέας της προς Εβραίους υιοθετεί μια καθορισμένη παράδοση, αλλά εντάσσει τις θεμελιώδεις αρχές της σε ένα νέο πλαίσιο ερμηνείας γύρω από το θάνατο του Ιησού.

Σύμφωνα με μια θεωρία των ερευνητών η σφαγή του θύματος είναι η βάση του θυσιαστικού τελετουργικού. Σύμφωνα με μια νεότερη θέση, η οποία υποστηρίχθηκε από τον Milgrom, κατά την εξιλαστήρια θυσία των Ιουδαίων το αίμα του θύματος επιδρά στον τελετουργικό καθαρισμό του θυσιαστηρίου, το οποίο βέβαια υπόκειται και αυτό στη μόλυνση από την αμαρτία. Σύμφωνα με τη δεύτερη θέση η θυσία δεν κατανοείται πλέον ως μία αντιπροσωπευτική πορεία και η σφαγή του θύματος δεν αποτελεί το κορυφαίο γεγονός σε αυτήν την πορεία[654]. Με επιλογή χωρίων από διάφορες λατρευτικές

---

[653] Βλ. U. Luz, *Matthew 1-7*, 96.
[654] Βλ. C. Eberhart, «Characteristics of Sacrificial Metaphors in Hebrews», στο

συνάφειες της Π.Δ. ο Eberhart καταλήγει ότι η αποφασιστική στιγμή κατά τη θυσία είναι η κεντρική τελετουργική χρήση του αίματος του ζώου και ο εξιλασμός ακολουθεί πάντα μετά την καύση του στο θυσιαστήριο. Σε αρκετά χωρία της Π.Δ. η καύση της προσφοράς εμφανίζεται ως το αποκορύφωμα της σχετικής τελετουργίας και συνεπώς θα πρέπει να κατανοείται ως το ερμηνευτικό κλειδί αυτών των τελετουργιών.

Στην περίπτωση των σχετικών μεταφορών της Κ.Δ. παρατηρήθηκε ότι χρησιμοποιείται ο ιουδαϊκός τρόπος ερμηνείας, ο οποίος διαμορφώθηκε στη διάρκεια των αιώνων που πέρασαν μέχρι την καταστροφή του Ναού. Εδώ ο Eberhart εστιάζει την προσοχή του στη χρήση του αίματος του Ιησού για να διαπιστώσει πως φτάνουμε στις θυσιαστικές μεταφορές της προς Εβραίους. Ο συγγραφέας της προς Εβραίους υιοθετεί θυσιαστική ορολογία που ταιριάζει με τη χριστολογική του διδασκαλία ότι η σωτηρία επιτυγχάνεται μέσω του θανάτου του Ιησού. Ενώ στον Παύλο τονίζεται η αγιότητα και η προσφορά το Εβρ. 7:27 τοποθετεί μαζί την αυτοπροσφορά και τη σταύρωση του Ιησού, ιδέα που απαντά και στα ιωάννεια έργα. Η απάντηση στο ερώτημα πως κερδίζεται η σωτηρία μέσω της αυτοθυσίας δίνεται στο Εβρ. 9. Η ιδέα της μοναδικής εφάπαξ θυσίας του Χριστού έρχεται σε αντίθεση με τις διαρκώς επαναλαμβανόμενες θυσίες των Ιουδαίων αλλά και με τη συνεχιζόμενη προσευχή της χριστιανικής κοινότητας. Ο Eberhart καταλήγει ότι η προς Εβραίους συνδέει διάφορες παραδόσεις και ερμηνευτικές θέσεις του Ιουδαϊσμού με σκοπό να διαμορφώσει μια ιδιόμορφη χριστολογική διδασκαλία. Η εργασία του Eberhart καταλήγει με διαφορετική μεθοδολογία σε μία θέση την οποία έχουν διατυπώσει τα τελευταία χρόνια οι μελετητές που ασχολούνται με τον τρόπο χρήσης των χωρίων της Π.Δ. στην επιστολή και γενικά του τρόπου ερμηνείας της Π.Δ. από το συγγραφέα της προς Εβραίους. Μέσω της ιστορίας της επιδράσεως του κειμένου φανερώθηκε ότι η κατανόηση των κειμένων, κυρίως από το Λευιτικό, διαμορφώθηκε σταδιακά κατά τους αιώνες μέχρι την

G. Gelardini (εκδ.), *Hebrews: Contemporary Methods*, 40, όπου και η σχετική βιβλιογραφία.

Η προσέγγιση μέσω της ιστορίας της επιδράσεως του κειμένου

εποχή της Κ.Δ. και επηρέασε αποφασιστικά τους συγγραφείς των βιβλίων της στον τρόπο ερμηνείας του θανάτου του Ιησού. Αποτέλεσμα αυτής της εξελικτικής πορείας είναι η παρουσία ακόμη και αντιθετικών θέσεων μέσα στα ίδια τα κείμενα σχετικά με το θυσιαστικό τελετουργικό και τη σημασία του ως προς τον εξιλασμό των πιστών. Η ιστορία της επιδράσεως του κειμένου αποδεικνύει ότι τα βιβλικά κείμενα δεν έχουν ένα καθορισμένο και κλειστό νόημα αλλά είναι ανοιχτά σε διάφορες δυνατότητες. Κυρίως όμως η συγκεκριμένη μέθοδος φανερώνει το βαθμό της καρποφορίας των κειμένων μέσα στην ιστορία και βοηθά σημαντικά στη μεταφορά του βιβλικού λόγου στο σήμερα του χριστιανικού κόσμου.

ΣΥΜΠΕΡΑΣΜΑΤΑ

Στο σημείο αυτό, μετά την ολοκλήρωση της παρουσίασης της έρευνας της προς Εβραίους από την εποχή της πρώτης Εκκλησίας ως τις μέρες μας, προβαίνουμε στα παρακάτω συμπεράσματα προκειμένου να φωτιστεί επιπλέον η συμβολή όσων αναφέρθηκαν στην επίλυση των προβλημάτων που το κείμενο της επιστολής προξένησε στους εκάστοτε ερευνητές. Από τα όσα προηγήθηκαν φανερώθηκε ότι η ανάγνωση και η ερμηνεία της προς Εβραίους σε κάθε εποχή επηρεαζόταν από την τρέχουσα εκκλησιαστική κατάσταση.

Ξεκινώντας από την αρχαία εκκλησιαστική παράδοση οφείλουμε να ομολογήσουμε την αρχικά περιορισμένη, αργότερα όμως, εκτεταμένη (ιδίως μετά τον Ωριγένη) χρήση της προς Εβραίους στα συγγράμματα των πατέρων της Εκκλησίας. Η συμβολή, μάλιστα, της επιστολής στη διαμόρφωση της χριστολογίας, στην καταπολέμηση των αιρέσεων και συνάμα στη διαμόρφωση της δογματικής διδασκαλίας της Εκκλησίας, είναι αναμφισβήτητη. Σε όλο το διάστημα αυτής της περιόδου η προς Εβραίους εξετάζεται υπό το πρίσμα των δύο κυρίαρχων ρευμάτων ερμηνείας της εποχής. Από τη μία, υπό το φως της αλεξανδρινής αλληγορικής ερμηνείας και από την άλλη, υπό το φως της τυπολογικής αντιοχειανής εξηγητικής παράδοσης. Θα πρέπει στο σημείο αυτό να παρατηρήσουμε ότι οι πατέρες και οι εκκλησιαστικοί συγγραφείς που συνέταξαν υπομνήματα στην προς Εβραίους δεν ασχολήθηκαν διεξοδικά με τα διάφορα ζητήματα που αργότερα απέκτησαν κεντρική σημασία. Γεγονός, πάντως, είναι ότι κανείς δεν γνώριζε το συγγραφέα της επιστολής και οι ιδέες που διατυπώθηκαν δεν ήταν παρά υποθέσεις.

Οι περισσότεροι μελετητές κατά τα χρόνια του Μεσαίωνα σε Ανατολή και Δύση χρησιμοποιούσαν ως βοήθημα την ερμηνεία του Χρυσοστόμου στην προς Εβραίους. Η ερμηνεία του Χρυσοστόμου διαδραμάτισε το σημαντικότερο ρόλο στις ερμηνευτικές προσπάθειες όλων των εκκλησιαστικών

Συμπεράσματα

συγγραφέων κατά την πρώτη χιλιετία. Το ζήτημα του συγγραφέα και των παραληπτών (κυρίως το πρώτο) ήταν αυτά που απασχολούσαν την έρευνα της εποχής εκείνης, αν και όλοι αναγνώριζαν τη διαφορετική φιλολογική μορφή της επιστολής σε σχέση με τις υπόλοιπες παύλειες επιστολές.

Κατά το χρονικό διάστημα που ακολούθησε μετά την επίσημη αναγνώριση της αυθεντικότητας της προς Εβραίους σε Ανατολή και Δύση και μέχρι τη Μεταρρύθμιση δεν προέκυψε κάτι νέο. Για δεύτερη φορά το θέμα του συγγραφέα ήρθε πάλι στο προσκήνιο με την αμφισβήτηση του Λουθήρου. Αυτή τη φορά όμως, η αμφισβήτηση της παύλειας πατρότητας της επιστολής αποτυπώθηκε στα έργα των ερμηνευτών πιο έντονα από ότι στο παρελθόν. Επιπλέον, το ενδιαφέρον της βιβλικής έρευνας άρχισε να εστιάζεται και σε άλλα ζητήματα, όπως η μορφή, η γλώσσα και οι ομοιότητες με κάποια από τα έργα του Φίλωνα. Η περίοδος αυτή θα κλείσει με την σθεναρή υποστήριξη από πλευράς Ρωμαιοκαθολικής Εκκλησίας της ιδέας της υπεροχής της ιεροσύνης και την ισχυρή αντίδραση από πλευράς Προτεσταντικού κόσμου σε αυτήν, με κύριο επιχείρημα την κατάργηση της ανίσχυρης και σε κάθε περίπτωση πεπερασμένης λατρευτικής και ιερατικής τάξης μετά την *ἐφάπαξ* θυσία του μοναδικού αρχιερέα Χριστού. Η ερμηνεία του κατεξοχήν λατρευτικού σημείου (Εβρ. 9) της επιστολής αλλά και το Εβρ. 7 διαδραμάτισαν κυρίαρχο ρόλο στις ερμηνευτικές διαμάχες της συγκεκριμένης περιόδου του δυτικού χριστιανισμού.

Ο 20^{ος} αιώνας σήμανε την έναρξη νέων προβλημάτων και υποθέσεων που ήρθαν για πρώτη φορά στο προσκήνιο και έδωσε το έναυσμα για την παρουσίαση και νέων επιστημονικών προτάσεων. Αναμφισβήτητα το κυρίαρχο θέμα ήταν εκείνο του ιδεολογικού υποβάθρου της επιστολής. Θα μπορούσαμε να πούμε ότι οι υποθέσεις ενός εξωχριστιανικού υποβάθρου, της σχέσης δηλαδή της επιστολής με το Φίλωνα, το Γνωστικισμό, το σαμαρειτικό Ιουδαϊσμό και τον ιουδαϊκό μυστικισμό έχουν πλέον σχεδόν εγκαταλειφθεί. Η υπόθεση της σχέσης της επιστολής με το Κουμράν παραμένει μέχρι σήμερα στο προσκήνιο, με μειωμένη όμως, ένταση και οπωσδήποτε απαλλαγμένη από

Συμπεράσματα

την «παραλληλομανία» που ξέσπασε μετά την ανακάλυψη των χειρογράφων της Νεκράς Θάλασσας και ειδικότερα μετά τη δημοσίευση του *11QMelch (11Q13)*. Το κείμενο αυτό που καλείται *Μιδράς στον Μελχισεδέκ*, αν και ώθησε την έρευνα της επιστολής προς νέες κατευθύνσεις και διαμάχες, ενδέχεται να φέρει στο φως νέα δεδομένα, όχι μόνο για την κατανόηση του μυστηριώδη Μελχισεδέκ, αλλά και για τις εσχατολογικές και μεσσιανικές αντιλήψεις της εσσαϊκής κοινότητας.

Αναφορικά τώρα με τις υποθέσεις, οι οποίες διατυπώθηκαν προκειμένου να αποδειχθεί κάποια πιθανή σχέση και ομοιότητες με άλλα κείμενα της Κ.Δ., θεωρείται γενικά δεδομένο ότι ο συγγραφέας της προς Εβραίους γνωρίζει σε γενικές γραμμές τη θεολογική σκέψη του απ. Παύλου. Οι υποθέσεις αντίθετα, για τη σχέση της με την Α΄ Πέτρου, την προς Γαλάτας και το Ευαγγέλιο του Ιωάννη δεν φαίνεται πλέον να προσελκύουν το ενδιαφέρον των ερευνητών, ούτε ακόμη και η πιθανή γλωσσική ομοιότητά της με το κατά Λουκάν Ευαγγέλιο. Ενδιαφέρον όμως, άρχισε να εκδηλώνεται στη σύγχρονη βιβλική έρευνα για το κεφ. 7 των Πράξεων σε σχέση με την προς Εβραίους και τη συμβολή των ελληνιστών στη θεολογία της πρώτης Εκκλησίας.

Επόμενο είναι σε ένα τόσο καλογραμμένο κείμενο, όπως η προς Εβραίους, οι σύγχρονες φιλολογικές αναλύσεις να βρίσκουν πρόσφορο έδαφος εφαρμογής των μεθόδων τους. Η ανάλυση της δομής της επιστολής, μολονότι έχουν παρουσιαστεί πάρα πολλές εργασίες και προτάσεις, εξακολουθεί ακόμη να απασχολεί τους σύγχρονους ερευνητές. Σε όλα αυτά προστίθεται πλέον και το γεγονός ότι δεν πρόκειται για επιστολή, ότι δεν έχει παύλεια προέλευση και τέλος ότι δεν απευθύνεται σε Εβραίους. Η στρουκτουραλιστική ανάλυση του Vanhoye εξακολουθεί να θεωρείται η εντυπωσιακότερη πρόταση σχετικά με τη δομή της προς Εβραίους. Επόμενο είναι να έχει επηρεάσει τους περισσότερους σύγχρονους ερευνητές. Σίγουρα τις εντυπώσεις έχει κλέψει η ρητορική ανάλυση και ειδικά, αν ληφθεί υπόψη το γεγονός ότι ο συγγραφέας της επιστολής είναι ένας ικανός ρήτορας, η ρητορική ανάλυση στην προς Εβραίους θα έχει να προτείνει νέες υποθέσεις στο μέλλον.

Συμπεράσματα

Σε αυτό έρχεται να προστεθεί και το σημερινό ενδιαφέρον και η εκτίμηση που τρέφει η βιβλική έρευνα για τη ρητορική ανάλυση ως ερμηνευτική μέθοδο των κειμένων της Κ.Δ. Από τις φιλολογικές μεθόδους η ρητορική ανάλυση από τη δεκαετία του 1990 μέχρι σήμερα έχει κερδίσει την πλειοψηφία των μελετητών. Η αποδομητική μέθοδος ανάλυσης αν και ώθησε την έρευνα προς εντελώς διαφορετικές κατευθύνσεις διέσπασε όμως, τη συνοχή του κειμένου. Αναμφισβήτητα οι προσεγγίσεις μέσω των Ψαλμών θα συνεχιστούν στο μέλλον με καινούργιες προτάσεις. Τα αποσπάσματα από την Π.Δ. και ειδικά ο τρόπος παράθεσης και ερμηνείας τους από τον συγγραφέα αποτελούν κυριολεκτικά πονοκέφαλο για την έρευνα της επιστολής κατά τα τελευταία χρόνια.

Οι κοινωνιολογικές αναλύσεις αποδείχτηκε ότι αναμφίβολα αποτελούν ένα ισχυρό εργαλείο προσέγγισης των κειμένων της Κ.Δ., σε σημείο μάλιστα οι προσεγγίσεις αυτές τα τελευταία χρόνια να αυξάνονται όλο και περισσότερο. Στην προς Εβραίους ειδικότερα, τόσο η προσέγγιση μέσω της κοινωνικής ανθρωπολογίας όσο και η κοινωνιολογική και κοινωνικο-ρητορική ανάλυση έφεραν για πρώτη φορά στο φως στοιχεία, τα οποία προηγουμένως δεν μπορούσαν να εμφανιστούν λόγω της ειδικής τους φύσης. Παρά την αδιαμφισβήτητη συμβολή τους, οι αναλύσεις αυτές φανέρωσαν βέβαια και τις εγγενείς αδυναμίες τους, αφού αδυνατούν να σταθούν ικανοποιητικά από μόνες τους, αλλά πάντοτε σε στενή σχέση με όλες τις άλλες γνωστές προσεγγίσεις και αναλύσεις. Σήμερα είναι πλέον δεδομένο ότι μπορούν να ρίξουν φως και σε άλλα θέματα της προς Εβραίους, τα οποία ως τώρα δεν προκάλεσαν το ενδιαφέρον των ερευνητών. Γεγονός είναι πάντως ότι η κοινωνικο-ανθρωπολογική προσέγγιση του Dunnill και οι κοινωνικο-ρητορικές εργασίες του DeSilva αποτέλεσαν σταθμό για τις τελευταίες κοινωνιολογικές αναλύσεις στην προς Εβραίους και έχουν επηρεάσει ένα μεγάλο μέρος της σχετικής έρευνας και των τελευταίων υπομνημάτων στην προς Εβραίους.

Οι πλέον πρόσφατες μελέτες, οι οποίες χρησιμοποιούν σύγχρονες ερμηνευτικές αναλύσεις, όπως η ιστορία της

Συμπεράσματα

επιδράσεως του κειμένου και η φεμινιστική προσέγγιση φανέρωσαν και αυτές με τη σειρά τους πτυχές του κειμένου ή ιδέες που ενδεχομένως νωρίτερα δεν είχαν απασχολήσει το σύνολο των ερμηνευτών. Η φεμινιστική ανάλυση δεν βρήκε σίγουρα τον καταλληλότερο χώρο για την εφαρμογή της, αλλά η ιστορία της επιδράσεως του κειμένου προσφέρεται ως ικανοποιητικό εργαλείο για την προσέγγιση διαφόρων θεμάτων της επιστολής.

Βέβαιο πάντως είναι το γεγονός (το οποίο αποτελεί συνάμα και σκληρή πραγματικότητα) ότι θα πρέπει οπωσδήποτε να συμβιβαστούμε με την ιδέα ότι ο συγγραφέας της επιστολής, ένας από τους σπουδαιότερους θεολόγους της Κ.Δ., θα παραμείνει για πάντα άγνωστος. Όχι μόνο αυτός, αλλά και η ταυτότητα των παραληπτών χριστιανών, όπως επίσης και ο τόπος διαμονής τους. Όλα δηλαδή τα απαραίτητα στοιχεία για την καλύτερη κατανόηση της επιστολής θα συνεχίσουν επιστημονικά να κινούνται στο χώρο των υποθέσεων, με αποτέλεσμα να εμφανίζονται κάθε τόσο και νέες προτάσεις.

Το τελικό συμπέρασμα της παρούσας εργασίας είναι, ότι η προς Εβραίους αποτελεί αυτό ακριβώς που σύμφωνα με την κοινωνική ανθρωπολογία καλείται «κείμενο υψηλού πλαισίου». Επιτρέπει δηλαδή, την εφαρμογή πολλών μεθόδων ανάλυσης επειδή διαθέτει μια πληθώρα χαρακτηριστικών, τα οποία ενδιαφέρουν όλες ανεξαιρέτως τις ερμηνευτικές προσεγγίσεις που εφαρμόστηκαν και συνεχίζουν να εφαρμόζονται στην ερμηνεία της Κ.Δ.

ΒΙΒΛΙΟΓΡΑΦΙΑ

Α. ΠΗΓΕΣ

Καινή Διαθήκη, έκδ. Κ. Aland-J. Karavidopoulos-C. M. Martini-B. M. Metzger, *Novum Testamentum*, Stuttgart [27]1998.

Παλαιά Διαθήκη, έκδ. A. Rahlfs, *Septuaginta*, Stuttgart [8]1965.

Φίλωνος Ἀλεξανδρέως, Νόμων ἱερῶν Ἀλληγορίας τῶν μετὰ τὴν ἐξαήμερον, *(Legum allegoriarum libri I-III)*, έκδ. L. Cohn, *Philonis Alexandrini Opera quae Supersunt*, τ. 1, Berlin, Reimer, 1896.

____, Περὶ βίου Μωυσέως ὅπερ ἐστὶ περὶ θεολογίας καὶ προφητείας, *(De vita Mosis librii I-II,)*, έκδ. L. Cohn, *Philonis Alexandrini Opera quae Supersunt*, τ. 4, Berlin, Reimer, 1902.

____, Περὶ τῶν Χερουβὶμ καὶ τῆς φλογίνης ρομφαίας καὶ τοῦ κτισθέντος πρώτου ἐξ ἀνθρώπου Κάιν, *(De cherubim)*, έκδ. L. Cohn, *Philonis Alexandrini Opera quae Supersunt*, τ. 1, Berlin, Reimer, 1896.

____, Περὶ τῶν ἐν μέρει διαταγμάτων, *(De specialibus legibus librii I-IV)*, έκδ. L. Cohn, *Philonis Alexandrini Opera quae Supersunt*, τ. 5, Berlin, Reimer, 1896.

García Martínez F.-Tigchelaar E. J. C., *The Dead Sea Scrolls Study Edition: Vol. 1 (1Q1-4Q273)*, Leiden, Brill, 1998.

García Martínez F.-Tigchelaar E. J. C., *The Dead Sea Scrolls Study Edition: Vol. II (4Q274-11Q31)*, Leiden, Brill, 1998.

Β. ΕΡΓΑ ΠΑΤΕΡΩΝ ΚΑΙ ΕΚΚΛΗΣΙΑΣΤΙΚΩΝ ΣΥΓΓΡΑΦΕΩΝ

Ἀθανασίου Ἀλεξανδρείας, Λόγος περὶ ἐνανθρωπίσεως τοῦ Λόγου καὶ τῆς διὰ σώματος πρὸς ἡμᾶς ἐπιφανείας Αὐτοῦ, έκδ.

Βιβλιογραφία

C. Kannengiesser, *Sur l' Incarnation du Verbe*, SC 199, Paris, Cerf, 1973, 258-468.

____, Ἀπολογητικὴ κατὰ Ἀρειανῶν, PG 25, 239-410.

____, Ἐπιστολαὶ πρὸς Σεραπίωνα Θμούεος ἐπίσκοπον τέσσαρες, PG 26, 529-676.

____, Ἐκ τῆς λθ ἑορταστικῆς αὐτοῦ ἐπιστολῆς καὶ κανὼν τῶν τῆς Γραφῆς βιβλίων, PG 26, 1176-1179.

Ψευδο-Ἀθανασίου, Διατὶ ἐκλήθη ὁ Μελχισεδὲκ ἀπάτωρ ἀμήτωρ καὶ ἀγενεαλόγητος Ἱστορία εἰς τὸν Μελχισεδέκ, PG 28, 525-532.

Ἀμφιλοχίου Ἰκονίου, Πρὸς Σέλευκον, PG 37, 1577-1599.

Αὐγουστίνου, *De Docrina Christiana II*, PL 34, 1-63.

Βασιλείου Καισαρείας, Ἑρμηνεὶαν εἰς τὸν προφήτην Ἡσαῒαν, ἐκδ. P. Trevisan, *San Basilio. Commento al Profeta Isaia*, 2 τ., Turin, Societa Editrice Internazionale, 1939, 1:3-397 & 2: 3-575.

Γενναδίου Κωνσταντινουπόλεως, Εἰς Ἑβραίους, PG 85, 1731-1734.

Γρηγορίου Ναζιανζηνοῦ, Περὶ Υἱοῦ, ὁμιλία 30, ἐκδ. J. Barbel, *Gregor von Nazianz. Die fünf theologischen Reden*, Düsseldorf, Patmos-Verlag, 1963, 38-60.

____, Εἰς τὰ Θεοφάνεια, ὁμιλία 38, PG 36, 312-333.

Γρηγορίου Νύσσης, Ἀντιρρητικὸς πρὸς τὰ Ἀπολλιναρίου, PG 45, 2, 1269-1278.

____, Πρὸς Εὐνόμιον Ἀντιρρητικοὶ λόγοι 12, ἐκδ. W. Jaeger, *Gregorii Nysseni opera*, τ. 1.1 & 2.2, Leiden, Brill, 1960, 1.1:3-409 & 2.2:3-311.

Εἰρηναίου Λυώνος, Ἔλεγχος καὶ ἀνατροπὴ τῆς ψευδωνύμου Γνώσεως εἰς βιβλία πέντε, PG 7, 437-1224.

Ἐπιφάνιου Σαλαμίνος, Κατὰ αἱρέσεων ὀγδοήκοντα τὸ ἐπικληθὲν Πανάριον εἶτ οὖν Κιβώτιος εἰς βιβλία τρία, ἐκδ. K. Holl, *Epiphanius Bände 1-3: Ancoratusund Panarion*, GCS 25, 31, 37, Leipzing, Hinrichs 1915.

Βιβλιογραφία

Ἑρμᾶ, Ποιμὴν εἰς βιβλία τρία, PG 2, 891-1012.

Εὐθαλίου Σούλκης, Πρόλογος προτασσόμενος τῶν δεκατεσσάρων ἐπιστολῶν Παύλου τοῦ ἁγίου Ἀποστόλου, PG 85, 693-790.

Εὐθυμίου Ζιγαβινοῦ, Ἑρμηνεία εἰς τὰς ΙΔ΄ Ἐπιστολὰς τοῦ Ἀποστόλου Παύλου καὶ εἰς τὰς Ζ Καθολικὰς, ἐκδ. Ν. Καλογερά, τ. Β΄, Ἀθήνα 1887.

Εὐσεβίου Καισαρείας, Ἐκκλησιαστικὴ Ἱστορία, ἐκδ. G. Bardy, *Eusèbe de Césarée. Histoire Ecclésiastique*, τ. 3, SC 31, 41, 55, Paris, Cerf 1952,

_____, Εἰς Ἐπιστολὴν πρὸς Ἑβραίους, PG 24, 605-606.

Εὐσταθίου Ἀντιοχείας, Περὶ Μελχισεδέκ, PG 18, 695-696.

Θεοδωρήτου Κύρου, Ἑρμηνεία τῆς πρὸς Ἑβραίους Ἐπιστολῆς, PG 82, 673-736.

Θεοδώρου Μοψουεστίας, Εἰς τὴν πρὸς Ἑβραίους Ἐπιστολὴν, PG 66, 951-968.

Θεοφυλάκτου Βουλγαρίας, Εἰς τὴν πρὸς Ἑβραίους, PG 125, 185-404.

Ἱερωνύμου, *Epistula 73*, PL 20, 587-598.

_____, *De viris illustribus V*, PL 23, 821-956.

_____, *Ad Paulinum de Studio Scripturarum*, PL 22, 540-549.

Ἱλαρίου Πικταβίου, *De Trinitate IV*, PL 10, 1-102.

Ἰουλίου Ἀφρικανοῦ, *De simplici doctrina*, PL 68, 11-42.

Ἰουστίνου Μάρτυρος, Ἀπολογία πρώτη ὑπὲρ χριστιανῶν πρὸς Ἀντωνῖνον τὸν Εὐσεβῆ, PG 6, 327-440.

Ἱππολύτου Ῥώμης, Κατὰ πασῶν τῶν αἱρέσεων ἔλεγχος, ἐκδ. M. Marcovich, *Hippolytus. Refutatio omnium haeresium*, PTS 25, Berlyn, De Gruyter, 1986, 53-417.

Ἰσιδώρου Ἰσπανίας, *De Ortu et Obitu Patrum qui in Scriptura Landibus Efferuntur*, PL 83, 152-189.

Ἰωάννου Δαμασκηνοῦ, Εἰς τὴν πρὸς Ἑβραίους, PG 95, 929-998.

Βιβλιογραφία

____, "Έκδοσις ἀκριβὴς τῆς ὀρθοδόξου πίστεως βιβλία 4, PG 94, 789-1228.

Ἰωάννου Χρυσοστόμου, Ἑρμηνεία εἰς τὴν πρὸς Ἑβραίους Ἐπιστολὴν ἐκτεθεῖσα ἀπὸ σημείων μετὰ τὴν κοίμησιν αὐτοῦ παρὰ Κωνσταντίνου πρεσβυτέρου Ἀντιοχείας εἰς ὁμιλίας ΛΔ, PG 63, 9-236.

____, Ὁμιλία εἰς τὸν Μελχισεδέκ, PG 56, 257-262.

Κλήμεντος Ρώμης, Ἐπιστολὴ πρὸς Κορινθίους Α΄, PG 1, 199-328.

Κυρίλλου Ἀλεξανδρείας, Ἑρμηνεία εἰς τὴν πρὸς Ἑβραίους Ἐπιστολήν, PG 74, 953-1006.

____, Περὶ τοῦ Ἀβραὰμ καὶ τοῦ Μελχισεδέκ, PG 69, 49-109.

Κυρίλλου Ἱεροσολύμων, Ε. Κατήχησις φωτιζομένων περὶ πίστεως καὶ ἀνάγνωσις ἐκ τῆς πρὸς Ἑβραίους: «Ἔστιν δὲ πίστις ἐλπιζομένων ὑπόστασις, πραγμάτων ἔλεγχος οὐ βλεπομένων». Ἐν ταύτῃ γὰρ ἐμαρτυρήθησαν οἱ πρεσβύτεροι», PG 33, 453-504.

Λουκίφερου Καλαρίας, De non Conveniendo cum Haereticis, PL 13, 782.

____, Περὶ τοῦ Ἀβραὰμ καὶ τοῦ Μελχισεδέκ, PG 69, 80-109.

Μάρκου Ἐρημίτῃ, Ἐγχειρίδιον εἰς τὸν Μελχισεδέκ, PG 65, 1117-1140.

Μαξίμου Ὁμολογητοῦ, Περὶ διαφόρων ἀποριῶν τῶν ἁγίων Διονυσίου καὶ Γρηγορίου πρὸς Θωμᾶν τὸν ἡγιασμένον, θεωρία εἰς τὸν Μελχισεδέκ, PG 91, 1137-1145.

Μάρκου Αὐρηλίου Κασσιοδώρου, Complexiones in Epistolas Apostolorum-Epistola ad Hebraeos, PL 70, 1357-1362.

____, De institutione divinarum Litterarum XIV, PL 70, 1357-1362.

Οἰκουμενίου Τρίκκης, Εἰς τὴν πρὸς Ἑβραίους, PG 119, 271-452.

Πριμασίου, Ad Hebraeos divi Pauli Epistola, PL 68, 635-794.

Ρουφίνου, *Commentarius in Symbolum Apostolorum*, PL 21, 335-386.

Τερτυλλιανοῦ, *De pudicitia II*, PL 20, 979-1030.

Φαουστίνου, *De Trinitate II*, PL 13, 37-80.

Φιλάστριου, *Liber de Heresibus cum Praecedentibus Prologomenis*, PL 12, 1111-1302.

Φωτίου Κωνσταντινουπόλεως, Εἰς τὴν πρὸς Ἑβραίους, PG 101, 1253-1254.

Ὠριγένους, Εἰς τὴν Ἐπιστολὴν πρὸς Ἑβραίους, PG 14, 1308-1309.

____. Περὶ Ἀρχῶν βιβλία τέσσαρα, ἔκδ. P. Koetschau, *De Principiis*, GCS 22, Leipzing, Hinrichs 1913.

____, Ἐκλογαὶ εἰς τοὺς ἀριθμοὺς Ὁμιλίαι 1-28, PG 12, 583-806

____, Κατὰ Κέλσου τόμοι ὀκτώ, PG 11, 641-1632.

____, Ἐκ τῶν ἐξηγητικῶν εἰς τὴν πρὸς Ρωμαίους ἐπιστολὴν τοῦ Παύλου βιβλία δέκα, PG 14, 831-1294.

____, Ἐξηγητικὰ Ὠριγένους εἰς τοὺς Ψαλμούς, PG 12, 1053-1054.

Γ. *ΕΡΓΑ ΘΕΟΛΟΓΩΝ ΣΥΓΓΡΑΦΕΩΝ ΤΗΣ ΜΕΤΑΡΡΥΘΜΙΣΗΣ*

Aquinas T., «Super Epistolam ad Hebraeos Lectura», στο *Super Epistolas sancti Pauli Lectura*, ἔκδ. P. Raphaelis Cai, τ. 2, Rome [8]1953, 335-506.

Aretius B., «In Epistolam ad Hebraeos Commentarii», στο *Commentarii in omnes Epistolas Divi Pauli, et Canonicas, itemque in Apocalypsin Divi Ioannis: A. D. Benedicto Aretio*, Bern, Le Preux, 1583, 590-684.

Béze T, «Epistola Pauli ad Hebraeos», στο *Novum Domini Nostri Jesu Christi Testamentum. Latine iam olim a Veteri Interprete, nunc*

Βιβλιογραφία

denuo a Theodoro Beza Versum: cum Eiusdem Annotationibus, in quibus ratio Interpretationis Redditur, Geneva, R. Estienne, 1556, 284-299.

____, «Epistola Pauli Apostoli ad Hebraeos. Annotationes, in quibus ratio Interpretationis Redditur», στο *Theodori Bezae Annotationes Maiores in Novum Domini nostri Jesu Christi Testamentum. In duas distinctae Partes. . . Posterior vero in Epistolas et Apoc. Continet. . . Nova autem haec Editio Multo Correctior et Emendatior Priore. . .*, Geneva, C. Vignon, 1594, τ. 2, 483-546.

Brenz J., *In Epistolam, quam Paulus Apostolus ad Hebraeos Scripsit de Persona et Officio Domini nostri Iesu Christi Commentarius. Authare Ioanne Brentiu. F. Theologiae Doctore et Professore Publico in Schola Tubingeκsi*, Tübingen, 1571.

Bullinger H., «In piam et eruditam Pauli ad Hebraeos Epistolam Heinrychi Bullingeri», στο *Commentarii in omnes Pauli Apostoli Epistolas, atque etiam in Epistolam ad Hebraeos*, Zürich, Christoph Froschouer, 1582.

Bungenhagen J., *Annotationes Ioan. Bugenhagii Pomerani in decem Epistolas Pauli, se. ad Eph., Philipp., Col., Thess. primam et secun., Tim. primam et secun., Tit., Philem., Hebraeos*, Nuretnberg, Joannes Petrejus, 1524.

____, «In Epistolam ad Hebraeos Ioannis Pomerani Annotationes», στο *Annotationes in [XI] Epistolas Pauli*, Strasbourg, Johann Knoblouch, 1525, 138-159.

Cajetan T., «In Epistolam ad Hebraeos Commentarii», στο *Opera Omnia* V, Lyons, Prost, 1639.

Calvin J., *Commentarii in Epistolam ad Hebraeos*, Geneva, Joannes Girardus, 1549.

____, «In Epistolam ad Hebraeos», στο *omnes Pauli Apostoli Epistolas atque etiam in Epistolam ad Hebraeos, item in Canonicas. . . Ioh. Calvini Commentarii. Nanc Rommentariorum Postremam esse Recognitionem*, Geneva, Estienne, 1556, 675-775.

Βιβλιογραφία

____, *Commentarius in Epistolam ad Hebraeos,* Opera Omnia, έκδ. Baum, Cunitz and Reuss, τ. 55, Brunswick, 1896, Cols. 1-198, CR, τ. 83.

Contarini G., «Epistola ad Hebraeos», στο *Scholia in Epistolas divi Pauli,* Opera, Paris, Sebastian Nivelle, 1571, 515-529.

Dering E., *A Lecture or Exposition upon a part of the V. Chapter of the Epistte to the Hebrues. As it Was Read in Paules the 6 Day of December,* 1572, έκδ. E. Deryng. London, John Awdeley, 1573.

Dietrich V., «Summaria in Epistolam Sancti Pauli ad Hebraeos», στο *Annotationes Compendiariae in Novum Testamentum. Quibus summatim in Singula Capita Praecipui loci et Selectiones Sententiae Explicantur, Annotanturque. . . Per M. Vitum Theodorum.* Frankfurt, Christian Egenolph, 1545, 249-259.

Erasmus D., «In Epistolam Pauli ad Hebraeos Annotationes Des. Eras. Rot», στο *Des. Erasmi, Roterodami in Novurn Testamentum ab eodem tertio recognitum,* Basel, εκδ. J. Froben, 1522, 561-589.

____, «Annotationes in Epistolam Pauli ad Hebraeos», στο *Paraphrases in Novum Testamentum,* τ. VII of Opera Omnia, Paris, 1631.

Flacius Illiricus M., «In Epistolam Pauli Apostoli ad Hebraeos», στο Τῆς τοῦ Υἱοῦ Θεοῦ Καινῆς Διαθήκης ἅπαντα *Novum Testanientum Jesu Christi Filii Dei ex Versione Erasmi, Innumeris in Iocis ad Graecam Veritatem, Genuinumque sensum Emendata. Glossa Compediaria M. M. F1. Ill,* Albonensis in Novum Testamentum, Basel, Perna and Dietrich, 1570, 1101-1196.

Gualther R., «In Epistolam Divi Pauli Apostoli ad Hebraeos D. Rodolphi Gualtheri Pastoris Ecclesiae Tigurinae Homiliarum Archetypi», στο *Divi Pauli Apostoli Epistolas omnes. . . Homiliarum archetypi,* έκδ. N. Vuolphius, Zurich, Christoph Froschouer, 1589, 318-352.

Guilliaud C., «Epistola beati Pauli ad Hebraeos», στο *Collatio in omnes divi Pauli Apostoli Epistolas,* Lyon, Sebastian Gryphius, 1543, 441-527.

Hemmingsen N., «Ad Hebraeos», στο *Commentaria in omnes Epistolas Apostolorum, Pauli, Petri, Iudae, Iohannis, Iacobi et in eam quae ad Hebraeos Inscribitur*, Leipzig, Andreas Schneider, typis Voegelianis, 1572, 830-915.

Le Grand N., *In Divi Pauli Epistolam ad Hebraeos Enarratio a fratre Nicolao Crandis*, Paris, Ponset Ie Preux, 1537.

____, *In Epistolas ad Romanos et Hebraeos*, Paris, Le Preux, 1546.

Luther M., «Vorrhede auff die Epistel zu den Ebreern», στο *Das Newe Testament Deutzsch (1522)*, WA, DB 7, Weimar, Hermann Bohlau, 1931.

____, *Divi Pauli Apostoli ad Hebreos Epistola*, WA 57, III, Weimar, Hermann Bohlau, 1929, 1-238.

Major G., *Enarratio Epistolae ad Hebraeos, Praelecta a D. G. M. Wittenbergae*, Wittenberg, Joannes Lufft, 1571.

Oecolamadius J., *In Epistolam ad Hebraeos, Ioannis Oecolampadii, explanationes, ut ex ore Praelegenitis Exceptae, per quosdarii ex Auditoribus Digestae Sunt*, Strasbourg, M. Apiarius, 1534.

Pellikan K., «Commentarium in Epistolam D. Pauli apostoli ad Hebraeos», στο *Commentaria Bibliorum*, Zurich: Christoph Froschouer, 1539 VII, 608-680.

Politus, A. C., «Commentaria in eandem Epistolam beati Pauli ad Hebraeos», στο *omnes divi Pauli apostoli, et alias septem canonicas epistolas R. P. Fratris Ambrosii Catharini Politi Senensis, Episcopi Minoriensis, commentaria*, Paris, Bernardus Turrisanus, 1566, 453-521.

Sasbout A., «Epistola divi Pauli ad Hebraeos Expositio Fratris A. Sasbout», στο *Biblicus Apparatus*, έκδ. R. Walton, Zurich, Bodmer, 1673.

Titelmans F., «Elucidatio in Epistolam ad Hebraeos, beati Pauli apostoli», στο *Omnes Epistolas Apostolicas...Elucidatio*, Paris, 1543, 184-215.

Βιβλιογραφία

Zanchius Β., «In Epistolam ad Hebraeos», στο B. Z. Bergomatis, *Canonici Ordinis lateranensis, in omnes s. Scripturae Libros Notationes*, Cologne, Arnold Mylius, 1602, Cols. 216-220.

Zwinglius H., «In Epistolam beati Pauli ad Hebraeos Expositio brevis», στο *Zwingli Opera*, έκδ. Schuler and Schulthess, Zurich, Schulthess, 1838, VI, 2, 291-319.

Δ. ΝΕΟΤΕΡΑ ΥΠΟΜΝΗΜΑΤΑ ΚΑΙ ΜΕΛΕΤΕΣ

Αγουρίδης Σ., *Εἰσαγωγὴ εἰς τὴν Καινὴν Διαθήκην*, Αθήνα 1971.

_____, *Ιστορία της Θρησκείας του Ισραήλ*, Αθήνα 1995.

_____, *Ερμηνευτική των Ιερών Κειμένων. Προβλήματα-Μέθοδοι Εργασίας στην Ερμηνεία των Γραφών*, Αθήνα, ²2000.

_____, «Γιατί Πέθανε ο Χριστός: Κεφάλαιο Δ. Κατά την προς Εβραίους Επιστολή», *ΔΒΜ* 9 (1990) 22-33.

Αδαμτζίλογλου Ε., *Η Γυναίκα στη Θεολογία του Αποστόλου Παύλου. Ερμηνευτική Ανάλυση του Α΄ Κορ. 11,2-16*, (Διδακτ. Διατρ.), Θεσσαλονίκη 1989.

_____, *Ἦσαν δὲ ἐκεῖ γυναῖκες πολλαί. Βιβλικές και Θεολογικές Μελέτες για τη Γυναίκα. Παρεμβάσεις στη Σύγχρονη Φεμινιστική Θεολογία*, ΕΚΟ 13, Θεσσαλονίκη 1997.

_____, *«οὐκ ἔνι ἄρσεν καὶ θῆλυ...». Τα Βασιλικά Χαρίσματα των δύο Φύλων (Γαλ. 3,28γ, Γεν. 1,26-27)*, ΒΒ 12, Θεσσαλονίκη 1998.

Αντωνιάδης Β., *Ἐγχειρίδιον Εἰσαγωγῆς εἰς τὰς Ἁγίας Γραφάς*, τ. Β, *Εἰσαγωγὴ εἰς τὴν Καινὴν Διαθήκην*, Αθήνα 1937.

Αρνέλλος Ι. Γ., *Ἑρμηνεία τῆς πρὸς Ἑβραίους Ἐπιστολῆς τοῦ Ἀπ. Παύλου*, Αθήνα 1928.

Βιβλιογραφία

Ατματζίδης X., *Η Έννοια της Δόξας στην Παύλεια Θεολογία*, ΒΒ 17, Θεσσαλονίκη 2001.

____, *Η Εσχατολογία στη Β' Επιστολή Πέτρου*, ΒΒ 33, Θεσσαλονίκη 2005.

____, «Η Φεμινιστική Ερμηνεία της προς Εφεσίους Επιστολής», στα *Πρακτικά Διεθνούς Επιστημονικού Συνεδρίου*, «Η Γυναίκα κατά τον Απόστολο Παύλο», Βέροια 2003, 100-125.

Βασιλειάδης Π., *Σταυρός και Σωτηρία. Το Σωτηριολογικό Υπόβαθρο της Παύλειας Διδασκαλίας του Σταυρού υπό το Πρίσμα της Προ-Παύλειας Ερμηνείας του Θανάτου του Ιησού*, Θεσσαλονίκη 1983.

____, *Ερμηνεία των Ευαγγελίων. Θεολογικές και Ιστορικο-Φιλολογικές Προϋποθέσεις καθώς και Ερμηνευτικές Προσεγγίσεις στα Τέσσερα Ευαγγέλια*, Θεσσαλονίκη 1990.

____, *Βιβλικές Ερμηνευτικές Μελέτες*, Θεσσαλονίκη 1992.

____, *Χάρις-Κοινωνία-Διακονία. Ο Κοινωνικός Χαρακτήρας του Παύλειου Προγράμματος της Λογείας. (Εισαγωγή και Ερμηνευτικό Υπόμνημα στο Β' Κορινθίους 8-9)*, ΒΒ 2, Θεσσαλονίκη 1994.

____, *Μετανεωτερικότητα και Εκκλησία. Η Πρόκληση της Ορθοδοξίας*, Ορθόδοξη Μαρτυρία 80, Αθήνα 2002.

____, *Παύλος. Τομές στη Θεολογία του*, ΒΒ 31, Θεσσαλονίκη 2004.

____, *Τα Λόγια του Ιησού. Το Αρχαιότερο Ευαγγέλιο*, Αθήνα, 2005.

____, *Ενότητα και Μαρτυρία. Ορθόδοξη Χριστιανική Μαρτυρία και Διαθρησκειακός Διάλογος-Εγχειρίδιο Ιεραποστολής*, Θεσσαλονίκη 2007.

____, «Η Εσχατολογική Διάσταση της Εκκλησίας. (Σχόλιο στο Εβρ. 13, 8)», *ΓΠ* (1990) 649-653 και στο *Επίκαιρα Αγιογραφικά Θέματα. Αγία Γραφή και Ευχαριστία*, ΒΒ 15, Θεσσαλονίκη 2000, 131-138.

Βιβλιογραφία

____, «Λειτουργική Αναγέννηση: Συμμετοχή τοῦ λαοῦ καί ἐνεργοποίηση τῆς ἀναφορᾶς», *Σύναξη* 72 (1999) 34-41.

____, «Από την Εσχατολογία (και την Ευχαριστία;) στην Ιστορία. Η διαδρομή από την Πηγή των Λογίων στο κατά Μάρκον Ευαγγέλιο», *ΔΒΜ (Τιμητικό Αφιέρωμα στον καθ. Σ. Αγουρίδη)* 21-22 (2002-2003) 67-81.

Βούλγαρης Χ., ‛Η ἐν Χριστῷ τελείωσις τῆς Θείας Οἰκονομίας κατὰ τὴν πρὸς ’Εβραίους ’Επιστολὴν, Αθήνα 1988.

____, ‛Υπόμνημα εἰς τὴν πρὸς ’Εβραίους ’Επιστολὴν, Αθήνα 1993.

____, «Απόστολος και Αρχιερεύς του οίκου του Θεού. Το Τυπολογικόν Υπόβαθρον του Εβρ. 3,1», *ΕΕΘΣΑ* 26 (1984) 321-348.

____, «Η προς Εβραίους Επιστολή. Περιστατικά, Παραλήπτες, Συγγραφέας, Τόπος και Χρόνος Συγγραφής», *ΕΕΘΣΑ* 27 (1986) 55-95.

Γαλάνης Ι., *Το Ιστορικό Πλαίσιο της Καινής Διαθήκης. Συνοπτική Ιστορία της Εποχής της Καινής Διαθήκης*, έκδ. Υπηρεσία Δημοσιευμάτων Α.Π.Θ., Θεσσαλονίκη 1992-1993.

Γιούλτσης Β. Τ., *Γενική Κοινωνιολογία*, Θεσσαλονίκη ⁴1994.

Γκουτζιούδης Μ., *Ιωβηλαίο έτος, Μελχισεδέκ και η προς Εβραίους Επιστολή. Συμβολή στη Διαμόρφωση της Χριστιανικής Σωτηριολογίας*, ΒΒ 36, Θεσσαλονίκη 2006.

____, «Η προς Εβραίους Επιστολή στη Σύγχρονη Βιβλική Έρευνα (1970-1999)», *ΔΒΜ* 18 (1999) 87-114.

____, «Η Έννοια της Αμαρτίας στην προς Εβραίους Επιστολή», *ΔΒΜ* 23 (2005) 249-264.

Γρατσέας Γ., *Προς Νέα Κατάπαυση υπό Νέο Αρχηγό. (Κριτικό Υπόμνημα στην Περικοπή Εβρ. 3,1-4,13)*, Αθήνα 1984.

____, *Η προς Εβραίους Επιστολή*, ΕΚΔ 13, Θεσσαλονίκη 1999.

____, «Η προς Εβραίους Επιστολή και τα Αποστολικά Αναγνώσματα στη Λειτουργική ζωή της Ορθοδοξίας», *ΔΒΜ* 11 (1992) 49-60.

Βιβλιογραφία

____, «Ύμνοι και Ωδές στην προς Εβραίους», *ΕΕΘΣΘ* 3 (1993-94) 87-104.

____, «Οι όροι «*ἀπάτωρ ἀμήτωρ ἀγενεαλόγητος*» (Εβρ. 7, 3) και ο Ελληνικός Λόγος, η Τραγωδία», *ΕΕΘΣΑ* 29 (1994) 109-125.

____, «Δύο Επιστολές από τους Χρόνους της Καινής Διαθήκης. Η εκ Κουμράν 4QMMT και η προς Εβραίους», *Κοιν* 1 (1994) 27-36.

____, «Από τις Λευιτικές Καθιερώσεις και τον Αρχαίο Λόγο στην Τελείωση του Ιησού κατά την προς Εβραίους», *ΕΕΘΣΘ* 4 (1994) 149-178.

Δέρβος Γ. Ι., *Χριστιανική Γραμματολογία. Περίοδος Πρώτη, Περιλαμβάνουσα τούς Ἀποστόλους καὶ Ἀποστολικοὺς ἄνδρας*, τ. ά, Αθήνα 1903.

Δυοβουνιώτης Κ. Ι., *Εἰσαγωγὴ εἰς τὰς Ἁγίας Γραφὰς*, τ. β, ἔκδ. β, Αθήνα 1910.

Ζωγράφος Θ. Κ., *Ἑρμηνείαν εἰς τὴν πρὸς Ἑβραίους Ἐπιστολὴν τοῦ Ἀπ. Παύλου*, Βόλος 1935.

Θεοδωρίδης Σ., *Ἑρμηνείαν εἰς τὴν πρὸς Ἑβραίους Ἐπιστολὴν Παύλου τοῦ Ἀποστόλου*, Αθήνα 1947.

Ιωαννίδης Β. Χ., *Εἰσαγωγὴ εἰς τὴν Καινὴν Διαθήκην*, Αθήνα 1960.

Καϊμάκης Δ., *Ο Ναός του Σολομώντα*, Θεσσαλονίκη, 1990.

____, *Οι Θεσμοί της Παλαιάς Διαθήκης*, Θεσσαλονίκη, 1995.

____, *Τα Χειρόγραφα του Κουμράν και η Θεολογία τους*, Θεσσαλονίκη 2004.

____, «Η Αγγελική Λειτουργία του Κουμράν», στο «*Τα Ελοχίμ δεν θα Ταραχθούν εις τον Αιώνα». Ζητήματα Παλαιοδιαθηκικής και Μεσοδιαθηκικής Γραμματείας*, Θεσσαλονίκη 2006, 15-59.

____, *Η Ιουδαϊκή Αποκαλυπτική Γραμματεία και η Θεολογία της*, Θεσσαλονίκη 2007.

Καραβιδόπουλος Ι., *Εισαγωγή στην Καινή Διαθήκη*, ΒΒ 1, Θεσσαλονίκη ²1998.

____, «Νέες Κατευθύνσεις στη Βιβλική Ερμηνευτική», *ΔΒΜ* 17 (1998) 48-62.

____ , «Το Κοινωνικό Υπόβαθρο της Προτροπής του Απ. Παύλου *εἴ τις οὐ θέλει ἐργάζεσθαι μηδὲ ἐσθιέτω* (Β' Θεσ. 3,10)», στο *Βιβλικές Μελέτες Γ'*, ΒΒ 28, Θεσσαλονίκη 2004, 51-69.

____, «Πολιτισμική Ανθρωπολογία και Ερμηνεία του κατά Λουκάν Ευαγγελίου», στο *Βιβλικές Μελέτες Γ'*, ΒΒ 28, Θεσσαλονίκη 2004, 218-239.

Καραμπίνης Μ., «Μελχισεδέκ», *Εκκλ* 29 (1952) 20-22.

Κασσελούρη-Χατζηβασιλειάδη Ε., *Φεμινιστική Ερμηνευτική. Ο Παράγοντας "Φύλο" στη Σύγχρονη Βιβλική Ερμηνευτική*, ΒΒ 27, Θεσσαλονίκη 2003.

____, *Η Διήγηση της Μυράλειψης του Ιησού στα Ευαγγέλια. (Ματθ.26:6-13//Μαρκ.14:3-9//Λουκ.7:36-50//Ιω.12:1-8)*, Θεσσαλονίκη 2006.

____, «Η Ερμηνευτική της Υποψίας και η Συμβολή της στη Μελέτη του Ρόλου των Γυναικών στις Θεσσαλονικείς Επιστολές», στις *Εισηγήσεις Θ' Συνάξεως Ορθοδόξων Βιβλικών Θεολόγων*, Θεσσαλονίκη 2000, 209-223.

Καστανάς Θ. Ν., *Μικρὴ εἰσαγωγὴ στὴν Μελέτη του Ἀποστόλου Παὺλου*, Θεσσαλονίκη 1950.

Κούκουρα Δ., *Η Ρητορική και η Εκκλησιαστική Ρητορική*, Θεσσαλονίκη 2003.

Κωνσταντίνου Μ., «Βιβλική Ερμηνευτική στη Σύγχρονη Ευρώπη», στα *Πρακτικά Διεθνούς Επιστημονικού Συνεδρίου*, «Ο Απόστολος Παύλος και ο Ευρωπαϊκός πολιτισμός», Βέροια 1997, 197-214.

____, «Παλαιά Διαθήκη και Πολυπολιτισμική Κοινωνία», *ΕΕΘΣΘ* 8 (1998) 243-251.

Βιβλιογραφία

____, «Από την Ουγαρίτ στην Κόρινθο. Ιστορικοκριτική και Ρητορική Ανάλυση του Α' Κορ. 14:33β-36», στα *Πρακτικά Διεθνούς Επιστημονικού Συνεδρίου, «Ο Απόστολος Παύλος και η Ελλάδα»*, Βέροια 1998, 149-161.

Λούβαρης Ν., Εἰσαγωγὴ εἰς τὴν Καινὴν Διαθήκην, (κατά τάς παραδόσεις τοῦ καθηγητοῦ), Ἐκδόσεις «Φοιτητικοῦ Θεολογικοῦ Συνδέσμου», Αθήνα 1955.

Μαστορογιάννη Μ., *Φεμινιστικές Ερμηνείες στο κατά Λουκάν Ευαγγέλιο*, (μετ. εργ.) Θεσσαλονίκη 2001.

Μούρτζιος Ι., «"Ύδωρ εκ πέτρας". Η Παράδοση της Εξόδου στις Επιστολές του Αποστόλου Παύλου», στο *Ερμηνευτικές Μελέτες στην Παλαιά και την Καινή Διαθήκη*, Θεσσαλονίκη 2000, 265-304.

Μπαϊρακτάρης Α., Ἡ Χριστολογία τῆς πρὸς Ἐβραίους Ἐπιστολῆς, Αθήνα 1964.

Νικολακόπουλος Κ., *Καινή Διαθήκη και Ρητορική. Τα Ρητορικά Σχήματα Διανοίας στα Ιστορκά Βιβλία της Καινής Διαθήκης*, Κατερίνη 1993.

____, «Η Ρητορική Ειρωνεία ως Εκφραστικό Μέσον στην προς Γαλάτας Επιστολή», στις *Εισηγήσεις Η΄ Συνάξεως Ορθοδόξων Βιβλικών Θεολόγων*, Θεσσαλονίκη 1997, 239-260.

____, «Επόψεις της "Παυλείου" Ρητορικής στις Δύο προς Τιμόθεον Επιστολές», στις *Εισηγήσεις ΙΑ΄ Συνάξεως Ορθοδόξων Βιβλικών Θεολόγων*, Θεσσαλονίκη 2004, 287-304.

____, «Η Νοηματική Λειτουργία Βασικών Ρητορικών Σχημάτων στο Κείμενο της Αποκαλύψεως του Ιωάννου», στο *Ερμηνευτικά Μελετήματα από Ρητορικής και Υμνολογικής Επόψεως*, 153-179.

Παγκάκης Γ., *Κοινωνική Ανθρωπολογία*, Αθήνα, Σαββάλας, 2001.

Παναγιωτίδης Ι., «Λεξιλόγιο της προς Εβραίους Επιστολής», *Θεολ* 9 (1931) 309-317. 10 (1932) 163-172.

Βιβλιογραφία

Παναγόπουλος Ι., *Εισαγωγή στην Καινή Διαθήκη*, Αθήνα 1995, 325-343.

Παπαδημητρίου Κυρ., *Η Χρήση της Κοινής από τον Ευαγγελιστή Λουκά. Μια Άδηλη Ταυτότητα. Συμβολή στο Ζήτημα του Συγγραφέα της προς Εβραίους Επιστολής*, (Διδακτ. Διατρ.), Θεσσαλονίκη 2003.

____, *Ερμηνεύοντας την Ειρήνη στην Καινή Διαθήκη. Σύγχρονες Ερμηνευτικές Προσεγγίσεις*, Θεσσαλονίκη 2007.

____, «Η Ρητορική Ανάλυση της Γραφής», στο *Γλώσσα και Ερμηνεία της Καινής Διαθήκης*, Θεσσαλονίκη 2004, 79-120.

Πασσάκος Δ., *Ευχαριστία και Ιεραποστολή. Κοινωνιολογικές Προϋποθέσεις της Παύλειας Θεολογίας*, Αθήνα 1997.

____, «Προλεγόμενα της Κοινωνιολογικής Ερμηνείας της Καινής Διαθήκης», *ΔΒΜ* 10 (1991) 15-26.

____, «...μετὰ τῶν ἐθνῶν συνήσθιεν... (Γαλ. 2, 12): Ο Συμβολισμός της Τροφής στην Ιουδαϊκή και στην Πρωτοχριστιανική Παράδοση. Η συνδρομή της Πολιτιστικής Ανρωπολογίας», στις *Εισηγήσεις Η΄ Συνάξεως Ορθοδόξων Βιβλικών Θεολόγων* Θεσσαλονίκη (1997) 285-305.

____, *Θεολογία και Κοινωνία σε Διάλογο. Νέες Ερμηνευτικές Προσεγγίσεις στην Καινή Διαθήκη*, ΒΒ 18, Θεσσαλονίκη 2001.

Πέτρου Ι., *Θεολογία και Κοινωνική Δυναμική*, Θεσσαλονίκη 1993.

Σάκκος Σ., «Η Μακαριότης των δικαίων (Εβρ. 11,39-40)», στο *Έρευνα της Γραφής*, (1961) 129-134.

Σάκκος Σ., «Οι Θεόκλητοι (Εβρ. 5,1-10)», στο *Έρευνα της Γραφής*, 1961, 125-128.

Σιώτης Μ., «Εβραίους Επιστολή», *ΘΗΕ* 5, 311-315.

____, «Ο θάνατος του Κυρίου «Χάριτι Θεού» ή «Χωρίς Θεού», *ΕΕΘΣΑ* 23 (1976) 141-201.

Σωτηρίου Γ. Π., *Εἰσαγωγὴ εἰς τὴν Ἁγίαν Γραφὴν* (Παλαιάν καί Καινήν Διαθήκην), Μυτιλήνη 1969.

Τιμιάδης Α., «Ή "Αφεσις τῶν Πεπτωκότων κατὰ τὴν πρὸς Ἑβραίους Ἐπιστολὴν», ΓΠ 35 (1952) 93-107 & 36 (1953) 158-165.

Τομάσοβιτς Μ., *Ο Μελχισεδέκ και το Μυστήριο της Ιερωσύνης του Χριστού*, Λευκωσία 1990.

Τρακατέλλης Δ., *Χριστός ο Προϋπάρχων Θεός. Η Χριστολογία της Ταπεινώσεως και Υπερυψώσεως του Μάρτυρος Ιουστίνου*, (μτφρ. Ν. Χατζηνικολάου), Αθήνα 1992.

Τρεμπέλας Π., Ὑπόμνημα εἰς τὰς Ἐπιστολὰς τῆς Καινῆς Διαθήκης, τ. γ', Αθήνα 1941.

____, Ἡ πρὸς Ἐβραίους καὶ αἱ ἑπτὰ Καθολικαί, Αθήνα ²1956.

Τσαγγαλίδης Ι., «Το Κείμενον της προς Εβραίους Επιστολής (κατά την Έκδοσιν του Οικουμενικού Πατριαρχείου-1904 και την Έκδοση των E. NESTLE - K. ALAND 1975)», *ΔΒΜ* 1 (1980) 72-81.

____, «Η προς Εβραίους Επιστολή. (Μια νέα άποψη για τους αποδέκτες της)», *Θεολ* 64 (1993) 209-217.

____, «Αναφορές της προς Εβραίους Επιστολής στην Παλαιά Διαθήκη. Παραθέματα στην προς Εβραίους, στην προς Γαλάτας και στους Λόγους του Απ. Παύλου (Πραξ. Αποστ.)», *ΕΕΘΣΘ Τμ. Ποιμ.* 4 (1995) 139-156.

Τσαλαμπούνη Α., «"Ἀνήρ-Γυνὴ": Φεμινιστικές Προσεγγίσεις και Παύλειος Λόγος», στα *Πρακτικά Διεθνούς Επιστημονικού Συνεδρίου, «Ο Άνθρωπος κατά τον Απόστολο Παύλο»*, Βέροια 2002, 249-259.

Τσάρνιτς Α., *Τὶς ὁ Συγγραφεὺς τῆς πρὸς Ἑβραίους Ἐπιστολῆς*, Αθήνα 1954.

Χρήστου Π., *Ὁ Ἀπόστολος Βαρνάβας*, Αθήνα 1951.

Adams J. C., «Exegesis of Heb. 6,1ff», *NTS* 13 (1967) 378-385.

Adeyemi M. E., «A Sociological Approach to the Background of Pauline Epistles», *ΔΒΜ* 10 (1991) 32-42.

Βιβλιογραφία

Ahlborn E., *Die Septuaginta-Vorlage des Hebräerbriefes*, (Διδακτ. Διατρ.), Göttingen 1966.

Aitken E. B., «Portraying the Temple in Stone and Text: The Arch of Titus and the Epistle to the Hebrews», στο G. Gelardini (εκδ.), *Hebrews: Contemporary Methods-New Insights*, BIS 75, Leiden, Brill, 2005, 131-148.

Aldridge M. D., «Hebrews 1:1a and Exodus 35:30-36:3», *RevExp* 87 (1990) 611-614.

Anderson C. P., «The Epistle to the Hebrews and the Pauline Lecture Collection» *HTR* 59 (1966) 429-438.

____, «Hebrews among the Letters of Paul», *SR* 5 (1975-1976) 258-266.

____, «Who are the Heirs of the New Age in the Epistle to the Hebrews?», στο *Apocalyptic and the New Testament. Essays in Honor of J. M. Louis*, 1989, 255-277.

Anderson D. R., *The King-Priest of Psalm 110 in Hebrews*, Studies in Biblical Literature 21, New York, Peter Lang, 2001.

Anderson R. H., «The Cross and Atonement from Luke to Hebrews», *EvQ* 71 (1999) 127-150.

Andriessen P., *En Lisant l' Épître aux Hébreux*, Vaals 1977.

Andriessen P.-Lenglet A., «Quelques Passages Difficilies de l' Épître aux Hébreux (5,7; 10,20; 12,2;)», *Bib* 51 (1970) 207-220.

Antwi D. J., «Did Jesus Consider His Death to Be an Atoning Sacrifice?», *Int* 45 (1991) 17–28.

Archer G. L., *The Epistle to the Hebrews: A Study Manual*, Shield Bible Study Series, Grand Rapids, Baker Book House, 1957.

Arowele P. J., «The Pilgrim People of God (an African's Reflections on the Motif of Sojourn in the Epistle to the Hebrews)», *AJT* 4 (1990) 438-455.

Arthur J. P., *No Turning Back: An Exposition of the Epistle to the Hebrews*, London, Grace Publications Trust, 2003.

Βιβλιογραφία

Attridge H. W., *The Uses of Antithesis in Hebrews 8-10, Christians among Jews and Gentiles*, Philadelphia 1986.

____, *The Epistle to the Hebrews: A Commentary on the Epistle to the Hebrews*, Hermeneia, Philadelphia 1989.

____, «Heard because of His Reverence (Heb 5:7)», *JBL* 98 (1979) 90-93.

____, «Let us Strive to Enter that Rest. The Logion of Hebrews 4,1-11», *HTR* 73 (1983) 279-288.

____, «The Uses of Antithesis in Hebrews 8-10», *HTR* 79 (1986) 1-9.

____, «New Covenant Christology in an Early Christian Homily», *QuartRev* 8 (1988) 89-108.

____, «Paraenesis in a Homily (Λόγος Παρακλήσεως): The Possible Location of, and Socialization in the Epistle to the Hebrews», *Semeia* 50 (1990) 211-226.

____, «Theocentrism and Confessional Belief: Investigations on the Theology of Divine Addresses in the 'Epistle to the Hebrews'», *CBQ* 62 (2000) 378-379.

Auberlen C. A., «Melchizedek's Ewige Leben und Priestertum: Hebr. 7», *TSK* 30 (1857) 453-504.

Aufret P., «Note sur la Structure Litteraire d' Hébr. II,1-4», *NTS* 25 (1978-1979) 166-179.

____, «Essai sur la Structure Litteraire et l' Interpretation d' Hébreux 3,1-6», *NTS* 26 (1979-1980) 380-396.

Ayles H. H. B., *Destination, Date, and Authorship of the Epistle to the Hebrews*, London, Clay, 1899.

Baab O. J., «The God of Redeeming Grace: The Atonement in the Old Testament», *Int* 10 (1956) 131–143.

Baba K.-Selbie J. A., «"A Great High Priest" (Heb. iv. 14)», *ExpTim* 34 (1922-1923) 476-477.

Bachmann M., «Hohepriesterliches Leiden. Beobachtungen zu Hebr 5.1-10», *ZNW* 78 (1987) 244-266.

Βιβλιογραφία

____, «Gesprochen durch den Hern (Hebr. 2,3). Erwgungen Zum Reden Gottes und Jesus im Hebräerbrief», *Bib* 71 (1990) 365-394.

Backhaus K., *Der Neue Bund und das Werden der Kirche; die Diatheke-Deutung des Hebräerbriefs im Rahmen der frühchristlichen Theologiegeschichte*, NTAbh 29, Münster, Aschendorff, 1996.

____, «The Promised Land and the Land of Promise: A Sanctuary for the Faithful in the 'Letter to the Hebrews' - A Theocentric Transformation and Christological Interpretation of Israel as Fatherland», *NTS* 47 (2001) 171-188.

Bacon B. W., «Heb 1, 10-12 and the Septuagint Rendering of Ps 102, 23», *ZNW* 3 (1902) 280-285.

____, «The Use of the Old Testament in Hebrews», *SWJT* 28 (1985) 36-45.

____, «The Correction of the Text of Hebrews towards the LXX», *NovT* 34 (1992) 257-292.

____, «Hermeneutical Issues and Principles in Hebrews as Exemplified in the Second Chapter», *JETS* 39 (1996) 587-607.

Baigent J. W., «Jesus as Priest: An Examination of the Claim That the Concept of Jesus as Priest May Be Found outside of the Epistle to the Hebrews», *VoxEv* 12 (1981) 33-44.

Baker K. F., «Hebrews 11 - The Promise of Faith», *RevExp* 94 (1997) 439-445.

Bandstra A. J., «Heilsgeschichte and Melchizedek in Hebrews», *CTJ* 3 (1968) 36-41.

Barber C. J., «Moses: A Study of Hebrews 11:23-29a», *GTJ* 14 (1973) 14-28.

Barclay W., *The Letter to the Hebrews*, Philadelphia Westminster Press, 1976.

____, *The Epistle to the Hebrews*, Daily Study Bible, Edinburg-Philadelphia ²1985.

Βιβλιογραφία

Barksdale J., «The Light Hath Shined in Darkness: A Christmas Sermon on the Incarnation», *Int* 10 (1956) 39-42.

Barnes A. S., «St. Barnabas and the Epistle to the Hebrews», *HibJ* 30 (1931-1932) 103-117.

Barr G. K., «The Structure of Hebrews and of 1st and 2nd Peter», *IBS* 19 (1997) 17-31.

Barrett C. K., «The Eschatology of the Epistle to the Hebrews», στο *The Background of the New Testament and Its Eschatology: Studies in Honor of C. H. Dodd*, Cambridge 1954.

Barth M., «The Old Testament in Hebrews», στο *Current Issues in New Testament Interpretation*, London 1962.

Bartlet J. V., «Barnabas and His Genuine Epistle», *Exp* 6 (1902) 28-30.

____, «The Epistle to the Hebrews as the Work of Barnabas», *Exp* (1903) 381-396.

Barton B. B., *Hebrews*, Life Application Bible Commentary, Wheaton, Tyndale House Publishers, 1997.

Barton G. A., «The Date of the Epistle to the Hebrews», *JBL* 57 (1938) 195-207.

Barton J., «Structuralism», στο *ABD* 5, 214-216.

Barton S. C., «Community», στο *Dictionary of Biblical Interpretation*, έκδ. R. J. Coggins-J. L. Houlden, 1994, 134-138.

Batdorf I. W., «Hebrews and Qumran: Old Methods and New Directions», στο *Festschrift to Honor F. W. Gingrich*, έκδ. E. Barth-R. E. Cocroft, Leiden, Brill 1972, 16-35.

Bateman H. W., *Early Jewish Hermeneutics and Hebrews 1:5-13: The Impact of Early Jewish Exegesis on the Interpretation of a Significant New Testament Passage*, AUS 7, Theology and Religion 193, New York, Peter Lang, 1997.

____, «Two First-Century Messianic Uses of the O.T. Heb 1:5-13 and 4QFlor 1.1-19», *JETS* 38 (1995) 11-28.

Beattie J. H. M., *Other Cultures: Aims, Methods and Acheivements in Social Anthropology*, New York, The Free Press, 1964.

____, «On Understanding Sacrifice», στο *Sacrifice*, εκδ. M. F. C. Bourdillon-M. Forter, London 1980.

Bénétreau S., *L'Épître aux Hébreux*, τ. 2, Commentaire Evangιlique de la Bible 10, Vaux sur Seine, τ. 1, 1989, τ. 2, 1990.

____, «La Mort de Jesus et de le Sacrifice dans l' Épître aux Hébreux», *FV* 95 (1996) 33-45.

____, «Rest for the Pilgrim (Hebrews-Iii,7-4,11)», *ETR* 78 (2003) 203-233.

Bergant D., «An Anthropological Approach to Biblical Interpretation: The Passover Supper in Exodus 12:1-20 as a Case Study», *Semeia* 67 (1995) 43-62.

Berger P. L., *The Sacred Canopy. Elements of a Sociological Theory of Religion*, Anchor Books Editions, USA ²1990.

Berger P. L.-Luckmann T., *The Social Construction of Reality. A Treatise in the Sociology of Knowledge*, Garden City, New York, Doubleday, 1966.

Betz O., «Firmness in Faith: Hebrews 11:1 and Isaiah 28:16», στο *Scripture: Meaning and Method,* έκδ. B. P. Thompson, 1987, 92-113.

Black C. C. «The Rhetorical Form of the Hellenistic Jewish and Early Christian Sermon. A Response to L. Wills», *HTR* 81 (1988) 1-18.

Black D. A., «The Problem of the Literary Structure of Hebrews: An Evaluation and a Proposal», *GTJ* 7 (1986) 163-177.

____, «A Note on the Structure of Hebrews 12,1-2», *Bib* 68 (1987) 543-551.

____, «Hebrews 1:1-4: A Study in Discourse Analysis», *WTJ* 49 (1987) 175-199.

Blass F. W., *An die Hebräer. Text mit Angabe der Rhythmen*, Halle 1903.

Βιβλιογραφία

Bligh J., *Chiastic Analysis of the Epistle to the Hebrews*, Heythrop, Athenaeum 1966.

____, «The Structure of Hebrews», *HeyJ* 5 (1964) 170-177.

Blount B. K., *Cultural Interpretation: Reorienting New Testament Criticism*, Minneapolis 1995.

Bode E. L., «"Learning Obedience from Those That Suffered" Eb 5,8: The Educational Value of Suffering in Jesus and in Christians in the Letters to the Hebrews», *CBQ* 68 (2006) 350-352.

Bodine W. R., «Linguistics and Biblical Studies», στο *ABD* 3, 327-333.

Bonsirven J., *Saint Paul. Épître aux Hébreux*, Verbum Salutis XII, Paris ⁵1943.

____, *San Paolo. Epistola agli Ebrei*, Roma 1962.

Borkamm G., «Das Bekenntnis im Hebräerbrief», στο *Studien zu Antike und Christentum*, Munich, Kaiser ²1963, 188-203.

Böttrich C., «Hebr 7,3 und die Frühjüdische Melchisedeklegende», στο *The Bible in Cultural Context*, έκδ. H. Pavlincova-D. Papousek, 1994, 63-68.

Bourke M. M., *The Epistle to the Hebrews*, New Jersey, Prentice Hall, 1990.

Bowman G. M., *Hebrews, James, I & II Peter*, Layman's Bible Commentary, London, SCM Press, LTD, 1962.

____, *Don't Let Go! An Exposition of Hebrews*, Phillipsburg, New Jersey 1982.

Bowon F., «Le Christ, la Foi et la Sagesse dans l' Épître aux Hébreux (Hébreux 11 et 1) *RTP* 18 (1968) 129-144.

Boyd J., «The Triumphant Priest-King», *BV* 6 (1972) 99-110.

Brady C., «The World to Come in the Epistle to the Hebrews», *Wor* 39 (1965) 329-339.

Brandenburger E., «Text und Vorlagen von Hebr 5,7-10. Ein Beitrag zur Christologie des Hebräerbriefs», *NovT* 11 (1969) 190-224.

Brandes S., *Reflection on Honor and Shame and the Unity of the Mediteranean*, Washington, American Anthropological Association, 1987.

Braun H., *An die Hebräer*, HNT, Tübingen, Mohr, 1984.

Brawley R. L., «Discoursive Structure and the Unseen in Hebrews 2:8 and 11:1: A Neglected Aspect of the Context», *CBQ* 55 (1993) 81-98.

Bristol L. O., *Hebrews: A Commentary*, Valley Forge, Judson 1967.

____, «Primitive Christian Preaching and the Epistle to the Hebrews», *JBL* 68 (1949) 89-97.

Brock S. P., «Hebrews 2:9b in Syriac Tradition», *NovT* 27 (1985) 236-244.

Brooks W. E., «The Perpetuity of Christ's Sacrifice in Hebrews», *JBL* 89 (1970) 205-214.

Brown J. V., «The Authorship and Circumstances of Hebrews again», *BSac* 80 (1923) 505-538.

Brown R., «Pilgrimage in Faith: The Christian Life in Hebrews», *SWJT* 28 (1985) 28-35.

Brown R. E., *Christ above All: The Message of Hebrews*, Downers Grove 1982.

Brown R. E., *An Introduction to the New Testament*, ABRL, New York, Doubleday 1997.

Bruce A. B., *The Epistle to the Hebrews: The First Apology for Christianity*, Edinburgh 1899.

____, *History of Interpretation of Hebrews*, Demarest 1976.

____, «Hebrews Epistle to», στο J. Hastings, *Dictionary of the Bible*, τ. 2, ²1958, 327-335.

Bruce F. F., *The Epistle to the Hebrews*, NICNT, Michigan 1990.

____, «To the Hebrews or to the Essenes», *NTS* 9 (1962) 217-232.

Βιβλιογραφία

____, «Recent Contributions to the Understanding of Hebrews», *ExpTim* 80 (1968-1969) 260-64.

____, «The Kerygma of Hebrews», *Int* 23 (1969) 3-19.

____, «The Structure and Argument of Hebrews», *SWJT* 28 (1985) 6-12.

____, «To the Hebrews: A Document of Roman Christianity?», *ANRW* 25 (1987) 3496-3521.

Buchanan G. W., *To the Hebrews*, AB 36, New York, Doubleday, 1972.

____, «To the Hebrews», *Int* 31 (1977) 434-437.

Büchel C., «Der Hebräerbrief und das Alten Testament», *TSK* 79 (1906) 508-591.

Büchsel F., *Die Christologie des Hebräerbriefs*, BFCT 27, Gütersloh 1922.

Bulley A. D., «Death and Rhetoric in the Hebrews Hymn to Faith», *SR* 25 (1996) 409-423.

Bullinger E. W., *Great Cloud of Witness in Hebrews Eleven*, Grand Rapids, Kregel Publications 1981.

Burke T. J., *Family Matters: A Socio-Historical Study of Fictive Kinship Metaphors in 1 Thessalonians*, JSNTSup 247, New York, T & T Clark International, 2003.

Burns L., «Hermeneutical Issues and Principles in Hebrews as Exemplified in the Second Chapter», *JETS* 39 (1996) 587-607.

Burtness J. H., «Plato, Philo and the Author of Hebrews», *LQ* 10 (1958) 54-64.

Cadwallader A. H., «The Correction of the Text of Hebrews towards the LXX», *NovT* 34 (1992) 257-292.

Cager J. G., «Body-Symbols and Social Reality: Ressurection, Incarnation and Ascetism in Early Christianity», *Religion* 12 (1982) 345-364.

Caird G. B., «The Exegetical Method of the Epistle to the Hebrews», *CJT* 5 (1959) 44-51.

Camacho H. S., «The Altar of Incense in Hebrews 9:3-4», *AUSS* 24 (1986) 5-12.

Cambier J., *Eschatologie ou Hellénisme dans l' Épître aux Hébreux. Une Étude sur μένειν et l' Exhortation Finale de l' Épître*, Paris 1949.

Campbell J. C., «In a Son. The Doctrine of Incarnation in the Epistle to the Hebrews», *Int* 10 (1956) 24-38.

Campbell K. M., «Covenant or Testament? Hebrews 9:16,17 Reconsidered», *EvQ* 44 (1972) 107-111.

Campos J., «A Carta aos Hebreus como Apolo a Superasao de Certa Religiosidade Popular», *RCB* 8 (1984) 122-124.

Carlston C., «Eschatology and Repentance in the Epistle to the Hebrews», *JBL* 78 (1959) 296-302.

Carlston O. C., «The Vocabulary of Perfection in Philo and Hebrews», στο *Unity and Diversity in New Testament Theology*, έκδ. G. Ladd, Michigan 1978, 133-160.

Carmignac J., «Le Document de Qumrân sur Melkisédeq», *RevQ* 7 (1970) 343-378.

Carpzov J. B., *Sacrae Excercitationes in S. Pauli Epistolam ad Hebraeos ex Philone Alexandrino*, Helmstedt 1750.

Casalini N., *Agli Ebrei: Discorso di Esortazione*, SBFLA 34, Jerusalem 1992.

____, «Ebr. 7,1-10: Melchisedek Prototipi di Christo», *SBFLA* 34 (1984) 149-190.

____, «I Sacrifici dell'Antica Allena nel Piano Salvifico di Dio Secundo la Lettera agli Ebrei», *RivB* 35 (1987) 443-464.

Casciaro J. M. et al., *Epistola a los Hebreos,* Sagrada Biblia, Traducida y Anotada por la Facultad de Teologia de la Universidad de Navarra, X, Pamplona 1987.

Casey J. M., *Eschatology in Heb 12:14-29. An Exegetical Study*, Leuven 1977.

____, *Hebrews*, New Testament Message 18, Wilmington, Delaware 1980.

____, «Christian Assemply in Hebrews: A Fantasy Island?», *TD* 30 (1982) 323-335.

Casson R. W., «Schemata in Cognitive Anthropology», *ARA* 12 (1983) 429-462.

Castro V. H. M., «Theology of the Papal Jesus Christ. Rhetoric Analysis and Semantics of the Book of Hebrews 4,15; 7,26 and 9,14», *RB* 112 (2005) 305-405.

Caudill R. P., *Hebrews, A Translation with Notes*, Nashville, Tennessee 1985.

Cerfaux L., «Le Sacre du Grand Prêtre (selon Hébr. 5,5-10)», *BVC* 21 (1958) 54-58.

Cernuda A. V., «La Introduction del Primogenito, segun Hebr. 1,6», *EstBib* 39 (1981) 107-153.

Charles J. D., «The Angels, Sonship and Birthright in the Letter to the Hebrews», *JETS* 33 (1990) 171-178.

Chance J. K., «The Anthropology of Honor and Shame: Culture, Values, and Practice», *Semeia* 68 (1994) 139-152.

Chapman J., «Aristion, Author of the Epistle to the Hebrews», *Rben* 22 (1905) 50-64.

Childs B. S., *The New Testament as Canon: An Introduction*, London 1984.

Chilstrom H. W., *Hebrews: A New And Better Way*, Philadelphia Fortress Press, 1984.

Cicourel A. V., «Text and Discourse», *ARA* 14 (1985) 159-185.

Cineira A. D., «Los Sacrificios en la Carta a los Hebreos 10,1-18», *EstAg* 30 (1995) 5-58.

Cipriani S., «Lettera agli Ebrei», στο *Le Lettere di S. Paolo,* Assisi, [7]1991, 731-833.

Clark N., «Reading the Book 2. The Letter to the Hebrews», *ExpTim* 108 (1996) 37-40.

Clark-Soles J., *Scripture Cannot Be Broken: The Social Function of the Use of Scripture in the Fourth Gospel*, Boston, Brill Academic Publishers, 2003.

Clavier H., «Ho Logos tou Theou dans l' Épître aux Hébreux», στο *New Testament Essays, Essays in Memory of T. W. Manson*, έκδ. A. J. Higgins, Manchester 1959, 81-93.

Cleary M., «Jesus Pioneer and Source of Salvation: The Christology of Hebrews 1-6», *TBT* 67 (1973) 1242-1248.

Clements R. E., «The Use of the Old Testament in Hebrews», *SWJT* 28 (1985) 36-45.

____, «Hebrews 1:6: Source and Significance», *BBR* 9 (1999) 51-64.

Cockerill G. L., *Hebrews. A Bible Commentary in the Wesleyan Tradition*, Indianapolis, Wesleyan Publishing House, 1999.

____, «Heb 1:1-14, A Clem. 36:1-6 and the High Priest Title», *JBL* 97 (1978) 437-440.

____, «The Better Resurrection (Heb. 11:35). A Key to the Structure and Rhetorical Purpose of Hebrews 11», *TynB* 51 (2000) 215-234.

Cody A., *Heavenly Sanctuary and Liturgy in the Epistle to the Hebrews*, St. Meinrad, Grail Publications 1960.

Coleran J. E., «The Sacrifice of Melchizedek», *TS* 1 (1940) 27-36.

Colijn B. B., «Let Us Approach: Soteriology in the Epistle to the Hebrews», *JETS* 39 (1996) 571-576.

Combrink H. J., «Some Thoughts on the Old Testament Citations in the Epistle to the Hebrews», *Neot* 5 (1971) 22-36.

Coppens J., *Les Affinités Qumraniennes de l' Épître aux Hébreux*, Paris 1962.

Corrigan G. M., «Paul's Shame for the Gospel», *BTB* 16 (1986) 23-27.

Cortez F. H., «From the Holy to the Most Holy Place: The Period of Hebrews 9:6-10 and the Day of Atonement as a Metaphor of Transition», *JBL* 125 (2006) 527-547.

Cosby M. R., *The Rhetorical Composition and Function of Hebrews 11: In Light of Example Lists in Antiquity*, Macon 1988.

____, «The Rhetorical Composition of Hebrews 11», *JBL* 107 (1988) 257-273.

Craffert P. F., «The Origins of Ressurection Faith: The Challenge of a Social-Scientific Approach», *Neot* 23 (1989) 331-348.

____, «Towards an Interdisciplinary Definition of the Social-Scientific Interpretation of the New Testament», *Neot* 25 (1991) 123-144.

____, «More Models and Muddles in the Social-Scientific Interpretation of the New Testament: The Sociological Fallacy Reconsidered», *Neot* 26 (1992) 217-239.

____, «The Anthropological Turn in New Testament Interpretation: Dialogue as Negotiation and Cultural Critique», *Neot* 29 (1995) 167-182.

Craig R. K., *Hebrews: A New Translation with Introduction and Commentary*, AB 36, New York, Doubleday, 2001.

Crook Z. A., «Reflections on Culture and Social-Scientific Models», *JBL* 124 (2005) 515-520.

Croy N. C., *Endurance in Suffering. A Study of Hebrews 12:1-13 in Its Rhetorical, Religious, and Philosophical Context*, SNTSMS 98, Cambridge, Cambridge University Press 1998.

____, «A Note on Hebrews 12:2», *JBL* 114 (1995) 117-119.

Culley R. C., «Anthropology and Old Testament Studies: An Introductory Comment», *Semeia* 21 (1982) 1-5.

Cullmann O., Χριστός και Χρόνος, (μτφρ. Π. Κουμάντος), Αθήνα, Άρτος Ζωής, 1997.

____, «Jesus the High Priest», στο *The Christology of the New Testament*, 1963, 83-107.

Cullpepper R. H., «The High Priesthood and Sacrifice in the Epistle to the Hebrews», *ThEduc* 32 (1985) 46-62.

D'Angelo M. R., *Moses in the Letter to the Hebrews*, SBLDS 42, Missoula, Mont, Scholars Press, 1979.

____, «Hebrews», στο έκδ. C. A. Newsom-S. H. Ringe, *Women's Bible Commentary*, Louisville, Westminster, John Knox Press, 1998, 455-459.

Dahms J. V., «The First Readers of Hebrews», *JETS* 20 (1977) 365-375.

Daniélou J., *The Dead Sea Scrolls and Primitive Christianity*, 1962.

Davies J. H., *A Letter to the Hebrews*, Cambridge 1979.

De Catane C., «Jesus le Precurseur (Hebr. VI, 19-20)», *Θεολ* 27 (1956) 104-122.

De Haes R., «Jesus Christ est le Meme hier et Aujourd'hui, il le sera a Jamais (Heb. 13,8)», *Telema* 102-103 (2000) 22-27.

Delcor M., «Melchizedek from Genesis to the Qumran Texts and the Epistle to the Hebrews», *JSJ* 2 (1971) 115-135.

Delitzsch F., *Commentary on the Epistle to the Hebrews*, (μτφρ. T. L. Kingsbury), τ. 2, Edinburgh 1981.

Derek T., *An Introduction to the Sociology of the New Testament*, Exeter 1983.

Descamps A., «La Structure de l' Épître aux Hébreux», *RdT* 9 (1954) 333-338.

DeSilva D. A., *Despising Shame: Honor Discourse and Community Maintenance in the Epistle to the Hebrews*, SBLDS 152, Atlanta, Scholars Press, 1995.

____, *Bearing Christ's Reproach: The Challenge of Hebrews in an Honor Culture*, North Richland Hills, BIBAL, 1999.

____, *The Hope of Glory: Honor Discourse and New Testament Interpretation*, Collegeville, The Liturgical Press, 1999.

____, *Perseverance in Gratitude: A Socio-Rhetorical Commentary on the Epistle to the Hebrews*, Grand Rapids, Wm. B. Eerdmans, 2000.

____, *Honor, Patronage, Kinship & Purity: Unlocking New Testament Culture*, InterVarsity Press, 2000.

____, «The Epistle to the Hebrews in Social-Scientific Perspective», *ResQ* 36 (1994) 1-21.

____, «Exchanging Favor for Wrath: Apostasy in Hebrews and Patron-Client Relationships», *JBL* 115 (1996) 91-116.

____, «Hebrews 6:4-8: A Socio-Rhetorical Investigation (Part 1)», *TynB* 50 (1999) 33-57 & 225-235.

Destro A.-Pesce M., *Antropologia delle Origini Cristiane*, Quadrante 78, Bari, Laterza, ²1997.

Dewar L., «The Biblical Use of the Term Blood», *JTS* 4 (1953) 204-208.

De Wette W. M. L., «Über die Symbolisch-Typische Lehrart des Briefes an die Hebräer», *TZ* 3 (1822) 1-51.

Dey L. K., *The Intermediary World and Patterns of Perfection in Philo and Hebrews*, SBLDS 25, Missoula, Scholars, 1975.

De Young J. C., «The Gospel according to Hebrews 9», *NTS* 27 (1981) 198-210.

____, «Is Hebrews 6. 1-8 Pastoral Nonsense?», *Colloquium* 15 (1982) 52-57.

Dhôtel J. C., «La "Sanctification" du Christ d' après Hébreux, II, 11», *RSR* 47 (1959) 515-543 & 48 (1960) 420-452.

Dickson D., *The Epistle to the Hebrews*, Edinburgh 1978.

Dieterle C., «Par-dela le Voile: L' Épître aux Hébreux et le Sacrifice (Hébreux 6,13 a 10,21)», *FV* 95 (1996) 47-51.

Dimmler E., *Melchisedech. Gedanken uber das Hohepriestertum Christi nach dem Hebräerbrief*, Kempten 1921.

Dods M., «PROS EBRAIOUS», στο *The Expositor's Greek Testament,* τ. 4, εκδ. W. R. Nicoll, Grand Rapids, 1961.

Dolfe K. G., «Hebrews 2,16 under the Magnifying Glass», *ZNW* 84 (1993) 289-294.

Donelson L. R., *From Hebrews to Revelation, A Theological Introduction*, Westminster John Knox Press, Louisville, 2000.

Douglas M., *Purity and Danger: An Analysis of Concepts of Pollution and Taboo*, London, Routledge, 1966.

____, *Natural Symbols: Explorations in Cosmology*, New York 1973.

____, *Implicit Meanings, Essays in Anthropology*, London, Routledge, 1975

Dubarle A. M., «Redacteur et Destinataires de l' Épître aux Hébreux», *RB* 48 (1939) 506-529.

Duhaime J.-Jacques M., «Early Christianity and the Social Sciences: A Bibliography», *Social Compass* 39 (1992) 275-290.

Dukes J., «The Humanity of Jesus in Hebrews», *ThEduc* 32 (1985) 38-45.

Dunkel F., «Expiation et Jour des Expiations dans l' Épître aux Hébreux», *RevRif* 33 (1982) 63-71.

Dunn J. D. G., *Christology in the Making*, London 1980.

Dunnill J., *Covenant and Sacrifice in the Letter of the Hebrews*, SNTSMS 75, Cambridge, Cambridge University Press, 1992.

Dussaut L., *Synopse Structurelle de l' Épître aux Hébreux: Approche d'Analyse Structurelle*, Paris, Cerf, 1981.

Dutch R. S., *The Educated Elite in 1 Corinthians: Education and Community Conflict in Graeco-Roman Context*, JSNTSup 271, New York, T & T Clark International, 2005.

Eberhart C., «Characteristics of Sacrificial Metaphors in Hebrews», στο G. Gelardini (εκδ.), *Hebrews: Contemporary Methods-New Insights*, BIS 75, Leiden, Brill, 2005, 37-64.

Edwards J. R., «The 'Gospel of the Ebionites' and the 'Gospel of Luke' (An Investigation into Compositional Relationships between the Lucan Gospel and the So-Called "Jewish-Christian" 'Gospel to the Hebrews')», *NTS* 48 (2002) 568-586.

Βιβλιογραφία

Eilberg-Schwartz H., *The Savage in Judaism: An Anthropology of Israelite Religion and Ancient Judaism*, Bloomington, Indiana University Press, 1990.

Eisele W., *Ein Unerschütterliches Reich: Die Mittelplatonische Umformung Des Parusiegedankens Im Hebräerbrief*, BZNW 116, Berlin, W. de Gruyter, 2003.

Eisenbaum P. M., *The Jewish Heroes of Christian History: Hebrews 11 in Literary Context*, SBLDS, 156, Atlanta, Scholars Press, 1997.

____, «Father and Son: The Christology of Hebrews in Patrilineal Perspective», στο A.-J. Levine (εκδ.), *A Feminist Companion to the Catholic Epistles and Hebrews*, FCNTECW 8, London, T & T Clark, 2005, 127-146.

____, «Locating Hebrews within the Literary Landscape of Christian Origins», στο G. Gelardini (εκδ.), *Hebrews: Contemporary Methods-New Insights*, BIS 75, Leiden, Brill, 2005, 213-237.

Ellingworth P., *The Epistle to the Hebrews*, Epworth Commentaries, London, Epworth 1991.

____, *The Epistle to the Hebrews: A Commentary on the Greek Text*, NIGTC, Grand Rapids, Michigan, W. B. Eerdmans, Carlisle England, Paternoster, 1993.

____, «Hebrews and A Clement: Literary Dependence or Common Tradition?», *BZ* 23 (1979) 262-269.

____, «New Testament Text and Old Testament Context in Heb.12:3», στο *Studia Biblica 1978. III. Papers on Paul and other New Testament Authors*, εκδ. E. A. Livingstone, JSNTSup 3, Sheffield, JSOT Press, 1980, 89-95.

____, «Like the Son of God: Form and Content in Hebrews 7,1-10», *Bib* 64 (1983) 255-262.

____, «The Unshakable Priesthood: Hebrews 7,24», *JSNT* 23 (1985) 125-126.

____, «Jesus and the Universe in Hebrews», *EvQ* 58 (1986) 337-350.

Ellingworth P.-Frankowski J., «Early Christian Hymns Recorded in the New Testament. A Reconsideration of the Question in the Light of Heb 1,3», *BZ* 27 (1983) 183-194.

Ellingworth P.-Nida E. A., *A Translator's Handbook on the Letter to the Hebrews*, New York 1983.

Elliott J. H., *A Home for the Homeless: A Sociological Criticism of I Peter. Its Situation and Strategy*, Minneapolis, Augsburg, Fortress Press 1990.

____, *What is a Social-Scientific Criticism?*, Minneapolis, Fortress Press, 1993.

____, «Social Scientific Criticism of the New Testament: More on Methods and Models», *Semeia* 35 (1986) 1-33.

____, «Patronage and Clientism in Early Christian Society. A Short Reading Guide», *Forum* 3 (1987) 39-48.

____, «The Anthropology of Christian Origins», *BTB* 28 (1998) 120-122.

____, «The Epistle of James in Rhetorical and Social Scientific Perspective: Holiness-Wholeness and Patterns of Replication», *BTB* 23 (1993) 71-81.

Emmrich M., «Pneuma in Hebrews: Prophet and Interpreter», *WTJ* 64 (2002) 55-71.

Enns P. E., «Creation and Re-Creation: Psalm 95 and Its Interpretation in Hebrews 3:1-4:13», *WTJ* 55 (1993) 281-297.

____, «The Interpretation of Psalm 95 in Hebrews 3.1-4.13», στο *Early Christian Interpretation of the Scriptures of Israel. Investigations and Proposals*, έκδ. C. A. Evans-J. A. Sanders, JSNTSup 148, Sheffield, JSOT Press 1997, 352-363.

Eriksen T. H., *Small Places, Large Issues: An Introduction to Social and Cultural Anthropology*, London 1995.

Esler P. F., *Community and Gospel in Luke-Acts. The Social and Political Motivation of Lucan Theology*, SNTSMS 57, Cambridge, Cambridge University Press 1987.

Βιβλιογραφία

Esler P. F.-R. A. Piper, *Lazarus, Mary and Martha: Social-Scientific Approaches to the Gospel of John*, Minneapolis, Augsburg Fortress, 2006.

Estrada C. Z., *Hebreos 5,7-8: Estudio Historico-Exegetico*, AnBib 113, Roma, Editrice Pontificio Istituto Biblico, 1990.

Estrada N. P., *From Followers to Leaders: The Apostles in the Ritual of Status Transformation in Acts 1-2*, JSNTSup 255, New York, T&T Clark International, 2004.

Evans C. F., *The Theology of Rhetoric: The Epistle to the Hebrews*, London, Dr. Williams's Trust, 1988.

Evans L. H., *Hebrews. The Communicator's Commentary*, NovT 10, Waco, 1985.

Fabris R., *Attualità della Lettera agli Ebrei*, Bologna 1985.

____, «La Lettera agli Ebrei e l' Antico Testamento», *RivB* 32 (1984) 237-252.

____, «La Morte du Gesu nella Lettera agli Ebrei», στο *Gesu e la Sua Morte. Atti della XXVII Sestimana Biblica dell' Associazione Biblica Italiana*, εκδ. G. Danieli, Brescia 1984, 177-189.

Fairhurst A. M., «Hellenistic Influence in the Epistle to the Hebrews», *TynB* 7 (1961) 17-27.

Fanning B. M., «A Theology of Hebrews», στο *A Biblical Theology of the New Testament*, εκδ. R. B. Zuck, Chicago, Moody Press, 1994, 369-415.

Feine P.-Behm J., *Introduction to the New Testament*, 1966.

Feld H., *Der Hebräerbrief*, EdF 228, Darmstadt, Wissenschaftliche Buchgesellschaft, 1985.

Fensham F. C., «Hebrews and Qumran», *Neot* 5 (1971) 9-21.

Fenton J. C., «The Argument in Hebrews», *SE* 7 (1982) 175-181.

Ferris T. E., «A Comparison of I Peter and Hebrews», *CBQ* 3 (1930-1931) 123-127.

Feuillet A., «Le "Commencement" de l' Economie Chretienne d' après He II. 3-4, Mc I. I et Ac I. 1-2», *NTS* 24 (1978) 163-174.

Filson F., *'Yesterday': A Study of Hebrews in the Light of Chapter 13*, SBT, London, SCM Press, 1967.

Finney T. J., «A Proposed Reconstruction of Hebrews 7.28a in P^{46}», *NTS* 40 (1994) 472-473.

Fiore B., «N.T. Rhetoric and Rhetorical Criticism», στο *ABD* 5, 715-719.

Fischer J., «Covenant, Fulfilment and Judaism in Hebrews», *EvanRevTheol* 13 (1989) 175-187.

Fitzgerald J., *Backwards into the Future: Meditations on the Letter to the Hebrews*, Faversham, Saint Albert's Press, 2005.

Fitzmyer J. A., «Now This Melchisedek ... (Heb. 7,1)», *CBQ* 25 (1963) 305-321.

____, «Melchizedek in the MT, LXX, and the NT», *Bib* 81 (2000) 63-69.

Floor L., «The General Priesthood of Believers in the Epistle to the Hebrews», *Neot* 5 (1971) 22-36.

Flusser D., «Messianology and Christology in the Epistle to the Hebrews», στο *Judaism and the Origins of Christianity*, Jerusalem 1988, 246-279.

Ford J. M., «The First Epistle to the Corinthians or the First Epistle to the Hebrews», *CBQ* 28 (1966) 402-416.

____, «The Mother of Jesus and the Authorship of the Epistle to the Hebrews», *TBT* 82 (1976) 683-694.

Fornberg T., «God, the Fathers, and the Prophets. The Use of Heb 1:1 in Recent Theology of Religions», στο *Texts and Contexts. Biblical Texts in Their Textual and Situational Contexts. Essays in Honor of H. Lars, T. Fornberg, and D. Hellholm*, Oslo, Scandinavian University Press 1995, 887-900.

Forster G., *The Moral Vision of the Letter to the Hebrews*, Grove Ethics Series 138, Cambridge, Grove, 2005.

Βιβλιογραφία

Fotopoulos J., *Τα Θυσιαστήρια Δείπνα στη Ρωμαϊκή Κόρινθο. Μία Κοινωνικο-ρητορική Ανάλυση του Α΄ Κορ. 8:1-11:1*, (μτφρ. Μ. Γκουτζιούδη), ΒΒ 37, Θεσσαλονίκη 2006.

France R. T., «The Writer of Hebrews as a Biblical Expositor», *TynB* 47 (1996) 245-276.

Friedländer M., «La Sect de Melchisédech et l Épître aux Hébreux», *REJ* 5 (1882) 1-26 & 188-198 & (1883) 187-199.

Friedrich G., «Das Lied vom Hohenpriester im Zusammenhang von Hebr 4, 14-5, 10», *TZ* 18 (1962) 95-115.

Fuhrmann S., *Vergeben Und Vergessen: Christologie und Neuer Bund im Hebräerbrief*, Neukirchen-Vluyn, Neukirchener Verlag, 2007.

Fuller R. H., *A Critical Introduction to the New Testament*, Studies in Theology 55, London, Duckworth, 1966.

_____, *The Letter to the Hebrews*, Proclamation Commentaries, Philadelphia 1977.

Gäbel G., *Die Kulttheologie Des Hebräerbriefes: Eine Exegetisch-Religionsgeschichtliche Studie*, WUNT 212, Tubingen, Mohr Siebeck, 2006.

Galot J., «Le Sacerdose Catholique: III. Le Sacerdose du Christ selon l' Épître aux Hébreux», *EV* 91 (1981) 689-696.

_____, «Il Prologo della Lettera agli Ebrei (Eb 1,1-4)», *SacDoc* 34 (1989) 533-556.

Galloway L. F., «Between Text and Sermon. Hebrews 4:14-5:10», *Int* 57 (2003) 294-296.

Gammie J. G., «Paraenetic Literature: Toward the Morphology of a Secondary Genre», *Semeia* 50 (1990) 41-77.

Garcva Martvnez F., «Las Traditiones sobre Melquisedec en los Manuscritos de Qumran», *Bib* 81 (2000) 70-80.

Garrett S. R., «Sociology of Early Christianity», στο *ABD* 6, 89-99.

Garuti P., *Alle Origini dell' Omiletica Cristiana: La Lettera agli Ebrei*, Jerusalem, Franciscan Printing Press, 1995.

Βιβλιογραφία

Gaughey M. H., *The Hermeneutic Method of the Epistle to the Hebrews*, Boston 1963.

Gayford S. C., «Note-The Aorist Participles in Heb. I.3, Vii.27, X.12», *Th* 7 (1923) 282.

____, «The Epistle to the Hebrews», στο *A New Commentary in Scripture*, έκδ. Gore C. et al., London 1928, 596-627.

Gelardini G., «Hebrews, an Ancient Synagogue Homily for *Tisha be-Av*: Its Function, Its Basis, Its Theological Interpretation», στο G. Gelardini (έκδ.), *Hebrews: Contemporary Methods-New Insights*, BIS 75, Leiden, Brill, 2005, 107-127.

Gench F. T., *Hebrews and James*, Westminster Bible Companion, Louisville, Westminster John Knox, 1996.

Georgi D., «Hebrews and the Heritage of Paul», στο G. Gelardini (έκδ.), *Hebrews: Contemporary Methods-New Insights*, BIS 75, Leiden, Brill, 2005, 239-244.

Gerhard K. (έκδ.), *The General Letters: Hebrews, James, 1-2 Peter, Jude, 1-2-3 John*, Proclamation Commentaries, Minneapolis, Fortress Press, 1995.

Gheorghita R., *The Role of the Septuagint in Hebrews: An Investigation of Its Influence with Special Consideration to the Use of Hab 2:3-4 in Heb 10:37-38*, WUNT 2.160, Tübingen, Mohr Siebeck, 2003.

Gianotto C., *Melchisedek e la sua Tipologia: Tradizioni Giudaiche, Cristiane e Gnostiche, (sec. II a.C.–sec. III d.C.)*, SRivBib 12, Brescia 1984.

____, «Melchisedek e lo Spirito Santo. Alcuni Aspetti della Pneumatologia Eterodossa tra il III e il IV Secolo», *Aug* 20 (1980) 587-593.

Giavini G., *Lettera agli Ebrei: Una Grande Omelia su Geso Sacerdote*, Cinisello Balsamo, Milano, San Paolo, 1998.

Gibellini R., *Η Θεολογία του Εικοστού Αιώνα*, (μτφρ. Π. Υφαντή), Αθήνα 2004.

Gilmore D. D., «Anthropology of the Mediterranean Area», *ARA* 11 (1982) 175-205.

Girdwood J., *Hebrews*, The College Press NIV Commentary, Joplin, College Press, 1997.

Glaister R., «Christ's Sympathy in Life's Commonplace (Hebrews II. 16)», *ExpTim* 10 (1898-1899) 360-363.

Glasson T. F., «"Plurality of Divine Persons" and the Quotations in Hebrews I. 6ff.», *NTS* 12 (1965-1966) 270-272.

Gleason R. C., «The Old Testament Background of the Warnings in Hebrews 6:4-8», *BSac* 155 (1998) 62-91.

____, «The Old Testament Background of Rest in Hebrews 3:7-4:11», *BSac* 157 (2000) 281-303.

Glenn D. R., «Psalm 8 and Hebrews 2: A Case Study in Biblical Hermeneutics and Biblical Theology», στο *Walvoord: A Tribute*, έκδ. D. K. Campbell, Chicago, Moody Press, 1982, 39-51.

Goard W. P., *The Statesmanship of Jesus: A Study in the Wonderful Epistle to the Hebrews*, 1989.

Golding P., *Why Does Being a Christian Have to Be So Hard: Studies in Hebrews 12:1-13*, Darlington, Evangelical Press, 2004.

Gooding D., *An Unshakeable Kingdom: Ten Studies in the Epistle to the Hebrews*, Scarborough, Ontario 1976.

Goppelt L., *ΤΥΠΟΣ: The Typological Interpretation of the Old Testament in the New*, (μτφρ. D. H. Madvig), Grand Rapids, Eerdmans 1978.

____, *Theology of the New Testament. Vol. 2. The Variety and Unity of the Apostolic Witness to Christ*, (μτφρ. J. E. Alsup), Michigan 1982.

Gordon, R. P., *Hebrews*, Readings: A New Biblical Commentary, Sheffield, Sheffield Academic Press, 2000.

____, «Better Promises: Two Passages in Hebrews against the Background of the Old Testament Cultus», στο *Templum Amicitiae*, έκδ. B. Ernst-W. Horbury, JSNTSup 48, Sheffield, 1991, 434-449.

Βιβλιογραφία

Gottwald N. K., *The Tribes of Yahweh: A Sociology of the Religion of Liberated Israel, 1350-1050 B.C.E.*, Maryknoll, New York, Orbis, 1979.

____, «Sociology», στο *ABD* 6, 79-89.

Goulder M., «'Hebrews' and the Ebionites», *NTS* 49 (2003) 393-406.

Gourgues M., «Remarques sur la Structure Centrale de l' Épître aux Hébreux», *RB* 84 (1977) 26-37.

Graham A. A., «Mark and Hebrews», *SE* 4 (1968) 411-416.

Grand R. M., *Early Christianity and Society*, San Francisco 1977.

Grässer E., *Der Glaube im Hebräerbrief*, Marburg, Elwert Verlag, 1965.

____, *An die Hebräer. 1. Teilband: Hebr 1-6*, EKKNT 17/1, Zórich, Benziger 1990.

____, *An die Hebräer. 2. Teilband: Hebr 7,1-10,18*, EKKNT 17/2, Zürich, Benziger 1993.

____, *An die Hebräer. 3. Teilband: Hebr 10,19-13,25*, EKKNT 17/3, Zürich, Benziger 1997.

____, «"Wir haben hier keine Bleibende Stadt" (Hebr 13,14). Erwägungen zur Christlichen Existenz Zwischen den Zeiten», στο E. Grässer, *Aufbruch und Verheissung. Gesammelte Aufsätze zum Hebräerbrief*, Berlin 1992, 251-264.

Grässer J., *Aufbruch und Verheissung, Gesammelte Aufsätze zum Hebräerbrief: zum 65. Geburtstag mit einer Bibliographie des Verfassers*, BZNW 65, Berlin, 1992.

____, «Der Hebräerbrief 1938-1963», *TRu* 30 (1964) 138-256.

____, «Das Wandernde Battesvolk. Zum Basismotiv des Hebräerbriefes», *ZNW* 77 (1986) 160-179.

____, «An die Hebräer 2. Teilband, Hebr. 7,1-10,18», *SBFLA* 44 (1994) 111-214.

Gray P., «Brotherly Love and the High Priest Christology of 'Hebrews'», *JBL* 122 (2003) 335-351.

Graystone K., «Salvation Proclaimed: III. Hebrews 9:11-14», *ExpTim* 93 (1982) 164-168.

Greer R. A., *The Captain of Our Salvation: A Study in the Patristic Exegesis of Hebrews*, Tübingen, Mohr, 1973.

Grimes R. L., «Victor Turner's Definition, Theory, and Sense of Ritual», στο *Victor Turner and the Construction of Cultural Criticism: Between Literature and Anthropology*, Bloomington 1990, 141-146.

Grogan G. W., «The Old Testament Concept of Solidarity in Hebrews», *TynB* 49 (1998) 159-173.

Grunlan S. A.-Mayers M. K., *Cultural Anthropology: A Christian Perspective*, 1988.

Gudorf M. E., «Through a Classical Lens: Hebrews 2:16», *JBL* 119 (2000) 105-108.

Guest T. H., «The Word "Testament" in Heb. ix», *ExpTim* 25 (1913-1914) 379.

Guggenheim A., «Christ the High Priest and the Connection between the Old and New Covenants in Saint Thomas Aquinas' 'Commentary on the Epistle to the Hebrews', Chapters Viii-X», *RSPhTh* 87 (2003) 499-523.

Guthrie D., *The Epistle to the Hebrews*, TNTC, Grand Rapids 1983.

Guthrie G. H., *The Structure of Hebrews. A Text-Linguistic Analysis*, Leiden, 1994.

____, *The Letter to the Hebrews*, TNTC, Grand Rapids, Michigan 1983.

____, *Hebrews*, The NIV Application Commentary, Grand Rapids, Zondervan, 1998.

____, «Hebrews' Use of the Old Testament: Recent Trends in Research», *CR:BS* 12 (2003) 284-290.

Gyllenberg R., «Die Komposition des Hebräerbriefs», *SEE* 22-23 (1957-58) 137-147.

Haering T., «Gedankengang und Grundgedanken des Hebräerbriefs», *ZAW* 18 (1917-18) 145-164.

Hagen K., *Hebrews Commenting from Erasmus to Béze*, BGBE 23, Tübingen, Mohr, 1981.

Hagner D. A., *Hebrews*, San Francisco, Harper & Row, 1983.

____, *Hebrews*, NIBC 14, Peabody, Hendrickson Publishers, Carlisle, Paternoster Press, 1995.

____, *Encountering the Book of Hebrews: An Exposition*, Encountering Biblical Studies, Grand Rapids, Michigan, Baker Academic, 2002.

____, «The Epistle to the Hebrews», στο *The Use of the Old and the New Testament in Clement of Rome,* 1973, 179-195.

Hahn S. W., «A Broken Covenant and the Curse of Death: A Study of Hebrews-Ix,15-22 (Exploring the Hellenistic and Septugintal Meaning of the Greek Term "Diatheke" Through Grammatical, Lexical, and Syntactical Issues)», *CBQ* 66 (2004) 416-436.

____, «Covenant, Cult, and the Curse-of-Death: Διαθήκη in Heb 9:15.22», στο G. Gelardini (έκδ.), *Hebrews: Contemporary Methods-New Insights*, BIS 75, Leiden, Brill, 2005, 65-88.

Hamm D. S. J., «Faith in the Epistle to the Hebrews: The Jesus Factor» *CBQ* 52 (1990) 270-291.

Hanson A. T., «Christ in the Old Testament according to Hebrews», στο *Studia Evangelica II,* έκδ. F. L. Cross, Berlin 1964, 393-397.

____, «The Reproach of the Messiah in the Epistle to the Hebrews», *SE* 7 (1982) 231-240.

Hanson K. C., «Blood and Purity in Leviticus and Revelation», *JRC* 28 (1993) 215-230.

Hao A. C., *Jewish Persecution of the Early Christians and Perseverance in the Message of the Epistle to the Hebrews*, (μετ. εργ.), Dallas Theological Seminary, 2004.

Βιβλιογραφία

Hardin M., «Sacrificial Language in Hebrews: Reappraising René Girard», στο έκδ. M. Willard Swartley, *Violence Renounced: René Girard, Biblical Studies, and Peacemaking*, Studies in Peace and Scripture 4, Telford, Pandora Press 2000, 103-119.

Harrington D. J., *The Letter to the Hebrews*, New Collegeville Bible Commentary, Collegeville, Liturgical Press, 2005.

Harnack A. V., «Probabilia über die Adresse und den Verfasser des Hebräerbriefes», *ZNW* 1 (1900) 16-41.

____, «Zwei alte Dogmatische Korrecturen im Hebräerbrief», *SPAW* (1929) 62-73.

Harris J. R., «An Orphic Reaction in the Epistle to the Hebrews», *ExpTim* 40 (1928-1929) 449-451.

Harris M. J., «The Translation and Significance of ὁ Θεός in Hebrews 1:8-9», *TynB* 36 (1985) 129-162.

Harrison E. F., «The Theology of the Epistle to the Hebrews», *BSac* 121 (1964) 333-340.

Harvill J., «Focus on Jesus: The Letter to the Hebrews», *SpTod* 37 (1985) 336-347.

Hatch W. H., «The Position of Hebrews in the Canon of the New Testament», *HTR* 29 (1936) 133-151.

Hayes J. H., «Atonement in the Book of Leviticus», *Int* 52 (1998) 5-15.

Hayward R., «Shem, Melchizedek, and Concern with Christianity in the Pentateuchal Targumim», στο *Targumic and Cognate Studies*, JSOTSup 230, Sheffield, Sheffield Academic Press 1996, 67-80.

Heen E. M.-Krey P. D. W. (έκδ.), *Hebrews*, ACCS 10, Downers Grove, InterVarsity Press, 2005.

Hegermann H., *Der Brief an die Hebräer*, THKNT, Berlin, Evangelische Verlagsanstalt 1988.

Heininger B., «Sundenreinigung (Hebr 1,3). Christologische Anmerkungen zum Exordium des Hebräerbriefs», *BZ* 41 (1997) 54-68.

Βιβλιογραφία

____, «Hebr. 11,7 und das Henochorakel am Ende der Welt», *NTS* 44 (1998) 115-132.

Helyer L. R., «The Prototokos Title in Hebrews», *StudBibTh* 6 (1976) 3-28.

Héring J., *L' Épître aux Hébreux*, CNT 12, Neuchâtel, Delachaux & Niestlé, 1954.

____, *The Epistle to the Hebrews*, (μτφρ. A. W. Heathcote-P. J. Allcock), London 1970.

Hermann L., «L' Épître aux Laodicéens et l' Apologie aux Hébreux», *Cahiers du Cercle Ernest Renan* 15 (1968) 1-16.

Hewitt T., *The Epistle to the Hebrews, an Introduction and Commentary*, Grand Rapids, Wm. B. Eerdmans, 1960.

____, *L' Epistola agli Ebrei: Introduzione e Commentario*, Commentari al Nuovo Testamento, Torino 1986.

Hickling C. J., «John and Hebrews. The Background of Hebrews 2.10-18», *NTS* 29 (1988) 112-115.

Higgins A. J., «The Priestly Messiah», *NTS* 13 (1966) 211-239.

Hillmer M. R., «Priesthood and Pilgrimage: Hebrews in Recent Research», *ThBullMDC* 5 (1969) 66-89.

Hoch C. A., «Hebr. 4:1-13», *Int* 48 (1994) 282-286.

Hock R. F., *The Social Context of Paul's Ministry*, Philadelphia 1980.

Hoekema A. A., «The Perfection of Christ in Hebrews», *CTJ* 9 (1974) 31-37.

Hofius O., *Katapausis: die Vorstellung vom Endzeitlichen Ruheort im Hebräerbrief*, WUNT 11, Tübingen 1970.

____, *Der Vorhang vor dem Thron Gottes: Eine Exegetisch-religions-geschichtliche Untersuchung zu Hebräer 6,19ff. und 10,19ff*, WUNT 14, Tübingen, Mohr, 1972.

____, «Das Ertse und das Zweite Zelt: Ein Beitrag zur Auslengung von Heb. 9,1-10», *ZNW* 61 (1970) 271-277.

____, «Στόματα μαχαίρης, Hebr. 11,34», *ZNW* 62 (1971) 129-130.

Hollander H. W., «Hebrews 7.11 and 8.6: A Suggestion for the Translation of nenomothetitai epi», *BT* 30 (1979) 231-233.

Hollon V.,-Hollon L., «Ephesians 3:14-21-Hebrews 12:1-2. For the Joy Set before Us», *RevExp* 94 (1997) 583-588.

Homburg K., «Ps 110,1 im Rahmen des Judäischen Krönungszeremoniells», *ZAW* 84 (1972) 243-246.

Hoppin R., *Priscilla, Author of the Epistle to the Hebrews and Other Essays*, New York, Exposition Press, 1969.

____, *Priscilla's Letter: Finding the Author of the Epistle to the Hebrews*, San Francisco, Christian Universities Press, 1997.

____, *Priscilla's Letter: Finding the Author of the Epistle to the Hebrews*, Fort Bragg, Lost Coast Press, 2000.

____, «The Epistle to the Hebrews Is Priscilla's Letter?», στο A.-J. Levine (εκδ.), *A Feminist Companion to the Catholic Epistles and Hebrews*, FCNTECW 8, London, T & T Clark, 2005.

Horning E. B., «Chiasmus, Creedal Structure and Christology in Hebrews 12:1-2», *PCSBR* 23 (1978) 37-48.

Horton F. L., *The Melchizedek Tradition: A Critical Examination of the Sources to the Fifth Century A.D. and in the Epistle to the Hebrews*, SNTSMS 30, Cambridge, Cambridge University Press, 1976.

Hoskier H. C., *A Commentary on the Various Readings in the Text of the Epistle to the Hebrews in the Chester-Beatty Papyrus P^{46} [Circa 200 A.D.]*, London 1938.

Howard W. F., «The Epistle to the Hebrews», *Int* 5 (1951) 80-91.

____, «Hebrews and the Old Testament Quotations», *NovT* 10 (1968) 208-216.

Hugedé N., *Le Sacerdoce du Fils: Commentaire de l' Épître aux Hébreux*, Paris, Fischbacher, 1983.

Hughes G., *Hebrews and Hermeneutics: The Epistle to the Hebrews as a New Testament Example of Biblical Interpretation*, Cambridge, Cambridge University Press 1980.

Hughes P. E., *A Commentary on the Epistle to the Hebrews*, Grand Rapids, Eerdmans 1977.

____, «Hebrews 6:4-6 and the Peril of Apostasy», *WTJ* 35 (1973) 137-155.

____, «The Christology of Hebrews», *SWJT* 28 (1985) 19-27.

Hugues J. J., «Hebrews IX,15ff and Galatians III,15ff: A Study in Covenant Practice and Procedure», *NovT* 21 (1979) 27-96.

Hume C. R., *Reading through Hebrews*, London, SCM, 1997.

Hunt B. P., «The Epistle to the Hebrews. An Anti-Judaic Treatise?», *SE* 2 (1964) 408-410.

Hurst L. D., *The Epistle to the Hebrews: Its Background of Thought*, SNTSMS 65, Cambridge, Cambridge University Press, 1990.

____, «How 'Platonic' Are Heb. 8:5 and 9:23-24?», *JTS* 34 (1983) 156-168.

____, «Apollos, Hebrews and Corinth: Bishop Montefiore's Theory Examined», *SJT* 38 (1985) 505-513.

____, «The Christology of Hebrews 1 and 2», στο *The Glory of Christ in the New Testament*, εκδ. Hurst L. D.,-Wright N. T., Oxford, Clarendon Press, 1987, 151-164.

Hutaff M. D., «The Epistle to the Hebrews: An Early Christian Sermon», *TBT* 99 (1978) 1816-1824.

Hutchinson Edgar D., *Has God Not Chosen the Poor?: The Social Setting of the Epistle of James*, JSNTSup 206, Sheffield, Sheffield Academic Press, 2001·

Ironside H. A., *Hebrews*, Ironside Commentaries, Neptune, New Jersey, Loizeaux, 1996.

Irwin J., «The Use of Hebrews 11:11 as Embryological Proof-Text», *HTR* 71 (1978) 312-316.

Isaacs M. E., *Sacred Space. An Approach to the Theology of the Epistle to the Hebrews*, JSNTSup 73, Sheffield, Sheffield Academic Press, 1992.

____, *Reading Hebrews and James: A Literary and Theological Commentary*, Reading the New Testament Series, Macon, 2002.

____, «Priesthood in the Epistle to the Hebrews», *HeyJ* 38 (1997) 51-62.

____, «Why Bother with Hebrews», *HeyJ* 43 (2002) 60-72.

Isaak J. M., *Situating the Letter to the Hebrews in Early Christian History*, SBEC 53, Lewiston, Mellen Press, 2003.

Isenberg S. R., *Mary Douglas and Hellenistic Religions: The Case of Qumran*, SBLSP, Missoula, 1975.

Javet J. S., *Die Nous Parla. Commentaire sur l' Épître aux Hébreux*, Neuchâtel-Paris 1945.

Jeremias J., *Ο Ιησούς και το Ευαγγέλιο του*, (μτφρ. Σ. Αγουρίδη), Αθήνα 1984.

____, «Hebr. 5,7-10», *ZNW* 44 (1952-1953) 107-111.

Jewett R., *Letter to Pilgrims: A Commentary on the Epistle to the Hebrews*, New York, Pilgrim Press, 1981.

Jobes K. H., «Rhetorical Achivement in the Hebrews 10. «Misquote» of Psalm 40», *Bib* 72 (1991) 387-396.

Johns L. L., «A better Sacrifice or "better than Sacrifice"? Response to Hardin's "Sacrificial Language in Hebrews"» στο W. M. Swartley (εκδ.), *Violence Renounced: René Girard, Biblical Studies, and Peacemaking*, Studies in Peace and Scripture 4, Telford, Pandora Press 2000, 120-131.

Johnson A. W., *Quantification in Cultural Anthropology: An Introduction to Research Design*, Palo Alto, Stanford University Press, 1978.

Johnson L. T., *Hebrews: A Commentary*, London, Louisville, Westminster John Knox Press, 2006.

____, «The Scriptural World of 'Hebrews' (Religious Pluralism within the New Testament World)», *Int* 57 (2003) 237-250.

Johnson R. W., *Going outside the Camp: The Sociological Function of the Levitical Critique in the Epistle to the Hebrews*, JSNTSup 209, Sheffield, Sheffield Academic Press, 2001.

Johnson S. L, *The Old Testament in the New*, Grand Rapids, Zondervan Publishing House, 1980.

Johnson W. G., *Defilement and Purification in the Book of Hebrews*, (Διδακτ. Διατρ.), Vandeerbilt University 1973.

____, «Issues in the Interpretation of Hebrews», *AUSS* 15 (1977) 169-187.

____, «The Cultus of Hebrews in Twentieth-Century Scholarship», *ExpTim* 89 (1978) 105-108.

____, «The Pilgrimage Motif in the Book of Hebrews», *JBL* 98 (1978) 239-251.

Johnston G., «Christ as Archegos», *NTS* 27 (1981) 381-384.

Jones C. P., «The Epistle to the Hebrews and the Lucan Writings», στο *Studies in the Gospels*, R. Lightfoot, Oxford 1957.

Jones E. D., «The Authorship of Hebrews XIII», *ExpTim* 46 (1934-1935) 562-567.

Jones H. R., *Let's Study Hebrews*, Edinburgh, Banner of Truth Trust, 2002.

Jones H. W., «Ministering Spirits. Hebrews i.14», *ExpTim* 3 (1891-1892) 224.

Jorgensen J. C., «Between Text and Sermon. Hebrews 7:23-28», *Int* 57 (2003) 297-299.

Judge E. A., «Cultural Conformity and Innovation in Paul: Clues from Contemporary Documents», *TynB* 35 (1984) 3-24.

Kaye B. N., «Cultural Interaction in the New Testament», *TZ* 40 (1984) 341-358.

Kaiser W. C., «The Promise Theme and Theology of Rest», *BSac* 130 (1973) 142.

Βιβλιογραφία

Kampling R., *Ausharren in Der Verheissung: Studien Zum Hebräerbrief*, Stuttgart, Katholisches Bibelwerk, 2005.

Karrer M., *Der Brief an Die Hebraer: Kapitel 1,1-5,10*, ÖTK 20/1, Gutersloh, Gutersloher Verlagshaus, 2002.

Käsemann E., *Das Wandernde Gottesvolk. Eine Untersuchung zum Hebräerbrief*, FRLANT 37, Göttingen 1938.

____, *The Wandering People of God: An Investigation of the Letter to the Hebrews*, (μτφρ. R. A. Harrisville-I. L. Sandberg), Minneapolis 1984.

____, «Hebräer 4,14-16», στο *Exegetische Versuche und Besinnungen*, τ. 1, Göttingen 1960, 303-307.

____, «Hebräer 12,12-17», στο *Exegetische Versuche und Besinnungen*, τ. 1, Göttingen 1960, 307-312.

Katz P., «Οὐ μή σε ἀνῶ οὐδ' οὐ μή σε ἐγκαταλίπω» (Heb. XIII, 5): The Biblical Source of the Quotation», *Bib* 33 (1952) 523-525.

____, «Ἐν πυρί φλογός», *ZNW* 49 (1955) 133-138.

____, «The Quotations from Deuteronomy in Hebrews», *ZNW* 49 (1958) 213-223.

Kawamura A., «Ἀδύνατον in Heb. 6:4», *AJBI* 10 (1984) 91-100.

Kaye B. N., «Cultural Interaction in the New Testament», *TZ* 40 (1984) 341-358.

Keck L. E., «On the Ethos of Early Christians», *JAAR* 42 (1974) 435-452.

Kendall R. T., *Believing God: Studies on Faith in Hebrews 11*, Biblical Classics Library, London, Hodder & Stoughton, 1981, Carlisle, Paternoster, 1981.

Kennedy G. T., *St. Paul's Conception of the Priesthood of Melchizedek: An Historico-Exegetical Investigation*, Washington 1951.

Kent H. A., *The Epistle to the Hebrews. A Commentary*, Grand Rapids, Baker Book House, 1972.

Kilpatrick G. D., «Διαθήκη in Hebrews», *ZNW* 68 (1977) 263-265.

Kim L., *Polemic in the Book of Hebrews: Anti-Semitism, Anti-Judaism, Supersessionism?*, Eugene, Pickwick Publications, 2006.

Kistemaker S. J., *The Psalm Citations in the Epistle to the Hebrews*, Amsterdam 1961.

____, *Exposition of the Epistle to the Hebrews*, NTCS, Welwyn 1984.

Knox E. A., «The Samaritans and the Epistle to the Hebrews», *TCh* 22 (1927) 184-193.

Kobelski P. J., *Melchizedek and Melchireŝa*, CBQMS 10, Washington, The Catholic Biblical Association of America, 1981.

Koester C. R., *Hebrews: A New Translation with Introduction and Commentary*, AB 36, New York, Doubleday, 2001.

____, «'Hebrews', Rhetoric, and the Future of Humanity», *CBQ* 64 (2002) 103-123.

Koester H., «Platonische Ideenwelt und Gnosis im Hebräerbrief», *Schol* 4 (1956) 545-555.

Koops R., «Chains of Contrasts in Hebrews I», *BT* 34 (1983) 220-225.

Koosed J.-Seesengood R., «Constructions and Collusions: The Making and Unmaking of Identity in Qoheleth and Hebrews», στο G. Gelardini (εκδ.), *Hebrews: Contemporary Methods-New Insights*, BIS 75, Leiden, Brill, 2005, 265-280.

Koperski V., «Hebrews 10:16-25», *Int* 56 (2002) 202-204.

Kosmala H., *Hebräer, Essener, Christen. Studien zur Vorgeschichte Frühchristlichen Verkündigung*, StPB 1, Leiden, Brill 1959.

Kottak C. P., *Mirror for Humanity: A Concise Introduction to Cultural Anthropology*, London 1996.

Krodel G., (εκδ.) *The General Letters; Hebrews, James, 1-2 Peter, Jude, 1-2-3 John*, Proclamation Commentaries, Minneapolis, Fortress Press, 1995.

Kubo S., «Hebrews 9:11-12: Christ's Body, Heavenly Region, or?», στο D. A. Black, *Scribes and Scripture. New Testament Essays in Honor of J. H. Greenlee*, Winona Lake 1992, 97-109.

Kümmel W.G., *Introduction to the New Testament*, Nashville 1975.

Kuper Α., *Ανθρωπολογία και Ανθρωπολόγοι: Η Σύγχρονη Βρετανική Σχολή*, Αθήνα 1996.

Kurianal J., *Jesus our High Priest: Ps. 110,4 as the Substructure of Heb 5,1-7,28*, Europäische Hochschulschriften 693, Peter Lang, Frankfurt am Main, 2000.

Kuss O., *Carta a los Hebraeos*, Biblioteca Herder, Seccion de Sagrada Escritura 99, Barcelona, Herder, 1977.

Laansma J., *I Will Give You Rest: The Rest Motif in the New Testament with Special Reference to Mt 11 and Heb 3*, WUNT 2, 98, Tübingen, Mohr Siebeck, 1997.

_____, «'I Will Give You Rest': The Background and Significance of the Rest Motif in the New Testrament», *TynB* 46 (1995) 385-388.

Lane W. L., *Call to Commitment: Responding to the Message of Hebrews*, Nashville, Thomas Nelson Publishers, 1985.

_____, *Hebrews 1-8*, WBC 47A, Dallas, Word Books, 1991.

_____, *Hebrews 9-13*, WBC 47B, Dallas, Word Books, 1991.

_____, «Detecting Divine Christology in Hebrews 1:1-4», *NTS* 5 (1982) 150-158.

_____, «Unexpected Light on Hebrews 13,1-6 from a Second Century Source», *PRSt* 9 (1982) 267-274.

_____, «Hebrews: A Sermon in Search of a Setting», *SWJT* 28 (1985) 13-18.

Lang B., *Anthropological Approaches to the Old Testament*, London 1985.

Lang G. H., *The Epistle to the Hebrews*, London 1951.

Lawrence L. J., *Reading with Anthropology: Exhibiting Aspects of New Testament Religion*, Waynesboro, Paternoster, 2005.

Lawrence L. J.-M. I. Aguilar (εκδ.), *Anthropology and Biblical Studies: Avenues of Approach*, Leiden, Deo, 2004.

Laub F., *Bekenntnis und Auslegung. Die Paranetische Frunktion der Christologie im Hebräerbriefes*, BU 15, Regensburg 1980.

____, *Hebräerbrief. Stuttgarter Kleiner Kommentar*, Neues Testament 14, Stuttgart, Katholisches Bibelwerk 1988.

Laubach F., *Der Brief an die Hebräer*, Wuppertaler Studienbibel, Wuppertal ⁶1986.

Lauersdorf R. E., *Hebrews*, The People's Bible, Milwaukee, Northwestern Publ. House, 1999.

Layton S. C., «Christ over his House (Hebr. 3,6)», *NTS* 37 (1991) 473-479.

Leach E., *Culture and Communication, The Logic by Which Symbols are Connected. An Introduction to the Use of the Structuralist Analysis in Social Anthropology*, Cambridge 1976.

____, *Anthropological Approaches to the Study of the Bible During the Twentieth Century*, Humanizing America's Ironic Book, SBL Centential Adresses 1980.

____, *Πολιτισμός και Επικοινωνία*, Αθήνα, Καστανιώτης, 1993.

Lécuyer J., «Ecclesia Primitivorum (Hébr 12,23)», στο *Studiorum Paulinorum Congressus Internationalis Catholicus 1961*, τ. 2, Roma 1963, 161-168.

Le Déaut R., «Traditions Targumiques dans le Corpus Paulinien? (Hebr 11,4 et 12,24; Gal 4,29-30; II Cor 3,16)», *Bib* 42 (1961) 28-48.

Lee J. A., «Hebrews 5:14 and ἕξις: A History of Misunderstanding», *NovT* 39 (1997) 151-176.

Legg J. D., «Our Brother Timothy: A Suggested Solution to the Problem of the Authorship of the Epistle to the Hebrews», *EvQ* 40 (1968) 220-223.

Lehne S., *The New Covenant in Hebrews*, JSNTSup 44, Sheffield, Sheffield Academic Press, 1990.

Leithart P. J., «Womb of the World: Baptism and the Priesthood of the New Covenant in Hebrews 10.19-22», *JSNT* 78 (2000) 49-65.

Leno G., *Hebrews: The Superiority of Christ*, The Deeper Life Pulpit Commentary, Camp Hill, Christian Publications, 1996.

Lenski R C., *Les Ecrits de S. Jean et l' Épître aux Hébreux*, 1984.

Leonard W., *The Old Testament in the Epistle to the Hebrews and the Problem of Its Authorship*, Sydney 1938.

____, *The Authorship of the Epistle to the Hebrews*, London 1939.

Leschert D. F., *Hermeneutical Foundations of Hebrews: A Study in the Validity of the Epistle's Interpretation of Some Core Citations from the Psalms*, Lewiston 1994.

Lescow T., «Jesus in Gethsemane bei Lukas und im Hebräerbrief», *ZNW* 58 (1967) 215-239.

Lévi-Strauss C., *Structural Anthropology*, Harmodsworth, 1968.

Lewis G., *Day of Shining Red: An Essay on Understanding Ritual*, Studies in Social Anthropology, Cambridge, Cambridge University Press, 1980.

Lienhardt G., Κοινωνική Ανθρωπολογία, Αθήνα, Gutenberg, 1995.

Lightfoot N. R., *Jesus Christ Today: A Commentary on the Book of Hebrews*, Grand Rapids, Baker Book House, 1976.

Lillie D., *Let us go on: Studies in Hebrews 5 and 6: A Handbook for Disciples*, Exeter, Paternoster Press, 1991.

Lincoln L., «Translating Hebrews 9:15-22 in Its Hebraic Context», *JOTT* 12 (1999) 1-29.

Lindars B., *The Theology of the Letter to the Hebrews*, Cambridge 1991.

____, «The Rhetorical Structure of Hebrews», *NTS* 35 (1989) 382-406.

Linss W. C., «Logical Terminology in the Epistle to the Hebrews», *CTM* 37 (1966) 365-369.

Loader W. R. G., *Sohn und Hohepriester. Eine Traditionsgeschichtliche Untersuchung zur Christologie des Hebräerbriefes*, WMANT 53, Neukirchen 1981.

Lobue F., «The Historical Background of the Epistle to the Hebrews», *JBL* 75 (1956) 52-57.

Löhr H., *Umkehr und im Herbräerbrief*, Berlin/New York, 1994.

____, «Reflections on Rhetorical Terminology in Hebrews», στο G. Gelardini (έκδ.), *Hebrews: Contemporary Methods-New Insights*, BIS 75, Leiden, Brill, 2005, 199-210.

Lohse E., *Επίτομη θεολογία της Καινής Διαθήκης*, (μτφρ. Σ. Αγουρίδη), Αθήνα, 1980.

Lombard H. A., «Κατάπαυσις in the Letter to the Hebrews», *Neot* 5 (1971) 60-71.

Lombscher F. T., «God's Angel of Truth and Melchizedek. A Note on 11QMelch 13b», *JSJ* 3 (1972) 46-51.

Long B. O., «The Social World of Ancient Israel», *Int* 36 (1982) 243-255.

Long T. G., *Hebrews*, Interpretation, A Bible Commentary for Teaching and Preaching, Louisville, John Knox Press, 1997.

Longenecker R. N., *Biblical Exegesis in the Apostolic Period*, Grand Rapids, Wm. B. Eerdmans, 1975.

____, «The Faith of Abraham. Theme in Paul, James and Hebrews: A Study in the Circumstantial Nature of the New Testament Teaching», *JETS* 20 (1977) 203-212.

Lorimer W. L., «Hebrews vii.23f.», *NTS* 13 (1966-1967) 386-387.

Lünemann G., *Commentary on the Epistle to the Hebrews*, New York, 1890.

Lussier E., *Christ's Priesthood according to the Epistle to the Hebrews*, Collegeville, Minnesota, The Liturgical Press, 1975.

Luz U., *Matthew 1-7*, (μτφρ. W. C. Linss), Minneapolis, Fortress Press, 1989, 95-99.

____, «Das Primatwort Matthäus 16.17-19 aus Wirkungsgeschichtlicher Sicht», *NTS* 37 (1991) 415-433.

____, «Κειμενική Ερμηνεία και Εικονογραφία» *ΔΒΜ* 23 (2005) 151-173.

MacDonald J., «The Samaritan Doctrine for Moses», *SJT* 13 (1960) 149-162.

MacDonald W., *The Epistle to the Hebrews: From Ritual to Reality*, New York 1972.

Mackie S. D., «Confession of the Son of God in Hebrews», *NTS* 53 (2007) 114-129.

MacLeod D. J. *The Epistle to the Hebrews*, Dubuque, Iowa, Emmaus Correspondence School, 1998.

____, «The Doctrinal Center of the Book of Hebrews», *BSac* 146 (1989) 178-184.

____, «The Literary Structure of the Book of Hebrews», *BSac* 146 (1989) 185-197.

MacRae G. W., *Hebrews*, Collegiville, Minnesota 1993.

____, *Lettera agli Ebrei*, Brescia 1993.

____, «Heavenly Temple and Eschatology in the Letter to the Hebrews», *Semeia* 12 (1978) 179-199.

Madsen N. P., *Ask and You Will Receive: Prayer and the Letter to the Hebrews*, Missouri 1989.

Malherbe A. J., *Social Aspects of Early Christianity*, Philadelphia 1983.

Malina B. J., *Christian Origins and Cultural Anthropology: Practical Models for Biblical Interpretation*, Atlanta, John Knox Press, 1986.

____, *The New Testament World. Insights from Cultural Anthropology*, Atlanta, John Knox Press, ²1993.

____, *The Social World of Jesus and the Gospels*, London, Routledge, 1996.

____, *The Social Gospel of Jesus: The Kingdom of God in Mediterranean Perspective*, Minneapolis, Fortress Press, 2001.

____, «The Social Sciences and Biblical Interpretation», *Int* 36 (1982) 229-242.

____, «Why I Interpret the Bible with the Social Sciences», *ABQ* 2 (1983) 119-133.

____, «Jesus as Charismatic Leader?», *BTB* 14 (1984) 55-62.

____, «Interpreting the Bible with Anthropology: The Case of the Poor and the Rich», *Listening* 21 (1986) 148-159.

____, «Christ and Time: Swiss or Mediterranean», *CBQ* 51 (1989) 1-31.

____, «Dealing with Biblical (Mediteranean) Characters: A Guide for U.S. Consumers», *BTB* 19 (1989) 127-141.

____, «Religion in the Imagined New Testament World: More Social Science Lenses», *Scriptura* 51 (1994) 1-26.

____, «Mediterranean Sacrifice: Dimensions of Domestic and Political Religion», *BTB* 26 (1996) 26-44.

Malina B. J.-Neyrey J. H., *Calling Jesus Names: The Social Value of Labels in Matthew*, Sonoma, Calif, Polebridge Press, 1988.

____, *Portraits of Paul: An Archaelogy of Ancient Personality*, Louisville, Westminster John Knox, 1996.

Malina B. J.-Pilch J. J., *Social-Science Commentary on the Book of Revelation*, Minneapolis, Fortress Press, 2000.

____, *Social-Science Commentary on the Letters of Paul*, Minneapolis, Fortress Press, 2006.

Malina B. J.-Rohrbaugh R. L., *Social Science. Commentary on the Synoptic Gospels*, Augsburg Fortress, 1992.

Malina B. J. et al., *Social Scientific Models for Interpreting the Bible: Essays by the Context Group in Honor of Bruce J. Malina*, BIS 53, Leiden, Boston, Brill, 2001.

Manson T. W., *The Problem of the Epistle to the Hebrews*, Manchester 1949.

____, «The Problem of the Epistle to the Hebrews», *BJRL* 32 (1949-1950) 1-17.

Manton T., *By Faith: Sermons on Hebrews 11*, Edinburgh, Banner of Truth Trust, 2000.

Manzi F., *Melchisedek e l' Angelologia nell' Epistola agli Ebrei e a Qumran*, AnBib 136, Rome, Editrice Pontificio Istituto Biblico, 1997.

____, «Fil 2,6-11 ed Eb 5,5-10: due Chemi Cristologici a Confronto», *RivB* 44 (1996) 31-64.

____, «La Fede egli Uomini e la Singolare Relazione Filiale di Gesa con Dio Nell'Epistola agli Ebrei», *Bib* 81 (2000) 32-62.

____, «Interrogativi, Discussioni e Conferme sul Binomio Melchisedek ed Angelologia nell'Epistola agli Ebrei e a Qumran», *ScC* 131 (2003) 379-428.

Marchant G. J., «Sacrifice in the Epistle to the Hebrews», *EvQ* 20 (1948) 196-210.

Marconi G., «Gli angeli nella Lettera agli Ebrei. (Esegesi di Eb 1,5-14; 2,5-16)», *Euntes docete* 51 (1998) 67-89.

Marcus G. E.,-Fischer M. M., *Anthropology as Cultural Critique*, Chicago 1986.

Margot J. C., «La Christologie de l' Épître aux Hébreux», *FV* 62 (1963) 299-311.

Marz C. P., *Hebräerbrief*, NechtB 16, Würzburg, Echter Verlag, ^{2}1990.

____, *Studien Zum Hebräerbrief*, Stuttgart, Katholisches Bibelwerk, 2005.

Masini M., *Lettera agli Ebrei. Messagio ai Cristiani,* Brescia 1985.

Matthews V. H.-Benjamin D. C., «Social Siences and Biblical Studies», *Semeia* 68 (1996) 7-21.

Maynard J. D., «Justin Martyr and the Text of Hebrews XI,4», *Exp* 7 (1909) 163-171.

McCullough J. C., *Hebrews and the Old Testament*, (Διδακτ. Διατρ.), Queens University, Belfast 1971.

____, «The Old Testament Quotations in Hebrews», *NTS* 26 (1980) 363-379.

____, «Some Recent Developments in Research on the Epistle to the Hebrews», *IBS* 2 (1980) 141-165.

____, «Some Recent Developments in Research on the Epistle to the Hebrews II», *IBS* 3 (1981) 28-45.

McGrath J. J., *Through the Eternal Spirit: An Historical Study of the Exegesis of Hebrews 9:13-14*, Roma, Typis Pontificiae Universitatis Gregorianae, 1961.

McKay J., *The Shadow and the Reality: A Guide to Reading the Epistle to the Hebrews*, Biblical Commentaries, Study Booklet, Horsham, Kingdom Faith Ministries, 1996.

McRay J., «Atonement and Apocalyptic in the Book of Hebrews», *ResQ* 23 (1980) 1-9.

Mealand D. L., «The Christology of the Epistle to the Hebrews», *ModChurch* 22 (1979) 180-187.

Méchineau L., *L' Epistola agli Ebrei Secondo le Risposte della Commissione Biblica*, Roma 1917.

Médebiele A., *Épître aux Hébreux*, Paris 1938.

Meeks W. A., *The First Urban Christians: The Social World of the Apostle Paul*, New Haven, Yale University Press, 1983.

____, «The Social Context of Pauline Theology», *Int* 36 (1982) 266-277.

Meier J. P., «Structure and Theology in Hebrews 1,1-14», *Bib* 66 (1985) 168-189.

____, «Summetry and Theology in the Old Testament Citations of Hebr. 1,5-14», *Bib* 66 (1985) 504-533.

Ménégoz E., *La Théologie de l' Épître aux Hébreux*. Paris, Fischbacher, 1894.

Mengelle E., «La Structura de Hebraos 11,1», *Bib* 78 (1997) 534-542.

Meyer G., *Hebrews: Glimpsing the Glory: A Study Guide*, Revelation Series for Adults, Michigan, Grand Rapids, 1995.

Michaud J. P., «Parabolê' dans l' Épître aux Hébreux», *Sémiotique et Bible* 46 (1987) 19-34.

Michel O., *Der Brief an die Hebräer*, KEK 13, Göttingen, Vandenhoeck & Ruprecht [12]1966.

____, *Der Brief an die Hebräer*, KEK 13, Göttingen, Vandenhoeck und Ruprecht, [14]1984.

Miller D. G., «Why God Became Man: Text to Sermon on Hebrews 2:5-18», *Int* 23 (1969) 408-424.

Miller M. R., «Seven Theological Themes in Hebrews», *GTJ* 8 (1987) 87-131.

____, «What is the Literary Form of Hebrews 11?», *JETS* 29 (1986) 411-417.

Milligan G., *The Theology of the Epistle to the Hebrews with a Critical Introduction*, Edinburgh 1899.

Milligan R., *A Commentary on the Epistle to the Hebrews*, 1975.

Mills W. E., *Hebrews*, Bibliographies for Biblical Research, New Testament Series 20, Lewiston, Lampeter, Mellen Biblical, 2001.

Mitchell A. C., «The Use of πρέπειν and Rhetorical Propriety in Hebrews 2:10», *CBQ* 54 (1992) 681-701.

Moe O., «Der Gedanke des Allgemeinen Priestertums in Hebräerbrief», *TZ* 5 (1949) 161-169.

____, «Das Abendmahl im Hebräerbrief», *ST* 4 (1951) 102-108.

Moffatt J., *A Critical and Exegetical Commentary on The Epistle to the Hebrews*, NIBC, Edinburgh, Clark, 1924.

____, «The Christology of the Epistle to the Hebrews», *ExpTim* 28 (1916-1917) 505-508, 563-566 & 29 (1917-1918) 26-30.

Montague G. T., «Temporal Oppositions as Hermeneutical Categories in the Epistle to the Hebrews», *CBQ* 69 (2007) 588-589.

Montefiore H., *A Commentary on the Epistle to the Hebrews*, HNTC, New York, 1964.

Mora G., *La Carta a los Hebreos como Escrito Pastoral*, ColT 20, Barcelona, Herder, 1974.

____, «Ley y Sacrificio en la Carta a los Hebreos, *RCT* 1 (1976) 1-50.

Morgan L., *Grace & Guts to Live for God; a Bible Study on Hebrews, I & II Peter*, Camp Hill, Horizon Books, 1995.

Morris L., *Hebrews*, The Expositor's Bible Commentary, Grand Rapids, Wm. B. Eerdmans, 1981.

____, «The Biblical Use of the Term Blood», *JTS* 3 (1952) 216-227.

____, «The Biblical Use of the Term Blood», *JTS* 6 (1955) 77-82.

Mosala I. J., «Social-Scientific Approaches to the Bible: One Step forward, two Steps backward», *JTSA* 55 (1986) 15-30.

Moule C. F., «Sanctuary and Sacrifice in the Church of the N.T.», *JTS* 1 (1950) 27-46.

____, «Commentaries on the Epistle to the Hebrews», *Th* 61 (1958) 228-232.

Moxnes H., *The Economy of the Kingdom: Social Conflict and Economic Relations in Luke's Gospel*, OBT, Philadelphia, Fortress Press, 1988.

____, «The Social Context of Luke's Community», *Int* 48 (1994) 379-389.

Muddiman J., «Wrestling with Hebrews: A Note on TETRACHILISMENA at Hebrews 4.13», στο *Understanding, Studying and Reading*, JSNTSup 153, Sheffield, JSOT Press 1997, 165-173.

Nairne A., *The Epistle of Priesthood: Studies in the Epistle to the Hebrews*, Edinburgh, Clarc, 1913.

Nardoni E., «Partakers in Christ (Hebr. 3,14)», *NTS* 37 (1991) 456-472.

Nash R. H., «The Notion of Mediator in Alexandrian Judaism and the Epistle to the Hebrews», *WTJ* 40 (1977) 89-115.

Nauck W., «Zum Aufbau des Hebräerbriefes», στο *Judentum, Urchristentum, Kirche*, J. Jeremias, BZNW 26, Giessen 1960.

Neeley L. L., «A Discourse Analysis of Hebrews», *OPTT* 3-4 (1987) 1-146.

Nelson R. D., «'He Offered Himself'. Sacrifice in Hebrews», *Int* 57 (2003) 251-265.

Newell W. R., *Hebrews, Verse-by-Verse; A Classic Evangelical Commentary*, Grand Rapids, Kregel, 1995.

Neyrey J. H., *Paul in other Words; A Cultural Reading of His Letters*, Louisville, Westminster, John Knox Press, 1990.

____, *The Social World of Luke-Acts: Models for Interpretation*, Hendrickson, 1991.

____, «Body Language in 1 Corinthians: The Use of Anthropological Models for Understanding Paul and His Opponents», *Semeia* 35 (1986) 129-170.

____, «Social Science Modeling and the New Testament», *BTB* 16 (1986) 107-110.

____, «The Idea of Purity in Mark's Gospel», *Semeia* 35 (1986) 81-128.

____, «Bewitched in Galatia. Paul and Cultural Anthropology», *CBQ* 50 (1988) 72-100.

Βιβλιογραφία

____, «Ceremonies in Luke-Acts: The Case of Meals and Table Felloship», στο *The Social World of Luke-Acts: Models for Interpretation*, Hendrickson, 1991, 361-387.

____, «Despising the Shame of the Cross: Honor and Shame in the Johannine Passion Narrative», *Semeia* 68 (1996) 113-138.

Neyrey J. H. et al., «Review Articles on Two Social-Scientific Studies of the Bible, *BTB* 16 (1986) 107-118.

Nicholson E., *The Gospel according to the Hebrews: Its Fragments Translated and Annotated, with a Critical Analysis of the External and Internal Evidence Relating to It*, London 1879.

Nicolau M., «El "Reino de Dios" en la Carta a los Hebreos», *Burg* 20 (1979) 393-405.

Niederwimmer K., «Vom Glauben der Pilger. Erwägungen zu Hebr 11,8-10 und 13-16», στο *Zur Aktualität des Alten Testaments*, Kreuzer, Siegfried Frankfurt am Main Lang 1992, 121-131.

Nissilä K., *Das Hohepriestermotiv im Hebräerbrief: Eine Exegetische Untersuchung*, Helsinki 1979.

Nongbri B., «A Touch of Condemnation in a Word of Exhortation: Apocalyptic Language and Graeco-Roman Rhetoric in Hebrews-Vi,4-12», *NovT* 45 (2003) 265-279.

Oberholtzer T. K., «The Warning Pssages in Hebrews. Part 2 The Kingdom Rest in Hebrews 3:1-4:13», *BSac* 145 (1988) 185-96.

____, «The Warning Passages in Hebrews. Part 3: The Thorn-Infested Ground in Hebrews 6: 4-12», *BSac* 145 (1988) 319-328.

____, «The Warning Passages in Hebrews Part 5: The Failure to Heed His Speaking in Hebrews 12:25-29», *BSac* (1989) 67-75.

Omanson R. L., «A Superior Covenant: Hebrews 8:1-10:18», *RevExp* 82 (1985) 361-373.

Omark R. E., «The Saving of the Saviour: Exegesis and Christology of Hebrews 5:7-10», *Int* 12 (1958) 39-51.

O'Neill J. C., «Hebrews 2:9», *JTS* 17 (1966) 79-82.

Βιβλιογραφία

_____, «The Death of the Teacher of Righteousness in Hebrews 13:12-13», *JHC* 7 (2000) 286-288.

Osculati R., *La Lettera agli Ebrei. Letture dal Nuovo Testamento*, Milano 1981.

Overholt T. W., *Cultural Anthropology and the Old Testament*, Minneapolis, Fortress Press, 1996.

Owen J., *Abridged as Hebrews: The Epistle of Warning*, Grand Rapids, Michigan 1968.

_____, *Hebrews*, The Crossway Classic Commentaries, Wheaton, Crossway Books, 1998.

Padva P., *Les Citations de l' Ancien Testament dans l' Épître aux Hébreux*, Paris 1904.

Pagels E., *The Gnostic Paul: Gnostic Exegesis of Pauline Letters*, ^{2}1992.

Papathomas A., «A New Testimony to the Letter to the Hebrews», *Tyche* 16 (2001) 107-110.

Parker H. M., «Domitian and the Epistle to the Hebrews», *IlRev* 36 (1979) 31-43.

Parsons M. C., «Son and High Priest: A Study in the Christology of Hebrews», *EvQ* 60 (1988) 195-215.

Pearson B. A., «The Figure of Melchizedek in the First Tractate of the Unpublished Coptic-Gnostic Codex IX from Nag Hammadi», στο *Proceedings from the XIIth International Congress of the International Association for the History of Religions*, Bleeker C. J.-Widengren G.-Sharpe E. J. (εκδ.), Leiden, Brill 1975, 200-208.

_____, «The Figure of Melchizedek in Gnostic Literature», στο *Gnosticism, Judaism, and Egyptian Christiantiy*, Studies in Antiquity and Christianity, Minneapolis, Fortress Press, 1990, 108-123.

Pelser G. M., «A Translation Problem: Heb. 10:19-25», *Neot* 8 (1974) 46-47.

Βιβλιογραφία

Pentecost J. D., *Faith that Endures: A Practical Commentary on the Book of Hebrews*, Grand Rapids, Kregel Publications, 2000.

Perdelwitz R., «Das Literarische Problem des Hebräerbriefes», *ZNW* 11 (1910) 59-78, 105-123.

Perdue L. B., «The Social Character of Paraenesis and Paraenetic Literature», *Semeia* 50 (1990) 5-39.

Perkins D. W., «A Call to Pilgrimage: The Challenge of Hebrews», *ThEduc* 32 (1985) 69-81.

Perry M., «Method and Model in the Epistle to the Hebrews», *Th* 77 (1974) 66-74.

Pesch R., «Hellenisten und Hebräer: Zu apg 9:29 und 6:1», *BZ* 23 (1979) 87-92.

Peter N. E., «Bible Study-Practical Exhortation. Hebrews 3:7-15», *AJT* 3 (1989) 576-581.

Peters M. A., «Hebrews 10:19-25», *Int* 53 (1999) 62-64.

Peterson D., *Hebrews and Perfection: An Examination of the Concept of Perfection in the Epistle to the Hebrews*, SNTSMS 47, Cambridge, Cambridge University Press, 1982.

____, «The Prophecy of the New Covenant in the Argument of Hebrews», *RTR* 36-38 (1977-1978) 74-81.

____, «Towards a New Testament Theology of Worship», *RTR* 43 (1984) 65-73.

Pfeiffer C. F., *Epistle to the Hebrews, Every Man's Bible Commentary*, Chicago, Moody Press, 1962.

Pfitzner V. C., *Chi Rho Commentary on Hebrews*, Adelaide, Australia 1979.

____, «The Rhetoric of Hebrews: Paradigm for Preaching», *LuthTJ* (1993) 3-12.

Piazzi G., «La Figura di Melchisedec nell' Epistola agli Ebrei» *ScC* 4 (1935) 417-432.

Βιβλιογραφία

Pickering S. R., «Hebrews 7:28: Priests or High Priest?», *New Testament Textual Research Update* 2 (1994) 93.

Pilch J. J., *Healing in the New Testament: Insights from Medical and Mediterranean Anthropology*, Minneapolis, Fortress, 2000.

____, «Interpreting Scripture: The Social Science Method», *TBT* 26 (1988) 13-19.

____, «Reading Matthew Anthropologically: Healing in Cultural Perspective», *Listening* 24 (1989) 278-290.

Pixner B., «The Jerusalem Essenes, Barnabas and the Letter of Hebrews», στο *Intertestamental Essays in Honour of J. T. Milik*, έκδ. Z. J. Capera, Krakov 1992, 167-178.

Plumer W., *Commentary on the Epistle of Paul, the Apostle, to the Hebrews*, Giant Summit Books, 1872.

Pontifical Biblical Commission (έκδ.), *The Interpretation of the Bible in the Church*, 1993.

____, «Christ as High Priest in the Epistle to the Hebrews», *SE* 7 (1982) 387-399.

Pretorius E. A., «Διαθήκη in the Epistle to the Hebrews», *Neot* 5 (1971) 37-50.

Pryer J. P., « Hebrews and Incarnational Christology», *RTR* 40 (1981) 44-50.

Pursiful D. J., *The Cultic Motif in the Spirituality of the Book of Hebrews*, Lewiston, Lampeter, Mellen Biblical Press, 1993.

Rábanos R., *Sacerdote a Semejanza de Melquisedec*, Salamanca ²1961.

____, «Sacerdocio de Melquisedec, Sacerdocio de Aarón y Sacerdocio de Christo», *CB* 13 (1956) 264-275.

Rainey A. F., «The Order of Sacrifices in Old Testament Ritual», *Bib* 51 (1970) 485-498.

Rawlingson A. E., «Priesthood and Sacrifice in Judaism and Christianity», *ExpTim* 60 (1949) 116-121.

Βιβλιογραφία

Reding F., «Hebr. 9:11-14», *Int* 51 (1997) 67-70.

Reese G. L., *New Testament Epistles: A Critical and Exegetical Commentary on the Epistle to the Hebrews*, 1992.

Reim G., «Quoting the Psalms-from the 'Epistle to the Hebrews' to the 'Gospel according to John'», *BZ* 44 (2000) 92-99.

Remaud M., «L' Initiateur de la foi. Abraham et Jesus. Hebreux 12,2 a la Lumiere de quelques Midrashim sur Abraham», *Revue de l' Institut Catholic de Paris* 54 (1995) 79-91.

Rendal L. R., «The Method of the Writer to the Hebrews in Using Old Testament Quotations», *EvQ* 25 (1955) 214-220.

Renner F., *An die Hebräer-ein Pseudepigraphischer Brief*, Münsterschwarzacher Vier-Turme-Verlag, 1970.

Renwick D. A., «Between Text and Sermon. Hebrews 11:29-12:2», *Int* 57 (2003) 300-302.

Rhee V., *Faith in Hebrews: Analysis within the Context of Christology, Eschatology and Ethics*, Studies in Biblical Literature 19, New York, Peter Lang, 2001.

____, «Chiasm and the Concept of Faith in Hebrews 11», *BSac* 155 (1998) 327-345.

____, «Christology and the Concept of Faith in Hebrews 1:1-2:4», *BSac* 157 (2000) 174-189.

____, «Christology and the Concept of Faith in Hebrews 5:11-6:20», *JETS* 43 (2000) 83-96.

____, «The Christological Aspects of Faith in Hebrews 3:1-4:16», *FN* 13 (2000) 75-88.

Rice G. E., «Apostasy as a Motif and Its Effect on the Structure of Hebrews», *AUSS* 23 (1985) 29-35.

Richter P. J., «Recent Sociological Approaches to the Study of the New Testament», *Religion* 14 (1984) 77-90.

Riddle D. W., «Hebrews, First Clement and the Persecution of Domitian», *JBL* 43 (1924) 329-348.

Riggenbach E., *Der Brief an die Hebräer, Zahn's Kommentar zum Neuen Testament* 14, Wuppertal, R. Brockhaus, 1987.

___, «Der Begriff der Τελείωσις im Hebräerbrief: Ein Beitrag zur Frage nach der Einwirkung der Mysterienreligion auf Sprache und Gedankenwelt des Neun Testaments», *NKZ* 34 (1923) 184-195.

Rissi M., *Die Theologie des Hebräerbriefs: Ihre Verankerung in der Situation des Verfassers und seiner Leser*, WUNT 4, Tübingen, Mohr, 1987.

Robbins V. K., «The We-Passages in Acts and Ancient Sea Voyages», *BR* (1975) 5-18.

Robinson D. W., *The Epistle to the Hebrews*, London [6]1948.

___, «The Literary Structure of Hebrews 1:1-4», *AJBA* 2 (1972) 178-186.

Robinson J. A. T., *Redating the New Testament*, London 1976.

Robinson S. E., The Apocryphal Story of Melchizedek, *JSJ* 18 (1987) 26-39.

Robinson T. H., *The Epistle to the Hebrews*, 1933.

Robinson W. C., «Jesus Christ the Same Yesterday and Today and Forever (Heb.13:8)», *EvQ* 16 (1944) 228-235.

Rodd C. S., «Sociology and Social Anthropology», στο *Dictionary of Biblical Interpretation,* εκδ. R. J. Coggins-J. L. Houlden, 1994, 635-639.

Rogers J. B., «Between Text and Sermon. Hebrews 1:1-4», *Int* 57 (2003) 291-293.

Rogerson J. W., *Sacrifice in the Old Testament: Problems of Method and Approach in Sacrifice,* New York 1980, 45-59.

Roh T., *Die Familia Dei in Den Synoptischen Evangelien: Eine Redaktions-Und Sozialgeschichtliche Untersuchung Zu Einem Urchristlichen Bildfeld*, Freiburg, Schweiz Göttingen, Universitätsverlag, Vandenhoeck & Ruprecht, 2001.

Rohrbaugh R. L., «Social Location of Thoughts as a Heuristic to N.T.», *JSNT* 30 (1987) 103-119.

___, «The Social Location of the Markan Audience», *Int* 47 (1993) 380-395.

___, «A Social-Scientific Response», *Semeia* 72 (1999) 247-258.

Rogerson J. W., «Anthropology and the Old Testament», στο *ABD* 1, 258-226.

Rooke D. W., «Jesus as Royal Priest: Reflections on the Interpretation of the Melchizedek Tradition in Heb 7», *Bib* 81 (2000) 81-94.

Rose C., *Die Wolke der Zeugen. Eine Exegetisch-Traditionsgeschichtliche Untersuchung zu Hebräer 10,32-12,3*, Tübingen 1994.

Rowell J. B., «Exposition of Hebrews Six: An Age Long Battleground», *BSac* 94 (1937) 333.

___, «Our Great High Priest», *BSac* 118 (1961) 148-153.

Ruager S., «Wir haben einen Altar (13,10). Einige Über Legungen zum Thema: Gottesdienst Adendmahl im Hebräerbrief», *KD* 36 (1990) 72-77.

Rudge A., *Hebrews*, Christian Emphasis Series. Delhi, ISPCK, 1999.

Rutherford G., *The Uniqueness of Jesus: Hebrews 1 to 13*, Oxford, Bible Reading Fellowship, 1995.

Sabourin L., «Auctor Epistolae ad Hebraeos ut Interpress Scripturae», *VD* 46 (1968) 275-285.

___, «Crucifying Afresh for One's Repentance (Heb 6:4-6)», *BTB* 6 (1976) 264-271.

Salevao I., *Legitimation in the Letter to the Hebrews: The Construction and Maintenance of a Symbolic Universe*, JSNTSup 219, Sheffield, Sheffield Academic Press, 2002.

Sandergen C., «The Addressees of the Epistle to the Hebrews», *EvQ* 27 (1955) 221-224.

Sarana G., *The Methodology of Anthropological Comparisons: An Analysis of Comparative Methods in Social and Cultural Anthropology*, 1975.

Saucy M., «Exaltation Christology in Hebrews: What Kind of Reign?», *TJ* 14 (1993) 41-62.

Saussure F., *Course in General Linguistics*, Glasgow, 1974.

Schaeffer J., «The Relationship between Priestly and Servant Messianism in the Epistle to the Hebrews», *CBQ* 30 (1968) 359-389.

Schenck K. L., *Understanding the Book of Hebrews: The Story behind the Sermon*, Louisville, Westminster John Knox, 2003, 19-22.

____, «Hebräerbrief 4,14-16: Texttlinguistic als Kommentierungsprinzip», *NTS* 26 (1980) 380-396.

____, «Keeping His Appointment: Creation and Enthronement in Hebrews», *JSNT* 66 (1997) 91-117.

____, «A Celebration of the Enthroned Son: The Catena of Hebrews 1», *JBL* 120 (2001) 469-485.

____, «An Unshakeable Empire: The Middle Platonic Shaping of the Parousia Thinking in the Letters to the Hebrews», *CBQ* 67 (2005) 140-141.

Schenke H. M., «Erwägungen zum Rätsel des Hebräerbriefes», στο *Neues Testament und Christliche Existenz*, Tübingen, 1973.

Schick E. A., *Im Glauben Kraft Empfangen. Betrachtungen zum Brief an die Hebräer*, Stuttgart 1978.

____, «Priestly Pilgrims: Mission outside the Camp in Hebrews», *CurTM* 16 (1989) 372-376.

Schierse F. J., *Verheissung und Vollendung. Zur Theologischen Grundfragen des Hebräerbriefes*, München 1955.

Βιβλιογραφία

____, *Der Brief an die Hebräer*, Geistliche Schriftlesung, Düsseldorf 1968.

____, *The Epistle to the Hebrews and the Epistle of James*, London 1969.

____, *Lettera agli Ebrei*, Roma ²1990.

Schierse F. J. et al., *The Epistles to the Hebrews, of St. James, and to the Thessalonians*, London 1977.

Schille G., «Erwägungen zur Hohepriesterlehre des Hebräerbriefes», *ZNW* 46 (1955) 81-109.

Schlosser J., «La Médiation du Christ d' aprés l' Épître aux Hébreux», *RSR* 63 (1989) 169-181.

Schmidt T. E., «Moral Lethargy and the Epistle to the Hebrews», *WTJ* 54 (1992) 175-215.

Schokel L. A., «Heb 6, 4-6: εἰς μετάνοιαν ἀνασταυροὐντας», *Bib* 56 (1975) 193-203.

Scholer J. M., *Proleptic Priests. Priesthood in the Epistle to the Hebrews*, JSNTSup 49, Sheffield, Sheffield Academic Press, 1991.

Schreiber S., «A New Varia Lectio on Hebrews-Iii,4b? A Brief Note on the Papyrus Fragment "Papathomas" From the Austrian National Library», *BZ* 44 (2000) 252-253.

Schröger F., *Der Verfasser des Hebräerbriefes als Schriftausleger*, BU 4, Regensburg 1968.

____, «Der Gottesdienst der Hebräerbriefgemeinde», *MTZ* 19 (1968) 161-181.

Schüssler Fiorenza E., «Cultic Language in Qumran and in N.T.», *CBQ* 38 (1976) 159-177.

Schwarz D. R., «On Quirinius, John the Baptist, the Benedictus, Melchizedek, Qumran and Ephesus», *RevQ* 13 (1988) 635-646.

Scobie C. H. H., «The Origins and Development of Samaritan Christianity», *NTS* 19 (1972-1973) 390-414.

Scott E. F., *The Epistle to the Hebrews: Its Doctrine and Significance*, Edinburgh, T & T Clark, 1923.

Scroggs R., «The Sociological Interpretation of the New Testament: The Present State of Research», *NTS* 26 (1980) 164-179.

Segal R. A., «The Application of Symbolic Anthropology to Religions in the Greco-Roman World», *RSR* 10 (1984) 216-223.

Segovia F. F., «The Significance of Social Location in Reading John's Story», *Int* 46 (1994) 370-378.

Seid T. W., *The Rhetorical Form of the Melchizedek/Christ Comparison in Hebrews 7*, (Διδακτ. Διατρ.), Department of Religious Studies, Brown University, 1996,

Seitz E., «Das doppelte HWS (Zu Hebr 13,3)», *BZ* 45 (2001) 250-255.

Selwyn E. G., *The First Epistle of Peter*, London 1949.

Serra A. M., «Passione e Preghiera di Christo Secondo Ebrei 5,7-10», *Servitium* 4 (1970) 441-448.

Shanks H. (εκδ.), *Feminist Approaches to the Bible, Symposium at the Smithsonian Institution September 24, 1994, BAS Feminist Approaches to the Bible*, 2004.

Sharp J. R., «Philonism and the Eschatology of Hebrews: Another Look», *EAJT* 2 (1984) 289-298.

Sherman C. P., «"A Great High Priest" (Hebrews iv.14)», *ExpTim* 34 (1922-1923) 235-236.

Silva M., «Perfection and Eschatology in Hebrews», *WTJ* 39 (1976) 61-71.

Simpson E. K., «The Vocabulary of the Epistle to the Hebrews», *EvQ* 18 (1946) 35-38, 187-190.

Skorupski J., *Symbol and Theory: A Philosophical Study of Theories of Religion in Social Anthropology*, 1976.

Smillie G. R., «Contrast or Continuity in Hebrews 1.1-2?», *NTS* 51 (2005) 543-560.

Smith D., *Text and Experience: Towards a Cultural Exegesis of the Bible*, 1995.

Smith R. H., *Hebrews*, ACNT, Minneapolis, Augsburg, 1984.

Smith T. C., «An Exegesis of Hebrews 13,1-17», *FM* 7 (1989) 70-78.

Smothers T. G., «A Superior Model: Hebrews 1:1-4:13», *RevExp* 82 (1985) 333-343.

Snell A., *A New and Living Way: An Explanation of the Epistle to the Hebrews,* London, Faith Press, 1959.

Snyman A. H., «Hebrews 6.4-6: From a Semiotic Discourse Perspective», στο *Discourse Analysis and the New Testament. Approaches and Results*, έκδ. S. E. Porter-J. T. Reed, JSNTSup 170, Sheffield, Sheffield Academic Press 1999, 354-368.

Solari J. K., *The Problem of Metanoia in the Epistle to the Hebrews*, (Διδακτ. Διατρ.), Catholic University of America, 1970.

Son K., *Zion Symbolism in Hebrews: Hebrews 12:18–24 as a Hermeneutical Key to the Epistle*, Paternoster Biblical Monographs, Waynesboro, Paternoster, 2006.

Songer H. S., «A Superior Priesthood: Hebrews 4:14-2:28», *RevExp* 82 (1985) 349-359.

Soubigou L., «La Chapitre VII de l' Épître aux Hébreux», *AT* 7 (1946) 69-82.

Sowers S. G., *The Hermeneutics of Philo and Hebrews: A Comparison of the Interpretation of the Old Testament in Philo Judaeus and the Epistle to the Hebrews*, Basel Studies of Theology 1, Richmond, John Knox Press, 1965.

Spencer R. A., «Hebr. 11:1-3, 8-16», *Int* 49 (1995) 288-292.

Spencer W. D., «Christ Sacrifice as Apologetic: An Application of Heb. 10», *JETS* 40 (1997) 189-197.

Spicq C., *L' Épître aux Hébreux*, τ. 2, Paris, Librairie Lecoffre, 1952.

____, «L' Origine Johannique de la Conception Du Christ-Prêtre dans l' Épître aux Hébreux», στο *Aux Sources de la Tradition*

Chrétienne: Mélanges Offertes à Maurice Goguel à l' Occasiom de Son Soixante-dixième Anniversaire, έκδ. Ο. Cullmann-P. H. Menoud, Neuchâtel, Delachaux et Niestlé 1950, 258-269.

____, «Le Philonisme de l' Épître aux Hébreux», *RB* 56 (1949) 542-572 & 57 (1950) 212-242.

____, «Alexandrinismes dans l' Épître aux Hébreux», *RB* 58 (1951) 481-502.

____, «L' Épître aux Hébreux, Apollos, Jean-Baptiste, Les Hellenistes et Qumran», *RevQ* 1 (1959) 365-390.

____, «Ἄγκυρα et Πρόδρομος dans Héb. VI, 19-20», *ST* 3 (1950) 185-187.

____, «El Sacerdocio de Christo en la Epistola a los Hebreos», *CB* 13 (1956) 232-238.

____, «Melchisedech et l' Épître aux Hébreux: La Sacerdoce de la Nouvelle Alliance», *EV* 87 (1977) 206-208.

Spinedi Α., *Gesu Sacerdote Eterno Secondo l' Ordine di Melchisedech*, Terni 1935.

Spoule J. A., «Παραπεσόντας in Hebrews 6:6», *GTJ* 2 (1981) 327-332.

Stadelmann A., *Die Christologie des Hebräerbriefes in der Neueren Diskussion*, Theologische Berichte 2, Zürich 1973.

Stanley S., «Hebrews 9:6-10: The Parable of the Tabernacle», *NovT* 37 (1995) 385-399.

____, «The Structure of Hebrews from Three Perspectives», *TynB* 47 (1996) 245-271.

Stanley S. K., *A New Covenant Hermeneutic: The Use of Scripture in Hebrews 8-10*, 1994.

Stedman R. C., *Hebrews*, Leicester, England 1992.

Stegemann E.- Stegemann W., «Does the Cultic Language in Hebrews Represent Sacrificial Metaphors? Reflections on Some Basic Problems», στο G. Gelardini (έκδ.), *Hebrews: Contemporary Methods-New Insights*, BIS 75, Leiden, Brill, 2005, 13-23.

Βιβλιογραφία

Stegemann W. et al., *Jesus in Neuen Kontexten*, Stuttgart, Verlag W. Kohlhammer, 2002.

____, *The Social Setting of Jesus and the Gospels*, Minneapolis, Fortress Press, 2002·

Stein R. H., «Onced Saved, always Saved? (Heb. 6:4-6)», στο *Difficult Passages in the New Testament*, 1991, 348-355.

Stephen L. N.-S. Cris, *Anthropology and Cultural Studies*, London 1997.

Stevenson-Moessner J., «The Road to Perfection. An Interpretation of Suffering in Hebrews», *Int* 57 (2003) 280-290.

Steward R. A., «The Sinless High-Priest», *NTS* 14 (1967-1968) 126-135.

Steyn G. J., «"Jesus Sayings" in Hebrews», *ETL* 77 (2001) 433-440.

Stine D. M., *The Finality of the Christian Faith: A Study of the Unfolding Argument of the Epistle to the Hebrews, Chapters 1-7*, Princeton Theological Seminary, 1964.

Stott W., «The Conception of Offering in the Epistle to the Hebrews», *NTS* 9 (1962-1963) 62-67.

Stowers S. K., «The Social Scienses and the Study of Early Christianity, Approaches to Ancient Judaism», στο *Studies in Judaism and its Greco-Roman Context*, τ. 5, Atlanda 1985, 149-182.

Strecker C., *Die Liminale Theologie des Paulus: Zugänge zur Paulinischen Theologie aus Kulturanthropologischer Perspektive*, Göttingen, Vandenhoeck & Ruprecht, 1999.

Strijp R., *Cultural Anthropology of the Middle East: A Bibliography*, 1992.

Strobel A., *Der Brief an die Hebräer*, NTD 9/2, Göttingen, Vandenhoeck & Ruprecht, 1991.

____, «Die Psalmengrundlage der Gethsemane-Parallele. Hbr 5,7ff», *ZNW* 45 (1954) 252-266.

Βιβλιογραφία

Stylianopoulos T., «Shadow and Reality. Reflections on Hebrews 10:1-18», *GOTR* 11 (1972) 215-230.

Swetnam J., *Jesus and Isaac: A Study of the Epistle to the Hebrews in the Light of Aqedah*, AnBib 94, Rome, Biblical Institute Press, 1981.

____, «On the Imagery and Significance of Hebrews 9,9-10», *CBQ* 28 (1966) 155-173.

____, «On the Literary Genre of the Epistle to the Hebrews», *NovT* 11 (1969) 261-269.

____, «Form and Content in Heb 1-6», *Bib* 53 (1972) 368-385.

____, «Form and Content in Hebrews 7-13», *Bib* 55 (1974) 333-348.

____, «The Structure and Purpose of the Catena in Heb. 1:5-13», *CBQ* 38 (1976) 352-363.

____, «Jesus as LOGOS in Hebrews 4,12-13», *Bib* 62 (1981) 214-224.

____, «Christology and the Eucharist in the Epistle to the Hebrews», *Bib* 70 (1989) 74-95.

____, «Hebrews 10,30-31: A Suggestion», *Bib* 75 (1994) 388-394.

Synge F. C., *Hebrews and the Scriptures*, London, SPCK, 1959.

Tasker V. G., «The Integrity of the Epistle to the Hebrews», *ExpTim* 47 (1935-1936) 136-138.

Taylor R. O., «A Neglected Clue in Hebrews XI,1», *ExpTim* 52 (1940-1941) 256-259.

Taylor W. F., «Cultural Anthropology as a Tool for Studing the New Testament», *Trinity Seminary Review* 18 (1996) 13-27 & (1997) 69-82.

Teodorico Da Castel S. P., «Alcuni Aspetti dell' Ecclesiologia della Lettera agli Ebrei», *Bib* 24 (1943) 125-161, 323-369.

____ , «Metaphore Nautiche in Ebrei 2, 1 e 6, 19», *RivB* 6 (1958) 33-49.

Βιβλιογραφία

_____, «Il Sacerdozio di Christo nella Lettera agli Ebrei», *Greg* 39 (1958) 319-334.

_____, «Un' Antica Esegesi di Ebrei 12, 23. "Chiesa dei Primogeniti"», *RivB* 6 (1958) 33-49.

Telscher G., *Opfer Aus Barmherzigkeit: Hebr 9,11-28 Im Kontext Biblischer Sühnetheologie*, Würzburg, Echter, 2007.

Tetley J., «The Priesthood of Christ in Hebrews», *Anvil* 5 (1988) 195-206.

Thayer J. H., «Authorship and Canonicity of the Epistle to the Hebrews», *BSac* 24 (1967) 681-722.

Theissen G., *Untersuchungen zum Hebräerbrief*, SANT 2, Gütersloh, 1969.

_____, *Sociology of Early Palestinian Christianity*, (μτφρ. J. Bowden), Philadelphia, Fortress, 1978.

_____, *The Social Setting of Pauline Christianity*, Edinburgh 1982.

_____, *Καίρια Χαρακτηριστικά της Κίνησης του Ιησού: Κοινωνιολογική Θεώρηση. Συμβολή στην Ιστορία Γένεσης του Αρχέγονου Χριστιανισμού*, (μτφρ. Δ. Χρυσοπούλου-Θ. Σωτηρίου) Αθήνα, 1997.

_____, *The Religion of the Earliest Churches: Creating a Symbolic World*, (μτφρ. J. Bowden), Minneapolis, Fortress, 1999.

_____, «The Social Structure of Pauline Communities: Some Critical Remarks on J. J. Meggitt, *Paul, Poverty and Survival*», *JSNT* 84 (2001) 65-84.

_____, «Social Conflicts in the Corinthian Community: Further Remarks on J. J. Meggitt, *Paul, Poverty and Survival*», *JSNT* 25 (2003) 371-391.

Theobald M., «Vom Text zum "Lebendigen Wort" (Hebr 4,12). Beobachtungen zur Schrifthermeneutik des Hebräerbriefs», στο *Jesus Christus als die Mitte der Schrift. Studien zur Hermeneutik des Evangeliums*, έκδ. C. Landmesser-H. J. Eckstein-H. Lichtenberger, BZNW 86, Berlin, Walter de Gruyter 1997, 751-790.

Thien F., «Analyse de l' Épître aux Hébreux», *RB* 11 (1902) 74-86.

Thomas C. A., *A Case for Mixed-Audience with Reference to the Warning Passages in the Book of Hebrews*, (Διδακτ. Διατρ.), Dallas Theological Seminary, 2006.

Thomas K. J., *The Use of the Septuagint in the Epistle to the Hebrews*, (Διδακτ. Διατρ.), Manchester 1959.

____, «The Old Testament Citations in Hebrews», *NTS* 11 (1965) 303-325.

Thompson J. W., *The Beginnings of Christian Philosophy: The Epistle to the Hebrews*, CBQMS 13, Washington, 1982.

____, «That Which Cannot Be Shaken. Some Metaphysical Assumptions in Heb 12:27», *JBL* 94 (1975) 580-587.

____, «The Underlying Unity of Hebrews», *ResQ* 18 (1975) 129-136.

____, «The Structure and the Purpose of the Catena in Heb. 1:5-13», *CBQ* 38 (1976) 352-363.

____, «The Conceptual Background and Purpose of the Midrash in Hebrews VII», *NovT* 19 (1977) 209-223.

____, «*EPHAPAX*: The One and the Many in Hebrews», *NTS* 53 (2007) 566-581.

Thurén J., *Das Lobopfer der Hebräer: Studien zum Aufbau und Antliegen von Hebräerbrief 13*, Ebo, Ebo Academi, Finland 1973.

____, «Gebet und Gehorsam des Erniedrigten (zu Hebr 5,7-10) noch Einmal», *NovT* 13 (1971) 136-146.

Thurston R. W., «Philo and the Epistle to the Hebrews», *EvQ* 58 (1986) 133-143.

Tidball D., *An Introduction to the Sociology of the New Testament*, Exeter, The Paternoster Press, 1983.

Tietjen J., «Hebr. 11:8-12», *Int* 4 (1988) 403-407.

Tönges E., «The Epistle to the Hebrews as a Jesus-Midrash», στο G. Gelardini (εκδ.), *Hebrews: Contemporary Methods-New Insights*, BIS 75, Leiden, Brill, 2005, 89-105.

Tongue D. H., «The Concept of Apostasy in the Epistle to the Hebrews», *TynB* 5-6 (1960) 19-26.

Torrey C. C., «The Authorship and the Character of the So-Called Epistle to the Hebrews», *JBL* 30 (1911) 137-156.

Tourniac J., *Melkitsedeq ou La Tradition Primordiale*, Paris 1983.

Touzard J., «L' Intervention Décisive du Christ. He 9, 24», *AsSeign* 63 (1971) 47-52.

Trompf G., «The Conception of God in Hebrews 4:12-13», *ST* 25 (1971) 123-132.

Trotter A. H., *Interpreting the Epistle to the Hebrews*, Guides to New Testament Exegesis 6, Grand Rapids, Michigan, 1997.

Trummer P., «"Erhurt aus Gottesfurcht" Hebr 5,7. Vom Sinn des Leidens Jesu», *BK* 48 (1993) 189-196.

Trundiger L. P., «The Gospel Meaning of the Secular: Reflections on Hebrews 13:10-13», *EvQ* 54 (1982) 235-237.

Übelacker W. G., *Der Hebräerbrief als Appell I: Untersuchungen zu Exordium, Narratio und Postscriptum (Hebr 1-2 und 13,22-25)*, ConBNT 21, Stockholm, Almqvist & Wiksell, 1989.

Vagany L., «Le Plan de l' Épître aux Hébreux», στο *Mémorial Lagrange,* Paris 1940, 269-277.

Vander Stichele C.-Penner T. (εκδ.), *Her Master's Tools? Feminist and Postcolonial Engagements of Historical-critical Discourse*, GPBS 9, Atlanta, SBL, 2005.

Van der Wall C., «The People of God in the Epistle to the Hebrews», *Neot* 5 (1971) 83-92.

Van der Woude A. S., «Melchisedek als Himmlische Erlösergestalt in den Neugefundenen Eschatologischen Midraschim aus Qumran Höhle XI», *OTS* 14 (1965) 354-373.

Vanhoye A., *La Structure Littιraire de l' Épître aux Hébreux*, StudNeot 1, Paris 1963.

____, *Traduction Structure de l' Épître aux Hébreux*, Rome 1963.

Βιβλιογραφία

____, *A Structured Translation to the Epistle to the Hebrews*, (μτφρ. J. Swetnam), Rome, Pontifical Biblical Institute, 1964.

____, *De Epistola ad Hebraeos. Sectio Centralis (Cap. 8-9). Ad Usum Privatum*, Roma 1966.

____, *Exegesis Epistola ad Hebraeos Cap. I-II. Ad Usum Privatum Auditorum*, Roma 1968.

____, *Epistolae ad Hebraeos. Textus de Sacerdotio Christi. Ad Usum Auditorum*, Romae 1969.

____, *Situation du Christ de l' Épître aux Hébreux 1-2*, Paris 1969.

____, *Christo è Il Nostro Sacerdote. La Doctrina dell' Epistola agli Ebrei*, Torino, 1970.

____, *Epistola agli Ebrei. Struttura Letteraria e Ultima Parte (12, 14-13, 25)*, Roma 1974.

____, *La Structure Littéraire de l' Épître aux Hébreux*, Desclée de Brouwer, Paris ²1976.

____, *Our Priest is Christ: The Doctrine of the Epistle to the Hebrews*, Roma, Editrice Pontificio Istituto Biblico, 1977.

____, *Prêtres Anciens et Prêtre Nouveau selon le Nouvean Testament*, Cerf, Paris 1980.

____, *La Nuova Alleanza nell' Epistola agli Ebrei*, Roma, Pontificio Istituto Biblico, 1981.

____, *Structure and Message of the Epistle to the Hebrews*, StudBib 12, Roma, Editrice Pontificio Istituto Biblico, 1989.

____, «De Aspectu Oblationis Christi Secundum Epistolam ad Hebreos», *VD* 37 (1959) 32-38.

____, «La Structure Centrale l' Épître aux Hébreux (Heb 8,1-9,28)», *RSR* 47 (1959) 44-60.

____, «Des Indices de la Structure Literaire l' Épître aux Hébreux», *SE* 2 (1964) 493-509.

____, «L' Οἰκουμένη dans l' Épître aux Hébreux », *Bib* 45 (1964) 248-253.

Βιβλιογραφία

____, «Christologia a qua Initium Sumit Epistula ad Hebraeos (1,2b. 3.4)», *VD* 43 (1965) 3-14, 49-61 & 113-123.

____, «De Sessione Celesti in Epistola ad Hebraeos», *VD* 44 (1966) 131-134.

____, «De Structura Litteraria Epistolae ad Hebraeos», *VD* 47 (1969) 76-77.

____, «De Sacerdotio Christi in Hebr. Positio Problematis», *VD* 47 (1969) 22-30.

____, «Le Christ, Grand-Prêtre selon Heb. 2, 17.18», *NRT* 91 (1969) 449-474.

____, «Le Parfait Grand Prêtre. He 7, 23-28», *AsSeign* 62 (1970) 46-52.

____, «Trois Ouvrages Récents sur l' Épître aux Hébreux», *Bib* 52 (1971) 62-71.

____, «Discussions sur la Structure l' Épître aux Hébreux», *Bib* 55 (1974) 349-380.

____, «La Question Literaire de Hébreux XIII,1-6», *NTS* 23 (1976-1977) 121-139.

____, «Situation et Signification de Hébreux V, 1-10», *NTS* 23 (1976-1977) 445-456.

____, «Il Sangue di Cristo nell' Epistola agli Ebrei», στο *Sangue e Antropologia Biblica,* έκδ. F. Vattioni, τ. 2, Roma 1981, 819-829.

____, «La Preghiera di Cristo, Sommo Sacerdote (Eb 5, 7-9)», *PSV* 3 (1981) 181-195.

____, «Sangue e Spirito nell' Epistola agli Ebrei», στο *Sangue e Antropologia nella Letteratura Cristiana,* έκδ. F. Vattioni, τ. 2, Roma 1983, 829-841.

____, «Il Superamento della Vergogna nella Lettera agli Ebrei», *PSV* 20 (1989) 205-218.

____,«Anamnèse Historique et Créativité Théologique dans l'Épître aux Hébreux», στο *La Mémoire et les Temps. Mélanges Offerts a Pierre Bonnard,* έκδ. D. Marguerat- J. Zumstein, Genève 1991, 219-231.

Βιβλιογραφία

____, «La "*Teleiôsis*" du Christ: Point Capital de la Christologie Sacerdotale d' Hébreux», *NTS* 42 (1996) 321-338.

Verbrugge V. D., «Towards a New Interpretation of Hebrews 6:4-6», *CTJ* 15 (1980) 61-73.

Via D. O., «Revelation, Atonement and the Scope of Faith in the Epistle to the Hebrews: A Deconstructive and Reader-Response Interpretation», *BibInt* 11 (2003) 515-530.

Vitti A., «L' Ambiente Vero della Lettera agli Ebrei», στο *Miscellanea Biblica Edita a Pontificio Instituto Biblico ad Celebrandum Annum XXV ex quo Conditum Est Institutum 1909-VII Maii-1934,* έκδ. Α. Bea et al., τ. 2, Roma 1934, 245-276.

____, «Et cum Iterum Introducit Primogenitum in Orbem Terrae (Hebr 1,6)», *VD* 14 (1934) 306-316, 368-374 & 15 (1935) 15-21.

____, «"Quem Costituit Heredem Universorum, per Quem Fecit et Sacula" (Hb 1,2)», *VD* 21 (1941) 40-48 & 82-88.

Vögtle A., «Das Neue Testament und die Zukunt des Kosmos. Hebr. 12,26f. und das Endschicksal des Kosmos», *BL* 10 (1969) 239-254.

Von Schroer S.-Bietenhard S. (έκδ.), *Feminist Interpretation of the Bible and the Hermeneutics of Liberation*, JSOTSup 374, 2003.

Von Soden H. F., *Der Hebräebrief*, HKNT 3/2, Tübingen, Mohr, ³1899.

Von Wahlde C., «Community in Conflict: The History and Social Context of the Johannine Community», *Int* 49 (1995) 379-389.

Vos G., *The Teaching of the Epistle to the Hebrews*, Grand Rapids, Michigan 1956.

____, «The Priesthood of Christ in the Epistle to the Hebrews», *PTR* 5 (1907) 423-447 & 579-604.

____, «Hebrews, the Epistle of the Diatheke», *PTR* 14 (1916) 34-43.

Vosté I. M., «Christus Sacerdos Secundum Ordinem Melchisedech. Hebr. V,1-10», στο *Studia Paulina,* Romae 1928, 104-134.

Waggoner E. J., *Studies in the Book of Hebrews*, Brushton, New York, TEACH Services, 1998.

Wallis W. B., «The Use of Psalms 8 and 110 in I Corinthians 15:25-27 and Hebrews 1 and 2», *JETS* 15 (1972) 25-29.

Walker P., «Jerusalem in Hebrews 13:9-14 and the Dating of the Epistle», *TynB* 45 (1994) 39-71.

Watson D. F., «Rhetorical Criticism of Hebrews and the Catholic Epistles since 1978», *CR:BS* 5 (1997) 175-207.

____, «Why We Need Socio-Rhetorical Commentary and What It Might Look Like», στο S. E. Porter-D. L. Stamps (έκδ.), *Rhetorical Criticism and the Bible*, JSNTSup 195, Sheffield, Sheffield Academic Press 2002, 129-157.

Weiss H. F., *Der Brief an die Hebräer*, KEK 15, Göttingen, Vendenhoeck & Ruprecht, 1991.

Welch A., *The Authorship of the Epistle to the Hebrews*, London 1898.

Westcott B. F., *The Epistle to the Hebrews: The Greek Text with Notes and Essays*, Grand Rapids, Wm. B. Eerdmans, ²1980.

Westfall C. L., *A Discourse Analysis of the Letter to the Hebrews: The Relationship between Form and Meaning*, JSNTSup 297, London, T & T Clark, 2005.

____, «Moses and Hebrews 3.1-6: Approach or Avoidance?», στο S. E. Porter-B. W. R. Pearson (έκδ), *Christian-Jewish Relations through the Centuries*, JSNTSup 192, Sheffield, Sheffield Academic Press 2000, 175-201.

Wider D., *Theozentrik und Bekenntnis; Untersuchungen zur Theologie des Redens Gottes im Hebräerbrief*, BZNW 87, Berlin, 1997.

Wiersbe W. W., *Be Confident: An Expository Study of the Epistle to the Hebrews*, 1982.

____, *Run with the Winners: Developing a Championship Lifestyle from Hebrews 11*, Grand Rapids, Kregel Publications, 1995.

Wiid J. S., «The Testamental Significance of Διαθήκη in Hebrews 9,15-20», *Neot* 26 (1992) 146-156.

Willi-Plein I., «Some Remarks on Hebrews from the Viewpoint of Old Testament Exegesis», στο G. Gelardini (εκδ.), *Hebrews: Contemporary Methods-New Insights*, BIS 75, Leiden, Brill, 2005, 25-35.

Williamson C. M., «Anti-Judaism in Hebrews?», *Int* 57 (2003) 266-279.

Williamson R., *Philo and the Epistle to the Hebrews*, ALGHJ 4, Leiden 1970.

____, «Platonism and Hebrews», *SJT* 16 (1963) 415-424.

____, «The Background of the Epistle to the Hebrews», *ExpTim* 87 (1975-76) 232-237.

____, «Hebrews 4,15 and Sinlessness of Jesus», *ExpTim* 86 (1974-1975) 4-8.

____, «The Incarnation of the Logos in Hebrew», *ExpTim* 94 (1983-1984) 4-8.

____, «Philo and New Testament Christology», *ExpTim* 90 (1980) 361-365.

Willis C. G., «St. Augustine's Text of the Epistle to the Hebrews», *StPatr* 6 (1962) 543-547.

____, «Melchisedech, the Priest of the Most High God», *DRev* 96 (1978) 267-280.

Willis J. R., «Hebrews Epistle to», στο F. C. Grant-H. Rowley, *Dictionary of the Bible,* ²1963, 373-374.

Wills L., «The Form of the Sermon in Hellenistic Judaism and Early Christianity», *HTR* 77 (1984) 277-299.

Wilson B. R., «An Analysis of Sect Development», στο *Patterns of Sectarianism: Organization and Ideology in Social and Religious Movements*, εκδ. B. R.Wilson, London 1967, 22-45.

Wilson R., *Hebrews*, New Century Bible Commentary, Grand Rapids, Eerdmans, 1987.

Winder T. J., *The Sacrificial Christology of Hebrews: A Jewish Christian Contribution to the Modern Debate about the Person of Christ*, Leeds, 2005.

Windisch H., *Der Hebräerbrief*, HNT, Tübingen, Mohr, ²1931.

Winter A., Ἅπαξ, ἐφάπαξ *im Hebräerbrief. Eine Exegetischbibeltheologische Studie zur Theologie der Einmaligkeit*, Rome 1969.

Witherington B., *Conflict and Community in Corinth: A Socio-Rhetorical Commentary on 1 and 2 Corinthians*, Grand Rapids, Carlisle, Eerdmans, 1995.

____, *New Testament History: A Narrative Account*, Grand Rapids, Michigan, Baker Academic, 2001.

____, «The Influence of Galatians on Hebrews», *NTS* 37 (1991) 146-152.

Wooden R. G., «The Role of the Septuagint in Hebrews: An Investigation of Its Influence with Special Consideration to the Use of Hab 2:3-4 in Heb 10:37-38», *CBQ* 67 (2005) 492-494.

Worgul G. S., «Anthropological Consciousness and Biblical Theology», *BTB* 9 (1979) 3-12.

Woschitz K. M., «Das Priestertum Jesu Christi nach dem Hebräerbrief», *BL* 54 (1981) 139-150.

____, «"Erlösende Tränen". Gedanken zu Hebr 5,7», *BL* 56 (1986) 196-207.

Wratislaw A. H., «Hebrews ii, 9», *ExpTim* 3 (1891-1892) 323.

Wray J. H., *Rest as a Theological Metaphor in the Epistle to the Hebrews and the Gospel of Truth: Early Christian Homiletics of Rest*, SBLDS 166, Scholars Press, Atlanta, Georgia 1998.

Wright E. J., «Hebrews 11:37 and the Death of the Prophet Ezekiel», στο *The Echoes of Many Texts. Reflections on Jewish and Christian Traditions. Essays in Honor of Lou H. Silberman*, εκδ. W. G. Dever-E. J. Wright, BJS 313, Atlanta, Georgia, Scholars Press 1997, 147-158.

Wuest K. S., «Hebrews Six in the Greek New Testament», *BSac* 119 (1962) 48.

Yadin Y., «The Dead Sea Scrolls and the Epistle to the Hebrews», *ScrHier* 4 (1958) 36-55.

Yarnold E. J., «μετριοπαθεῖν apud Heb 5, 2», *VD* 38 (1960) 149-155.

York A. D., «The Arrangement of the Tabernacle Furniture (Hebrews 9)», *BV* 2 (1968) 28-32.

Young F. M., «Christological Ideas in the Greek Commentaries on the Epistle to the Hebrews», *JTS* 20 (1969) 150-163.

Young N. H., «The Gospel according to Hebrews 9», *NTS* 27 (1981) 198-210.

_____, «'Bearing His Reproach' (Heb 13.9-14) (Social Marginalization and Communal Separation as Christological Direction in the 'Epistle to the Hebrews')», *NTS* 48 (2002) 243-261.

Zedda S., *Lettera agli Ebrei*, Cinisello Balsamo ⁴1989.

_____, «La Lettera agli Ebrei», στο *Il Messagio della Salvezza. Lettera di San Paolo e Lettera agli Ebrei*, εκδ. G. Canfora et al., Torino ⁴1976, 711-750.

Zeigler E. F., *The Epistle to the Hebrews; An Exposition*, 1966.

Zesati E. C., *Hebreos 5,7-8: Estudio Historico-Exegetico*, AnBib 113, Roma, Pontificio Istitutio Biblico, 1990.

_____, «Une Triple Préparation du Sacerdoce du Christ dans l' Ancien Testament (Melchisedec, Le Messie du Ps 110, Le Serviteur d' Is. 53): Introduction a la Doctrine Sacerdotale de l' Épître aux Hébreux», *DiV* 28 (1984) 103-136.

Zetterholm M., *The Formation of Christianity in Antioch: A Social-Scientific Approach to the Separation between Judaism and Christianity*, New York, Routledge, 2003.

Zimmermann H., *Das Bekenntnis der Hoffnung: Tradition und Redaction im Hebräerbrief*, BBB 47, Köln, Hanstein, 1977.

www.ingramcontent.com/pod-product-compliance
Lightning Source LLC
Chambersburg PA
CBHW060831190426
43197CB00039B/2554